权威·前沿·原创

皮书系列为
“十二五”国家重点图书出版规划项目

连片特困区蓝皮书
BLUE BOOK OF CONTIGUOUS DESTITUTE AREAS

中国连片特困区发展报告（2014~2015）

THE DEVELOPMENT REPORT OF CHINA CONTIGUOUS DESTITUTE AREAS (2014-2015)

连片特困区城镇化进程、路径与趋势

主　编／游　俊　冷志明　丁建军

社会科学文献出版社
SOCIAL SCIENCES ACADEMIC PRESS (CHINA)

图书在版编目(CIP)数据

中国连片特困区发展报告：2014～2015：连片特困区城镇化进程、路径与趋势/游俊，冷志明，丁建军主编. —北京：社会科学文献出版社，2015.3
（连片特困区蓝皮书）
ISBN 978－7－5097－7284－3

Ⅰ. ①中…　Ⅱ. ①游…　②冷…　③丁…　Ⅲ. ①贫困区－城市化－研究报告－中国－2014～2015　Ⅳ. ①F127

中国版本图书馆 CIP 数据核字（2015）第 059436 号

连片特困区蓝皮书
中国连片特困区发展报告（2014～2015）
——连片特困区城镇化进程、路径与趋势

主　　编／游　俊　冷志明　丁建军

出 版 人／谢寿光
项目统筹／邓泳红　郑庆寰
责任编辑／郑庆寰　陈　颖

出　　版／社会科学文献出版社 · 皮书出版分社（010）59367127
地址：北京市北三环中路甲 29 号院华龙大厦　邮编：100029
网址：www. ssap. com. cn
发　　行／市场营销中心（010）59367081　59367090
读者服务中心（010）59367028
印　　装／北京季蜂印刷有限公司

规　　格／开 本：787mm × 1092mm　1/16
印 张：27.75　字 数：449 千字
版　　次／2015 年 3 月第 1 版　2015 年 3 月第 1 次印刷
书　　号／ISBN 978－7－5097－7284－3
定　　价／98.00 元

皮书序列号／B－2013－286

连片特困区蓝皮书编委会

主要编撰者简介

游　俊　教授，博士生导师。现任吉首大学党委书记，兼任中国民族史学会、中国民族学学会副会长。主要从事民族历史、民族文化教学与研究。著有《湖南少数民族史》等多部学术专著，在《民族研究》《世界宗教研究》《中国高等教育》《中国高教研究》等学术刊物上发表论文40余篇。主持国家社科基金重点项目1项，主持并完成国家社科基金项目和湖南省社科基金项目、软科学基金项目多项。获得国家级教学成果二等奖、湖南省教学成果一等奖和二等奖、湖南省“五个一工程”理论文章奖、湖南省哲学社会科学优秀成果奖二等奖等多项成果奖。

冷志明　博士后，教授，博士生导师，教育部“新世纪优秀人才支持计划”人选，湖南省学科带头人，湖南省“121”人才工程人选，湖南省管理科学学会副会长。现任吉首大学教务处处长。主要从事区域协同创新、区域发展资源环境评价、贫困地区企业创新研究。主持国家自科、国家社科、教育部人文社科等国家和省部级项目10余项。获湖南省人民政府社科成果二、三等奖各1项，获湖南省教学成果奖一等奖、二等奖各1项。在《地理学报》《经济学动态》《地理研究》等公开刊物上发表论文60余篇，出版专著、教材共4部。

丁建军　博士，副教授，硕士生导师。现任吉首大学商学院院长助理，中国区域经济学会理事，湖南省西部综合开发研究会副秘书长。主要从事区域经济学、产业经济学、发展经济学以及连片特困区区域发展与多维减贫研究。主持国家自科、国家社科、湖南省社科等项目多项，获湖南省人民政府社科成果奖二等奖1项（排名第二）。在《地理研究》《经济学动态》《旅游学刊》等公开刊物上发表论文40余篇。

摘　要

新型城镇化是党的十八大以来国家重点推进的一项重大民生工程，也是“新常态”下中国经济社会发展的重要动力。

连片特困区是一类特殊类型的区域，不仅城镇化发展滞后，而且其城镇化研究也未得到足够的重视。为了弥补这一不足，并激起人们对连片特困区新型城镇化的关注，吉首大学“中国连片特困区区域发展与扶贫攻坚研究”课题组以“连片特困区城镇化进程、路径与趋势”为主题，编撰了《中国连片特困区发展报告（2014～2015）》，第一次全面、系统地梳理了连片特困区城镇化的特征和规律。

《中国连片特困区发展报告（2014～2015）》由总报告《中国连片特困区城镇化进程、趋势与发展思路》以及12篇分报告组成。其中，总报告关注集中连片特困区这类特殊类型区域城镇化的“共性”，发现连片特困区城镇化具有设市城市数量少、城镇化进程滞后，城镇规模小、中心城市带动能力弱，城镇要素集聚能力不强、缺乏内生发展动力，中心城市发展缓慢且不同片区差异明显的四大特征，以及具有产业特色化、规模化、多样化、高级化、集中化，空间格局趋向明确、对外通道加速建设、对内分工联系日趋紧密，农民市民化能力增强、途径多样、包容性提升的发展趋势。进而，指出连片特困区应走因地制宜的多元化、有产业根基的可持续性、土地集约和环境友好型、分类推进的包容性城镇化道路。12篇分报告则关注“11＋3”个连片特困区城镇化的“个性”，从人口城镇化、产业城镇化和土地（空间）城镇化及“人－业－地”三者的协调关系方面考察了武陵山片区、乌蒙山片区、滇桂黔石漠化片区、滇西边境片区、秦巴山片区、六盘山片区、吕梁山片区、燕山－太行山片区、大兴安岭南麓片区、大别山片区、罗霄山片区以及西藏、四省藏区、新疆南疆三地州的城镇化进程、特征、路径、趋势和发展战略、思路与对策。

促进生态文明建设，关注连片特困区新型城镇化

（代前言）

游　俊

党的十八大把生态文明建设提到了“五位一体”的高度，明确提出“把生态文明建设放在突出地位，融入经济建设、政治建设、文化建设、社会建设各方面和全过程，努力建设美丽中国，实现中华民族永续发展”，为经济、政治、文化、社会各项事业的发展划定了“红线”，指明了方向。连片特困区是我国的贫困人口集中区、生态脆弱区、生态保护区、民族聚居区、省际交界区，经济、政治、文化、社会和生态建设任务都十分艰巨，“五位一体”建设显得更为迫切。大力推进新型城镇化是实现我国现代化的理性选择和必由之路，也是解决连片特困区发展滞后、促进社会全面进步的重要途径和必然要求。如何在生态文明理念的指导下加快连片特困区新型城镇化是一个亟待研究的课题。本蓝皮书以“连片特困区城镇化进程、路径与趋势”为主题，系统地探讨了14个片区的城镇化进程、路径与趋势，以期为连片特困区的城镇化建设提供参考与借鉴。在此，我想再次呼吁“促进生态文明建设，关注连片特困区新型城镇化”。

一　连片特困区新型城镇化建设的重要意义

以新型城镇化建设统筹连片特困区扶贫与发展，将起到事半功倍的作用。

首先，新型城镇化是突破连片特困区“PPE怪圈”的根本途径。“PPE怪圈”是指贫困（Poverty）、人口（Population）和环境（Environment）之间形

成的一种互为因果的关系，反映的是“贫困－人口增长－环境退化”之间的恶性循环。要实现连片特困区的脱贫致富，关键在于打破这一恶性循环，即改变严重依赖自然资源、破坏生态环境的生计模式，优化产业和空间要素配置，提高公共服务效率，提升贫困人口的基本技能和素质，进入“人口素质提升－生计模式升级－环境恢复与改善－经济社会发展”的良性循环。而新型城镇化则是实现这一转变的根本途径。一方面，新型城镇化以产业城镇化为支撑、空间格局优化的土地城镇化为载体，升级贫困人口的生计模式，恢复和改善生态环境，提高社会公共服务效率和水平；另一方面，新型城镇化以人口城镇化为根本，改变贫困人口生活方式，全面提升贫困人口的生活水平和可行能力，实现贫困人口的持久脱贫。

其次，新型城镇化是推进连片特困区区域发展与扶贫攻坚战略的重要抓手。连片特困区区域发展与扶贫攻坚的总体指导思想是“区域发展带动扶贫开发，扶贫开发促进区域发展”，既要注重长期的自我发展能力培育，又要兼顾短期“两不愁三保障”的多维减贫目标。城镇作为人类自行营造的物质空间和空间使役系统，是在时间、空间、物质、能量、信息、资本的有效整合下人类建构生存系统的一种基本空间范式，承载着复杂的政治、经济、文化和环境功能，发挥着空间管理与治理、规范空间行为、提供持续福利等功效。① 因而，新型城镇化可以统筹空间布局优化、基础设施建设、产业发展、农村基本生产生活条件改善、就业促进和农村人力资源开发、社会事业和公共服务发展、生态建设和环境保护、机制体制改革创新等各项工作有序和协同开展，是推进片区扶贫攻坚战略的重要抓手，能有效提升区域发展与扶贫攻坚效率。

最后，新型城镇化是实现全面小康和生态文明建设战略目标的重要手段。全面小康社会建设关键在于缩小区域差距、城乡差距、行业差距，特别是加快14个集中连片特困区的减贫与发展；生态文明建设则需要改变传统的经济增长方式，走资源节约、环境友好的绿色可持续发展道路。对于集中连片特困区而言，同时实现小康和生态文明建设两个目标需要发挥新型城镇化的经济生产、环境改造、社会关系调整、政治资源配置和空间管治功效。

① 金凤君：《论城市化的空间工具效应》，《地理研究》2013 年第 9 期。

二　连片特困区新型城镇化建设的特殊性

由于自然本底条件、经济发展基础、文化习俗差异等原因，连片特困区的城镇化发展有着与平原地区城镇化发展不同的规律和特征，具体表现为四个方面。

一是地理区位边缘格局下城镇化动力的内源性。连片特困区不仅远离国家空间布局中的重点发展区域，而且位于多省交界区域，远离各省市中心城市。在国家战略、省级战略层面，连片特困区的功能定位都是加强生态保护、促进社会发展和维护民族团结。这种地理区位和战略定位决定了连片特困区的城镇化不可能主要依靠外力推动。一方面，国家关于片区城镇化“自上而下”的战略性投资相对有限，同时，各省、市级政府也只可能采取有限帮扶、适当倾斜的措施给予本省域片区城镇化以适当支持；另一方面，民间的外部资源，如大企业、国外投资者等考虑到片区不是国家及各省市的重点发展区域，经济发展潜力及利润回报难以达到预期，对片区的投资也会十分有限。因而，相对于国家空间布局中重点区域的城镇化而言，连片特困区城镇化的动力主要来自于“自下而上”的内部动力。

二是山地生态脆弱条件下城镇化空间的离散性。连片特困区多分布在山区，土层稀薄、石漠化严重，但人口较多、承载压力较大，片区城镇化多呈“点”状离散分布，城镇规模小、城镇密度低，并且，从发展与承载潜力来看，难以出现能辐射和带动整个片区发展的大中城市。此外，由于大山的阻隔以及片区分属不同省级行政区管辖，片区城镇之间的联系相对较弱，大都处于离散发展状态，城镇体系构建尚需时日。因而，片区城镇化建设要基于山地生态脆弱的自然本底条件，因地制宜地实施新型城镇化战略，即在城镇空间布局上仍以“点”状发展为基本支撑，适当扩大生态条件相对较好、自然承载能力相对较强的河谷区域、盘地区域、浅山区的城镇化规模，通过土地集约、产业集聚、人口集中的原则推进城镇化发展，并强化交通网络建设及城镇之间的联系，逐步形成多中心、多层级的网络状城镇体系。

三是集中连片特困区城镇化建设的艰巨性。贫困面积大、贫困人口多、贫困维度广、贫困程度深是连片特困区最基本的区情，这一基础上的城镇化任务十分艰巨。其一，片区城镇化历史欠账太多；其二，片区经济基础薄弱，经济结构较为单一，产业城镇化难度较大；其三，片区农民市民化素质滞后，人的城镇化任务艰巨；其四，片区城镇化动力不足，地理区位及战略定位决定了连片特困区的城镇化主要依赖于内源动力，然而，薄弱的经济基础和“入不敷出”的财力进一步削弱了城镇化的内源动力；其五，环境脆弱性强，基于空间优化的土地城镇化难度远远大于平原地区。

四是城镇化过程中民族文化保护的重要性。连片特困区多为少数民族聚居区，具有独特的民俗风情、文化艺术、民居特色，并建造了独具魅力的民族乡镇。这些都是片区内历史上城镇化的瑰宝，承载着各少数民族的文化精髓，具有非常高的文化艺术价值。连片特困区的新型城镇化一方面要充分借鉴现代城镇化发展的科学理念，通过有效整合时间、空间、物质、能量、信息、资本等要素，充分发挥城镇的经济生产、社会关系调整、环境改造、资源配置和空间管治功效，推动片区的减贫与发展；另一方面，又要充分尊重各少数民族的文化传统、继承和弘扬各民族的文化艺术，在新型城镇化的过程中充分保护、继承和弘扬民族文化。在城镇化过程中，实现现代与传统相结合、区域发展与民族文化保护传承相结合。

三　连片特困区新型城镇化建设的基本原则

连片特困区新型城镇化任重道远，且没有现成的模式可以借鉴，需要在“摸着石头过河”中探索适宜的城镇化路径，并且有如下原则需要遵循。

一是“人－业－地”协调发展的原则。城镇化过程本质上是人口、产业在特定地理空间上集聚的过程，是经济社会分工不断深化、生产力不断发展、生产关系不断调整的产物，其内在机制则是“人－业－地”的相互耦合和动态均衡。一方面，连片特困区虽是一类具有诸多共性的特殊类型区域，但不同连片特困区、同一片区内不同地区之间的人口特征、产业基础和自然地理条件仍存在差异，因而在城镇化类型、城镇化路径和城镇化政策需求方面也会各不相同，需要因地制宜地推进城镇化。另一方面，在特定片区、片区特定城镇的城镇化进程中，要遵循“人口集中、产业集聚和土地集约”的“三集”原则，推进人口城镇化、产业城镇化和土地城镇化的同步协调发展，实现“生产空间集约高效、生活空间宜居适度、生态空间山清水秀”的“三生”格局优化，提升城镇化质量。

二是城镇化与扶贫开发对接原则。连片特困区的城镇化与其他地区的城镇化不同，还肩负着扶贫、减贫、脱贫的历史使命。因而，连片特困区的城镇化要面向低收入群体、面向自主城镇化难度极大的群体，走更加包容性的城镇化路径，将新型城镇化建设与扶贫开发有效地对接起来。一方面，要以新型城镇化建设目标统筹各项扶贫开发资金、项目、政策，特别是通过人口集中、产业集聚和土地集约的方式来实现贫困地区基本公共服务的均等化、脱贫产业的持续化和扶贫开发过程的环境友好化。另一方面，要借助政府、企业和社会等各类扶贫主体，以及产业扶贫、移民搬迁扶贫、社会扶贫、教育扶贫、金融扶贫等各类扶贫方式，为新型城镇化建设提供支持，并将这种外部援助转化为新型城镇化的内源动力。

三是跨区域协同发展原则。连片特困区多为省际边界区域、分属不同行政区管辖的区情要求新型城镇化建设要突破行政边界，走跨区域协同发展的道路。由于地处各省市边缘且内部边界阻隔效应突出，连片特困区既无法有效融入各省市的城镇体系，又难以形成自身的城镇体系，长期处于游离、分散的城镇个体发展阶段，城镇化动力不足、进程缓慢，制约了片区的城镇化发展。连片特困区新型城镇化建设必须突破这一困境，通过跨省协作，化省际边界的阻隔效应为中介效应，加强片区内部城镇之间的分工和联系，进而深化产业分工、拓展产业链条、提升产业竞争力、优化空间格局、增强就业吸纳能力，加快城镇化进程，并逐步建立起相对完整的内生发展的城镇体系。

四是城镇化建设法治原则。党的十八届四中全会通过的《中共中央关于全面推进依法治国若干重大问题的决定》，标志着依法治国将成为治国理政的基本方式。城镇化建设作为连片特困区的重大民生问题、扶贫攻坚与区域发展的“牛鼻子”工程，理应遵循法治原则。连片特困区城镇化建设法治思维至少体现在三个方面，首先要积极构建新型城镇化建设的法制保障体系，坚持依法行政、依法建设；其次以规划为蓝本，不为领导意志所左右，特别是要提升《国家主体功能区规划》、《国家新型城镇化规划（2014—2020年）》、各连片特困区扶贫攻坚与区域发展规划等的权威性，坚持一张蓝图干到底；最后是依法深化改革，通过完善土地流转、户籍改革、公共服务均等化、环境保护等制度与法规，为连片特困区城镇化提供动力源泉和制度保障。

作为本书的主编，我想借此机会对在本蓝皮书研创过程中给予大力支持的各单位、个人表示诚挚的感谢，尤其是皮书出版分社的邓泳红社长。同时，由于人力、物力、财力以及时间等方面的限制，再加上连片特困地区统计数据相对不完善，我们的研究遇到了很多的挑战，我们的研究结论也难免出现纰漏，敬请读者批评指正。

促进生态文明建设，关注连片特困区新型城镇化，希望连片特困区的明天更加美好！

目录

𝔹 Ⅰ 总报告

𝔹 Ⅱ 区域篇

皮书数据库阅读使用指南

总　报　告

General Report

B.1

中国连片特困区城镇化进程、趋势与发展思路*

游 俊　冷志明　丁建军**

摘　要：中国连片特困区城镇化发展水平滞后，具有设市城市数量少、城镇化进程缓慢，城镇规模小、中心城市带动能力弱，城镇要素集聚能力不强、缺乏内生发展动力，中心城市发展缓慢且不同片区差异明显等特征。同时，各片区也呈现产业特色化、规模化、多样化、高级化、集中化，空间格局趋向

* 本文受国家自然科学基金项目（41361030）、国家社会科学基金重点项目（12BKS021）、国家社会科学基金项目（12CJL069）、湖南省社会科学基金项目（14YBA311）、湖南省软科学重点项目（2012ZK2042、2013ZK2028）、湖南省教育厅青年项目（13B092）、武陵山区扶贫开发研究中心开放基金招标项目（14jdzb069）资助。

** 游俊，吉首大学党委书记，教授，博士生导师，中国民族学学会、中国民族史学会副会长，研究方向为民族地区发展；冷志明，博士，应用经济学博士后，教授，博士生导师，研究方向为区域经济；丁建军，博士，吉首大学商学院副教授，硕士生导师，研究方向为区域经济与产业经济。

明确、对外通道加速建设、对内分工联系日趋紧密，农民市民化能力增强、途径多样、包容性提升等发展趋势。进而，本文提出要走因地制宜的多元化、有产业根基的可持续性、土地集约和环境友好型、分类推进的包容性城镇化道路的发展思路及相应对策建议。

关键词： 连片特困区 城镇化 进程 发展思路

新型城镇化是党的十八大以来国家重点推进的一项重大民生工程。2014年3月发布的《国家新型城镇化规划（2014—2020年）》指出，“积极稳妥扎实有序推进城镇化，对全面建成小康社会、加快社会主义现代化建设进程、实现中华民族伟大复兴的中国梦，具有重大现实意义和深远历史意义”。2014年9月，李克强总理在推进新型城镇化建设试点工作座谈会中进一步指出，“我国各地情况差别较大、发展不平衡，推进新型城镇化要因地制宜、分类实施、试点先行”。连片特困区是我国贫困程度最严重的地区、生态脆弱的山区、省际交界的边缘区、民族聚居区，城镇化发展滞后，既是我国新阶段扶贫攻坚的主战场，也是城镇化工作的难点地区，特殊的自然社会经济特征使得连片特困区的城镇化难以按平原地区、发达地区的同一模式推进。然而，连片特困区的城镇化是加快连片特困区发展不可逾越的阶段，是国家城镇化发展战略的重要组成部分，是国家实施片区扶贫攻坚战略的重要抓手，也是实现连片特困区与全国同步建成小康社会的关键所在。因而，研究连片特困区城镇化进程、趋势与特征，探索连片特困区新型城镇化发展道路，对于实现党的十八大提出的“生产空间集约高效、生活空间宜居适度、生态空间山清水秀”的目标以及推进连片特困区脱贫致富、可持续发展具有重要的现实意义。

一 中国连片特困区城镇化进程与特征

连片特困区在我国城镇化战略空间布局中处于“两横三纵”格局的外围

区域，不仅远离未来重点发展的 20 个城市群，而且分布在各省际交界地区，与各省会城市、省域次增长极城市距离较远，城镇数量少、分布密度低，城镇规模小、带动能力弱，集聚能力不强、缺乏内生动力，中心城市发展缓慢且片区间差异较大。

（一）设市城市数量少，城镇化进程缓慢

1. 城市数量少，分布密度低

设市城市数量是反映一个地区城镇化发展潜力的重要指标。设市城市数量少、分布密度低表明一个地方城镇化滞后且发展潜力相对有限。11 个连片特困区辖 545 个县（市、区），设市城市（含县级市）只有 112 个，其中中心城市 39 个、地级以上城市 28 个①。有 10 个及以上设市城市的连片特困区为 6 个，分别为秦巴山片区、六盘山片区、大别山片区、滇桂黔石漠化片区、武陵山片区和乌蒙山片区，其余 5 个片区设市城市个数低于 10 个，吕梁山片区和燕山 - 太行山片区尚没有地级或县级区域性中心城市。

从城市密度来看，11 个连片特困区共占土地面积为 150.08 万平方公里，城市密度为 0.75 个/万平方公里，略高于全国 0.69 个/万平方公里的平均水平。不过，若不考虑西藏、新疆、内蒙古、青海等几个地广人稀的地区，则全国城市平均密度将达到 1.27 个/万平方公里，连片特困区的城市密度将大大低于这一水平。各连片特困区之间的城市密度也存在较大差异。其中，大别山片区、罗霄山片区、吕梁山片区、乌蒙山片区、六盘山片区和秦巴山片区等 6 个片区的城市密度都接近 0.9 或在 0.9 以上，特别是大别山片区和罗霄山片区，城市密度接近 1.8 个/万平方公里。大兴安岭南麓片区、滇桂黔石漠化片区、滇西边境片区、武陵山片区和燕山 - 太行山片区的城市密度则很低，分别为 0.35 个/万平方公里、0.53 个/万平方公里、0.38 个/万平方公里、0.64 个/万平方公里和 0.65 个/万平方公里（见表 1）。可见，连片特困区总体上城市数量少，城市密度低。

① 其中，毕节市、铜仁市在 2011 年由县级市升格为地级市。

表1　连片特困区城市数量及城市密度概况

片　区	中心城市(省份)	土地面积(万平方公里)	中心城市数(个)	设市城市数(个)	县(市、区)总数(个)	城市密度(个/万平方公里)
大别山片区	六安(安徽)、信阳(河南)、麻城、黄冈(湖北)	6.7	4	12	36	1.79
大兴安岭南麓片区	乌兰浩特市(内蒙古)、白城(吉林)	14.5	2	5	22	0.35
滇桂黔石漠化片区	百色、河池(广西);六盘水、安顺、凯里(贵州);文山(云南)	22.8	6	12	91	0.53
滇西边境片区	保山、丽江、普洱、临沧、楚雄、大理、芒市(云南)	20.9	7	8	61	0.38
六盘山片区	天水、白银、平凉、庆阳、定西、临夏(甘肃);海东(青海);固原(宁夏)	16.6	8	15	69	0.90
罗霄山片区	赣州(江西)	5.3	1	9	24	1.7
吕梁山片区	—	3.6	—	4	20	1.11
秦巴山片区	十堰(湖北);巴中(四川);汉中(陕西)	22.5	3	20	80	0.89
乌蒙山片区	毕节(贵州);昭通(云南)	10.7	2	10	38	0.93
武陵山片区	怀化、张家界、吉首(湖南);恩施(湖北);黔江(重庆);铜仁(贵州)	17.18	6	11	71	0.64
燕山-太行山	—	9.3	—	6	33	0.65
片区合计/平均	—	150.08	39	112	545	0.75

资料来源：11个连片特困区的《区域发展与扶贫攻坚规划（2011~2020）》。

2. 远离“中心”，城镇化进程缓慢

通过查阅11个连片特困区中心城市距离各省（市、区）中心城市（如省会）的城市公路里程数发现，大多数都远离省会等中心城市，处于省级行政区的边缘地带。39个连片特困区中心城市中，仅有安顺市、海东市等5个城市距省会城市的公路里程数在100公里以内，麻城、凯里市距各省会城市的公路里程数在100公里左右，六盘水、毕节、汉中市等三市约为200公里，其他中心城市与所在省会城市的公路里程数都在300公里以上，部分城市甚至超过了500公里，如湖北恩施市距离武汉市约640公里，贵州铜仁市距离贵阳市约550公里。这些中心城市远离各省（市、区）的中心，不仅体现在实际距离

上，更体现在“时间距离”上。由于各连片特困区多为山区，交通基础设施建设滞后，飞机、高铁、高速公路等高等级交通运输方式不仅量少，而且实际运行速度也受到限制，这使得在同样地理距离下所花费的通勤时间更长，即“时间距离”更大。

由于远离“中心”，连片特困区的城镇化进程十分缓慢。图1显示了连片特困区2004～2014年城镇化的演进轨迹。不难发现，连片特困区城镇化进程有两个重要特征，一是水平低，直到2014年，城镇化率仍低于30%，为29.39%，接近快速城镇化阶段的临界线。二是进程缓慢。虽然连片特困区城镇化率有所上升，但进程十分缓慢，年均增长约1个百分点，慢于全国1.19个百分点的年均增速，因而城镇化率差距呈不断扩大趋势，2014年两者的差距达到25.5个百分点。差距扩大的过程大体可以分为三个阶段，一是2004～2005年，短暂差距缩小阶段；二是2005～2009年，差距快速拉大阶段，5年间差距扩大了约2个百分点；三是2009～2014年，差距缓慢扩大阶段，这一阶段虽然差距扩张速度下降了，但仍在缓慢扩大。

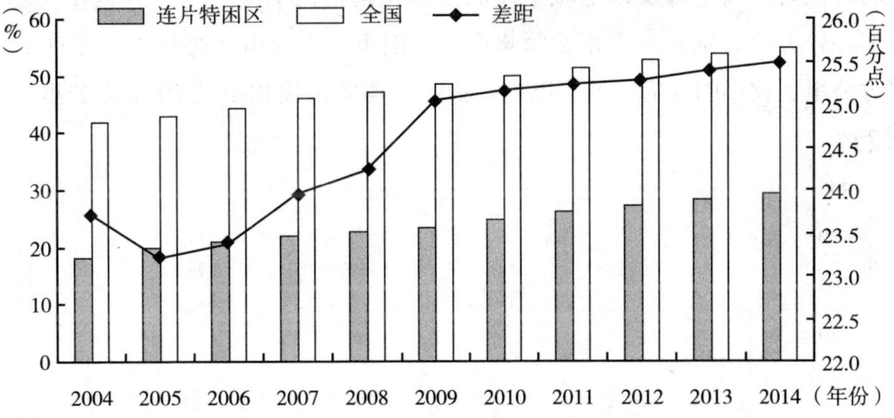

图1　11个连片特困区城镇化率均值与全国城镇化率对比

（二）城镇规模普遍较小，中心城市带动能力弱

连片特困区城镇规模总体偏小，城镇化带动能力不足。这可以从片区中心城市人口规模、建成区面积及其占比、市区GDP规模及其占比、市区人均

GDP 规模及与全市人均 GDP 之比等指标加以佐证。

1. 城镇人口规模小

2014 年国务院印发的《关于调整城市规模划分标准的通知》中确定了“五类七档”的新城市规模划分标准。新标准规定城区常住人口规模 50 万人以下的为小城市，其中 20 万～50 万人的为Ⅰ型小城市，20 万人以下的为Ⅱ型小城市；城区常住人口在 50 万～100 万人的为中等城市。与此标准对比，11 个连片特困区的 39 个中心城市中大都为Ⅰ型小城市，只有少数城市城区常住人口规模超过 50 万人，进入中等城市行列，如六安、怀化、赣江等，极个别城市如信阳市等正在迈入Ⅱ型大城市（100 万～300 万人）行列。112 个设市城市中的其余 73 个城市均为Ⅱ型小城市。

2. 建成区面积不大，占比总体较低

从建成区面积来看，连片特困区地级中心城市建成区面积平均值为 41.67 平方公里，县级中心城市则更低，仅为 29.18 平方公里，而全国地级及以上城市的建成区面积平均值为 123.30 平方公里。可见，片区中心城市的建成区面积均值仅为全国地级及以上城市建成区面积均值的 1/4～1/3。片区中，建成区面积较大的分别是六安市、赣州市、信阳市、十堰市和怀化市，超过了 60 平方公里；较小的则为河池、巴中、临沧，建成区面积不到 20 平方公里（见图 2）。

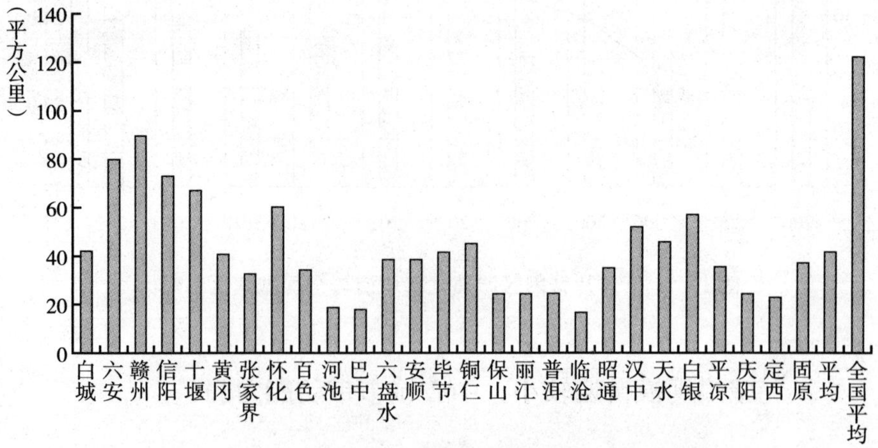

图 2　2012 年连片特困区地级中心城市建成区面积对比

从建成区面积占比来看，连片特困区中心城市建成区面积占区域总面积的比重明显偏低。其中，地级中心城市建成区面积占比均值为3.21%，县级中心城市建成区面积占比均值为3.32%，均与全国地级及以上城市建成区面积占比均值5.50%存在较大差距。不过，片区中也有少数城市建成区面积占比较高，甚至远高于全国地级及以上城市的平均水平，如六安市、赣州市、黄冈市、怀化市、六盘水市和临夏市，其中，临夏市高达22.47%，赣州市也达到了15.24%，当然这与两市总面积较小有关，如临夏市辖区面积仅为89平方公里，赣州市辖区面积为479平方公里。其他33个中心城市（占比85%）的建成区面积占比则都低于全国地级及以上城市的平均水平，并且差距较大。百色、河池、巴中、保山、普洱、临沧、定西、麻城、恩施、芒市等都低于1%，有的仅为0.5%左右（见图3、图4、图5）。

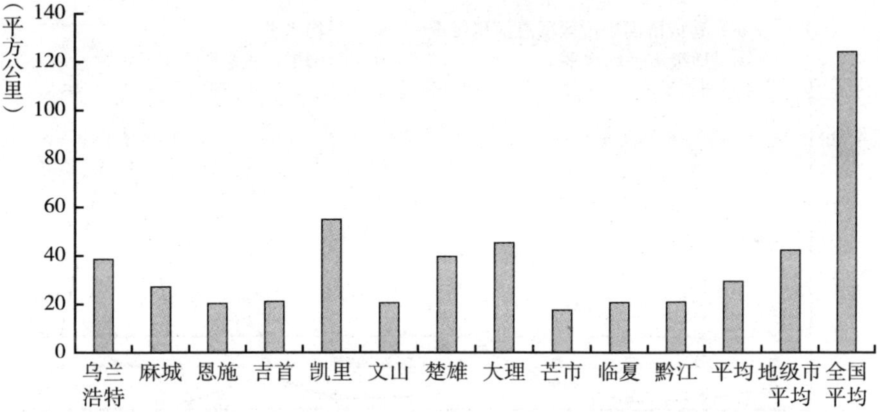

图3　2012年连片特困区县级中心城市建成区面积对比

3. 市区GDP规模偏小，带动能力不强

GDP规模是反映城市规模的一个重要经济指标，GDP规模越大，表明该城市经济越活跃，与周边区域的经济联系和带动作用就相对较强。连片特困区中心城市市区经济规模总体较小，与全国地级及以上城市市区的平均GDP规模差距非常大。如2012年，连片特困区的27个地级中心城市市区GDP均值仅为179.86亿元，而全国地级及以上城市市区GDP平均规模为1132.81亿元，前者仅为后者的15.88%。其中，规模最大的地级中心城市是十堰市，市区

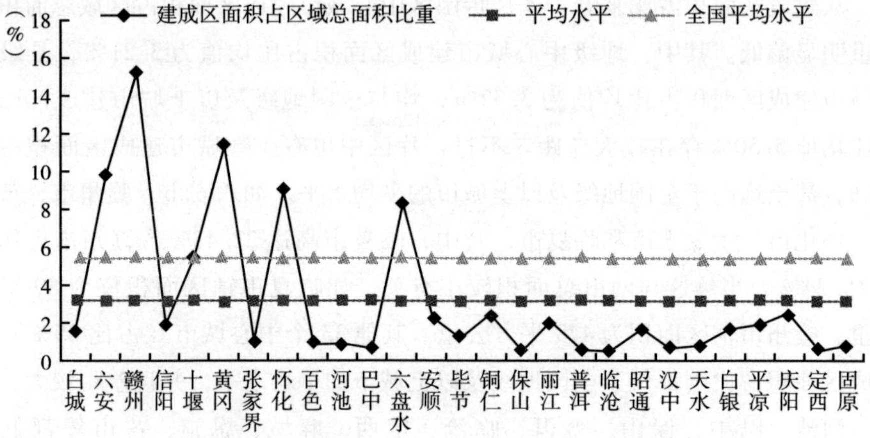

图4　2012 年连片特困区地级中心城市建成区面积占比对比

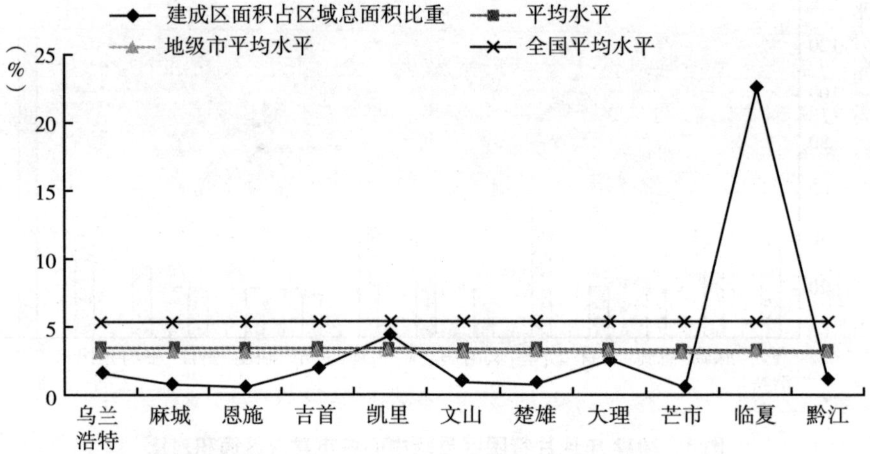

图5　2012 年连片特困区县级中心城市建成区面积占比对比

GDP 为 576.68 亿元，其次是信阳市、赣州市、白银市、六盘水市和六安市，市区 GDP 分别为 354.25 亿元、336.85 亿元、285.7 亿元、256.76 亿元和 247.3 亿元，可见，规模最大的十堰市市区 GDP 也仅为全国地级及以上城市市区 GDP 平均规模的一半左右。而规模最小的临沧市、定西市，其市区 GDP 总量仅为 55.84 亿元和 46.41 亿元（见图 6）。

市区 GDP 占全市 GDP 的比重可以进一步表明城市的相对经济规模，也可

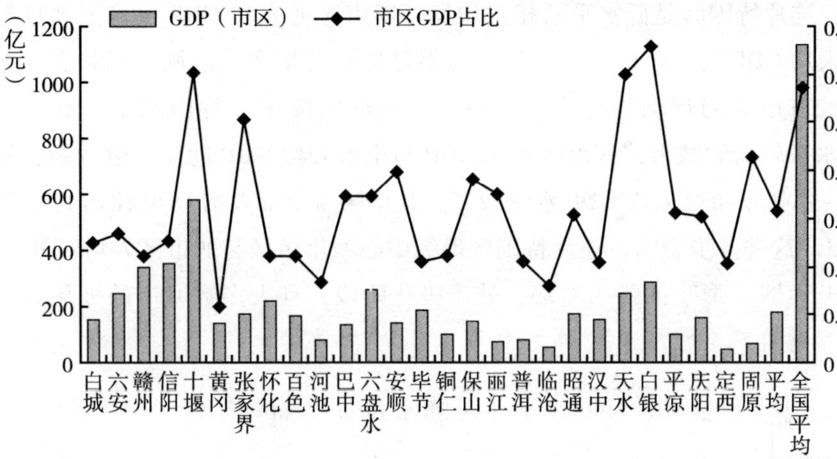

图 6　2012 年连片特困区地级中心城市市区 GDP 及其占全市比重对比

以反映经济的集聚程度。图 6 中的折线表明，连片特困区市区 GDP 占全市 GDP 的平均比重也明显低于全国地级及以上城市市区 GDP 的平均占比水平，前者为 0.31，后者为 0.57。不过，与所有地级中心城市市区 GDP 总量均低于全国平均不同，个别地级中心城市的市区 GDP 占比高于全国平均，如十堰市、天水市和白银市，占比达到 0.6、0.6 和 0.65。占比非常低的有黄冈市、河池市和临沧市，三者分别为 0.12、0.17 和 0.16，远远低于全国平均水平。这意味着，连片特困区中心城市 GDP 总体规模和相对规模总体偏小，但不同片区之间也存在较大差异。如秦巴山、六盘山片区中心城市的相对经济规模明显高于滇桂黔、滇西和大别山片区中心城市的相对经济规模。

从市区人均 GDP 及其与全市人均 GDP 的比值来看，连片特困区地级中心城市的人均 GDP 及其与全市人均 GDP 的比值均低于全国平均水平，且前者的差距要大得多。以 2012 年为例，连片特困区 27 个地级中心城市市区人均 GDP 为 29327 元，全国地级及以上城市市区人均 GDP 则为 81200 元，两者相差 51873 元。市区人均 GDP 较高的十堰市、白银市与全国平均水平的差距分别也达到 7903 元和 23167 元。而市区人均 GDP 最低的六安市、巴中市和定西市分别为 13311 元、12997 元和 10981 元，更是远远低于全国地级及以上城市的平均水平。市区与全市人均 GDP 比值的差距则要小得多，连片特困区 27 个地级中心城市的均值是 1.59，全国地级及以上城市的均值为 1.8。虽然两者差距不大，但连片特困区是低水平的相对均衡，即市区的人均 GDP 水平不高且与非市区人均 GDP 的差距也不大。显然这不是理想的城乡、区域协调状态，地级中心城市市区的带动效应太弱。而且，不难发现连片特困区中，市区人均 GDP 水平较高的城市，其市区人均 GDP 与全市人均 GDP 的比值也较高，如十堰市、白银市市区人均 GDP 水平较高，其市区与全市人均 GDP 比达到了 2.58 和 2.3。这进一步表明，连片特困区地级中心城市市区与非市区人均 GDP 之比尚处于“倒 U 形”曲线的左端，处于极化阶段，且大多数城市的极化效应还很弱（见图 7）。

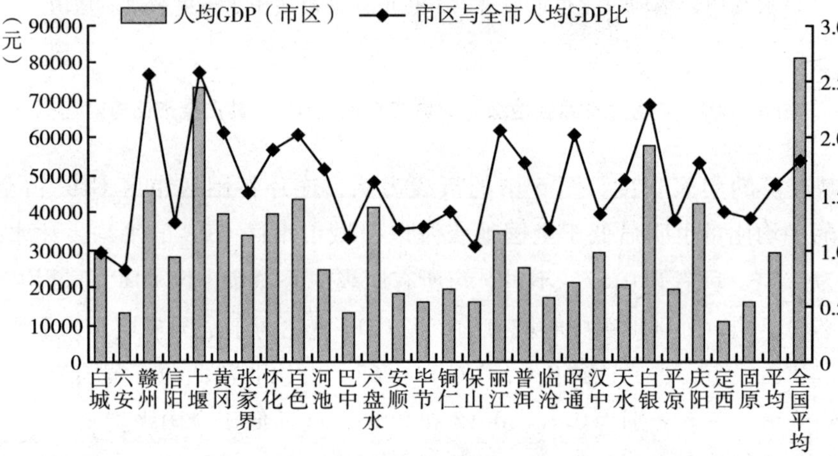

图 7　2012 年连片特困区地级中心城市市区人均 GDP 及其与全市人均 GDP 之比对比

（三）城镇化集聚能力不强，缺乏内生动力

连片特困区城市数量少、规模小的原因在于城市的要素集聚能力不强，产业结构不合理，特别是第二、三产业欠发达，使得城市缺乏发展的内生集聚动力。

1. 人口密度不高，劳动要素集聚能力不强

人既是生产者，也是消费者，因而是经济活动中最重要的要素，人口密度一方面揭示了市场潜力，另一方面也能反映特定区域的劳动力要素集聚水平。连片特困区 39 个中心城市的人口密度明显低于全国地级及以上城市区域的人

口密度。如 2012 年全国地级及以上城市区域的平均人口密度为 662 人/平方公里，而连片特困区中 27 个地级中心城市的平均人口密度为每平方公里 371 人，县级中心城市平均人口密度为 451 人/平方公里①。11 个连片特困区中，除六安、赣州、黄冈、六盘水和临夏等 5 市外，其余 34 个中心城市的人口密度都低于全国地级及以上城市的平均人口密度。其中，低于 200 人/平方公里的中心城市有百色、张家界、河池、保山、丽江、普洱、临沧、汉中、白银、定西、固原、乌兰浩特、文山、楚雄、芒市等15 市，占全部中心城市的38.5%，人口密度最低的普洱市，人口密度仅为 54 人/平方公里。可见，除了六安、赣州、黄冈、六盘水和临夏市等少数中心城市的劳动力集聚能力较强外，连片特困区中大多数中心城市的劳动力要素集聚能力太弱（见图 8、图 9）。

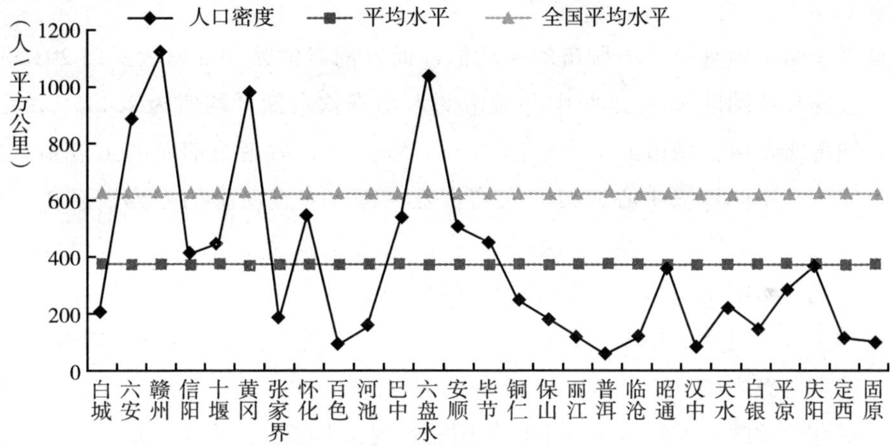

图 8　2012 年连片特困区地级中心城市人口密度对比

2. 贷存比偏低，资金集聚能力弱

资金是又一重要的生产要素，而人均贷款余额、总贷款余额与总存款余额之比（简称“贷存比”）是反映一个地区资金要素集聚能力的重要指标。由图 10 不难发现，连片特困区 27 个地级中心城市的人均贷款余额均值及贷存比均

① 出现县级中心城市人口密度高于地级中心城市人口密度情况的原因是在 11 个县级中心城市中临夏市由于市区面积很小（只有 89 平方公里）、人口密度高达 2696 人/平方公里。不包含该市则县级中心城市人口密度降为 226 人/平方公里。

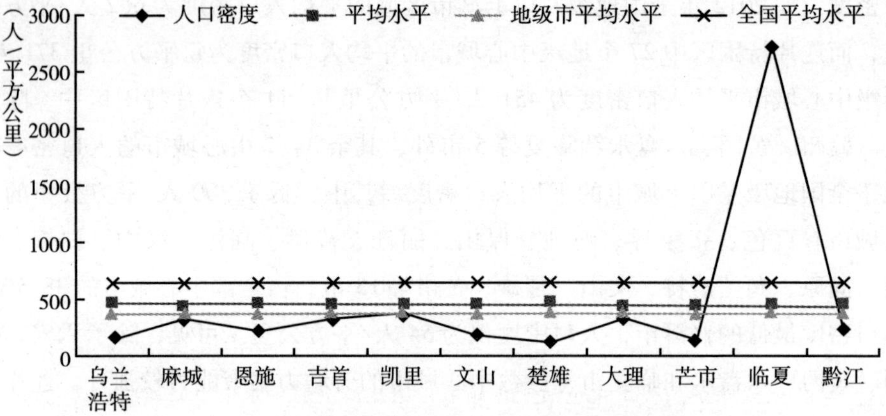

图9　2012 年连片特困区县级中心城市人口密度对比

值都低于全国地级及以上城市的平均值，而且前者的差距非常大。以 2012 年为例，连片特困区 27 个地级中心城市的人均贷款余额平均值为 26446.02 元，而全国地级及以上城市的平均值高达 114259.8 元，后者是前者的 4 倍多。连片特困区中不同地级中心城市的人均贷款余额也存在明显的差异，丽江、赣州、怀化、六盘水、普洱、十堰等 6 市的人均贷款余额较高，均高于 60000 元，特别是丽江市人均贷款余额达到 143543.5 元，高于全国地级及以上城市的平均值。而巴中、毕节、保山、固原等市的人均贷款余额都在 20000 元以下，特别是巴中市和毕节市，仅有 6499 元和 9533 元。

贷存比反映了本地资金在本地使用的情况，若贷存比大于 1 意味着资金净流入，是资金的集聚地，若贷存比小于 1 则表明资金净流出。图 10 中的贷存比点线图显示，全国地级及以上城市的贷存比均值为 0.70①，连片特困区 27 个地级中心城市的贷存比均值为 0.66，后者仍低于前者。这表明虽然都是资金净流出，但后者更严重，或者说连片特困区的中心城市总体上存在较严重的资金外流，“劫贫济富”效应仍然非常突出。连片特困区各地级中心城市中，临沧市是唯一的资金净流入地，但其人均贷款余额非常低，显然是一种

① 全国地级及以上城市的贷存比均值小于 1 意味着我国大多数地级城市也是资金净流出地，这与当前我国省会等大城市、特大城市具有很强的资金集聚能力有关。如湖南省各地级市的资金仍主要流向省会城市长沙市，甚至长株潭地区的株洲市、湘潭市也不例外。

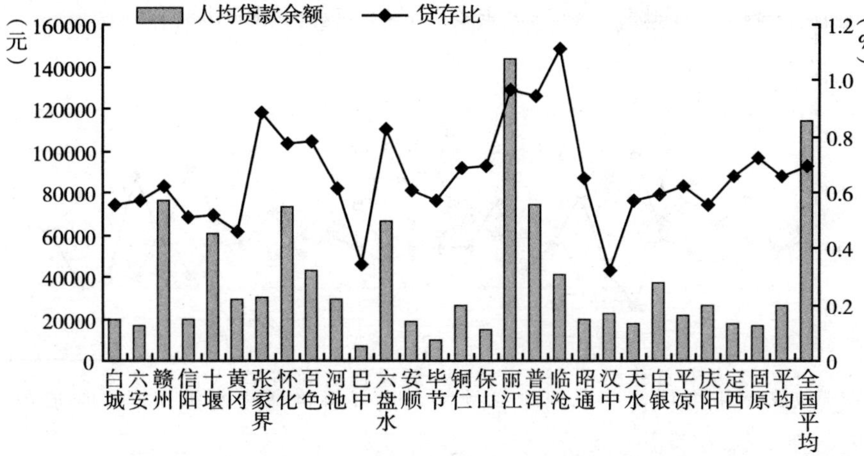

图 10 2012 年连片特困区地级中心城市人均贷款余额及贷存比对比

“帮扶”下的资金输入，丽江、普洱、张家界、六盘水、百色等 5 市的贷存比也相对较高，这与上述城市旅游业或工业快速发展有一定关系。可见，资金集聚需要有产业载体，而当前连片特困区产业发展滞后，使得资金无“用武之地”，反过来，没有资金的支持，连片特困区的产业更难发展，这种恶性循环仍制约着大多数连片特困区中心城市的发展。

3. 第二、三产业发展滞后，内生发展动力不足

劳动力、资金是产业发展的重要因素，只有足够的要素集聚才能支撑产业的发展，同时，产业又是劳动力、资金等要素集聚的载体，没有产业尤其是对劳动力和资金有规模需求的第二、三产业的吸纳，便是“皮之不存，毛将焉附”。图 11、图 12 分别显示了连片特困区地级中心城市和县级中心城市的产业结构概况。总体而言，县级中心城市第二、三产业占比均值低于地级中心城市均值，二者都低于全国地级及以上城市的均值，三者分别为 87.16%、88.06% 和 97.19%，即连片特困区中心城市第二、三产业占比均值比全国地级及以上城市均值约低 10 个百分点，其中，第二产业占比低 5 ~6 个百分点，第三产业占比则低 4 ~5 个百分点。

连片特困区各中心城市的产业发展状况也存在明显差异。赣州、十堰、六盘水、怀化、丽江、白银等市的产业基础相对较好，不仅经济总量较大，而且第二、三产业占比在 94% 以上，超过或接近全国地级及以上城市第二、三产

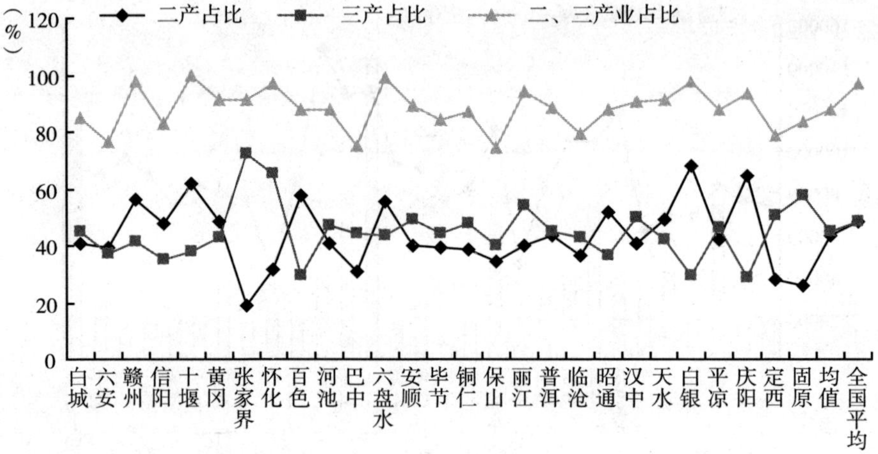

图 11　2012 年连片特困区地级中心城市第二、三产业占比对比

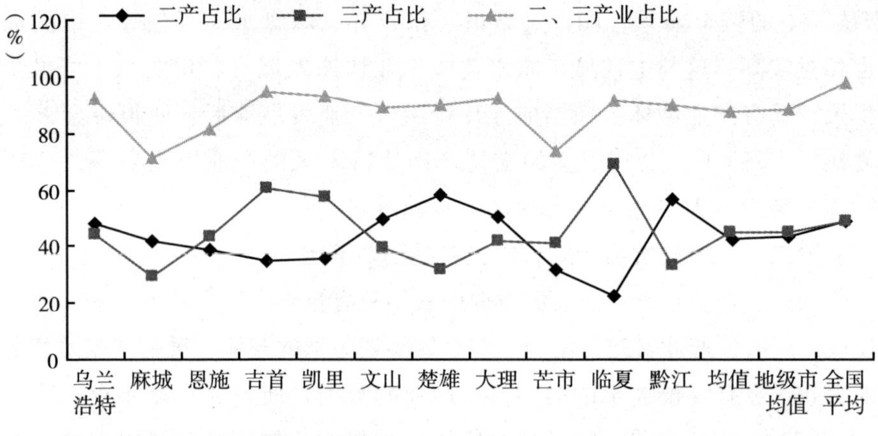

图 12　2012 年连片特困区县级中心城市第二、三产业占比对比

业占比的平均水平。这类中心城市已经具备一定的内生发展动力和自我发展能力。然而，巴中、保山、六安、临沧、定西、麻城、芒市等中心城市不仅经济规模小而且第二、三产业占比低于 80%，与全国地级及以上城市均值相差约 20 个百分点。这类中心城市缺乏足够的内生发展动力，难以自我持续发展。此外，连片特困区 39 个中心城市中有 21 个已呈现“三二一”的产业结构虚高状态，占比 54%，这种“未工业化就进入后工业化”的畸形发展路径和畸形产业结构也影响了片区的内生发展动力和自我发展能力。

（四）中心城市发展缓慢，且不同片区差异较大

前文以2012年为截面，横向比较了连片特困区中心城市关键指标均值与全国地级及以上城市均值，总结了连片特困区城镇化的特征。下面，本文通过计算2004～2008年、2008～2012年两个时间段连片特困区中心城市关键指标的平均增速并与全国地级及以上城市的相应值进行对比分析，进一步挖掘连片特困区城镇化特征。计算结果如表2、表3、表4所示。

表2　2004～2012年连片特困区地级中心城市关键指标平均增速对比

单位：%

片区	地级中心城市	建成区面积		人口密度		建成区面积占比	
		2004～2008	2008～2012	2004～2008	2008～2012	2004～2008	2008～2012
大兴安岭南麓片区	白城	3.03	2.11	-4.54	-0.13	-3.00	2.11
大别山片区	六安	-4.78	11.76	0.70	14.73	-4.78	118.63
	信阳	6.98	5.17	0.88	0.74	6.98	5.17
	黄冈	0.77	10.37	-0.01	-1.06	0.77	9.62
罗霄山片区	赣州	8.95	12.36	2.58	-3.19	8.95	6.54
秦巴山片区	十堰	6.04	-0.87	0.68	0.60	6.04	-0.87
	巴中	0.00	2.50	1.98	-0.47	0.00	2.55
	汉中	-0.71	18.52	0.57	-18.42	-0.71	-16.96
武陵山片区	张家界	3.16	9.09	1.37	0.62	3.16	9.10
	怀化	5.00	10.00	1.41	4.23	5.00	14.82
	铜仁	—	—	1.31	-0.13	—	—
滇桂黔石漠化片区	百色	1.33	1.88	0.64	0.19	1.33	1.78
	河池	2.67	2.35	1.03	1.29	2.67	2.35
	六盘水	18.87	-12.43	2.70	0.41	17.91	-12.24
	安顺	5.60	4.38	1.17	0.86	5.60	4.46
乌蒙山片区	毕节	—	—	1.32	2.05	—	—
	昭通	5.88	12.73	0.31	1.17	5.04	12.73
滇西边境片区	保山	2.50	7.78	0.65	0.67	2.50	7.78
	丽江	5.88	2.73	1.37	-0.31	5.88	2.73
	普洱	6.67	4.00	1.34	-0.15	6.67	3.03
	临沧	4.00	8.33	0.82	1.84	4.00	8.33

续表

片　区	地级中心城市	建成区面积		人口密度		建成区面积占比	
		2004～2008	2008～2012	2004～2008	2008～2012	2004～2008	2008～2012
六盘山片区	天水	14.44	-5.16	0.47	1.15	14.38	-5.15
	白银	0.00	2.75	0.90	-0.10	0.00	2.75
	平凉	20.00	-5.00	0.48	1.72	20.00	-5.00
	庆阳	1.54	15.71	0.93	1.59	1.54	15.71
	定西	72.00	0.00	-0.48	0.00	72.00	0.00
	固原	0.65	3.13	-6.11	1.21	-3.88	3.13
均值		5.55	2.87	0.95	-0.92	6.64	0.79
全国均值		4.56	4.24	0.03	0.72	2.94	3.43

表2表明，2004～2012年，连片特困区地级中心城市建成区面积在前一阶段的年平均增速高于全国地级及以上城市均值约1个百分点，但在后一阶段增速放缓并低于全国地级及以上城市均值1.37个百分点，建成区面积占比也呈现类似的特点，即前期快后期慢，且增速变化差异更大。人口密度方面，全国地级及以上城市人口密度年均增速由前期的0.03%上升到后期的0.72%，而连片特困区地级中心城市人口密度年均增速不升反降，由前期的0.95%下降到-0.92%，即在2008～2012年连片特困区地级中心城市的人口密度均值在下降。具体到各城市则存在明显差异，如大兴安岭南麓片区的白城市在2004～2012年人口密度持续下降，而大别山片区的六安市则持续上升，且后期上升速度明显加快，年均增速达到14.73%。

从城市经济规模及发展水平的关键指标来看，在2004～2012年，连片特困区地级中心城市市区GDP年均增速低于全国地级及以上城市市区GDP年均增速约10个百分点，且增速有放缓的趋势。人均GDP年均增速变化的特点类似，后期较前期年均增速下降了1.87个百分点，且低于全国地级及以上城市市区人均GDP年均增速约8个百分点。市区GDP占比方面，全国地级及以上城市市区GDP占全市GDP的比重呈上升趋势，年均增速为0.18%，而连片特困区地级中心城市市区GDP占比前期上升，后期下降，年均增速分别为0.53%和-0.62%。市区人均GDP与全市人均GDP比值方面，全国地级及以上城市和连片特困区地级中心城市总体上都呈下降趋势，即市区人均GDP与非市区人均GDP的差距趋于缩小，不过连片特困区地级中心城市的缩小速度更快，并且后期快于前期。当然，这并不意味着连片特困区中心城市已发展到扩散阶段，相反是一种低水平的相对均衡，或者说中心城市的极化效应不强。同样，具体到各中心城市，各指标的差异都较明显。如同为六盘山片区的平凉市和庆阳市，前者的市区 GDP 占比持续下降，而后者则持续上升，并且上升速度加快。

表 3　2004～2012 年连片特困区地级中心城市关键指标平均增速对比

单位：%

片　区	地级中心城市	市区 GDP		市区 GDP 占比		市区人均 GDP		市区与全市人均 GDP 占比	
		2004～2008	2008～2012	2004～2008	2008～2012	2004～2008	2008～2012	2004～2008	2008～2012
大兴安岭南麓片区	白城	16.02	17.95	-3.03	-2.07	14.84	17.81	-3.44	-2.29
大别山片区	六安	22.43	23.37	0.11	5.22	17.70	26.48	-1.01	1.38
	信阳	18.19	10.97	-0.87	-0.79	-1.89	14.74	-12.27	0.23
	黄冈	18.86	18.55	7.97	-0.58	14.38	24.71	11.42	-4.83
罗霄山片区	赣州	26.62	23.47	2.22	4.06	25.25	13.04	2.46	-1.48
秦巴山片区	十堰	12.11	19.53	-0.84	0.17	8.96	8.26	-2.26	-6.21
	巴中	14.10	12.84	-0.11	-2.02	17.15	15.35	2.71	0.35
	汉中	9.52	20.87	-3.88	-0.90	20.94	21.79	-8.49	-0.98
武陵山片区	张家界	43.02	17.31	12.92	0.25	41.52	14.04	13.35	-1.46
	怀化	18.65	21.13	2.34	0.70	12.12	11.21	-2.72	-3.74
	铜仁	—	—	—	—	—	—	—	—
滇桂黔石漠化片区	百色	29.87	12.93	4.70	-1.85	22.77	13.48	3.71	-4.40
	河池	25.38	5.97	1.55	-0.64	13.95	12.20	-3.97	1.51
	六盘水	29.50	15.77	-0.54	-1.39	22.89	8.57	-3.26	-5.71
	安顺	13.10	21.42	-2.66	-0.31	13.43	24.66	-3.02	-0.88
乌蒙山片区	毕节	—	—	—	—	—	—	—	—
	昭通	27.51	18.54	5.42	-1.11	11.43	18.46	11.42	-1.14
滇西边境片区	保山	21.66	16.18	1.05	-1.99	20.01	13.87	0.69	-2.62
	丽江	24.24	22.00	2.03	0.02	16.74	13.72	-0.14	-3.41
	普洱	26.70	19.13	2.98	-0.82	25.80	13.01	2.88	-3.88
	临沧	18.07	27.37	0.36	1.05	25.00	24.13	4.77	0.28

续表

片区	地级中心城市	市区GDP		市区GDP占比		市区人均GDP		市区与全市人均GDP占比	
		2004~2008	2008~2012	2004~2008	2008~2012	2004~2008	2008~2012	2004~2008	2008~2012
六盘山片区	天水	15.25	16.82	-0.48	0.21	15.48	16.62	-0.62	-0.73
	白银	19.47	15.20	0.41	-0.18	17.69	15.39	-0.49	-0.46
	平凉	12.63	13.67	-2.04	-1.83	11.97	12.49	-2.69	-3.38
	庆阳	29.05	35.15	1.38	5.89	26.52	30.16	-0.08	0.74
	定西	13.90	21.37	0.24	-0.43	15.43	24.65	0.91	-0.28
	固原	18.59	23.01	-1.74	0.57	23.26	24.37	0.15	-2.04
片区均值		19.37	17.23	0.53	-0.62	15.98	14.11	-0.70	-2.64
全国均值		28.56		0.18		23.41		-0.50	

表4 2004~2012年连片特困区地级中心城市关键指标平均增速对比

单位：%

片区	地级中心城市名称	第二、三产业占比		人均贷款余额		贷存比	
		2004~2008	2008~2012	2004~2008	2008~2012	2004~2008	2008~2012
大兴安岭南麓片区	白城	0.71	-0.08	6.90	8.86	-2.94	-4.84
大别山片区	六安	2.61	0.06	5.71	25.97	-7.73	-1.27
	信阳	0.38	-0.78	0.63	16.91	-6.98	-2.81
	黄冈	0.36	0.18	25.05	2.06	11.39	-12.16
罗霄山片区	赣州	0.27	0.18	8.18	31.99	-2.92	-2.73
秦巴山片区	十堰	0.06	0.00	10.07	17.35	2.14	1.03
	巴中	0.75	4.13	0.10	27.16	-11.14	-1.52
	汉中	0.10	0.26	-0.23	20.48	-8.66	1.13
武陵山片区	张家界	2.92	0.23	6.29	20.96	-6.30	-1.39
	怀化	-0.07	0.35	10.46	21.77	-1.00	1.43
	铜仁	0.00	2.59	—	—	—	—
滇桂黔石漠化片区	百色	1.74	0.09	8.41	20.67	-3.99	0.00
	河池	1.77	-0.75	5.51	11.50	-5.67	-1.19
	六盘水	0.07	0.09	11.12	27.35	0.60	1.37
	安顺	0.74	0.82	0.68	26.36	-8.01	1.89

续表

片区	地级中心城市名称	第二、三产业占比		人均贷款余额		贷存比	
		2004~2008	2008~2012	2004~2008	2008~2012	2004~2008	2008~2012
乌蒙山片区	毕节	0.00	2.70	—	—	—	—
	昭通	-0.03	0.48	34.13	26.11	6.27	1.24
滇西边境片区	保山	0.90	1.27	6.85	17.77	-3.94	-2.29
	丽江	0.33	0.36	11.02	28.22	-1.08	1.05
	普洱	0.52	0.29	53.56	18.23	18.16	-1.94
	临沧	0.33	1.99	2.41	45.20	-8.06	6.77
六盘山片区	天水	0.05	0.05	5.57	45.08	-5.76	11.40
	白银	0.15	0.05	-2.32	38.58	-12.04	18.87
	平凉	0.00	-0.15	-5.86	17.88	-10.29	-1.93
	庆阳	1.37	0.99	3.50	56.22	-7.77	13.13
	定西	2.39	1.50	12.33	44.68	-5.10	6.52
	固原	0.54	1.06	10.83	47.82	-6.34	8.32
均值		0.85	0.38	7.13	21.28	-4.38	0.12
全国均值		0.18		31.60	5.77	0.29	0.58

表4显示，连片特困区地级中心城市市区第二、三产业占比的年均增速快于全国地级及以上城市市区的年均增速，并且后期增速低于前期增速。原因在于连片特困区地级中心城市的第二、三产业占比还比较低，有较大的提升空间，而全国地级及以上城市市区第二、三产业占比已经很高。人均贷款余额方面，连片特困区地级中心城市的年均增速“前期慢后期快”，全国地级及以上城市则恰好相反，年均增速表现为“前期快后期慢”，两者对比则是前者前期慢于后者，后者后期慢于前者。贷存比方面，连片特困区地级中心城市在2004~2008年，贷存比呈下降趋势，年均增速为-4.38%，2008~2012年由负增长向正增长转变，但增速只有0.12%，而全国地级及以上城市的贷存比表现为持续增长，并且增速加快，由前期的年均0.29%上升到0.58%。同样，具体到不同的中心城市和片区，彼此间的差异仍然较大。如乌蒙山片区中心城市的贷存比持续上升，而大别山片区中心城市的贷存比则大都呈下降趋势。

二 中国连片特困区城镇化发展趋势

（一）产业城镇化发展趋势

产业城镇化是新型城镇化的重要方面，具体表现为产业类型的特色化和规模化、产业结构的多样化和高级化、产业空间的集中化和集群化。基于这一标准，下文将对连片特困区的产业城镇化趋势加以分析。

1. 产业的特色化、规模化特征明显增强

产业基础薄弱、产业类型单一、产业链条偏短、产业结构偏低是连片特困区产业城镇化进程中面临的共同困境，也是制约连片特困区区域发展与扶贫攻坚的重要瓶颈。自片区扶贫攻坚战略实施以来，产业开发、产业扶贫成了各连片特困区扶贫攻坚的重点，并在产业发展的特色化和多样化方面取得了明显的进展。产业特色化方面，各个连片特困区都基于自身的产业基础、自然地理条件和比较优势，加大了特色产业发展力度，如大别山片区的皖西白鹅、江淮黑猪、樱桃谷鸭、固始鸡、大别山黑山羊、鸿翔肉鸭等地方特色畜禽品种养殖产业，大兴安岭南麓片区的乳制品加工业、农业机械和石油机械装备制造业、湿地科考旅游业，滇桂黔石漠化片区的糖料蔗等热带作物和中药材种植业、山地生态畜牧业、矿产品深加工业、喀斯特山水风光旅游和民族文化产业，滇西边境片区的天然橡胶和珍贵林木业、傣药等民族药物和名医名药产业、热带风光和民族文化旅游产业，六盘山片区的马铃薯、苹果和红枣种植加工业、清真牛羊加工业、能源化工和盐化工产业、皮革制品业和文化旅游产业，罗霄山片区的脐橙、油茶和竹木产业、钨和稀土等矿产品深加工业、新型电子新兴产业、井冈山红色文化旅游产业，吕梁山片区的红枣、核桃和黄芪产业、煤炭和煤化工产业、岩盐化工产业、轻纺产业、黄河和黄土风情文化旅游产业，秦巴山片区的山地杂粮等富硒农产品加工业、生物医药产业、汽车和装备制造业、新型建材产业和旅游文化产业，乌蒙山片区的山地特色有机食品产业、煤炭和铝土深加工产业、民族生物制药业、旅游和民族文化产业，武陵山片区的生态文化旅游产业、茶叶、烤烟和油茶等特色农业种植加工业、百合和金银花等生物医药产业、锰和铝等矿产品深加工业、山地机械制造业，燕山－太行山片区的错季蔬菜、黄花菜和万寿菊种植业、獭兔绒加工和羊绒絮片加工业、宗教、历史文化和生态休闲旅游业等。产业的规模化则体现为大量种植、加工基地的建设。大兴安岭南麓片区建立了杂粮杂豆、红辣椒等十大特色种植基地，其中杂粮杂豆种植基地覆盖16个县（市），大别山片区建立了茶叶、中药材等9大种植基地，罗霄山片区、秦巴山片区、乌蒙山片区的基地种类数更是分别达16个、16个和15个（见图13）。这些种植基地分别覆盖各片区内主要适宜种植地，目前，各类种植基地中单个种植区面积超过百亩的种植基地数大幅增加，产业的规模化程度明显增强。如武陵山片区中，仅湘西自治州8县（市）2013年椪柑种植面积就达到91.14万亩，产量60多万吨①。

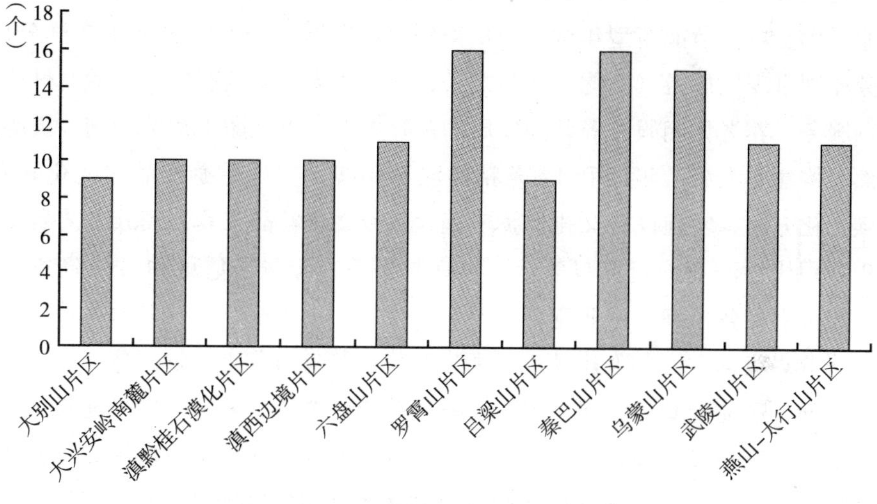

图13　连片特困区特色农业基地类别数对比

2. 产业的多样化、高级化程度不断提升

产业多样化方面，各连片特困区都在特色产业发展的基础上实施了多元化发展。（1）农业的多样化。农业一般只是从粮油种植、经济作物种植、中药材种植、特色畜牧养殖等方面因地制宜地选择多种产品，如图13所示，只是特色农业种植和加工方面，各连片特困区的产业类别都在9种以上，罗霄山片

① 资料来源于湘西自治州柑橘产业办公室。

区和秦巴山片区更是高达16种。（2）工业的多样化。工业则覆盖特色农产品加工、矿产资源深加工、生物制药、特色轻纺、山地机械、民族用品制造、汽车和装备制造业等领域。以秦巴山片区为例，在汽车和装备制造业方面，依托十堰的汽车产业基础，商用汽车整车制造、微型车、新能源汽车、专用汽车制造以及关键零部件生产得到快速发展，汉中的飞机制造和大型数控机床制造业也被作为发展的重点。生物产业方面，一是深化杜仲、天麻、连翘、丹参、绞股蓝、当归、黄姜、山茱萸、金银花、西洋参、秦艽等中药材的加工，二是发挥生物资源优势，大力发展食品、保健品、化妆品、化工原料、肥料、饲料等相关产业。冶金、化工与新材料产业方面，铝材、钒、钼、镍、钛等冶炼加工产业是发展的重点，尾矿资源综合利用产业、精细磷化工产业、天然气精细化工业、生态环保节能新型建材产业也得到快速发展。（3）服务业的多样分化。服务业则呈现以旅游、文化产业为龙头，现代物流、商贸服务、金融、科技和信息服务、养老休闲服务等共同发展的良好局面。以武陵山片区为例，旅游业方面，构建5大旅游组团和12条精品旅游路线，实施旅游产品多元化开发；民族文化方面，实施民族文化保护工程、民族文化精品工程、民族工艺品发展工程；现代物流业、商贸服务业、家庭服务业、金融、信息和科技服务业方面，积极引导各类细分产业竞合发展。

产业高级化方面，各连片特困区第二、三产业的占比不断提升，产业链条不断拉伸，产业配套服务能力不断增强。在特色农产品种植、矿产资源开发方面深加工程度明显提高，产业、产中和产后服务体系逐渐完善，物流配送效率不断提升。同时，动植物疫病防控、农机安全监理、农产品质量安全检验检测、农业环境监测等农业现代技术，环保技术、现代信息科学技术、循环经济工艺流程等在产业发展中得到更广泛的应用，产业的科技含量和附加值得到提升。如罗霄山片区，借助军工企业的技术优势在赣州等地发展军民结合高技术产业、新能源汽车产业、新材料、节能环保、高端制造业等战略性新兴产业，进一步优化了片区的产业结构。此外，现代物流业、金融、信息和科技服务业的加快发展，既拓展了片区产业发展领域，也促进了传统产业的升级改造，使得片区的产业高级化程度明显提升。

3. 产业集中、集聚趋势更加明显

产业空间布局的集中和集聚趋势更加明显。一方面，各连片特困区都制定

了特色农业基地空间分布规划，并通过扶贫政策、扶贫资金引导农户在规划区域内规模化种植，促进了原本相对分散的种植业逐渐向基地集中。同时，特色农产品加工企业也趋向于种植基地所在的中心城镇集聚，正逐渐形成农产品加工企业产业集群。另一方面，第二、三产业相对于第一产业而言，对集中和集聚的要求更为迫切，然而，长期以来的行政分割及重复建设，使得第二、三产业分散于各个县域的中心城镇，这些产业不仅规模小而且彼此同质恶性竞争。近年来，在各连片特困区区域发展与扶贫攻坚的统一规划下，这一问题得到明显改善。统一规划、合作共建、承接产业转移使得重点发展的产业园区、中心城市成为第二、三产业的集中和集聚中心，第二、三产业的总体集聚程度有所提升。如六盘山片区的庆阳、定西、白银、固原和乐都的特色产业集聚区，罗霄山片区的赣南承接产业转移示范区、赣南综合保税区，吕梁山片区的绥德石雕、兴县根雕、清涧石板画、岢岚手工地毯和砂岩雕刻等工艺美术产业集聚区，秦巴山片区的十堰、汉中、巴中、广元、安康、商洛、陇南等地的特色产业集聚区，武陵山片区的黔江、恩施、怀化和铜仁等地的特色产业集聚区，燕山－太行山片区的蔚县剪纸、广灵剪纸和平泉契丹文化等特色文化产业集聚区得到较快发展，成为相应片区内重要的产业集中和集聚区。此外，各连片特困区积极争取和周边中心城市联合共建产业园区，并通过“强强联合”的片区内产业园区整合筹划申报国家级产业园区，这都将进一步提升连片特困区的产业集聚能力。

（二）空间城镇化发展趋势

1. 城镇体系与空间格局趋向明确

长期以来，由于行政分割以及远离省会等中心城市，各连片特困区不仅城镇化水平低，而且片区内各城镇的发展大都各自为政，远未形成有序的城镇体系。不过，在国家实施连片特困区区域发展与扶贫攻坚战略之后，在各连片特困区发展规划的指引下，连片特困区城镇化的空间趋向逐渐明确，建立相对独立、完整城镇体系的共识基本达成，“点轴发展”理念得到了有效贯彻。特别是，各片区内中心城市的“中心地位”得到了进一步强化，其增长极效应逐渐凸显，同时，重要城镇带、经济走廊建设也得到了地方政府的支持和市场的响应。总体上，连片特困区城镇化空间趋向可以分为两大类型：一是没有明确的中心城市支撑的空间趋势，这类连片特困区内各城镇的行政级别较低、综合实力较弱、中心潜能不强且彼此间的差异不明显，难以形成带动效应较强的增长极，如大别山片区、吕梁山片区和燕山－太行山片区，因而以连接各城镇的“圈”“带”“走廊”式相对均衡发展战略是比较现实的选择；二是有一个或多个中心城市支撑的“点－轴”网络式空间发展趋势，这类连片特困区通常面积相对较大，片区内有一个或多个行政级别较高、综合实力较强、中心潜能较大的中心城市，并在一定的范围内具有潜在的带动效应，同时，各中心城市之间日渐增强的联系能有效激发“轴”上的经济活力，形成活跃的经济带、经济走廊。如表5所示，大多数连片特困区都属于这一类，其中，罗霄山片区、大兴安岭南麓片区、乌蒙山片区和秦巴山片区的中心城市较少，不超过3个，而武陵山片区、滇西边境片区、滇桂黔石漠化片区、六盘山片区的中心城市较多，为6～8个。滇西边境片区甚至出现了以大理、隆阳、芒市和瑞丽为中心的滇西城市群雏形，武陵山片区以铜仁、吉首和怀化为支点的“铜吉怀”成长三角也日趋明显。

2. 对外联系大通道建设加速

连片特困区大都处于生态相对脆弱、地理区位相对偏远的山区、石漠化区、少数民族聚居区和多省交界区，交通落后、信息闭塞、与外界尤其是经济相对发达地区联系有限，制约了片区的经济发展和城镇化进程。建立外向联系大通道，解除边缘锁定是连片特困区发展的必然选择。自西部大开发，特别是连片特困区区域发展与扶贫攻坚战略实施以来，各连片特困区都加快了对外联系大通道的建设，如表5所示。一方面，这些大通道或者本身是连接国家重要城市群且经过片区的通道，或者是片区对接周边城市群的重要通道，通过纵向、横向大通道的布局有效地缩短了“边缘”与“中心”的距离，必将增强各连片特困区与经济发达地区的互动，进而促进片区融入区域、全国甚至全球经济大循环中。如西南地区的连片特困区——乌蒙山片区、武陵山片区、滇西边境片区、滇桂黔石漠化片区等通过大通道建设加强了与武汉城市群、长株潭城市群、成渝城市群、黔中城市群、滇中城市群、北部湾城市群之间的联系。另一方面，大通道的建设也加快了沿线城镇带、经济带的建设，拓展了连片特困区城镇发展的空间张力，是片区城镇化的重要动力来源。大通道上的节点城镇是片区城镇化的重要“生长点”，有较强的产业城镇化、人口城镇化发展潜力，将成为片区城镇化的热点区域。同时，大通道建设也在客观上强化了片区内通道沿线节点城镇之间的分工和联系，是片区城镇化空间格局和城镇体系塑造的重要力量之一。

表 5　连片特困区城镇空间格局趋向与对外大通道建设

序号	片　区	空间格局趋向	对外大通道
1	大别山片区	“一圈四走廊”	“两纵四横”
2	大兴安岭南麓片区	“两中心四走廊”	“两横三纵”
3	滇桂黔石漠化片区	“八中心六走廊”	“三横五纵”
4	滇西边境片区	“七中心三带四走廊”	“四横三纵”
5	六盘山片区	“八中心四走廊”	“两纵两横两联”
6	罗霄山片区	“一中心五走廊”	“三纵两横”
7	吕梁山片区	“一带两走廊”	“两纵两横”
8	秦巴山片区	“一带三中心五走廊”	“三横六纵”
9	乌蒙山片区	“两中心四走廊”	“四纵两横”
10	武陵山片区	“六中心四轴线”	“两环四横五纵”
11	燕山 - 太行山片区	“一圈三带四走廊”	“三射两横两纵”

资料来源：11 个连片特困区的《区域发展与扶贫攻坚规划（2011—2020 年）》。

3. 对内分工与联系逐渐增强

各连片特困区空间城镇化内部分工和联系增强体现在如下方面：（1）由“中心城市 - 重点县城 - 中心镇”组成的三级城镇分工体系基本形成。除了大别山片区、吕梁山片区和燕山 - 太行山片区 3 个片区只有“重点县城 - 中心镇”两级城镇分工外，其他连片特困区都形成了“中心城市 - 重点县城 - 中心镇”三级城镇分工体系。其中，中心城市是片区内较大地域范围内的政治、经济、文化和社会服务中心，具有较强的综合服务功能，并且在某一个或多个细分产业上具有明显的比较优势或竞争优势，是连片特困区对外联系的重要节点或门户，也是连片特困区的核心增长极，各连片特困区的中心城市见表 4；重点县城则是在片区内规模较大、基础较好、县域经济发展潜能较强的县城或县级市，其职能主要是面向县域经济、城乡协调发展提供产业集中、人口集聚的空间以及基础设施、基本公共服务等，同时也是农副产品的集散中心和初级加工中心，并在特定资源型产业上具有一定的发展规模和产业基础；中心镇除了最基本的公共服务职能外，主要谋求某一特色产业的发展，如旅游休闲、民俗文化、商贸流通、加工制造等，通过专业化的发展带动农民增收和农民就地城镇化。（2）同一层级城镇之间的分工也更加明确。在大兴安岭南麓片区等8个片区中除罗霄山片区只有1个中心城市以外，其他片区都有两个以上的中心城市，特别是六盘山片区、滇桂黔石漠化片区都有8个中心城市。随着各连片特困区区域发展与扶贫攻坚规划的实施，片区内中心城市之间的职能、产业分工日趋明确。以滇桂黔石漠化片区为例，8个中心城市中，百色市的定位是建成全国生态型铝产业示范基地，重点发展能源、煤电铝一体化等产业；河池市则重点发展有色金属、水电等产业，目标是建成有色金属产业基地；安顺市重点发展航空装备制造业、商贸物流业，旨在建成民用航空产业基地和商贸物流中心；六盘水市重点发展能源、煤化工、商贸物流等产业，定位为重要能源基地和区域综合交通枢纽；兴义市重点发展商贸物流等，拟建成区域性商贸物流中心；凯里市重点发展生物医药、农林产品加工等产业，目标是建成西南林产业基地、中药材集散地；都匀市重点发展高新技术、电子技术与信息、特色轻工业等产业；文山市则重点发展生物医药、矿产资源加工、商贸物流业等，旨在建成生物医药产业基地和商贸物流中心。（3）不同层级、同一层级城镇之间的联系更加紧密。由于纵向和横向分工逐渐加深，不同层级、同一层级城镇之间的联系也明显增强。这种联系一方面体现在产业联系方面，如不同特色旅游城镇组成的精品旅游线路等，另一方面则体现在承载人流、物流、信息流等各种“流”的载体，即交通设施、信息设施等基础设施上，如武陵山片区“内环线”“外环线”建设加大了6个中心城市、外围县城之间各种“流”的强度。

（三）人口城镇化发展趋势

人口城镇化是“以人为本”的新型城镇化的根本要求，具体体现为农民向市民的身份转变、农村生活习惯向城市生活方式的转变以及获得同等的“市民待遇”。然而，人口城镇化需要一个过程，除了产业的带动、空间的支撑外，还需要农民素质的提升、城镇包容性的增强以及农民市民化通道的畅通。自片区扶贫攻坚战略实施以来，连片特困区农民市民化能力、城镇的包容性以及农民市民化通道都有所改善，为加快人口城镇化进程奠定了基础。

1. 农民市民化能力不断提升

为了提升农民的综合素质，各连片特困区除了继续巩固“两基”（即基本实施九年义务教育和基本扫除青壮年文盲）成果以外，还实施了一系列有针对性的农村劳动力素质提升措施，如农村劳动力转移就业技能培训、贫困家庭劳动力职业教育与培训、乡土人才培训、农村实用技术培训等。农村劳动力转移就业培训通过支持片区内各类职业院校、职业培训机构根据市场需求开展订单、定向、定岗的技能培养和培训，以及鼓励企业“工学结合、半工半读”等形式的岗前技能培训、转岗转业技能培训等提高了农民进城务工、从事非农产业的能力，为其通过劳务输出实现“异地城镇化”创造了条件；贫困家庭劳动力职业教育与培训则通过给予生活补贴、免除学费、国家助奖学金和“雨露计划”等鼓励和支持贫困家庭的新成长劳动力接受中等职业教育，以提升贫困家庭的减贫、脱贫以及进城生存和发展或就地致富的能力；乡土人才培养以及农村实用技术培训则通过项目、资金、培训等方式扶持农村致富带头人、技术能人、农村经纪人、优秀乡土人士到大中专院校和发达地区接受培训，加强农村生产经营型人才、技能服务型人才、管理型人才和创业型人才的培养，提升农村非农化产业发展能力和农民“就地城镇化”的能力。调查发现，接受过上述教育或培训的年轻人有更强的“市民化”意愿，并且对在城市立足、适应城市生活以及将家人接到城市生活更有信心。可见，各级各类培训提升了片区农民的综合素质，增强了其市民化的意愿和能力，这与连片特困区进入快速城镇化阶段将拥有更快的城镇化速度相吻合。

2. 人口城镇化途径更加灵活与多样化

连片特困区人口城镇化水平低，与各片区规划中的城镇化目标有着较大的差距，人口城镇化压力较大。近年来，各连片特困区除了大力提升农民市民化素质以外，还在农民市民化途径方面进行了积极的探索。目前，各连片特困区人口城镇化的主要通道大体上有三条，即异地城镇化、就地城镇化和移民搬迁城镇化。（1）异地城镇化。该通道一直以来都是连片特困区人口城镇化的重要通道，即通过“考学”“打工”等劳务输出的方式在片区外发达地区和城市实现城镇化。片区扶贫攻坚战略实施以来，在劳动力综合素质提升政策支持下，各连片特困区接受过中等职业教育并通过劳务输出进入发达地区的各级各类城市的年轻人数量持续上升，并且长期定居或有意向定居在务工城镇实现

“异地城镇化”的比例也呈上升趋势。不过，通过该通道实现城镇化的人口规模仍然有限。此外，“异地城镇化”通过净输出青壮年劳动力、地方精英等人力资本的方式来实现城镇化给连片特困区的扶贫与发展带来了较大的负面影响，也影响了片区内的就地城镇化进程。（2）就地城镇化。通过加强中心城市、重点县城和中心镇的建设以吸引更多的农民市民化进而实现就地城镇化是各连片特困区支持力度更大的城镇化通道。近年来，各片区在规划的指引下，加快中心城市的“扩城”行动，如武陵山片区的6个中心城市怀化、黔江、恩施、张家界、吉首和铜仁都加快了城市建设步伐，分别朝着到2020年实现新增城市人口39万人、30万人、14万人、12万人、13万人和30万人的目标而努力。同时，各连片特困区加快了小城镇建设进程，通过“特色立镇、特色兴镇”的方式以支持特色产业的发展带动农民的就地城镇化。不过，虽然各连片特困区在中心城市、重点城镇、特色小镇的建设上加大了投入，城镇建设也明显加速，但带动人口就地城镇化效应与预期还存在较大差距。（3）移民搬迁城镇化。移民搬迁是各连片特困区区域发展与扶贫攻坚规划中支持的一种扶贫方式，部分连片特困区将其与新型城镇化结合起来，通过整合生态移民、地质灾害移民、扶贫移民项目，将居住在生存环境恶劣、自然灾害频发、基础设施极差、居住十分分散的贫困人口整体搬迁，并且以对口培训、定向定点招工等形式引导其向周边中小城镇、工业园区移民，进而实现整体就地城镇化。目前，武陵山片区、乌蒙山片区、滇桂黔石漠化片区、滇西边境片区、六盘山片区等都在积极探索移民搬迁城镇化模式，并涌现了“正安模式”等成功范例。不过，移民搬迁城镇化模式虽然在实现自然条件恶劣区、深山区农民的就地城镇化方面有较大的潜力，但在解决“被市民化”后的可持续生计、享受“市民待遇”等方面仍存在较多的问题亟待解决。

3. 人口城镇化包容性逐渐增强

人口城镇化是一个“推力”和“拉力”相互作用的过程，而“拉力”主要来自于城市的软硬件方面的吸引力。近年来，连片特困区通过大规模的基础设施建设，中心城市、重点城镇、特色小城镇的硬件条件如道路、电力、供水、供气、污水和垃圾处理等市政基础设施都得到了明显的改善，城镇的承载能力、吸纳能力明显增强。不过，更值得一提的是连片特困区城镇的软环境也有了较大的改善，特别是人口城镇化的包容性不断增强。这种包容性的变化主要体现在三个方面：（1）经济发展方式和产业创造出更多适合于农民就业的岗位。近年来，连片特困区重点城镇、特色小城镇的建设中，重点支持就业门槛相对较低的劳动密集型产业的发展，如各种特色农产品加工业、特色食品加工业、传统手工艺品加工业、特色旅游配套产业、家政服务业、商品零售业等。这些产业具有较强的就业吸纳能力且就业门槛较低，给周边农户提供了大量的就业机会。（2）更完善的创业、就业服务环境。一是立足本地开发就业岗位，通过招商引资、鼓励返乡农民工创业等方式拓宽本地农民的非农就业渠道。同时，创造宽松的自主创业、自谋职业，以创业带就业的外部环境，并开辟大量公益性就业岗位。二是通过构建覆盖城乡的公共就业服务人才资源市场信息网络平台，针对不同就业群体的特点开展就业服务，使农民能便捷地在本地城镇找到合适的就业岗位。（3）更公平的“市民待遇”。目前，各连片特困区的中心城市、重点城镇和中心镇都放开了户籍限制，部分城镇还制定了鼓励进城落户的政策。同时，各城镇还积极推动缩小农村转移就业劳动者与城镇居民在享受子女入学、就医、住房和社会保障等城市公共服务方面的差距，让“进城落户”的农民享有同等的“市民待遇”。值得注意的是，虽然各连片特困区有意识地采取多种措施提升片区城镇化进程中的包容性，并也取得了一定的成效，但不同连片特困区、同一连片特困区内不同城镇还存在较大差异，大多数片区人口城镇化的包容性还很不理想。

三　中国连片特困区城镇化发展思路与对策

（一）遵循“人－业－地”耦合互动原理，走因地制宜的多元城镇化道路

城镇化从其直观表现来看，是人口的集中和产业的集聚，而其内在机理则是“人－业－地”的相互耦合和动态均衡过程。连片特困区虽是一类具有诸多共性的特殊类型区域，但不同连片特困区、同一片区内不同地区之间的人口特征、产业基础和自然地理条件仍存在差异，因而在城镇化类型、城镇化路径和城镇化政策需求方面也会各不相同，需要因地制宜地推进城镇化进程。

1. 城镇化的“人－业－地”耦合互动原理

一般意义上，城镇化是指人口由农村向城或镇转移的过程，也是经济社会

分工深化和发展的必然结果，这一转移过程伴随着产业的集聚、人口的集中和土地的集约利用。首先，专业化分工促进了效率提升，加快了第一、二、三产业的分离，也瓦解了传统的“自给自足”式生计模式，使得人与人之间、家庭与家庭之间的依赖程度、商品交换程度更高，更高的依赖程度和频繁的贸易往来使得人口在空间上趋于集中。其次，人口的相对集中扩大了市场范围，进而进一步深化产业分工，在第一、二、三产业分离的基础上拉长和拓展产业链，产业的专业化、规模化、集聚化程度继续增强，并形成了产业集聚、人口（市场）集中在特定地域空间上不断循环累积的过程，即著名的斯密－杨格定理在特定地域空间上的一次实现。不过，在“人”和“业”的互动过程中，“地”并非像主流经济学那样可以被抽象为一个“点”，处于次要的地位。事实上，“地”是“人”和“业”的载体，也是“人－业”互动循环的起点和“场”。“地”的属性在一定程度上决定了“业”的类型以及“人”和“业”的规模，同时，“地”的空间结构影响着“人－业”互动的方式和效率。人口集中、产业集聚也可以重塑“地”的属性，使其更具效率并且更有利于“人－业”的互动循环，但这种重塑是有边界的，受到自然规律、经济社会成本等的制约。因而，“地”的属性差异较大程度上决定了“人－业－地”耦合和互动过程的差异，也就决定了特定地域城镇化类型、过程等的差异。

2. 城镇化类型的多样化

从城镇化类型多样化的角度来看，在“人－业－地”的互动耦合下，连片特困区可以加快旅游拉动型、资源集聚型、边贸繁荣型、交通节点型和综合服务型城镇化发展。（1）旅游拉动型城镇化。各连片特困区都具有丰富的自然和人文旅游资源，随着交通设施和区位条件的改善，旅游产业有很大的发展潜力，同时，连片特困区中大部分地区为限制和禁止开发区、生态脆弱区，这意味旅游产业相对于工业而言是连片特困区城镇化更为现实的主导动力。因而，大力发展“有利于贫困人口发展的旅游”（Pro-poor Tourism，简称 PPT），以旅游及其关联产业为主导动力的城镇化是连片特困区城镇化的首要选择。（2）资源集聚型城镇化。连片特困区多为山区，矿产资源、生物资源、特色农业资源也十分丰富，但分布相对分散，资源开发的程度很低，而且多为粗放式开发，但随着开发技术的提升、绿色开发意识的增强，资源的开发潜力较大，通过规模化和集约化开发特色资源，建立特色产业基地、特色产业园区、特色产业集群能促进特色资源型城镇建设。(3) 边贸繁荣型城镇化。连片特困区多为省际交界区，省与省之间频繁的商业往来，形成了繁华的边贸小镇，良好的商业基础、物流配送条件有助于其进一步集聚经济和人口，通过商业繁荣促进城镇化。此外，滇西边境片区还与老挝、越南、缅甸等东南亚国家接壤，具有更好的发展边境贸易的条件，边贸繁荣型城镇化发展模式可以有效推广。(4) 交通节点型城镇化。交通等基础设施建设是各连片特困区区域发展与扶贫攻坚规划中的重要举措，随着大通道、主干线以及重要支线的高等级铁路、公路建设，将形成一批新的交通节点，这为片区的城镇化提供了新的机遇和空间载体，以交通节点为依托，以现代物流业为支撑，可以加快交通节点型城镇建设。(5) 综合服务型城镇化。推进基本公共服务均等化是连片特困区扶贫攻坚和区域发展的重要任务，而分层级的集中供给有利于提高公共服务的供给效率，公共服务的集中供给则为城镇化提供了新的动力，进而推进不同层级的综合服务型城镇化发展。

3. 城镇化路径的多元化

连片特困区推进城镇化发展应遵循不同的路径，如移民搬迁、产城融合和组团发展等。(1) 移民搬迁型城镇化路径。与其他地区的城镇化不同，移民搬迁是连片特困区城镇化的一条重要途径，可以在提升城镇化水平、优化城镇空间格局中发挥做出重要贡献。连片特困区中存在大量自然环境恶劣区、生态脆弱敏感区、自然灾害频发区，这些地区不适宜人类居住，更不可能进行城镇化开发，因而，移民搬迁是这些地区城镇化的唯一选择。统筹移民搬迁资金、生态补偿资金、扶贫资金等，将居民向适宜城镇化的地区或现有城镇集中搬迁，能同时实现生态修复、推进公共服务均等化和加快城镇化进程多重目标。(2) 产城融合型城镇化路径。城镇密度低、规模小、吸纳就业能力不强是连片特困区城镇化进程中普遍面临的问题。因而，适当扩大已有城镇特别是中心城市和重点县城的规模、增加小城镇数量是连片特困区城镇化发展的重要方向，而“产城融合”的产业新城建设、产业园区引领的特色小城镇建设则是基本的城镇化路径。(3) 组团发展型城镇化。连片特困区复杂的地形地貌条件、脆弱的生态环境、有限的自然承载能力使得片区的城镇化难以像平原地区的城镇化一样，走“摊大饼式”的城镇规模扩张之路。为了突破规模偏小、集聚能力偏弱的不足，连片特困区的中心城市、重点县城应走组团型城镇化发展道路，以快速交通网络连接相互毗邻的城镇，实现“抱团”发展，组建系列具有活力的“成长三角”，使其发展成为片区城镇化的引擎。

4. 城镇化政策的多样化

连片特困区城镇化滞后，自组织城镇化进程缓慢，需要其他组织城镇化方式的大力支持，但不同类型、不同发展阶段、不同发展路径的城镇对外部支持特别是城镇化政策的需求不同。因而，国家在推进连片特困区城镇化时应给予多维度的政策选项，满足其最迫切的需求。（1）政策优惠型。连片特困区部分发展基础较好、发展潜力较大且进入快速城镇化阶段的城镇面临的阻力或瓶颈可能主要来自于现有行政区划、行政级别或其他制度的束缚，若能前瞻性地消除这些障碍或者给予其足够的创新空间，便能促进这些城镇快速发展。（2）产业支持型。对于连片特困区中大多数的小城镇而言，缺乏产业支撑是城镇化发展面临的最大困难，因而，有针对性地给予产业引导、产业培育甚至承接产业转移等方面的支持能达到推进这些城镇快速发展事半功倍的效果。（3）资金援助型。部分城镇拥有特色的产业资源和较大发展前景的产业项目，但缺乏进行产业开发的资金支持。对于这些城镇，国家一方面要帮助当地政府进行招商引资，另一方面，也可以通过筹建产业发展基金等方式给予适当的资金支持。（4）设施完善型。对于基础设施十分薄弱，严重制约了城镇人口集中、产业集聚以及居民享受基本公共服务功能的城镇，在当地政府完全没有资金建设基础设施的情形下，国家可提供基础设施完善型政策支持。总之，对于连片特困区城镇化的支持和援助政策应该是一个具有多种选项的“政策篮子”，让片区内各城镇根据自己的需要进行选择。

（二）加大产业培育、集聚力度，走有产业根基的可持续城镇化道路

产业既是城镇化的动力，也是城镇化的根基，没有产业的城镇化必然是“无源之水”“无本之木”。连片特困区产业基础薄弱、产业规模不大、产业结构不合理、产业竞争力不强是片区城镇化滞后的重要原因，也是新型城镇化所面临的最大瓶颈。可以说，连片特困区的城镇化建设关键在于产业的城镇化。然而，连片特困区地理区位的边缘性、经济活动的外围性使其难以对接现有的产业分工，难以融入区域性、全国性产业链。因而，连片特困区的

产业发展必须突破这种边缘锁定，走特色化、集群化、精品化之路，一方面加快形成连片特困区次级区域产业链，另一方面，力争融入区域、全国甚至全球产业链。具体的，连片特困区可以从以下四个方面夯实城镇化的产业基础。

1. 挖掘特色资源，培育特色产业

“特色”是连片特困区产业发展的“立命”之本。无论是规模经济、劳动力素质、运输成本，还是产业基础、科技创新能力等，连片特困区相对于其他地区而言都具有明显的劣势，因而，在一般性产业发展竞争中，连片特困区不可能胜出，即便通过扶持、保护也难以持续发展。鉴于这一铁律，连片特困区必须“靠山吃山、靠水吃水”，挖掘特色资源，培育特色产业。事实上，连片特困区独特的自然地理、气候条件以及丰富的生物资源、矿产资源和旅游资源，为其发展特色产业提供了坚实的产业基础。此外，消费者需求多样化、个性化、绿色化的发展趋势也为连片特困区特色产业的发展带来了机遇。各连片特困区要抓住国家片区扶贫攻坚战略实施的机遇期以及良好的特色产业发展外部环境，充分挖掘特色资源，做大做强特色产业。一方面，各连片特困区要重点发展生态文化旅游产业、特色农产品深加工产业、绿色食品产业、特色畜牧养殖和加工产业、中药材种植和加工产业、矿产资源深加工产业、山地机械制造业等特色产业；另一方面，也要积极发展服务于特色产业发展和满足本地市场需求的物流产业、金融产业、商品零售业、家庭服务业、养老产业等现代服务业。逐渐建立相对完整产业体系和分工合作的次区域产业链。

2. 优化营商环境，加快产业集聚

连片特困区虽然有着丰富的特色资源，但特色产业发展严重滞后。近年来，各连片特困区也加大了招商引资力度，国家也实施了税收减免的优惠政策，但实际成效远不理想，究其原因在于营商环境很不理想。营商环境是产业发展的软环境，在硬环境先天不足的前提下，软环境的改善对于连片特困区的产业发展而言显得更为重要。一方面，富有竞争力的营商环境有利于吸引外部资金、劳动力、技术等产业发展要素，特别是高层次人才等高级生产要素，这些要素正是连片特困区特色产业发展十分稀缺的；另一方面，良好的营商环境也能为本土精英提供宽松的创业环境、创业氛围，激发本地生产要素的活力。当然，营商环境所覆盖的内容较多，如审批程序的简洁性、合同执行的效率、投资者保护程度、税务处理效率和税率水平、金融服务效率、配套服务完整性以及法治程度等。连片特困区虽然整体的营商环境较差，也难以在短时期内有足够大的改善，但各连片特困区可以借助国家扶贫攻坚战略契机，大胆创新营销环境改善方式，加快特色产业集聚发展。比如，连片特困区可以借鉴上海自贸区的改革思路，整合各类扶贫政策，申请国家级特色产业园区，并在产业园区内提供富有竞争力的营商环境，如一站式办理企业注册、减税免税、零利息贷款等。通过这种非常规的营商环境优化措施，提升连片特困区的高等级要素集聚能力，进而加快特色资源向特色产业转化。

3. 创新发展模式，提升产业竞争力

连片特困区产业发展一方面要体现“特色”，做到“人无我有”，另一方面要充分挖掘产业效率，做到“人有我优”。只有这样，连片特困区的产业才能在激烈的区域竞争中取得“一席之地”，实现可持续发展。在产业发展的规模经济效应方面，连片特困区的产业类型、产业区位具有先天劣势，需要创新产业发展模式以弥补这一不足。具体地，可以借鉴如下模式来提高产业竞争力。（1）专业村模式。山东、河南等平原地区的农业专业村发展成功经验表明，农业种植业、养殖业、食品加工产业等适宜于“农户” + “合作社”的专业村发展模式，山区的特色农业发展也不例外。近年来连片特困区的专业村产业扶贫模式取得的不错成效也表明专业村模式可以在连片特困区的特色资源型产业发展中加以推广。（2）产业集群模式。如果说专业村模式有利于提升加工程度相对较低的产业环节、产业类型的规模经济和产业效率的话，产业集群模式则是提升加工程度较高的产业环节、产业类型的规模经济和产业效率的有效方式。而且，产业集群的形式较为灵活，既可以是大量小企业的集群，也可以是由某一“龙头”企业带动的产业集群，因而具有较强的适用性。此外，产业集群内部的创新能力也保障了产业的竞争力。（3）“合纵” + “连横”模式。一方面，通过“后期工厂 + 前期工厂 + 合作社 + 农户”的“合纵”方式将低端加工环节的“专业村模式”与高端加工环节的“产业集群”模式有机结合起来，充分挖掘生产链条上的规模经济效应；另一方面，通过与战略合作伙伴共享销售网络的“连横”方式发挥范围经济效应。这种模式能极大地提高特色产业的效率和竞争力，并且能实现产业的快速成长，在连片特困区特色产业开发中有较大的推广前景。

4. 走绿色精品路线，提升产业附加值

低成本导向的竞争战略不适合连片特困区的产业发展，相反，连片特困区在产业开发中要立足于特色、立足于生态，走高附加值的绿色精品路线。一方面，通过“精耕细作”，在产品“质”上而不单纯在“量”上追求突破，如利用没有重金属污染的土壤种植绿色有机农产品、高山蔬菜、中药材及其他果类等经济作物，养殖天然健康的禽类、畜类，提供高品质的农产品及深加工的原材料；另一方面，通过提高科技含量和深加工程度，不断延伸产业链条，充分挖掘原材料的附加值，形成系列高科技含量、高附加值的深加工产品，放大单位原材料的经济价值。通过实施绿色精品产业发展战略，连片特困区不仅能弥补产业类型和地理区位等方面的生产成本、运输成本劣势，而且很少对良好的生态环境造成负面影响，能够留住“青山绿水”，实现可持续发展。此外，更长的产业链条和更高的附加值能带来更多的就业和更高的工资收入、财政收入，从而为连片特困区的城镇化建设提供更坚实的经济基础。

（三）继续推进空间整合优化，走土地集约和环境友好型城镇化道路

连片特困区多以山地为主，且在国家主体功能区规划中为限制开发和禁止开发区，生态条件脆弱，适宜城镇化的土地面积十分有限。同时，连片特困区多为省际交界区，行政区经济及边界效应使城镇空间缺乏有效整合，合理的城镇体系尚未形成，空间结构制约了区域发展。因而，连片特困区的城镇化必须一方面进行空间整合，优化城镇结构，另一方面要坚持走土地集约和环境友好型道路，最终实现集约和高效的城镇化。

1. 积极探索山地城镇化模式

从地理形态上来看，连片特困区的城镇化是典型的山地城镇化。山地复杂的地质结构、地形地貌特征以及生态敏感性使得山地城镇化与平原地区的城镇化有着显著的差异。然而，山地城镇化的特征、发展模式等直到最近才引起理论界和实践工作者的重视。中科院山地研究所以及重庆大学等少数科研机构探讨了山地城镇化的战略影响、发展导向以及空间组织模式特点等，云南省、重庆市则开展了山地城镇化的系列实践。不过，这些探索仍然十分不够，特别是对于连片特困区中的山地城镇化模式探讨十分有限。可以说，目前山地城镇

化，特别是连片特困区的山地城镇化缺乏科学的理论指导和经典的模式借鉴。因而，各连片特困区要“摸着石头过河”，要从资源环境承载力、空间关系、产业区位、文化特色等方面探索总体布局、中心体系、国土格局和国土品质构建的重点和途径以及相应的政策支撑和体制保障，要突出山地城镇化的特色导向、嵌套导向、质量和效益导向、安全导向等四大发展导向。最终探索出符合自身特色的山地城镇化空间组织模式。

2. 推进空心村整治与合村并社工程

人口居住高度分散是连片特困区的又一特征，城镇化难度最大的贫困人口多分布在交通闭塞、环境恶劣、资源匮乏的深山区。这种分散分布不仅增大了扶贫、脱贫难度，降低了公共服务供给效率，也对原本脆弱的生态环境造成了压力，更与城镇化的发展方向不一致。因而，在自愿的基础上，政府引导和帮助高度分散的居民适当集中居住，推进空心村整治和合村并社工程应成为连片特困区城镇化的一项重要工作。当然，在空心村整治与合村并社过程中，一是要遵循自愿的原则，通过政治游说、利益诱导等方式引导和鼓励村民向中心社区、周边城镇等地迁移；二是要统筹生态补偿、扶贫救助、移民搬迁等各项资金，发挥这些资金在空心村整治和合村并社工程中的最大效用；三是要科学规划中心社区、合村并社工程的实施，特别是在空间布局上要遵循环境承载力、交通便利性、产业发展条件等原则；四是要解决村民集中居住后的生计问题，为他们创造可持续的生计方式，特别是非农生计方式。

3. 促进边界区域空间整合与精明增长

行政分割和边界效应导致连片特困区城镇空间效率较低，既浪费了稀缺的土地资源，也不利于片区内部的协作和一体化。因而，连片特困区的城镇化一方面要加快省际边界地区城镇空间的整合，另一方面所有的城镇建设都要以精明增长理念为指引。省际边界城镇空间整合方面大体上有三种方式可以借鉴，分别为邻域整合型、离心整合型和成长三角型三种形态。各连片特困区可以根据本片区内省际边界城镇之间的距离、经济联系强度、经济发展差距、文化习俗、资源要素禀赋、产业基础和产业类型等灵活地选择空间整合模式。省际边界城镇空间整合旨在避免重复建设、恶性竞争，同时强化跨省协作和经济联系，提升城镇空间的集约程度和效率。精明增长理念则要求连片特困区的城镇化要用足现有城镇的存量空间，减少盲目扩张，加强对现有社区的重建，节约基础设施和公共服务成本，城镇建设空间紧凑，混合用地功能，重点发展公共交通设施，鼓励乘坐公共交通工具和步行，以鼓励、限制和保护措施实现城镇的紧凑、集约和高效发展。

4. 构建“内整外联”的次区域城镇体系

2013 年 12 月的中央城镇化工作会议指出，在“两横三纵”的城市化战略格局下，未来的城镇化将分三个层面展开。其中，第一个层面是长三角、珠三角、环渤海三个超大城市群的继续优化发展，第二个层面是以省会为中心的“次区域城市群”的发展，第三个层面则是以县城为中心、小城市为基础的就地城镇化。显然，连片特困区的城镇化处于第二、三层面之间，并以第三层次为主。不过，连片特困区各城镇若仍各自为政、孤立开发，显然不利于片区的发展。因而，连片特困区的城镇化要在国家城市化战略布局下找准自己的定位，对内通过协调整合形成相对独立且完整的城镇体系，对外通过连接周边“次区域城市群”的大通道实现“上位”对接。具体地，连片特困区要打破以往的行政区划分割，从统一经济区的视角来统筹城镇体系构建，如优化城镇等级划分、城镇职能分工、城镇交通网络规划等，将原本游离于现有城镇体系之外的省际边界地区的城镇进行“收编”整合，充分发挥其支撑和优化片区经济社会发展的功能。此外，连片特困区的城镇体系是次区域城镇体系，是国家城镇体系中不可分割的一部分，虽然其在空间战略布局和支撑国家经济社会发展中的贡献不及第一、二层面的城市群区域，却是第一、二层面城市群空间布局的有益补充。连片特困区城镇体系还要实现第一、二城市群经济社会发展的辐射带动效应，输出片区的产能，并借助交通大通道进行有序互动，使其融入全国乃至全球经济大循环。

5. 创新投融资模式，破解城镇化资金瓶颈

对于连片特困区而言，资金是城镇化建设的重要瓶颈。无论是中心城市的提质扩容、空心村整治和合村并社，还是边界区域空间整合、与周边“次区域城市群”的大通道建设都需要投入大量的资金。众所周知，连片特困区自身的财力十分有限，而省级政府和中央政府城镇化建设的重心是“两横三纵”上的重要城市群区域，同样，商业资本也更青睐投资回报率更高、投资回收速度更快的发达地区。在此背景下，连片特困区必须创新投融资模式，多渠道寻求城镇化建设资金。一是继续寻求上级政府援助，各连片特困区以片区的名义

联合申请中央政府和相关省市政府的城镇化专项资金，争取“大资金”对应“大项目”，解决片区城镇化发展中战略环节，特别是重大基础设施建设的资金需求问题。当然，这需要连片特困区内不同地区有很好的前期沟通，并从片区整体城镇化的高度来达成一致协议。二是每个连片特困区筹建一项城镇化建设基金。基金由中央政府、相关省市政府、连片特困区内部地方政府、联系各连片特困区的相关中央部委、对口支援连片特困区内部各地区的相关发达地区政府、社会扶贫资金、商业资本、政策性银行贷款等多种来源渠道构成，实行股份制管理，以定向贷款的形式支持连片特困区城镇化项目建设。三是鼓励民间资本以灵活多样的形式参与连片特困区城镇化建设，特别是一些特色专业镇的建设。如引入华夏幸福基业这样的战略投资者，以 BOT 的方式建设和经营某一特色城镇，在合同期满以后再移交给当地政府。

（四）创新农民进城、人口迁移模式，走分类推进的包容性城镇化道路

人口城镇化是城镇化的本质要求，也是连片特困区解决贫困问题、实现城乡统筹发展的根本出路。然而，当前连片特困区城镇吸引力有限、非农产业就业吸纳能力不强、农民市民化素质偏低且进城意愿不强、农民市民化进城通道有限且成本过高等严重制约了人口的城镇化。要突破上述限制，连片特困区必须创新农民进城、人口迁移模式，走分类推进的包容性城镇化道路。

1. 统筹各类移民搬迁方式，攻克自主城镇化难度最大人群的城镇化难题

移民搬迁既是连片特困区城镇空间格局优化的重要方式，也是片区人口城镇化的重要途径，特别是对于那些自主城镇化难度很大的人群而言，移民搬迁或许是最有效的城镇化方式。不过，在移民搬迁城镇化战略实施过程中，各连片特困区必须要有统筹规划。第一，各连片特困区要进行深入的实地调研，全面了解在未来 5 ~ 10 年有必要实施移民搬迁人群的数量、人口特征、区位分布、搬迁意向等基础信息，为移民搬迁对象建卡立档。第二，在综合考虑移民搬迁对象的人口特征、搬迁意向等因素的基础上，确定移民搬迁目的地和移民搬迁方式，在确定移民搬迁城镇化目的地时遵循“区内就地城镇化为主，区外异地城镇化为辅，区内区外相结合；现有城镇吸纳为主，新建社区吸纳为辅，新旧城镇相结合；小城镇吸纳为主，中心城市吸纳为辅，中小城镇相结

合”的原则，制定具体的移民搬迁方案。第三，各连片特困区制定《移民搬迁城镇化规划》以及年度计划，制定移民搬迁城镇化预算，统筹各级各类移民搬迁经费，如退耕还林资金、灾害补偿资金、生态移民资金、生态补偿资金、工程移民资金、扶贫到户资金等。第四，制定《移民搬迁户可持续生计模式帮扶计划》，实施面向移民搬迁城镇户的就业岗位创建工程，为移民搬迁城镇户提供公益性社会岗位、准入门槛较低的就业岗位等。第五，成立片区层面的移民搬迁城镇化办公室，挂靠联系连片特困区的各相关中央部委，如武陵山片区移民搬迁城镇化办公室挂靠国家民委，由其统筹、指导和监督移民搬迁城镇化工作。

2. 创新“推、拉”政策和进城通道，引导农民进城

对于连片特困区而言，当前人口城镇化的核心任务便是农民进城。而在农民进城过程中，农民进城的动力、农民进城的方式或者说通道又是最核心的问题。动力方面，农民进城既要有来自城镇的“拉力”，也要有来自于农村的“推力”。当前连片特困区农民进城尤其是本地城镇化意愿不强的原因突出地表现为本地城镇的“拉力”不强，具体表现为就业机会相对有限、工资水平不高、基础设施和公共服务与发达地区的大城市存在较大差距等。同时，农村现有的土地制度、农业补贴政策等不但没有形成“推力”，反而在一定程度上阻碍了农民进城。因而，连片特困区要加快诸如土地制度、户籍制度、福利制度、财政制度等方面的改革，如创新农村土地确权制度、流转制度，使农户的土地受益权和土地实际经营相分离，鼓励农村土地流转和“带资进城”，调整农业补贴政策，创新农业补贴方式，使农业补贴与农户身份相脱钩，鼓励农民摘掉“农户帽”；继续深化户籍制度改革，不仅仅是让进城农民从名义上转变为市民，而要让其享受更多的与原有市民同等的社会福利，如子女教育、医疗保险、养老保险和就业保险等。同时，连片特困区要进一步完善城镇尤其是小城镇的基础设施和公共服务，特别是教育、医疗等老百姓特别关注的公共服务，提升城镇的“吸引力”。总之，通过不断释放农村的“推力”和城镇的“拉力”来强化农民进城的动力。农民进城通道方面，一是要疏通现有通道，二是要创造新的通道。农民进城的传统通道主要是考学、入伍、招工等方式，而且往往只能是农村中少数精英能够通过这些通道进城，实现市民身份的转变。显然，这些通道已无法满足农民进城的需要。一方面，要进一

步畅通考学、入伍和招工的进城通道，如在考学、入伍和招工指标上给予连片特困区农村更多的倾斜，鼓励父母等跟随子女进城落户等；另一方面，支持和鼓励社会帮扶力量创造更多的农民进城通道，如成立连片特困区农民进城帮扶协会、农民进城帮扶基金等，充分发挥社会公众在推进和带动农民进城中的创造性。

3. 加大人力资本培育，提升农民市民化能力

连片特困区农民进城除了需要外部的帮扶、引导以外，还需要自身进城能力、市民化能力的提升，加快自主城镇化进程。在农民市民化能力提升方面，连片特困区已实施了一系列措施，如加大对农民的各种培训等，也起到了一定的成效。不过，连片特困区农民市民化能力提升、人力资本培育任务仍十分艰巨，不能寄希望于“先培训后进城”“培训好了再进城”，同时，农民市民化能力培训对象要分层次，培训方式要分对象，培训内容要实事求是。首先，连片特困区农民市民化能力培育是一个长期的过程，更是一个“干中学”的过程，要建立相应的制度加以保证，制定相应的政策加以扶持，在农民进城后也要有相应的跟踪培训，以保障农民在社会权利、角色意识、思想观念、行为模式上向市民转变。其次，政府要有高度的责任感，充分发挥农民市民化素质提升的推动、引导和鼓励作用。一方面做好宣传引导，使农民对提升自身素质有清晰的认识和正确的定位，充分调动他们自身的内在动力，另一方面要多渠道、多层次、多形式地开展素质教育和培训，提高农民的非农就业技能和各方面的综合素质。最后，对不同的主体要采取多种形式，提升培训的实际效果。根据农民的文化程度、年龄层次、就业意向等制定不同的培训内容和培训形式，如对于即将进入劳动力队伍的年轻人，由于有过九年义务教育的基础，可以引导其就读职校进行系统的职业教育，以培养高素质的产业工人；对于年龄 35 岁以上且文化程度相对较低的中老年人则可以开展一些相对简单的专业技能培训，以满足进城从事一般的流水线作业或生活性服务业就业需求等。

4. 强化人口城镇化考核，分类推进农民进城

连片特困区地方政府政绩不能以 GDP 增长作为考核的指挥棒，要以片区减贫成效、发展能力等为考核导向，而人口城镇化进程可以作为一个重要的考核维度。首先，各连片特困区要制定详细的人口城镇化发展中长期规划和年度

计划，并将年度计划分解到各县（市、区），由各县（市、区）落实人口城镇化指标。其次，在各县（市、区）政府政绩的考核中，将人口城镇化数量和质量作为重要的考核指标，从而激发地方政府在推进农民进城、实施人口城镇化战略的积极性和创造性，使人口城镇化战略得到真正的贯彻和落实。此外，各连片特困区要根据片区内深山区、浅山区、平坝区等居住环境下的人口数量，“离土又离乡”“离土不离乡”“离乡不离土”“迂回发展”等非农就业空间模式的农民工数量以及所拥有自然资本、物质资本、金融资本、人力资本和社会资本等生计资本的差异来制定和实施差异化的农民进城方案，有计划、有步骤地分类推进人口城镇化，做到既保障人口城镇化的速度，又提高人口城镇化的质量。

区 域 篇

Regional Reports

B.2

武陵山片区城镇化特征、趋势与发展战略*

丁建军**

摘 要： 从新型城镇化强调“人－业－地”协调推进的内涵出发，首先分析了武陵山片区自2004年以来人口城镇化、产业城镇化和土地城镇化的进程及特征，发现：（1）武陵山片区整体上进入快速城镇化阶段，但片区内城镇化水平差异明显；（2）城镇化质量不高，具体表现为城镇化与经济发展处于低水平协调、产业城镇化带动效应弱、城镇体系不合理、人口－产业－土地城镇化耦合度不高和协调性低。其次，阐释了武陵山片区城镇化的冷热点区域、空间趋势、中心职能指

* 本文受国家自然科学基金项目（41361030）、国家社会科学基金项目（12CJL069）、湖南省社会科学基金项目（14YBA311）、湖南省软科学重点项目（2013ZK2028）、湖南省教育厅青年项目（13B092）、武陵山区扶贫开发研究中心开放基金招标项目（14jdzb069）资助。

** 丁建军，博士，吉首大学商学院副教授，硕士生导师，研究方向为区域经济与产业经济。

数及中心城市经济联系与产业分工的演变趋势。最后，文章结合武陵山片区的扶贫攻坚与区域发展规划，在SWOT分析的基础上提出了突破边缘锁定的总体城镇化发展战略，并分别论述了产业城镇化、空间形态创新和人口城镇化三个分战略的具体内容和实施方案。

关键词：武陵山片区　城镇化　空间趋势　发展战略

一　武陵山片区概况

武陵山片区是《中国农村扶贫开发纲要（2011—2020年）》中确定的14个集中连片特困区之一，也是首个编制区域发展与扶贫攻坚规划并率先启动区域发展与扶贫攻坚试点的连片特困区。该片区地处湖南、湖北、重庆和贵州四省交界处，总面积为17.18万平方公里，共有71个县（市、区），其中，湖南37个、贵州16个、湖北11个、重庆7个（见图1）。2014年末，常住人口为3080万人，其中城镇人口为1108万人，农村人口为1972万人，城镇化率为36%，境内有土家族、苗族、侗族、白族等28个少数民族。该片区集贫困地区、民族地区和革命老区于一体，是贫困人口分布广、跨省交界面大、少数民族聚集多的连片特困区和经济协作区。

武陵山片区水能资源、山地资源、矿产资源、文化资源和旅游资源丰富，是我国亚热带森林系统核心区、长江流域重要的水源涵养区和生态屏障，森林覆盖率为53%，生物物种多样，素有“华中动植物基因库”之称。不过，该片区经济社会发展滞后。（1）贫困面广量大，贫困程度深。片区71县（市、区）中有42个国家扶贫开发工作重点县，13个省级扶贫开发工作重点县。2014年，农民人均纯收入为6120元，仅相当于当年全国平均水平的61.1%，就医难、上学难、饮用水不安全、社会保障水平低等问题仍未解决。（2）基础设施薄弱，片区内主干道网络尚未建成，基层公路建设欠账较多，水利设施薄弱且老化，电力和通信设施相对落后，区内仓储、包装、运

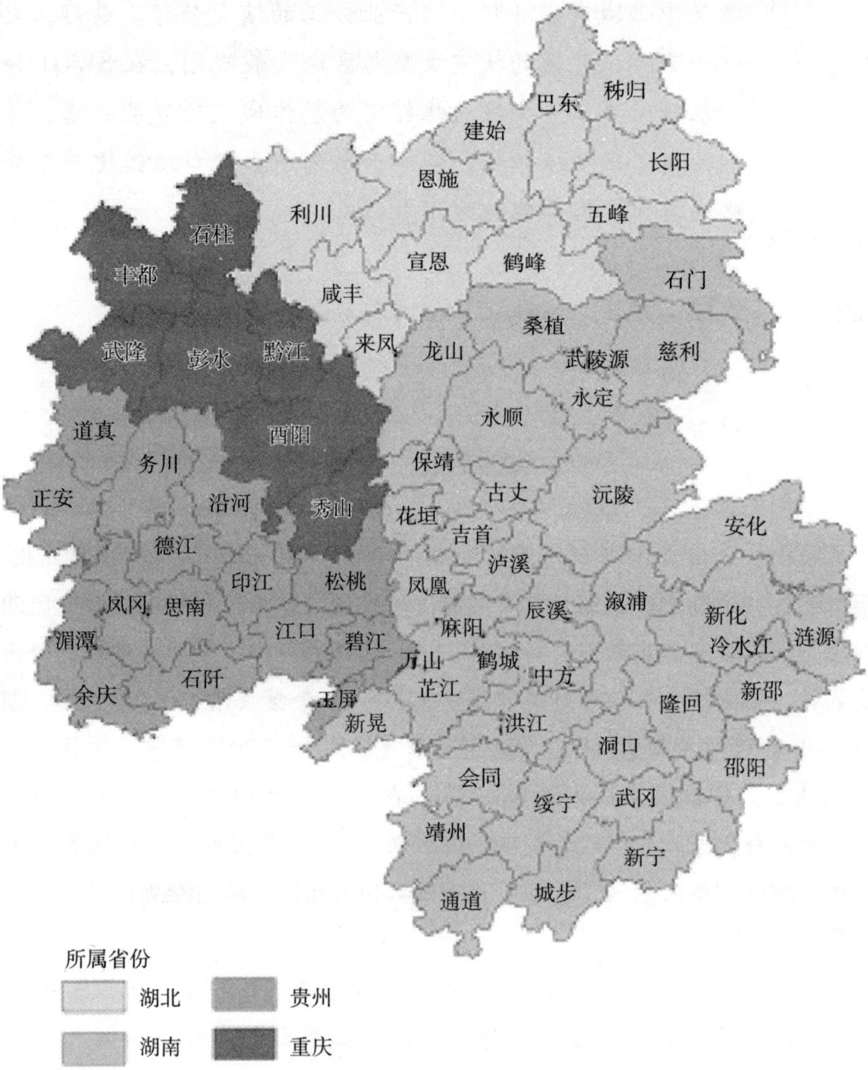

图 1　武陵山片区空间分布

输等基础条件较差；市场体系不完善，特别是金融、技术、信息、产权和房地产等高等市场体系不健全，产品要素交换和对外开放程度低，物流成本高。（3）经济发展滞后，特色产业规模小且竞争力不强。2014 年，片区人均地区生产总值约为 23870 元，远低于全国平均水平，片区内缺乏核心增长极和具有明显区域特色的大企业、大基地，产业链条不完整，没有形成具有核心竞争力的产业或产业集群。（4）社会事业发展滞后，基本公共服务水平低。文化、教育、体育、卫生等方面软硬件建设严重滞后，城乡居民就业不充分。人均教育、卫生支出仅相当于全国平均水平的一半多，中高级专业技术人员十分缺乏，经济增长中的科技贡献程度低。（5）生态环境相对脆弱，承载能力不强。片区平均海拔高，气候相对恶劣，旱涝灾害并存，泥石流、风灾、雨雪冰冻等灾害易发。部分地区石漠化、水土流失现象严重。土壤贫瘠且人均耕地面积少，仅为全国平均水平的60%。发展与生态保护矛盾突出，产业结构调整受生态环境制约较大。（6）区域发展不平衡，城乡差距非常大。2014年片区人均GDP和农民人均纯收入分别是全国平均水平的51.33%和61.1%，与2010年的33.7%和59.1%相比，差距有所减小，但片区内城乡居民收入比为3.35∶1，不仅比2010年的3.04∶1有所上升，而且远高于2013年全国3.03∶1的水平。

二　武陵山片区城镇化进程及特征

（一）人口城镇化进程及特征

1. 城镇化进程较快，但城镇化水平偏低

自2004年以来，武陵山片区人口城镇化率由20.47%上升到36.62%，年均增长1.46个百分点，比该期间内全国人口城镇化率年均增速1.2个百分点略高，城镇化率差距约缩小3个百分点，进入城镇化快速增长阶段。不过，2014年，武陵山片区的人口城镇化率仍仅相当于全国2000年的水平，城镇化进程比全国滞后14年。与周边4省（市）的城镇化进程相比，年均增速也是最高，分别比重庆、湖南、湖北、贵州高出0.01、0.18、0.31和0.21个百分点，不过，差距仍然十分明显，2014年城镇化率差距分别是23、13、19和4个百分点（见图2）。

武陵山片区内，湖南片区、重庆片区的城镇化率略高于整个片区的平均水平，其中，湖南片区城镇化率最高；湖北片区、贵州片区的城镇化水平低于片区平均水平，贵州片区最低并且差距较大。2014年，重庆、湖南、湖北和贵州4个分片区的城镇化率分别为38.08%、39.12%、35.57%和

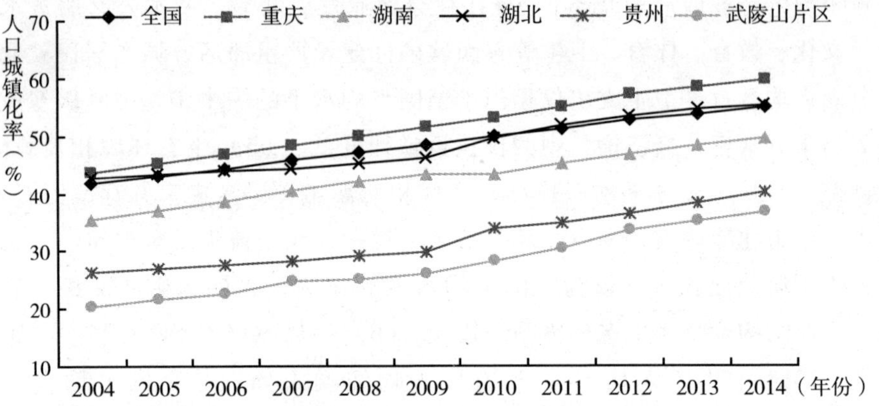

图 2　武陵山片区与全国及周边省份人口城镇化进程对比

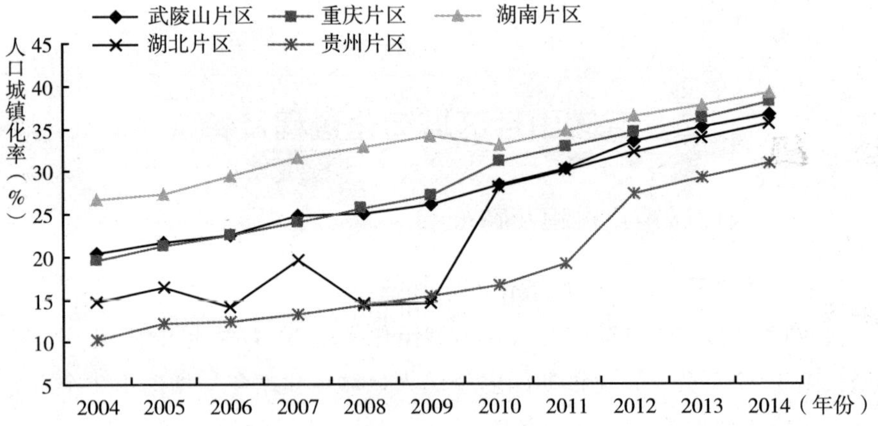

图 3　武陵山片区内各分片区人口城镇化进程对比*

* 部分年份出现城镇化率的较大波动是统计口径不同所导致。其中，重庆片区人口城镇化率计算口径在整个研究期间内一致，均为城镇常住人口/总常住人口，湖南、湖北片区则是从 2010 年后，贵州片区从 2012 年后采取这一口径。

30.92%，与各自所在省份城镇化水平的差距分别为 21.40、10.52、19.70 和 9.18 个百分点。可见，重庆武陵山片区、湖北武陵山片区与省内其他地区的城镇化水平差距巨大，湖南武陵山片区、贵州武陵山片区与省内其他地区城镇化水平的差距则相对较小，当然，这也与湖南、贵州两省本身的城镇化水平偏低有关。

2. 片区内各县（市、区）城镇化水平差距较大

虽然武陵山片区人口城镇化水平偏低，但片区内71个县（市、区）城镇化率差异十分明显。如图4和表1所示，我们可以将武陵山片区71个县（市、区）分为高人口城镇化区、较高人口城镇化区、中等人口城镇化区、较低人口城镇化区和低人口城镇化区5类。吉首市、鹤城区和冷水江市人口城镇化率

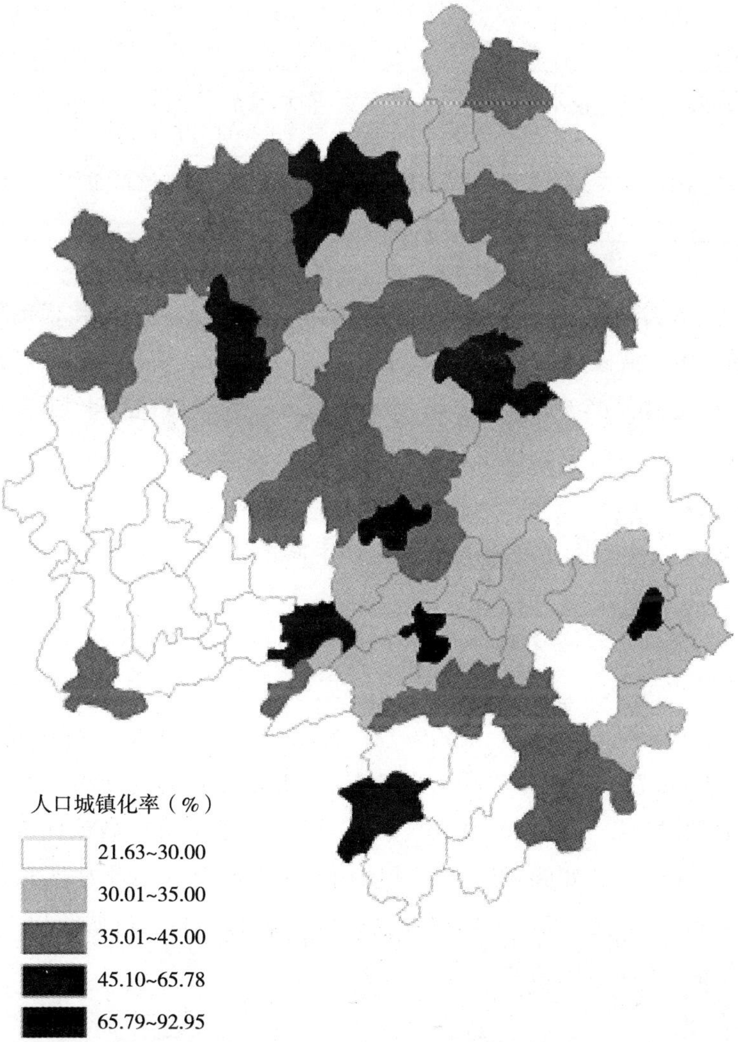

图4　2014年武陵山片区71个县（市、区）人口城镇化水平分类

表1 武陵山片区71个县（市、区）人口城镇化水平分类

类 型	县(市、区)名称
高人口城镇化区(65%以上)	吉首、鹤城、冷水江
较高人口城镇化区(45%~65%)	恩施、黔江、武陵源、永定、碧江、万山、靖州
中等人口城镇化区(35%~45%)	武隆、丰都、石柱、利川、咸丰、秭归、五峰、石门、慈利、桑植、龙山、保靖、秀山、花垣、古丈、泸溪、余庆、玉屏、洪江、洞口、武冈、新宁
较低人口城镇化区(30%~35%)	建始、巴东、长阳、宣恩、鹤峰、来凤、彭水、酉阳、永顺、沅陵、凤凰、麻阳、辰溪、溆浦、新化、涟源、新邵、邵阳、中方、芷江
低人口城镇化区(30%以下)	安化、隆回、会同、绥宁、城步、通道、新晃、道真、正安、务川、沿河、德江、凤冈、湄潭、思南、印江、松桃、江口、石阡

在65%以上，分别为74.86%、79.41%和92.95%，进入城镇化稳定阶段。恩施市、黔江区、武陵源区、永定区、碧江区、万山区、靖州县的人口城镇化率也较高，均超过了45%。显然，除靖州县以外，人口城镇化率超过45%的基本上为武陵山片区的中心城市区域。人口城镇化率在30%~45%的较低和中等人口城镇化程度县（市、区）数量最多，有武隆、丰都等42个，占片区全部县（市、区）的59.15%。人口城镇化率低于30%的有安化、隆回等19个县，占比26.76%。

根据美国城市学者诺瑟姆（Ray. M. Northam）1979年提出的“城市化过程曲线”（也称为“诺瑟姆曲线”），武陵山片区处于城镇化初始阶段（<30%）、加速阶段（30%~60%）、稳定阶段（>60%）的县（市、区）占比分别为26.76%、66.2%和7.04%①，即超过1/4的县（市、区）尚未进入快速城镇化阶段，超过一半的县（市、区）正处于快速城镇化阶段。而从总体空间分布来看，如图4所示，武陵山片区西南部（贵州片区和怀化市境内）、东南部（邵阳、娄底境内以及益阳市安化县）的人口城镇化水平偏低，人口城镇化率较高区域则分布较为分散。

① 还有碧江区、武陵源区的人口城镇化率在60%以上。

（二）产业城镇化进程及特征

1. 城镇化水平差距大且增速放缓

自2004年以来，武陵山片区产业城镇化率上升了12.65个百分点，年均增速为1.15个百分点，快于全国及周边4省（市）的平均增速。同时，2009年是该期间内增速的一个转折点，2004～2009年，年均增速高达1.46个百分点，2009～2014年降为0.65个百分点。虽然武陵山片区的产业城镇化率总体上有较快的增长，但与全国及周边4省（市）的差距仍然非常明显。2014年，武陵山片区产业城镇化率与全国及重庆、湖南、湖北、贵州的差距分别是11.99、13.99、13.29、9.59和9.29个百分点（见图5）。

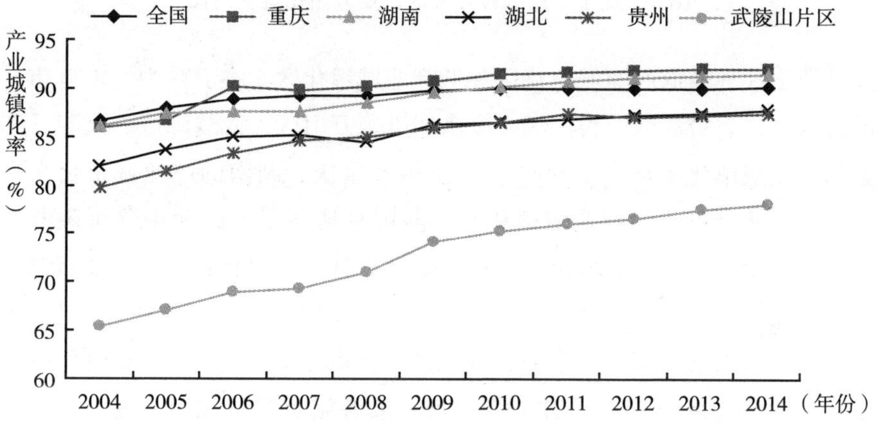

图5　武陵山片区与全国及周边省（市）产业城镇化进程对比

武陵山片区内，产业城镇化率分为两个梯队。其中，重庆片区和湖南片区为第一梯队，产业城镇化率高于片区平均水平，2014年分别达到83.45%、80.52%，高于片区平均水平（78.11%）5.34、2.41个百分点；湖北片区、贵州片区则为第二梯队，2014年产业城镇化率分别为74.2%、72.87%，低于片区平均水平3.91、5.24个百分点。在第二梯队中，贵州片区与湖北片区的差距总体上呈缩小的趋势（见图6）。

2. 片区内各县（市、区）产业城镇化空间差异明显

图7和表2将武陵山片区分为高产业城镇化区、较高产业城镇化区、中等

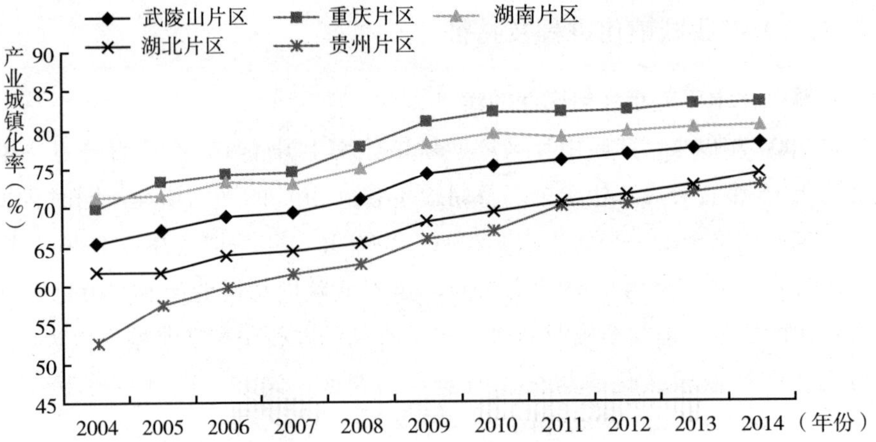

图6　武陵山片区各分片区产业城镇化进程对比

产业城镇化区、较低产业城镇化区和低产业城镇化区5类。其中，吉首市、鹤城区、永定区、黔江区、碧江区、冷水江市、万山区、武陵源区、沅陵县和花垣县的产业城镇化率均高于90%，与全国及重庆、湖南的产业城镇化水平相当，高于湖北、贵州的产业城镇化水平。这些县（市、区）中除沅陵县、花垣县以外均为片区的中心城市所在地，而沅陵县、花垣县较高的产业城镇化率则与其工业化水平尤其是矿产品加工业占比较高相关。产业城镇化较高的区域有恩施市、秀山县、凤凰县、石门县等17个县（市），其产业城镇化率高于80%，这些县（市、区）或者工业经济，或者旅游经济相对发达。建始、巴东、秭归等18个县（市、区）为中等产业城镇化区域，产业城镇化率在75%～80%；利川、长阳、宣恩等22个县（市）的产业城镇化率高于65%，低于75%，处于较低水平；正安、洞口、武冈、五峰等4个县（市）的产业城镇化最低，低于65%。产业城镇化率由高到低的5类县（市、区）数量占比分别为14.08%、23.94%、25.35、30.99%和5.63%。

从总体空间分布来看，武陵山片区产业城镇化率较高的区域近似呈西北－东南、东北－西南走向的"X"分布，片区内中心城市所在区域则是这一分布上的重要支撑点。而处于"X"分布轴线之外的贵州片区大部分县（市）、湖南片区中的邵阳和娄底部分县市、湖北片区与湖南片区和重庆片区交界部分的县（市）的产业城镇化较低。

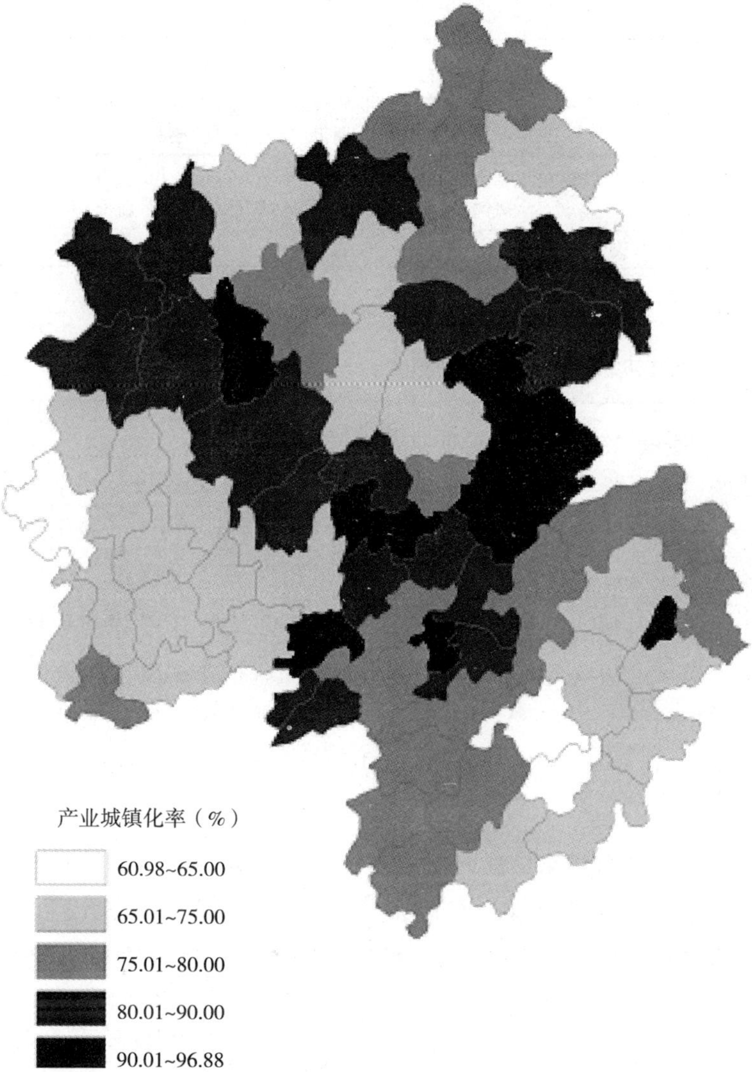

图7　2014年武陵山片区71个县（市、区）产业城镇化水平分类

表2　武陵山片区71个县（市、区）产业城镇化水平分类

类　　型	县(市、区)名称
高产业城镇化区(90%以上)	吉首、鹤城、冷水江、黔江、碧江、万山、永定、武陵源、沅陵、花垣
较高产业城镇化区(80%～90%)	恩施、石柱、丰都、武隆、彭水、酉阳、秀山、保靖、凤凰、泸溪、辰溪、中方、玉屏、新晃、桑植、石门、慈利

续表

类　型	县(市、区)名称
中等产业城镇化区(75%～80%)	建始、巴东、秭归、鹤峰、咸丰、来凤、古丈、余庆、麻阳、芷江、洪江、会同、靖州、绥宁、通道、溆浦、安化、涟源
较低产业城镇化区(65%～75%)	利川、长阳、宣恩、龙山、永顺、道真、务川、沿河、德江、印江、松桃、凤冈、思南、江口、湄潭、石阡、新化、隆回、新邵、邵阳、新宁、城步
低产业城镇化区(65%以下)	正安、洞口、武冈、五峰

（三）土地城镇化进程及特征

1. 城区面积“一家独大”，部分城市扩张较快

土地城镇化率是考察城镇化进程中建成区面积扩张速度、土地利用效率的重要指标，由建成区面积占土地面积的百分比来衡量。由于武陵山片区大多数县没有统计建成区面积数据，故选择11个城市区域（地级市、县级市）作为代表分析武陵山片区土地城镇化概况。图8表明，在11个城市中怀化市的城区建成面积最大，2012年达到60平方公里，而且扩张速度也比较快，自2004年以来，以年均2.55平方公里的速度在扩张；建成区面积较大的还有张家界市，2012年为32平方公里，铜仁市则从2011年的25平方公里迅速增长到2012年的45平方公里①，成为武陵山片区内建成区面积第二大的中心城市；此外，吉首市、冷水江市、恩施市、黔江区的建成区面积也相对较大，均在20平方公里左右，吉首市2012年扩张较快，增加了8.8平方公里，恩施市则在近5年来基本保持不变，黔江区持续较快增长，近11年来年均扩张0.99平方公里，并获批了2016年城区建成面积达到38平方公里的规划目标。综上，不难发现，武陵山片区城区面积中怀化市“一家独大”，超过排名第二的铜仁市15平方公里，其他城市除洪江市以外城区面积相差不大，均在20平方公里左右。

2. 建成区面积占比怀化市最高，各城市差异较大

从建成区面积占比（即土地城镇化率）角度来看，武陵山片区建成区面积占比最高的城市为怀化市，2012年达到7.76%，低于同期武汉市、长沙市

① 这与2011年10月22日，撤销铜仁地区设地级铜仁市的区划调整有关，原县级铜仁市改为碧江区，万山特区改为万山区。

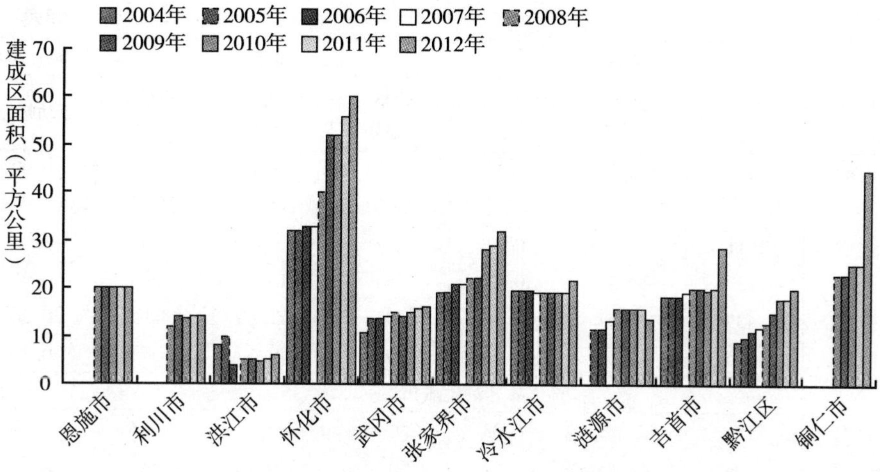

图 8　武陵山片区代表性城市建成区面积演变对比*

＊ 部分城市出现建成区面积向下波动可能与城市区划调整、统计数据调整有关。

和贵阳市的 19.13%、16.54% 和 9.57%，以及周边娄底市、邵阳市的 10.75% 和 12.39%，但高于重庆市、常德市、益阳市的 3.56%、3.27% 和 3.51%。其次为冷水江市，2012 年土地城镇化率为 4.94%，也高于周边的常德市、益阳市；建成区面积占比排在第三、四位的为吉首市、铜仁市，2012 年分别达到 2.72% 和 2.43%，但已低于所有对比的周边城市；黔江、张家界、武冈、涟源等市的土地城镇化率更低，均在 1% 左右，恩施、利川、洪江三市则处于 0.2% ~0.5%（见表 3、图 9）。

表 3　武陵山片区 11 个城市与周边 4 省（市）代表性城市土地城镇化比较

单位：平方公里，%

城　市	2004			2012			2004 ~2012
	市区面积	建成区面积	建成区面积占比	市区面积	建成区面积	建成区面积占比	变动幅度
恩施	—	—	—	3972	20	0.50	—
怀化	773	32	4.14	773	60	7.76	3.62
张家界	2572	19	0.74	2572	32	1.24	0.51
铜仁	—	—	—	1854	45	2.43	—
黔江	2402	9.12	0.38	2402	20	0.83	0.45

续表

城市	2004			2012			2004～2012
	市区面积	建成区面积	建成区面积占比	市区面积	建成区面积	建成区面积占比	变动幅度
吉首	1057	18.25	1.73	1058	28.8	2.72	0.99
利川	—	—	—	4603	14	0.30	—
洪江*	2611	8.21	0.31	2289	6	0.26	-0.05
武冈	1937	10.5	0.54	1549	16.1	1.04	0.50
冷水江	439	19.51	4.44	439	21.69	4.94	0.50
涟源	1895	11.5	0.61	1912	13.5	0.71	0.10
对比城市							
重庆*	7152	431	6.03	29590	1052	3.56	-2.47
武汉*	8494	218	2.57	2718	520	19.13	16.57
长沙*	556	142	25.54	1910	316	16.54	-9.00
贵阳	2404	129	5.37	2403	230	9.57	4.21
常德	2749	57	2.07	2510	82	3.27	1.19
益阳	1935	42	2.17	1851	65	3.51	1.34
娄底	426	40	9.39	428	46	10.75	1.36
邵阳	436	40	9.17	436	54	12.39	3.21

注：带*的城市表示市区面积有过较大的调整，因而其变动幅度不具备可比性；“—”则表示没有数据或没有计算。

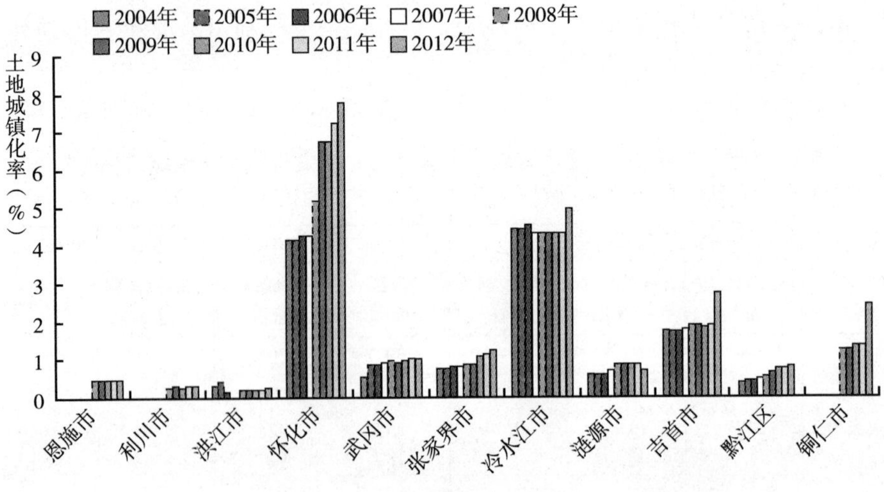

图9　武陵山片区代表性城市建成区面积占比演变对比

从2004～2012年建成区面积占比变动幅度的对比来看，武陵山片区中怀化市变动幅度最大，达到3.62个百分点，其次是吉首市，为0.99个百分点，张家界、武冈、冷水江市为0.5个百分点左右，黔江为0.45个百分点，最小的是涟源，仅有0.1个百分点。而与周边城市相比，只有怀化市超过了常德、益阳、娄底和邵阳市，但慢于贵阳市。其他城市与上述周边城市的变动幅度相比都存在较大差距。这意味着，武陵山片区中除怀化市以外，其他城市的土地城镇化速度都相对较慢。

（四）城镇化质量及特征

1. 人口城镇化与经济发展总体上低水平协调

应用象限图法①可以发现武陵山片区人口城镇化与经济发展总体上处于低水平均衡状态。如图10a所示，1～4象限分别为高人口城镇化－高经济发展区、高人口城镇化－低经济发展区、低人口城镇化－低经济发展区和低人口城镇化－高经济发展区。显然，武陵山片区只有少数（县、市）区处于高人口密度－高经济发展区。大多数县（市、区）都处于第3象限，即低人口城镇化－低经济发展区，只有鹤城、冷水江、吉首、武陵源、碧江、永定、黔江等10余个县（市、区）处于第1象限，具有相对较高的人口城镇化和较高的经济发展水平。6个中心城市中恩施市处于第2象限，具有较高的人口城镇化率，但经济发展明显滞后。

进一步地，以人口城镇化率标准化值与人均GDP标准化值之差的绝对值考察人口城镇化与经济发展水平的协调程度，值越大，偏离程度越高，值越小，协调程度越高。图10b将武陵山片区71个县（市、区）划分为4类，即绝对值处于0～0.1的基本协调区、0.1～0.5的轻度偏离区、0.5～1的中度偏离区、大于1的高度偏离区。不难发现，武陵山片区大多数县（市、区）处于基本协调和轻微偏离区，占比达到61.97%，其中，基本协调区为12.68%，

① 象限图法的具体做法是先计算得到各县（市、区）的人口城镇化率、人均GDP数据，然后应用公式$z=(x_i-\bar{x})/s$，$s=\sqrt{\sum(x_i-\bar{x})^2/(n-1)}$，$\bar{x}=\sum x/n$求得人口城镇化率、人均GDP的标准化值，进而分别以人口城镇化率、人均GDP标准化值为0作为纵向、横向轴线划分四个象限。

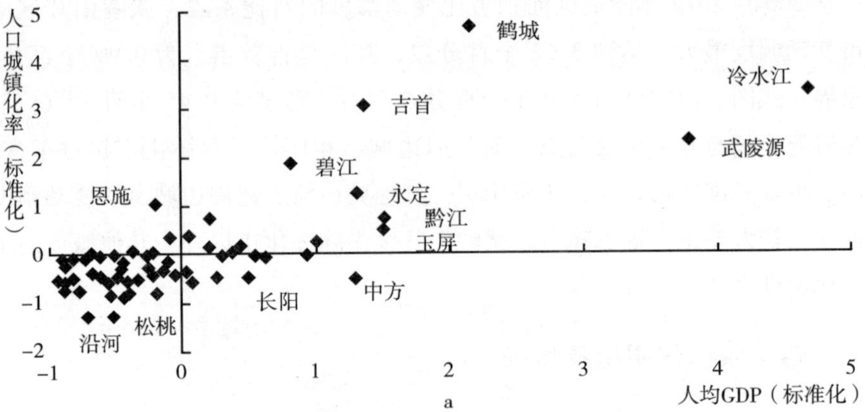

a

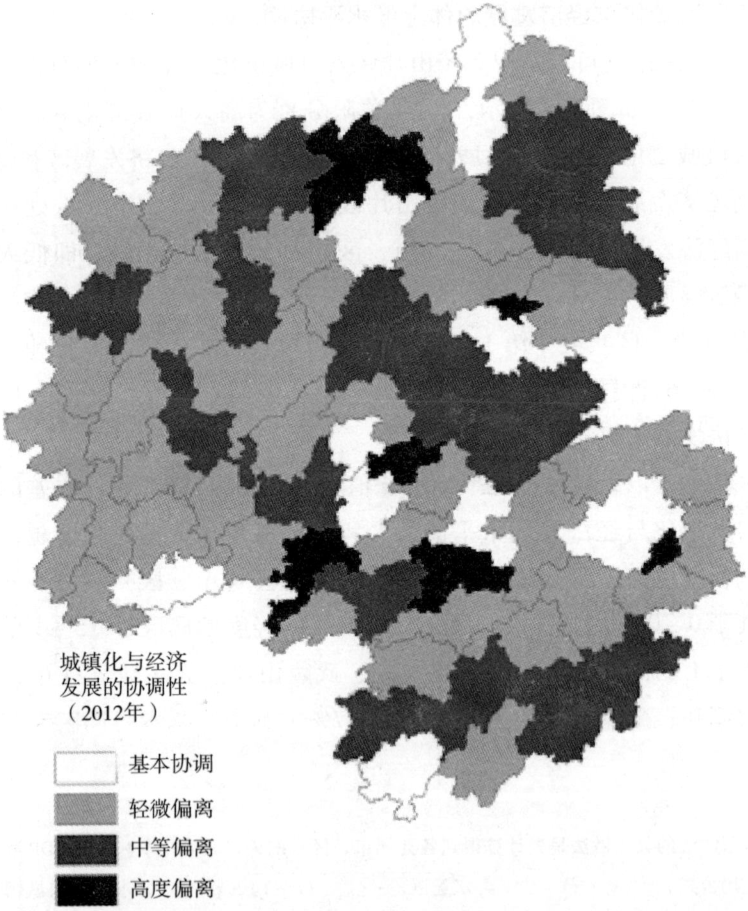

b

图 10　2012 年武陵山片区 71 个县（市、区）城镇化与经济发展协调程度

轻微偏离区占比 49.29%。高度偏离区主要有恩施、武陵源、吉首、碧江、玉屏、鹤城、中方、冷水江等 8 个县（市），其中，鹤城、吉首、碧江、恩施的人口城镇化率相对于人均 GDP 过高，属于城镇化超前于经济发展水平的区域，而冷水江、武陵源、中方、玉屏则人口城镇化率相对于人均 GDP 过低，属于城镇化滞后于经济发展水平的区域。中心城市中永定区的人口城镇化进程与经济发展程度基本协调，黔江区人口城镇化滞后于经济发展水平，但偏离程度较小。

需要特别强调的是，目前武陵山片区人口城镇化与经济发展总体上的协调是一种低水平的协调，需要同时促进经济发展和提升城镇化水平。

2. 产业城镇化的带动效应偏弱

众所周知，产业是城镇化的基础，产业集聚促进人口集中进而实现人口的城镇化。因而，人口 - 产业城镇化相对指数①可在一定程度上揭示产业城镇化的带动效应。

图 11 反映了武陵山片区产业城镇化带动效应的演变及与周边 4 省（市）的差异。虽然自 2004 年以来，武陵山片区产业城镇化的带动效应呈逐渐增强的

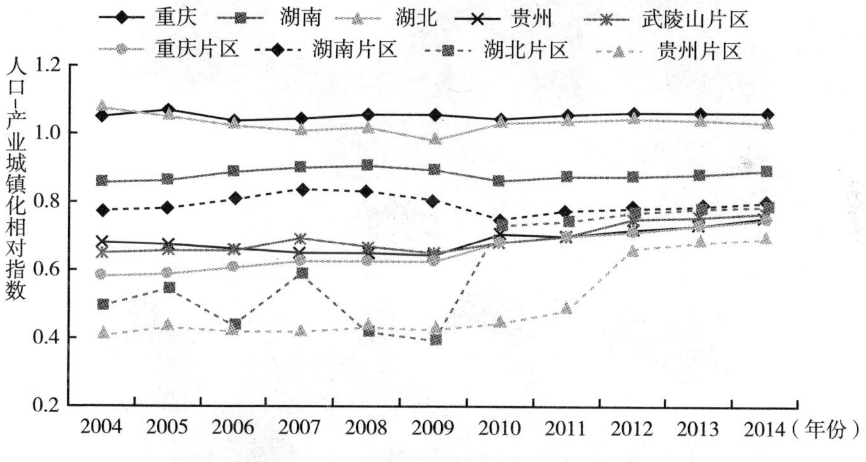

图 11　武陵山片区产业城镇化带动效应的演变比较

注：部分年份出现较大波动是人口城镇化统计口径不同所导致。

① 计算公式为：$R\text{-}urban_{i,I-P} = \dfrac{urban_{i,P}/urban_{i,I}}{urban_{G,P}/urban_{G,I}}$，其中 $R\text{-}urban_{i,I-P}$ 为人口 - 产业城镇化相对指数，$urban_{i,P}$、$urban_{i,I}$ 分别为 i 县（市、区）的人口城镇化率和产业城镇化率，$urban_{G,P}$、$urban_{G,I}$ 分别为全国的人口城镇化率和产业城镇化率。

趋势，但总体水平仍然较低，人口－产业城镇化相对指数基本维持在0.65～0.77，即仅为全国平均水平的65%～77%，略高于贵州省的平均水平，但与重庆、湖北、湖南三省（市）存在较大差距。在武陵山片区内部，湖南片区的产业城镇化带动效应最强，2014年接近0.80，其次是湖北片区、重庆片区，分别为0.79和0.75，贵州片区最低，仅为0.70，但总体上各分片区产业城镇化带动效应的差距呈逐渐缩小的趋势。

不过，武陵山片区各县（市、区）的产业城镇化带动效应差异明显。图12将71个县（市、区）产业城镇化的带动效应分为弱带动效应（指数 <

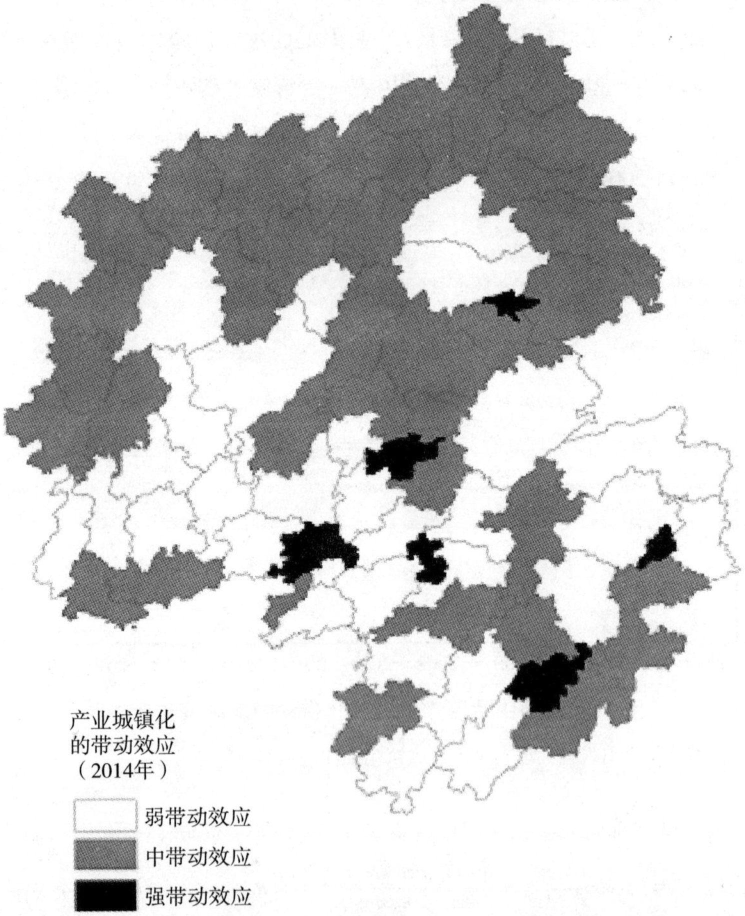

图12　武陵山片区产业城镇化的带动效应分类

0.70)、中带动效应（指数处于0.70～1)、强带动效应（指数>1）三类。不难发现，片区内大多数县（市、区）都属于弱带动效应和中带动效应区域，两者的占比分别达到42.25%和49.30%，高带动效应区域仅有武陵源、吉首、鹤城、碧江、冷水江、武冈等6市区，占比8.45%。这再次表明，武陵山片区除了少数中心城市区域外，大多数县（市、区）产业城镇化带动效应偏弱。

3. 城镇体系不合理

武陵山片区受4省（市）行政区划分割的影响，合理的城镇体系尚未建立，具体表现为城镇数量少、密度低；城镇规模不大，中心城市不强；城镇之间的联系不够紧密等。由表4可知，武陵山片区的面积与湖南、湖北、贵州相当，比重庆市大一倍，但城市数量最少，将县级市包括在内，片区仅有城市11个，远远低于湖南、湖北的29和36个；城市密度为0.64个/万平方公里，不及湖北省的1/3、湖南省的1/2，比贵州省也要低；建成区面积则更低，仅为277.09平方公里，远远低于湖南、湖北、重庆的1465、1701和1324.94平方公里，也不及贵州省的1/2；建成区绿化率也最低，为31.4%，比4省（市）低5～11个百分点。

表4　2012年武陵山片区与四省市、全国的城市建设情况比较

类　别	土地面积（万平方公里）	城市数（个）	城市密度（个/万平方公里）	建成区面积（平方公里）	建成区绿化覆盖率(%)
武陵山片区	17.18	11	0.64	277.09	31.4
湖　南	21.18	29	1.37	1465	37
湖　北	18.59	36	1.94	1701.0	37.7
贵　州	17.62	13	0.74	586.06	40.14
重　庆	8.24	—	—	1324.94	42.34
全　国	960	657	0.68	45565.8	39.59

资料来源：《中国城市统计年鉴2013》。

从片区内11个城市来看，规模最大的为怀化市，城区常住人口约为51.24万人，建成区面积为60平方公里，是片区内的首位城市。此外，人口在30万人以上的只有恩施市，11个城市城区平均常住人口规模为26.44万人；城区人口密度最大的是洪江市，高达每平方公里2.5万人，涟源、恩施、利川、武冈、冷水江市人口密度也超过了1万人每平方公里，人口密度最低的是铜仁市，不到5000人/平方公里。建成区面积最大的是怀化市，为60平方公里，其次是铜仁市45平方公里，张家界市32平方公里，平均建成区面积为25.19平方公里（见表5）。

表5　2012年武陵山片区11个城市人口和建成区面积对比

城　市	城区常住人口(万人)	城区人口密度(人/平方公里)	建成区面积(平方公里)
怀化(鹤城区)	51.24	8540	60
铜　仁	20.21	4491	45
张家界	25.78	8056	32
黔　江	19.1	9550	20
恩　施	35.41	17705	20
吉　首	22.14	7688	28.8
利　川	22.25	15893	14
武　冈	24.94	15491	16.1
洪　江	15.49	25817	6
冷水江	25.42	11720	21.69
涟　源	28.89	21400	13.5

为了进一步考察武陵山片区城镇规模等级结构，可采用M. Jefferson等提出的城市首位律理论中的“2城市指数”，以及后来出现的“4城市指数”和“11城市指数”加以定量分析①。分别以城区常住人口和建成区面积计算得到的2、4、11城市指数分别为：1.45、0.57、0.43和1.33、0.57、0.55，显然两者的差别并不明显。而根据城市首位律理论，较为合理的城市首位度结构为$S_2=2$，$S_4=S_{11}=1$。将武陵山片区的2、4、11城市指数与合理的指数值比较，发现武陵山片区3个指数都与合理值存在较大差距，这表明武陵山片区的城镇规模等级体系还很不合理，中心城市过小，城镇等级过于扁平化，缺乏辐射能力强的中心城市。

4. 人口－产业－土地城镇化的耦合度、协调度偏低

借鉴容量耦合概念和容量耦合系数模型推广得到的多个系统（要素）相互作用耦合模型，进一步考察武陵山片区11个代表性城市人口、产业

① 计算公式分别为：$S_2=P_1/P_2$、$S_4=P_1/(P_2+P_3+P_4)$、$S_{11}=2\times P_1/(P_2+P_3+P_4+P_5+P_6+P_7+P_8+P_9+P_{10}+P_{11})$，其中，$S_2$、$S_4$、$S_{11}$分别为2、4、11城市指数，$P_1$，$P_2$，$P_3$，…，$P_{11}$则分别为人口（面积）规模前11位城市的人口（面积）。

和土地城镇化的耦合系数与协调程度①。以2012 年为例，11 个代表性城市的人口 – 产业 – 土地城镇化耦合度和协调度系数如下（见图 13）。

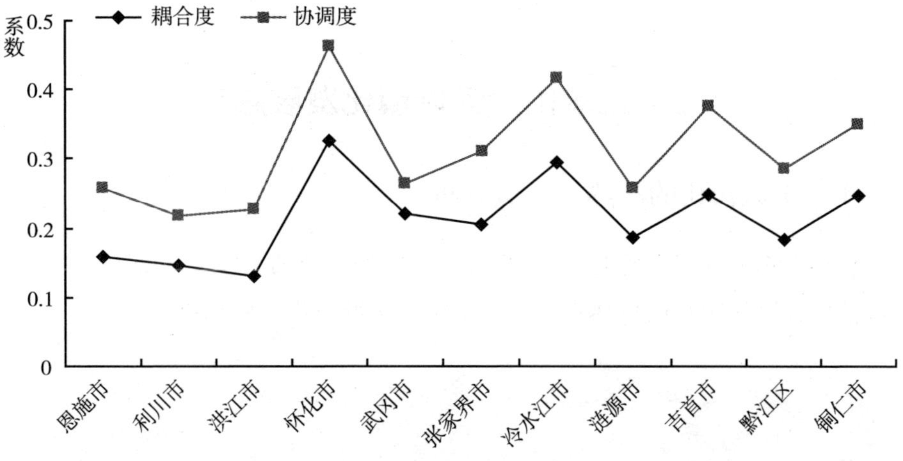

图 13　2012 年武陵山片区 11 城市人口 – 产业 – 土地城镇化耦合系数与协调系数比较

由已有研究可知，根据耦合度值的变化可以分为 6 种类型，即无序发展阶段（$C=0$）、较低水平耦合阶段（$0<C<0.3$）、颉颃阶段（$0.3<C<0.5$）、磨合阶段（$0.5<C<0.8$）、高水平耦合阶段（$0.8<C<1$）和良性共振耦合阶段（$C=1$）；类似地，协调度可以划分为 4 个层次，依次是低度协调（$0<D<0.4$）、中度协调（$0.4<D<0.5$）、高度协调（$0.5<D<0.8$）和极度协调（$0.8<D<1$）。图 13 表明，武陵山片区 11 个代表性城市的人口 – 产业 – 土地城镇化耦合度、协调度系数均偏低，基本上处于较低水平耦合阶段，协调度低。怀化市的耦合度、协调度系数都最高，是唯一进入颉颃阶段的城市。处于中等协调的城市有两个，即怀化市和冷水江市。此外，吉首市、铜仁市城镇化中人口、产业和土地三个维度的耦合、协调程度也相对较好。

① 耦合系数计算公式：$C_i=\{(u_{P,i}\times u_{I,i}\times u_{L,i})/[(u_{P,i}+u_{I,i})\times(u_{P,i}+u_{L,i})\times(u_{I,i}+u_{L,i})]\}$ ^ (1/3)，其中 $u_{P,i}$、$u_{I,i}$和 $u_{L,i}$分别为人口、产业和土地城镇化，C_i 为 i 区域的耦合系数；协调度系数计算公式为：$D_i=\sqrt{C_i\times T_i}$，$T_i=a\times u_{P,i}+b\times u_{I,i}+c\times u_{L,i}$，$D_i$ 为协调度，a，b，c 为三个待定系数，本文中均取值 1/3。

鉴于上述11个代表性城市是武陵山片区城镇化的“领头羊”，其耦合度、协调度系数偏低意味着武陵山片区人口城镇化、产业城镇化和土地城镇化整体上还处于低水平耦合、低协调推进阶段。

三　武陵山片区城镇化发展趋势

（一）城镇化的冷热点区域分析

应用ESDA分析中的LISA图等局部空间统计分析方法，本部分进一步分析武陵山片区城镇化的冷热点区域，揭示片区城镇化发展趋势。

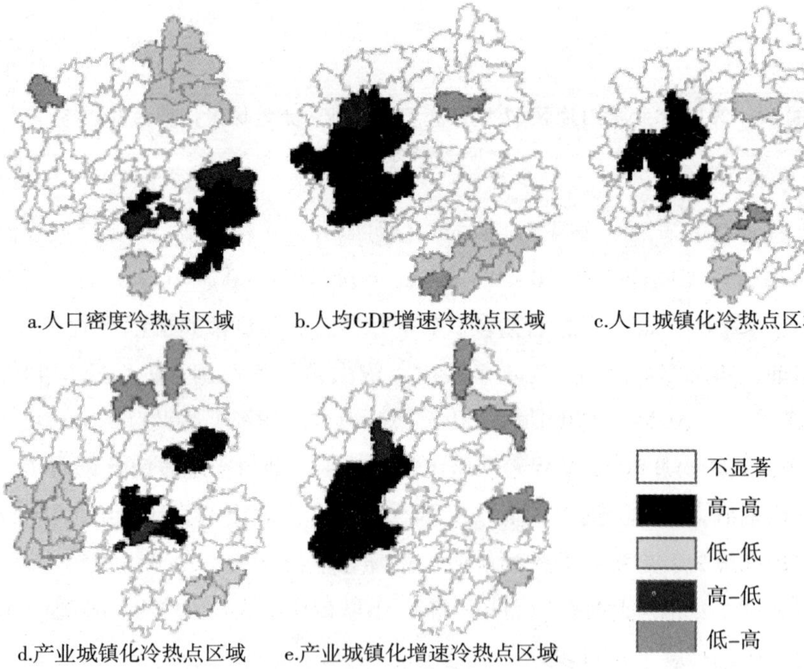

图14　武陵山片区城镇化冷热点区域分析LISA

由图14可知，a、b、c、d、e图分别以5%的显著性水平反映了人口密度、人均GDP平均增速、人口城镇化率、产业城镇化率和产业城镇化率增速的冷热点区域。(1) 人口密度方面，高-高集聚区主要分布在武陵山片区的东南部，即娄（底）邵（阳）地区的冷水江、涟源、新化、新邵、隆回、邵阳、新宁以及怀化地区的麻阳县，这些地区人口城镇化的潜力较大，而低-低集聚区主要分布在片区的东北部，即建始、巴东、秭归、长阳、五峰、鹤峰、桑植和石门县以及南部的靖州、通道，这些地区人口密度较低，人口城镇化潜力相对较弱，而芷江、中方、丰都和安化为人口密度的低-高集聚区，人口密度显著低于周边中心区域，难以跟上周边中心区域的人口城镇化步伐。(2) 人均 GDP 平均增速方面①，高-高集聚区主要分布在重庆片区和贵州片区，有黔江、酉阳、务川、沿河、正安、德江、思南、石阡、江口和松桃等 10 个县（区），这些经济增长的热点区域，一方面得益于重庆市、贵州省近年来对该区域的大力支持，另一方面，前期基础薄弱、基数低也是其具有较高增长速度的原因之一。而南部的邵阳、新宁、城步、靖州、绥宁、武冈、洞口则属于经济增长的冷点区域，是人均 GDP 增速较低的集聚区。此外，通道、桑植县属于低-高集聚区，即相对于周边县区具有较高的增速，彭水则属于高-低集聚区，平均增速低于周边县区。(3) 人口城镇化方面②，人口城镇化率上升较快的区域主要分布在重庆片区的黔江、酉阳县和贵州片区的务川、印江、沿河和松桃县，这些地区也是经济增长的热点区域，怀化片区的靖州、通道、洪江、芷江则是人口城镇化率上升较慢的低-低集聚区，中方、凤凰属于高-低集聚区，即人口城镇化速度慢于周边地区。(4) 产业城镇化方面，城镇化率高-高集聚区为吉首、花垣、凤凰、辰溪、慈利、武陵源、永定 7 个县（市、区），主要分布在湖南片区，而低-低集聚区主要分布在贵州片区，有正安、务川、沿河、德江、湄潭、凤冈、思南、印江、余庆、石阡等 10 个县，此外，湖南片区的邵阳、新宁、武冈 3 个县（市）是另一个低-低集聚区。麻阳、万山则为高-低集聚区，恩施和巴东为低-高集聚区，前者的产业城镇化滞后于周边地区，后者则高于周边地区。(5) 产业城镇化增速方面③，热点区域是贵州片区和重庆片区，务川、沿河、德江、湄潭、凤冈、思南、印江、余庆、石阡、

---

① 以 2004 ~ 2014 年的人均 GDP 平均增速为计算依据。

② 以 2012 ~ 2014 年人口城镇化的平均增速为计算依据。

③ 以 2004 ~ 2014 年的平均增速计算。

江口以及酉阳等 11 个县为增速高 - 高集聚区，冷点区域为邵阳县和五峰县。此外，黔江区为高 - 低集聚区，巴东、石门和安化为低 - 高集聚区，前者的增速低于周边地区，后者的增速高于周边地区。

（二）城镇化的空间趋势性分析

应用 ArcGIS 地统计模块中的趋势性分析方法，阐释武陵山片区城镇化关键指标的空间发展趋势。具体如图 15 所示，其中，X、Y 轴分别代表东西和南北方向，Z 轴表示关键指标的指标值，落在两个平面上的两条曲线则代表关键指标在东西、南北方向上的轨迹。

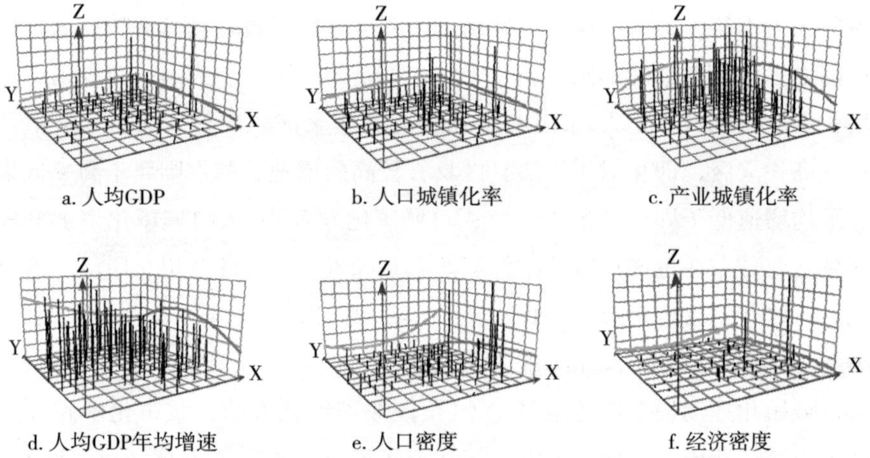

图 15　武陵山片区城镇化关键指标的空间趋势

注：人均 GDP、人口城镇化率、产业城镇化率、人口密度、经济密度等 5 项指标的数据均为 2014 年，人均 GDP 年均增速则取 2004 ~ 2014 年的平均增速。

不难发现，武陵山片区经济发展总体上呈现“东部强于西部、北部强于南部”的特征。具体指标层面上，人均 GDP、人口城镇化率具有与总体经济特征几乎完全一致的趋势，这意味着武陵山片区虽然经济发展、城镇化进程整体滞后，但内部的区域性差异也不容忽视，贵州片区、湖南片区中怀化南部和娄底、邵阳南部更为滞后。产业城镇化方面，“中部凸起”是典型的特征，这表明片区中部地区具有更高的产业结构，当然这与主要中心城市均处于片区中部密切相关，中心城市不仅自身的产业结构较高，同时由于产业结构的关联性、外溢性，使得中心城市周边区域的产业结构也相对较高，进而形成中部地区的产业高地。人均 GDP 年均增速方面，东西方向上与人均 GDP 指标的走势恰好相反，即人均 GDP 相对较高的东部地区增速较慢，人均 GDP 相对较低的西部地区增速较快，显然，这与经济理论的预期相一致，不过，南北方向上并没有出现这种一致性，人均 GDP 增速最快的不是南部人均 GDP 较低的地区，而是中部地区，南北方向上这一轨迹与产业城镇化率的轨迹近似。这表明，南北方向上中部地区较高的产业结构支撑了较快的人均 GDP 增长。人口密度方面，东西方向上，东部地区远远高于西部地区，南北方向上，南部地区明显高于北部地区，即片区的东南部是高人口密度分布区，这与武陵山片区东南部地区地势相对平缓的自然地理条件高度相关。不过，经济密度的空间差异明显小于人口密度的空间差异。东西方向上，东部地区经济密度大于西部地区且差异较明显，但南北方向上，经济密度的差异不大，中部稍高。人口密度和经济密度的空间趋势差异表明，经济布局与人口分布还存在较大矛盾，加剧了片区内部差距与贫困。

为了进一步分析武陵山片区内各分布片区经济布局与人口分布的矛盾，图 16 给出了 4 个分片区经济 - 人口密度指数均值的演变趋势①。经济 - 人口密度指数接近于 1，表明经济布局与人口分布之间越匹配，越偏离于 1，经济和人口分布则越不协调。图 16 表明，重庆片区 2004 ~2006 年间经济 - 人口密度指数向下趋向于 1，之后快速反弹，并于 2009 年以后稳定于 1. 2 左右；贵州片区自 2004 年以来，经济 - 人口密度指数一直逐步提升，从 0. 6 上升到 0. 8 左右；湖南片区的经济 - 人口密度指数在 2004 ~2006 年略有上升，之后逐渐回落并趋于相对稳定，但始终保持在 1 以上；湖北片区的经济 - 人口密度指数在 2004 ~2007 年持续下滑，由接近于 1. 2 下滑到 1 以下，之后稍有上升并趋于稳定，目前仍略低于 1。可见，4 个片区中，湖南片区、湖北片区的经济和人口

① 经济 - 人口密度指数计算公式为：$EP_{d,i}=\frac{E_{d,i}/\bar{E}_d}{P_{d,i}/\bar{P}_d}$，其中，$E_{d,i}$、$P_{d,i}$为 i 地区的经济密度和人口密度，$\bar{E}_d$、$\bar{P}_d$为片区的经济密度和人口密度均值。

分布相对协调，重庆片区经济布局相对于人口分布具有明显的优势，贵州片区则经济布局相对于人口分布具有较大的劣势，不过，这种劣势在逐渐减弱。

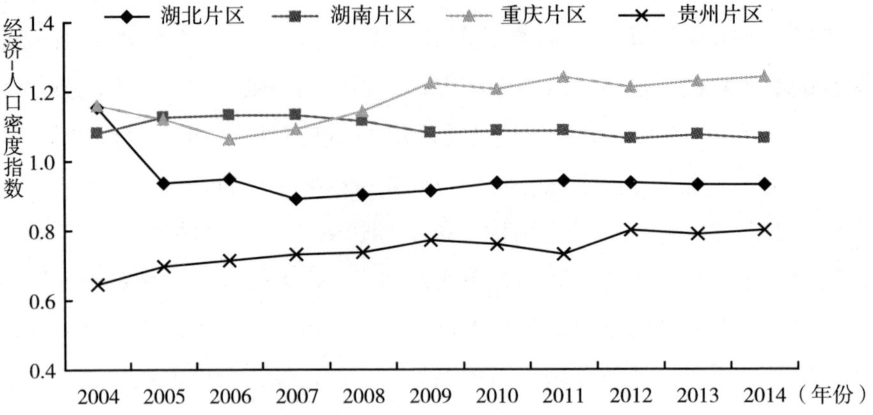

图 16　武陵山片区经济－人口密度的协调性演变趋势

（三）中心职能指数演变趋势

中心城市是城镇化进程中的重要支撑，而中心职能指数能较好地反映中心城市在城镇体系中的中心地位及支撑效应①。本部分在计算了所有县（市、区）的中心职能指数的基础上，首先考察了6个中心城市以及11个城市（含县级市）所在地中心职能指数的占比及演变趋势，然后进一步分析6个中心城市中心职能指数的差异及走势。

从6个中心城市及11个城市所在地中心职能指数占比的演变趋势来看（见图17），前者整体有所上升，后者则整体有所下降。这表明6个中心城市的中心地位在2004～2014年有所强化，而11个城市中另外5个县级市的中心地位下降明显，进而使11个城市作为整体的中心地位下滑。不过，从占比的绝对水平来看，武陵山片区中无论是6个中心城市还是11个城市的中心职能指数都不够强，两者的占比分别为17%、29%，并且6个中心城市占比只比

① 本部分的中心职能指数是经济发展（GDP）和城镇规模（城区常住人口）中心指数的平均值，经济发展中心指数和城镇化中心指数分别由各县市区的GDP和城区常住人口与片区的平均值相除得到。

其他5个县级市的占比高出5个百分点。这意味着继续强化中心城市的中心职能、支撑效应和带动效应是近期内城镇化工作的重点。

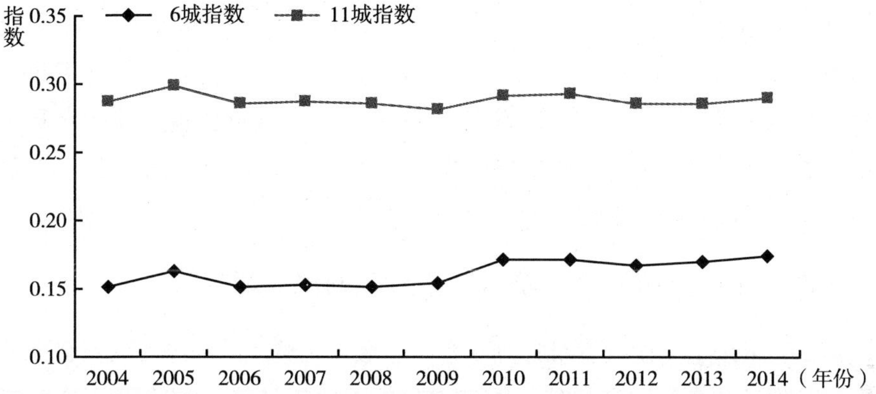

图17 武陵山片区6个中心城市和11个城市（含县级市）中心职能指数的占比演变趋势

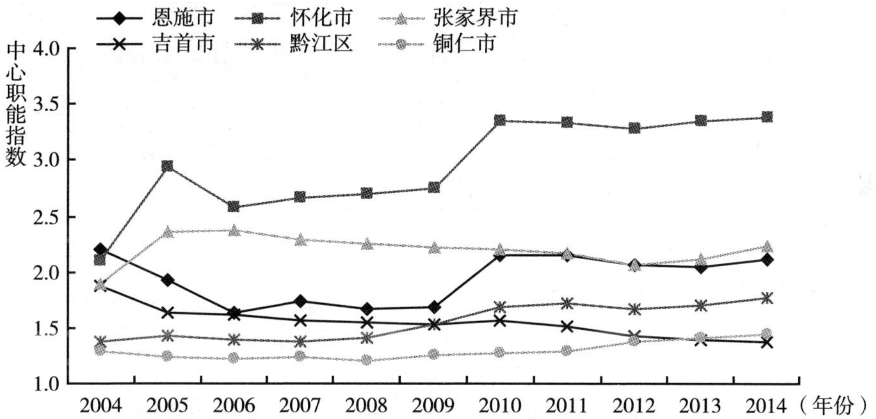

图18 武陵山片区6个中心城市中心职能指数演变趋势

图18则进一步考察了6个中心城市中心职能指数的差异及演变趋势。显然，依据中心职能指数，6个中心城市形成了4个梯队。其中，怀化市（鹤城区）为第一梯队，其中心职能指数不断上升，2014年达到3.39，比排名第二的张家界市高1.15，成为名副其实的中心城市。张家界市和恩施市为第二梯队，不过前者在2005～2012年持续下降，后者在2006～2010年间持续上升，

之后两者的走势基本趋同，2014 年两城市的中心职能指数分别是 2.24 和 2.12。黔江区为第三梯队，2014 年中心职能指数为 1.77，不过该城市自 2004 年以来中心职能指数持续上升，共上升了 0.39，上升速度最快的年份是 2008 ~ 2011 年。吉首市和铜仁市为第四梯队，2014 年二者的中心职能指数分别为 1.38 和 1.45。值得注意的是，在 2004 ~ 2014 年，吉首市的中心职能指数持续下滑，由 2004 年的 1.87 下降到 2014 年的 1.38，并被铜仁市反超，在 6 个中心城市中排名最后。铜仁市则恰好相反，自 2008 年来持续快速上升，从 2008 年的 1.20 上升到 2014 年的 1.45。

（四）中心城市经济联系与产业分工的演变趋势

第一，采用引力模型定量计算 6 个中心城市区域之间的经济联系强度及演变趋势，然后加总各城市与其他城市之间的引力值计算六中心城市的发展潜能①，分别得到图 19、图 20 的经济联系强度和潜能演变趋势对比。

不难发现，虽然各城市之间的经济联系在不断增强，但彼此间差异十分明显。怀化和铜仁之间的引力值最大且上升速度也很快，2014 年达到 1.4 万人 · 亿元/平方公里；其次是怀化与吉首之间的引力值，2014 年也超过 1 万人 · 亿元/平方公里。怀化与铜仁、吉首之间的引力值较大的原因来自于两方面，一是怀化市城区本身的经济规模、人口规模在 6 个中心城市中具有相对明显的优势，二是怀化与吉首、铜仁之间的距离较近，直线距离在 85 ~ 88 公里。此外，恩施和黔江之间、吉首和铜仁之间的引力值也较大且近年来有较快增长。可见，随着各城市之间的交通条件进一步改善，如怀化与吉首、铜仁之间的高

---

① 城市之间的引力计算公式为：$R_{ij} = \frac{\sqrt{p_i v_i \times p_j v_j}}{D_{ij}^b}$，$(i \neq j)$，$R_{ij}$为引力值，$p_i$、$p_j$、$v_i$、$v_j$ 分别为 i、j 地区的常住人口和 GDP 数值，D_{ij}为 i、j 地区之间的距离，b 为距离摩擦系数，通常国家层面取 1，地区层面取 2；潜能计算公式为：$E_i = \sum_{j=1}^{n} R_{ij}$，$E_i$ 为 i 地区的潜能，R_{ij}为 i 地区与 j 地区的引力值。本部分计算中所采用的距离为百度地图上测得的各中心城市间直线距离，距离数值分别为：恩施 - 怀化相距 308 公里、恩施 - 张家界相距 160 公里、恩施 - 吉首相距 224 公里、恩施 - 铜仁相距 288 公里、恩施 - 黔江相距 114 公里、怀化 - 张家界相距 180 公里、怀化 - 吉首相距 88 公里、怀化 - 铜仁相距 85 公里、怀化 - 黔江相距 244 公里、张家界 - 吉首相距 116 公里、张家界 - 铜仁相距 201 公里、张家界 - 黔江相距 171 公里、吉首 - 铜仁相距 86 公里、吉首 - 黔江相距 162 公里、铜仁 - 黔江相距 200 公里。

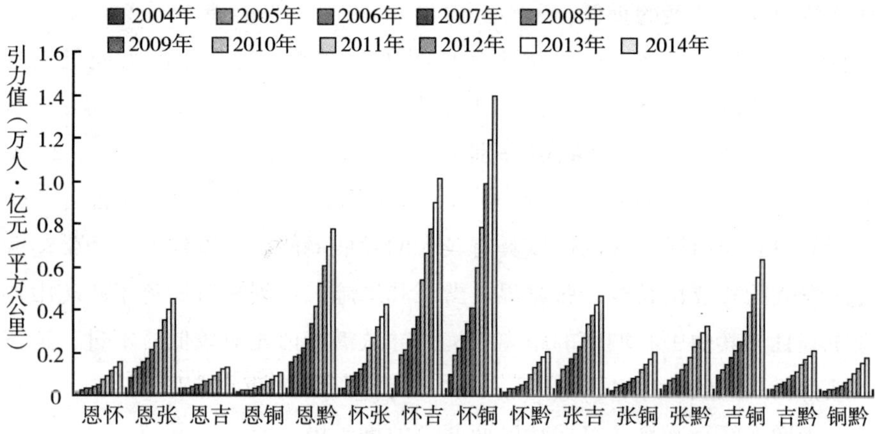

图 19　武陵山片区 6 中心城市之间引力值演变趋势对比

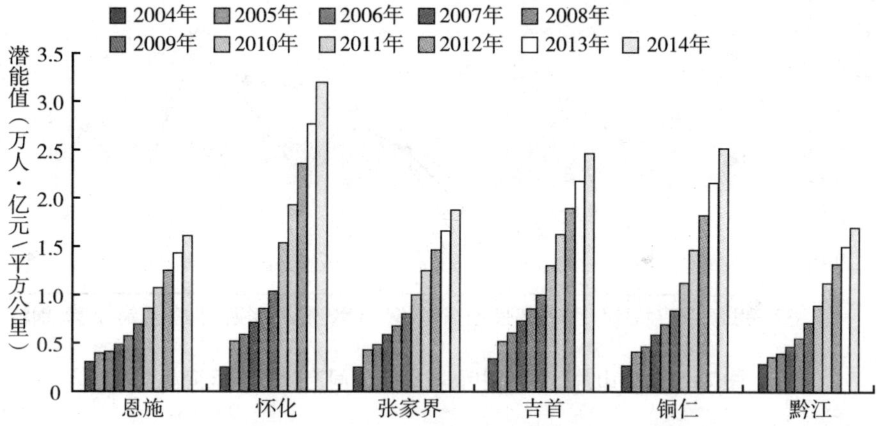

图 20　武陵山片区 6 个中心城市潜能演变趋势对比

速公路的互通，恩施和黔江之间高速的建成，这些城市之间的经济联系将进一步加强。因而，可以预见怀化 - 吉首 - 铜仁、黔江 - 恩施 - 龙（山）（来）凤①将成为武陵山片区内两个经济联系最为紧密的城镇组团，进而承担支撑和

① 在“武陵山片区龙山来凤跨省协作示范区”规划的支持下，龙山、来凤两县通过“融城”发展，有望成为重要的一极，且与黔江、恩施的距离也较近，因而三者之间的经济联系也会比较强。

带动武陵山片区发展的重任。

从中心城市潜能演变趋势对比（见图 20）来看，怀化市的潜能最大且增速也最快，2014 年潜能值达到 3. 19 万人 · 亿元/平方公里。其次是铜仁市、吉首市，两者 2014 年的潜能值分别为 2. 52 万人 · 亿元/平方公里、2. 46 万人 · 亿元/平方公里，并且增速也较快。这再次表明怀化、铜仁和吉首三个距离较近的中心城市所组成的区域具有较大的发展潜能，可以发展成为带动武陵山片区发展的重要增长极。张家界、黔江和恩施三市则相对偏离于武陵山片区地理中心且与其他中心城市的距离较远而导致潜能值相对较低。不过，这三个中心城市仍是武陵山片区西北部、东北部的重要增长极，特别是黔江、恩施可以进一步增强经济联系，打造片区西北部的增长极。

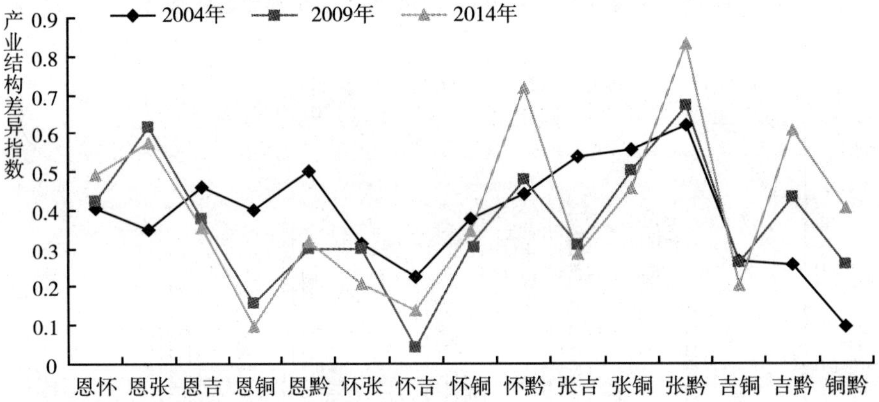

图 21　武陵山片区 6 个中心城市彼此间产业分工演变趋势

第二，通过计算 6 个中心城市 2004 ~ 2014 年的产业结构差异度指数①有助于理解武陵山片区中心城市间的产业分工及演变趋势。图 21 表明，张家界和黔江、吉首和黔江、怀化和黔江、恩施和张家界、恩施和黔江的产业结构有一定的差异，而恩施和铜仁、怀化和吉首、吉首和铜仁之间的产业结构相似度很高。从演变趋势来看，吉首和黔江、铜仁和黔江、张家界和黔江、怀化和黔江

① 计算公式为：$SI_{ij} = \sum_{k=1}^{n} |X_{ik} - X_{jk}|$，$SI_{ij}$ 为两个地区 i、j 之间的产业结构差异度指数，X_{ik}、X_{jk} 分别为部门 k 在地区 i、j 的产业结构中所占比重。指数值介于 0 ~ 2，越接近于 0，表明产业结构越相似，越接近于 2，表明产业结构越不相同。

之间的产业结构有趋异的趋势，恩施和吉首、恩施和铜仁、张家界和吉首、张家界和铜仁、吉首和铜仁之间的产业结构有趋同的趋势。虽然上述产业结构差异指数仅依据三次产业计算所得，不能精确地反映城市之间的产业分工状况，但也在一定程度上揭示了中心城市间产业结构趋同和趋异的特点。如怀化、吉首和铜仁三市间产业结构的趋同性表明这三个城市在未来的组团发展中要强化产业的合理分工。

四 武陵山片区城镇化发展战略

（一）总体战略

战略选择是在战略分析，即对外部环境中的机遇与威胁、自身的优劣势分析诊断的基础上，选择最有利于实现自身目标定位的全局性的、统领性的谋略、方案和对策体系。下面，将应用 SWOT 分析法对当前武陵山片区城镇化面临的外部环境和自身条件进行诊断，进而确定武陵山片区的城镇化发展总体战略。

1. 武陵山片区城镇化的 SWOT 分析

（1）武陵山片区城镇化发展面临的机遇：①《国家新型城镇化规划（2014—2020 年）》及中央城镇化工作会议对中西部地区中小城镇发展的重视。优化城镇空间布局是未来城镇化发展的重要内容，以城市群为主体形态促进大中小城市和小城镇的合理分工、功能互补、协同发展，加快中西部地区城镇化发展则是重要手段。②集中连片特困区成为国家新十年扶贫开发的主战场，全面建成小康社会的攻坚区域，国家将对连片特困区的区域发展、新型城镇化建设给予更多的支持。③武陵山片区城镇化进入“诺瑟姆曲线”的加速阶段，城镇化将进入快速发展期。④生态文明建设成为“五大文明建设”之一，被新一届政府放到十分突出的地位，生态环境与生态资源的价值将越来越被重视。

（2）武陵山片区城镇化发展面临的威胁与挑战：①周边城市群快速发展带来的虹吸效应。在《国家新型城镇化规划（2014—2020 年）》中，武陵山片区周边的武汉城市群、长株潭城市群、成渝城市群和黔中城市群都是中西部地区重点发展的城市群，这些城市群的加快发展会形成强大的集聚力，不仅会截断流入武陵山片区的资源与要素，同时将吸附武陵山片区内部的资源与要素，使武陵山片区形成更深的洼地，进一步削弱武陵山片区城镇化动力。②《全国主体功能区规划》对武陵山片区整体限制开发区的功能定位限制了武陵山片区的发展空间。一方面，限制开发区的功能定位严格限制了武陵山片区产业发展类型、产业发展规模、城镇化土地扩张边界，使武陵山片区的城镇化只能"带着枷锁跳舞"，增大了城镇化的成本和难度；另一方面，限制开发区的功能定位也削弱了武陵山片区承接产业转移、争取外部直接投资的吸引力和竞争力，城镇化动力进一步减弱。

（3）武陵山片区城镇化发展的自身优势：①城镇化发展的空间大。武陵山片区城镇化发展滞后，城镇化水平低于全国平均水平20余个百分点，并且刚进入城镇化的快速发展期，与此同时，武陵山片区乡村人口比重高、规模大，因而，武陵山片区的城镇化有较大的发展空间。②传统城镇化发展模式下积累的问题相对较少，具有新型城镇化的后发优势。武陵山片区由于城镇化发展滞后、起步较晚，因而传统粗放型城镇化模式中出现的人口城镇化滞后于土地城镇化、城镇化滞后于工业化、户籍人口城镇化滞后于常住人口城镇化的问题仍不严重，城镇化超出自然承载力、严重破坏生态环境的现象不是十分突出，在新型城镇化过程中可以汲取先行城镇化区域的经验与教训。③丰富的生态文化旅游资源为武陵山片区走可持续的山地新型城镇化道路提供了资源保障。良好的生态环境和丰富的生态文化旅游资源是武陵山片区最大的优势，在不破坏生态环境的前提下，充分挖掘和开发生态文化旅游资源并将其产业化，有助于推动新型城镇化建设。

（4）武陵山片区城镇化发展的劣势：①城镇化的动力有限。城镇化的动力可以分为行政力、市场力、内源力和外向力，就武陵山片区而言，市场经济发展滞后、对外开放程度不高，城镇化的市场力和外向力十分弱小。在行政力和内源力方面，由于地处四省市交界区域，地方政府的最高行政级别为地级市，行政资源及配置能力有限，同时，长期深陷"贫困陷阱"，区域发展资源积累有限，内源力不强。②生态脆弱的山地条件增大了城镇化的成本和难度。武陵山片区是典型的喀斯特山地区域，石漠化程度较高、生态脆弱性强，适宜城镇化建设的土地面积有限，这些自然地理条件都增大了城镇化的成本和难度。③农民素质较低延缓新型城镇化的进程。武陵山片区居民居住分散、教育程度低，新的生计模式、生活方式的适应能力差，这都不利于人口的城镇化。④行政分割下的城镇化博弈。武陵山片区分属4省（市）行政区管辖，各分片区都有自身的利益诉求，在城镇化方面难以形成合力，甚至采取以邻为壑的恶性竞争策略，给城镇化发展带来阻力。

2. 武陵山片区城镇化的总体战略

基于上述外部环境、自身条件的诊断分析，武陵山片区城镇化应采用如下战略：以打造世界知名生态文化旅游目的地为统领，积极创新边缘锁定突破路径，变传统经济社会发展模式下的“后方”为生态经济发展前景下的“前沿”；以生态文化旅游产业为龙头，加快发展相关生态产业、休闲健康产业、环境友好型产业等，促进特色、绿色中小城镇发展；积极创新空间形态，创建适宜于生态脆弱山地本底条件的城镇化空间格局，充分借助和发挥市场力、外向力、行政力和内源力的城镇化推动效应，以及城镇空间的行政资源配置、经济生产、环境改造、社会关系调整、空间管治功效，实现城镇化和经济社会发展的良性循环，最终建立起实现生态屏障、扶贫攻坚、跨省协作和民族团结功能，支撑世界知名生态文化旅游目的地的城镇体系。

这一总体战略可以概括为“边缘锁定突破城镇化战略”，即通过加快新型城镇化发展使武陵山片区突破长期以来的边缘锁定困境，同时，借助边缘锁定突破带来的市场力、外向力等城镇化动力进一步推进新型城镇化建设，实现城镇化与片区经济社会协调发展。具体地，武陵山片区应牢牢抓住“世界知名生态文化旅游目的地”这一目标定位，通过借助外部需求、整合内部资源，实现市场、产业和空间的边缘锁定突破，最终走出边缘锁定困境。边缘锁定突破城镇化战略的实施需要人口城镇化战略、空间形态创新战略和产业城镇化战略三个分战略的支撑。一方面，人口城镇化、产业城镇化、空间城镇化（空间形态创新）三者是武陵山片区城镇化发展的基本内容，缺一不可；另一方面，三者之间并非孤立，彼此之间的相互促进、相互影响、协同推进能提高新型城镇化的效率和质量，凝聚各类要素、组合各种动力最终突破武陵山片区的边缘锁定，实现打造世界知名生态文化旅游目的地的宏伟目标。

（二）产业城镇化战略

产业城镇化是武陵山片区城镇化发展的支撑，没有产业的城镇化就没有经济活动的城镇化，空间和人口的城镇化就成了无源之水。纵观人类城镇化发展历程，产业城镇化是城镇化最基本的推动力。武陵山片区的城镇化发展滞后与其第二、三产业不发达、第一产业占比偏高密切相关。而且，由于脆弱的山地自然地理条件和4省（市）边缘的地理区位，传统的第二、三产业发展前景并不乐观。在周边四大城市群快速发展的背景下，不仅难以分得东部地区制造业转移的一杯羹，即便承接到部分产业转移，也难以实现持续发展，更不可能支撑起武陵山片区的城镇化。因而，武陵山片区必须另辟蹊径，基于自身的比较优势、结合时代发展的客观潮流，大力发展特色和绿色产业，实现产业发展的突围。具体地，武陵山片区的产业城镇化战略应在打造“世界知名生态文化旅游目的地”目标的统领下，以生态文化旅游产业为龙头产业、战略产业，精心开发旅游组团和精品旅游线路，加强区域合作，实现全片区无障碍旅游，同时，积极开发与生态文化旅游密切相关的其他产业，如特色农业、特色农林产品加工业、生物医药产业、山地机械产业、环境友好型矿产品加工业、现代物流业、商贸服务业、民族文化产业、健康与养老产业、金融科技与信息服务业等，构建武陵山片区独特的绿色产业体系，在产业发展形态上，促进产业集群发展、专业化发展，并在相关产业集聚发展的支撑下形成一批特色小城镇。具体地，产业城镇化战略又可以具体化为如下三个方面。

1. 加快战略产业的跨区域联动和跨产业融合发展

生态文化旅游产业是武陵山片区无可争辩的战略性产业，也是《武陵山片区区域发展与扶贫攻坚规划（2011—2020年）》中确定的首个重点发展产业，并且已有一定的发展基础。不过，武陵山片区的生态文化旅游产业规模仍不够大、竞争力仍不够强、区域发展带动效应仍十分有限。而出现这一状况的原因主要有两个方面，一是片区内部区域之间旅游产业缺乏深度分工与合作；二是生态旅游文化产业的产业链条不长、与其他相关产业的融合不够，产业整体规模不大、盈利能力不强。因而，武陵山片区应从跨区域联动发展和跨行业融合提升两个方面来强化生态文化旅游产业的战略性地位，将其打造成名副其实的支柱产业，增强其区域发展带动效应。跨区域联动发展方面要以中心城市为依托，以张家界、凤凰、梵净山等知名旅游景点为窗口，根据资源的相似性、地域的临近性构建张家界湘西风情旅游组团、湘西南山水文化旅游组团、梵净山生态休闲文化旅游组团、渝东南山水生态旅游组团和渝东鄂西山水风情旅游组团五大旅游组团。一方面，积极推动组团内部各旅游景点之间的分工与协作，另一方面，通过打造十二条精品旅游线路，即以世界自然遗产旅游区和国家历史文化名城、国家级风景名胜区、国家级森林公园等重点旅游景区为依托，以交通通道为纽带，实现五大特色旅游组团之间的联动发展。跨产业融合发展方面，一是要加强生态文化旅游产业内部的融合，即既要深化生态、文化和旅游产业的发展，又要加强彼此之间的融合，提升武陵山片区生态文化旅游产业的品牌竞争力；二是要加强生态文化旅游产业与其他相关产业的融合。通过延伸产业链、弱化产业边界，围绕生态文化旅游产业“食、住、行、游、购、娱、休、疗”等环节的综合配套服务，实现第一、二、三产业的包容性融合发展，构建以生态文化旅游产业为支架的第一、二、三产业协同发展的特色生态产业体系。

2. 共建三大特色产业园区，提升产业集聚力和竞争力

“产业向园区集中”是现代产业发展的基本趋势，也是山区现代工业和服务业发展的现实需要。武陵山片区 71 个县（市、区）虽有为数不少的工业园区，但园区级别不高、规模不大、集聚力不强、就业容量有限、知名度不高、竞争力不强，对区域的带动效应十分有限。武陵山片区共建产业园区的产业化发展路径有两个层面：一是打造三个国家级产业园区，实现武陵山片区国家级产业园区零的突破，提升园区的集聚力和竞争力。这三个园区分别是武陵山片区（张家界）国际旅游集散中心、铜吉怀国家山地特色工业园区、黔恩龙国家山地特色农业产业园区，其中，武陵山片区（张家界）国际旅游集散中心旨在借助张家界的知名度、美誉度集聚旅游产业发展的高端资源，辐射和带动整个武陵山片区生态文化旅游产业的发展，铜吉怀国家山地特色工业园区则借助铜仁、吉首和怀化三市相对较好的发展基础、彼此毗邻和位居武陵山片区中心的区位优势，在国家和各省（市）的投资推动下发展成为武陵山片区的物流中心、民族文化产业中心、制造业中心和现代服务业中心，黔恩龙国家山地特色农业产业园区则定位为武陵山片区绿色食品、特色农产品、生物制药和北部物流中心，充分挖掘黔江、恩施、龙（山）来（凤）的资源优势和政策优势。二是对处于上述三个国家级产业园区范围之外的县级、镇级产业园区进行迁并整合，减少产业园区数量、扩大产业园区规模、提升产业园区质量，优化武陵山片区的产业园区分布（见图 22）。

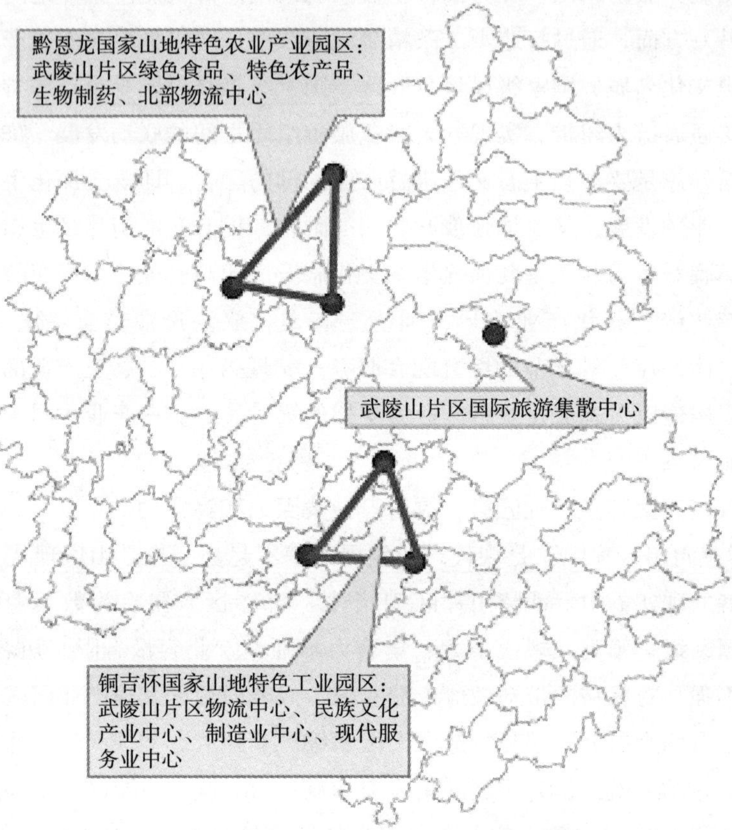

图 22　武陵山片区三大国家级产业园区的空间分布

3. 以"基地＋龙头企业＋地理标志"促进特色农业及加工业发展

武陵山片区特色农业资源、中草药植物资源丰富，有着发展特色、高效、精品农业的比较优势。《武陵山片区区域发展与扶贫攻坚规划（2011—2020年)》将特色农业及其加工业作为武陵山片区产业发展规划中的第二大产业。如何挖掘特色农业及加工业的发展潜力是产业城镇化战略实施中必须解决的问题。总体而言，武陵山片区的特色农业及加工业一方面应主动对接生态文化旅游产业发展，融入生态文化旅游产业，另一方面，要积极推进现代农业经营模式、延伸农业产业链条，走特色、高效、精品化发展路径。在特色农业及加工业发展过程中，以"基地"解决规模经济问题，以"龙头企业"解决"小农户”和“大市场”的不对称问题，以“地理标志”解决农产品销售中的过度竞争和附加值低问题。具体地，一是要突破行政界限，实施一批重大特色农林业项目，推进茶叶基地、蚕茧基地、烤烟基地、油茶基地、柑橘基地、高山蔬菜基地、魔芋基地、干果基地、中药材基地、肉类基地和优质楠竹基地等11大区域性特色农业基地建设；二是要创新机制，大力发展“农”字号龙头企业，鼓励本地龙头企业采取招商引资、多元入股的方式与片区内外的大中型企业合作，迅速扩大规模，提升产业档次，增强带动能力，同时，要扶优扶强，帮助现有农业企业做大做强，促进农业企业实现现代化管理、市场化运作；三是要积极申请国家地理标志、塑造特色农产品品牌，提升特色农产品的附加值和科技含量，提升武陵山片区特色农产品的品牌影响力和竞争力。

（三）空间形态创新战略

武陵山片区的空间形态创新战略强调两个方面，一是城镇空间布局及城镇内部空间结构规划要突破现有的模式，遵循山地城镇化空间演变规律，满足山地可持续城镇化客观要求；二是城镇化空间布局及城镇内部空间结构创新要协调4省（市）片区的城镇化利益诉求，契合跨省协作、扶贫攻坚和民族团结等方面的需要。具体地，武陵山片区的空间形态创新战略要以《全国主体功能区规划》中的区域功能定位以及武陵山片区“六中心四轴线”“两环四横五纵”的空间结构为指南，以自然环境承载力为前提，遵循山地城镇化空间演变的客观规律，以中小城镇建设为主体，按照“重点开发沟域、河谷和盘地，适当开发浅山区，人口迁离深山区”的原则，突破行政壁垒分割，沿交通网络干线“集聚资源、集中人口和集约土地”，以中小城镇组团、走廊串珠、成长三角等为主要空间形态，形成自成体系的“多中心、多层级、多样化”的快速交通连接、特色生态产业支撑的“宜游、宜居、宜业”中小城镇网络体系。而这一空间城镇化过程可以划分为6个阶段。

1. 中心城市增长极效应强化阶段

怀化、吉首、铜仁、张家界、黔江和恩施6市是武陵山片区经济社会发展基础较好、规模较大、实力较强的中心城市，也是《武陵山片区区域发展与扶贫攻坚规划（2011—2020年）》中所确定的6个中心城市，武陵山片区的区域性增长极。不过，目前6个中心城市仍处于极化阶段，区域性增长的带动能力较弱。因而，武陵山片区的城镇化发展首先要按照《武陵山片区区域发展与扶贫攻坚规划（2011—2020年）》中的规划定位，继续做大做强，优化城市形态，完善和提升其作为区域性中心城市的功能，促进人口与产业集聚，发展特色优势产业，强化其增长极功能，发挥辐射带动作用。其次，龙山、来凤两县县城毗邻，自然地理条件相对较好、人口规模较大、城镇化承载力较强，同时在“龙山来凤经济协作示范区”平台的支持下，有望发展成为片区内重要的中心城市。因而，也要加快“龙凤融城”步伐，加快城镇化进程，强化其增长极效应。最后，冷水江市、涟源市以及紧邻片区的邵阳市也有较好的发展基础，可以进一步强化其作为片区东南部（即片区内邵阳娄底部分县市）的增长极效应（见图23）。

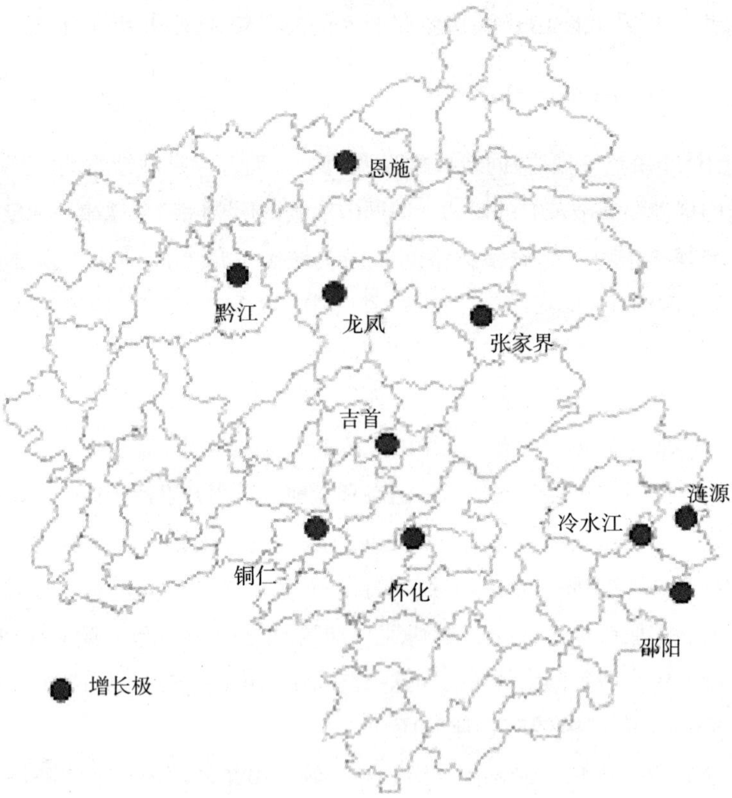

图23　中心城市增长极强化阶段

2.“成长三角”推进合作发展阶段

成长三角是由若干个在地理位置上相近、生产要素上具有互补优势的地区

（或城市）构成的经济合作区。基于空间上的稳定性、多种生产要素的互补性、较大的经济规模而构建的成长三角在区域发展空间结构理论中占有重要地位。由于自然地理条件的限制，武陵山片区任一中心城市都不具备发展成为辐射和带动全境发展的中心的潜力，而且多省交界的行政分割也不允许这样的中心形成。在单一的中心城市集聚和辐射能力有限的条件下，通过加强与地理临近的其他中心城市联系与合作，形成“成长三角”可以充分发挥优势互补、规模经济的优势，也有利于突破行政壁垒，形成协同优势，进而强化区域带动能力。因而，在强化中心城市增长极效应的同时，武陵山片区应积极培育“铜（仁）吉（首）怀（化）”“黔（江）恩（施）龙（凤）”“邵（阳）冷（水江）涟（源）”三个成长三角，推进成长三角内各中心城市的分工合作，通过共建产业园区、产业新城等模式提升要素集聚能力和区域辐射带动能力，实现“1＋1＋1＞3”的效应，放大原有中心城市的增长极效应（见图24）。

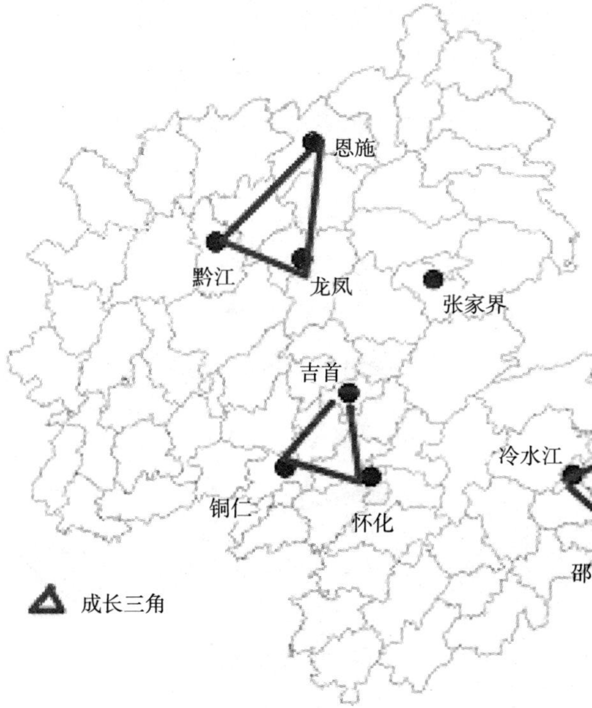

图24 “成长三角”推进合作发展阶段

3. 四大城镇密集区圈层发展阶段

随着三个“成长三角”内部中心城市人、财、物、信息等要素的流动越来越频繁，“成长三角”的经济社会发展能力不断增强，周边一些中心城镇由于在“成长三角”经济发展溢出效应的带动下，发展机会明显增多，并融入“成长三角”的分工体系。同时，伴随中小城镇与中心城市之间交通条件的改善，中小城镇得到快速发展，并最终与“成长三角”的中心城市一起，形成紧密联系的城镇密集区。此外，张家界市作为世界知名旅游城市、武陵山片区生态文化旅游的门户城市，它在武陵山片区世界知名生态文化旅游目的地建设中起着“龙头”的作用，旅游接待设施的完善、旅游配套产业的发展以及旅游大通道的建设等都将极大地提升张家界的影响力以及与周边城镇的联系，进而形成以张家界市为中心的城镇圈。总之，在武陵山片区城镇化发展的第三阶段空间城镇化表现为四大城镇密集区圈层竞相发展（见图 25）。

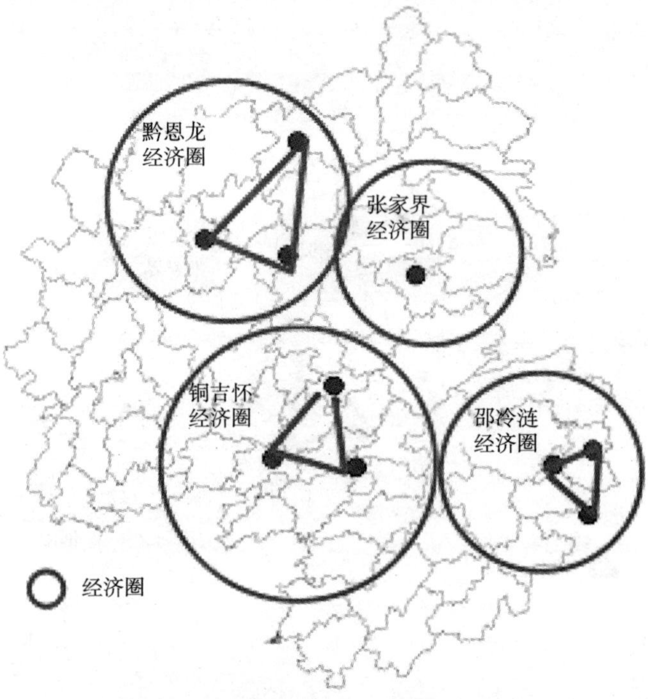

图 25　四大城镇密集区圈层发展阶段

4. 四大城镇圈联系强化阶段

随着四大城镇密集区的发展，武陵山片区总体上形成了四个相对完整的经济圈，即黔恩龙经济圈、铜吉怀经济圈、张家界经济圈和邵冷涟经济圈。这些经济圈内各中小城镇之间的经济社会联系紧密、分工明确。当然，随着经济社会的进一步发展，分工的地域范围会进一步扩大，各经济圈之间的关系由前期的以竞争为主逐渐过渡到以分工合作为主。特别是各经济圈之间由于产业对接、产业融合，加强了四大城镇圈之间的联系，经脉型、网络型城镇空间模式超越了单一城镇圈，成为各城镇圈联系的主要通道和载体（见图 26）。

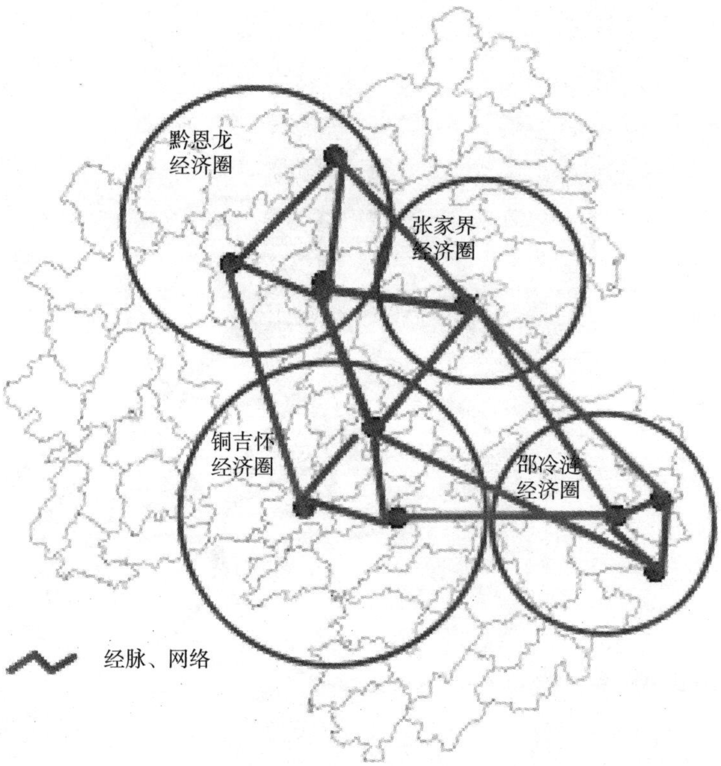

图 26　四大城镇圈层竞合发展阶段

5. 核心经济带形成阶段

随着四大城镇圈之间的竞合发展，张家界城镇圈和铜吉怀城镇圈由于旅游资源禀赋和地理区位的相对优势，在四大城镇圈中为相对“隆起带”。其中，张家界作为世界知名旅游城市，它在武陵山片区以生态文化旅游产业为龙头谋求突破边缘锁定的发展战略中具有不可替代的地位，作为武陵山片区生态文化旅游的“门户”城市，它是整个片区发展的“龙头”；“铜吉怀”城镇圈则由于地处武陵山片区中心、经济基础和发展潜力最强、规模最大以及交通区位优势，并且与张家界城镇圈处在武陵山片区“东北－西南”走向的河谷沟壑内，有重要的交通干线连接，距离较近。因而，连接这两大城镇圈的交通干线沿线、东北－西南走向河谷沟壑内将形成一条相对隆起的经济带，即武陵山片区的核心经济带（见图27）。

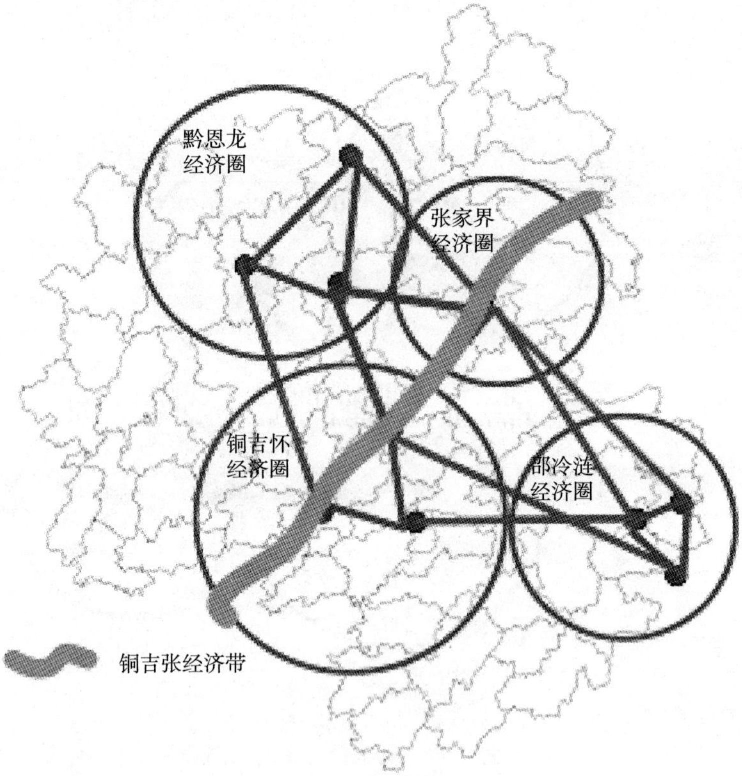

图27　核心经济带形成阶段

6. 双“金三角”联动牵引发展阶段

伴随“铜吉张”核心经济带的隆起，武陵山片区城镇化空间逐渐走向成熟。

以“铜吉张”经济带为共同边的两大“金三角”成为串起武陵山片区城镇体系以及经济社会发展的脊梁。这两个“金三角”分别为“武陵山金三角”和“大湘西金三角”，其中“武陵山金三角”以“铜吉怀”城镇圈、张家界城镇圈和“黔恩龙”城镇圈为顶点构成更大的“成长三角”，“大湘西金三角”则以“铜吉怀”城镇圈、张家界城镇圈和“邵冷涟”城镇圈为顶点构成“成长三角”。这两个“成长三角”分别辐射和带动武陵山片区的西北和东南部经济社会发展，并以共同的边线“铜吉张”核心经济带实现两大“成长三角”的联动，最终支撑和牵引整个武陵山片区空间城镇化的发展（见图28）。

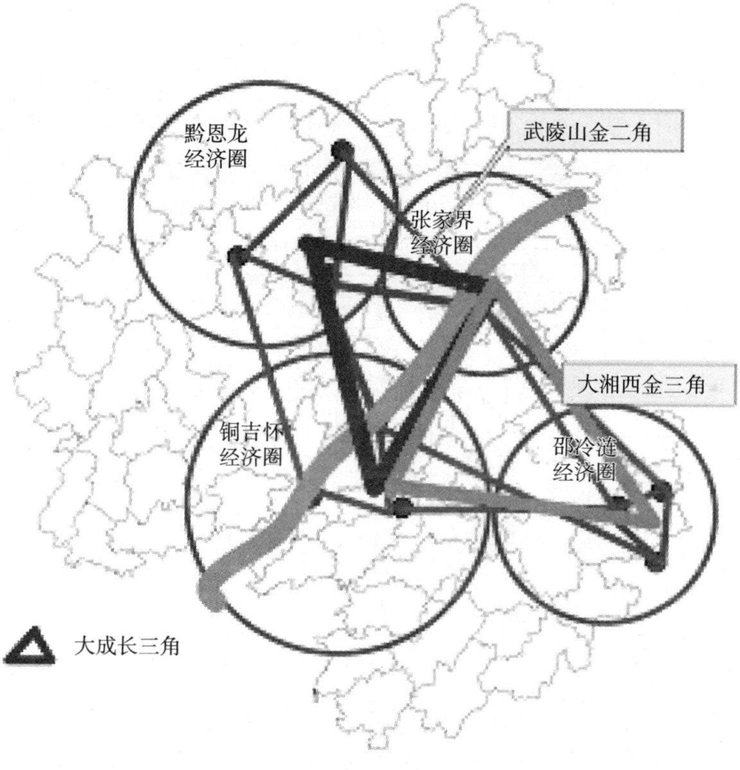

图28　双“金三角”联动牵引发展阶段

（四）人口城镇化战略

人口城镇化是城镇化的本质特征和根本要求。一方面，产业城镇化和空间城镇化的目的是更好地实现人口的城镇化；另一方面，人作为城镇化的主体之一，又是城镇化最具能动性的动力来源之一。武陵山片区的人口城镇化除了面临户籍制度、土地制度等共性的制度约束外，人口居住高度分散、人口素质普遍偏低、特定的民族文化习俗以及对故土的特殊眷恋、传统的思想观念等都是人口城镇化进程的不利因素。因而，武陵山片区应借助国家集中连片特困区区域发展与扶贫攻坚先行先试的机遇，通过制度创新消除人口城镇化障碍，加快人口城镇化进程。具体的，武陵山片区的人口城镇化战略是以户籍制度改革、土地流转制度改革为切入点，以专业村、家庭农庄、农业合作社等农业现代化经营模式为抓手，以基本公共服务覆盖乡镇、中心社区为导向，以生态移民、整村搬迁、空心村整治、中心社区建设等为手段，通过农民"离乡不离土""离土不离乡""离土又离乡""迂回发展"等空间转移模式实现人口集中。同时，以集中培训、基本公共服务均等化、干中学等方式提高农民市民化素质，改变农民的生产生活方式，实现全面城镇化转型（见图 29）。

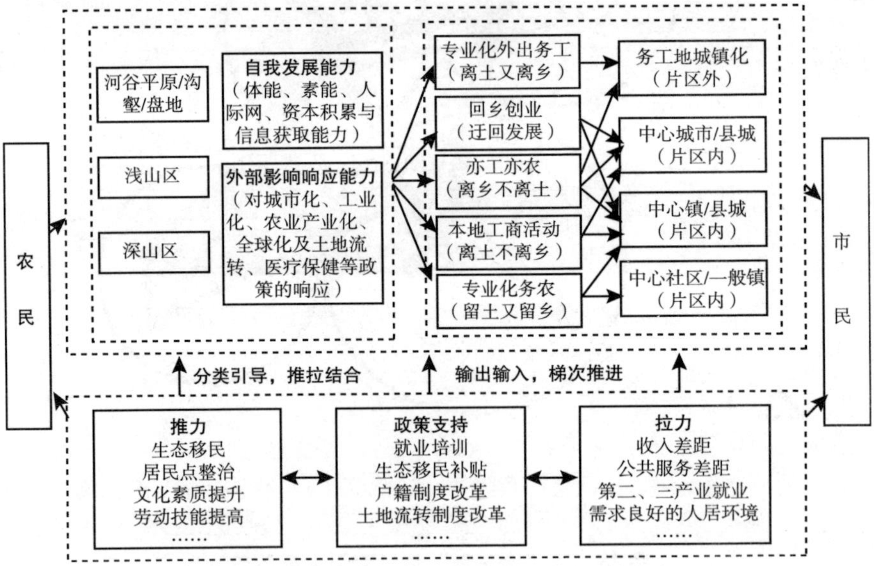

图 29　武陵山片区人口城镇化路径与模式

1. 分类引导，推拉结合

武陵山片区的人口城镇化必须考虑农户的居住空间、生产活动空间、生计模式以及城镇化能力的差异，对不同类型的农户采取差异化城镇化路径；同时，作为落后地区的人口城镇化要充分借助政府、非政府组织等第三方力量，创造城镇化的推力和拉力，走他组织和自组织相结合的人口城镇化之路。首先，政府要整合和高效使用扶贫资金，实施生态移民、整村搬迁、迁村并点等工程，给予移民补贴，将居住在深山区人居条件恶劣、生计资源枯竭、极度贫困的农户整体搬迁到中心社区、小城镇或中心镇，实现移民城镇化；其次，加快户籍制度、土地流转制度改革，鼓励农村土地集中经营、农户合作组织创建、农庄经济和“企业＋基地＋农户”的现代规模农业产业化发展，进行大规模的农民就业培训，提升农户城镇化素质和能力，降低农户城镇化阻力；最后，完善片区内城镇体系建设，将城镇化的重心下移，在产业城镇化和空间城镇化战略的推动下，优化城镇空间体系布局，增强各级城镇第二、三产业发展能力，加快县城、中心镇、一般镇和中心社区的基础设施建设，推进基本公共服务均等化，增强城镇化的吸引力和拉力。

2. 输出输入，梯次推进

劳务经济是武陵山片区经济的重要组成部分，片区内专业化外出务工型农户及亦农亦工型农户有一定的比例，同时，武陵山片区的战略性支柱产业是生态文化旅游产业，而不论是劳务经济还是旅游经济都涉及片区内外大规模的人口流动与迁移。因而，武陵山片区的人口城镇化必然是开放性的城镇化，在人口城镇化的空间导向上既要鼓励输出，也要鼓励输入，并结合产业城镇化和空间城镇化战略，梯次推进人口城镇化。

输出输入方面，一是通过技能培训，鼓励劳务输出，为农户务工地城镇化提供便利，减轻片区生态环境压力和人口城镇化压力；二是筑巢引凤、引导务工人员回流就业与返乡创业，促进劳务经济与本地资源经济互动发展，为人口的本地城镇化提供产业支撑，同时回流务工人员及其所带动的留守农村劳动力向特色小镇和中心社区集中、定居也将推动人口的就地城镇化。梯次推进方面，首先应尽快推进长期在片区内中心城市、县城内工作的农民工及其家庭成员的城镇化，即农民工的市民化；其次应将中心镇、重点镇以及一般镇周边农村人口的城镇化作为武陵山片区人口城镇化的第二个梯度；最后要积极推进各基层村、深山区农户向中心社区、中心村迁移，将其作为武陵山片区人口城镇化第三梯度。

B.3

乌蒙山片区城镇化特征、模式选择与发展战略*

冷志明　李 峰**

摘　要：本文从新型城镇化的内涵出发，首先考察了乌蒙山片区自2004年以来人口城镇化、产业城镇化和土地城镇化的进程及特征，发现：(1) 乌蒙山片区整体上进入快速城镇化阶段，但片区内城镇化水平差异明显；(2) 城镇化质量不高，具体表现为片区人口城镇化与产业城镇化之间的相互作用还不是很强，基本处于“中度协调”阶段，片区城镇化与经济发展之间则依然处于低水平协调阶段。随后，我们对乌蒙山片区城镇化模式的选择及其内在动力机制进行了阐释。最后，结合乌蒙山片区的扶贫攻坚与区域发展规划，对乌蒙山片区城镇化发展的总体战略以及产业城镇化、人口城镇化和空间发展战略进行了初步的探讨。

关键词：乌蒙山片区　城镇化　时空特征　模式选择

一　乌蒙山片区概况

乌蒙山片区位于云贵高原与四川盆地的结合部，为典型的高原山地构造地形。区域范围包括四川、贵州、云南三省毗邻地区的38个县（市、区），其

---

* 本文受湖南省社会科学基金项目(2012 YBA264)、吉首大学学成返校博士科研资助经费研究项目(jsdxxcfxbskyxm201212)资助。

** 冷志明，博士，应用经济学博士后，吉首大学教授，博士生导师，研究方向为区域经济；李峰，博士，吉首大学商学院教师，研究方向为区域经济与产业经济。

中四川省包括泸州市的叙永县、古蔺县，乐山市的沐川县、马边彝族自治县，凉山彝族自治州的普格县、布拖县、金阳县、昭觉县、喜德县、越西县、美姑县、雷波县，宜宾市的屏山县等13个县；贵州省包括遵义市的桐梓县、习水县、赤水市，毕节市的七星关区、大方县、黔西县、织金县、纳雍县、威宁彝族回族自治县、赫章县等10个县（市、区）；云南省则包括昆明市的禄劝彝族苗族自治县、寻甸回族彝族自治县，曲靖市的会泽县、宣威市，昭通市的昭阳区、鲁甸县、巧家县、盐津县、大关县、永善县、绥江县、镇雄县、彝良县、威信县，以及楚雄彝族自治州的武定县等15个县（市、区）。本区域总面积为10.7万平方公里。2013年末，境内户籍总人口达2447万人，常住人口为2028万人，其中城镇人口为599万人，城镇化率约为30%（见图1）。

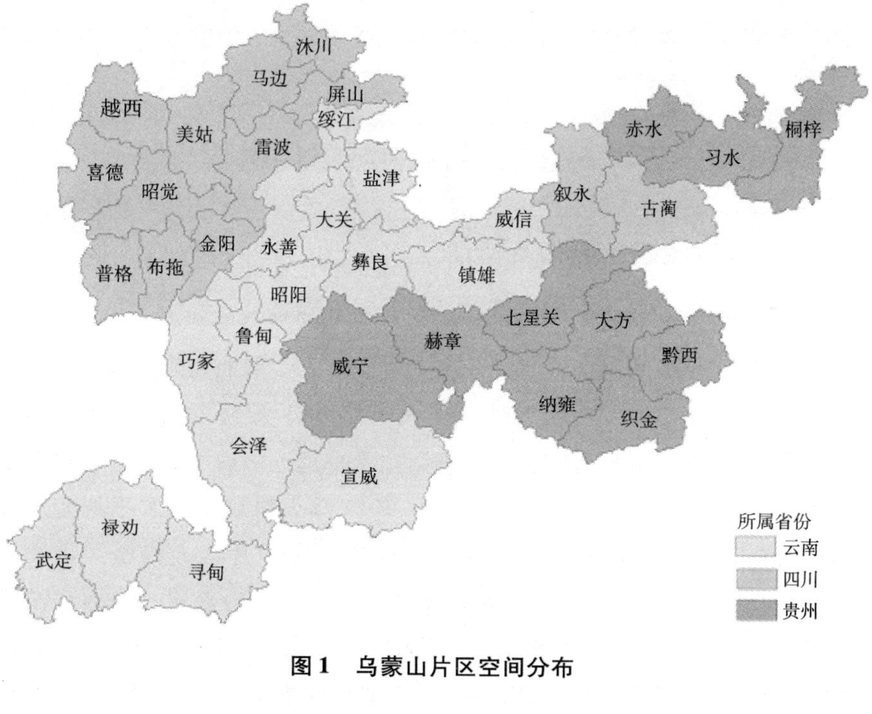

图1　乌蒙山片区空间分布

乌蒙山片区地跨长江、珠江两大流域，金沙江、岷江、赤水河、乌江、南盘江、北盘江等水系发达，水能资源异常丰富；拥有铅、锌、铜、铁、金、铝土矿、煤、磷等30余种矿产资源，已累计探明铅锌资源量946.5万吨、铁矿石量40512万吨、铜资源量27.2万吨、煤炭储量490亿吨、磷资源量67.43亿吨；境内拥有国家级及以上的自然保护区、文化自然遗产、森林公园、地质公园和名胜景区25处，民俗风情浓郁，拥有彝族“火把节”“撮泰吉”，苗族“滚山珠”等国家非物质文化遗产，文化旅游资源十分丰富。生物物种丰富，植被类型多样，森林覆盖率为39.7%，是长江、珠江上游重要的生态保护区。

乌蒙山片区是《中国农村扶贫开发纲要（2011—2020年）》中确定的14个集中连片特困区之一，集民族地区和贫困地区于一体，是我国主要的彝族聚集区，少数民族人口占总人口的20.5%，属跨省交界面大、少数民族聚集多、贫困人口分布广的连片特困区和经济协作区。片区内人口资源环境矛盾突出，石漠化面积占片区国土面积的16%，人均耕地少；经济发展滞后，贫困面广且程度深，片区内38个县（市、区）中有32个国家扶贫开发工作重点县，6个省重点县，2013年片区人均地区生产总值为12370元，仅为全国水平的29.6%，2300元扶贫标准以下农村人口有918.4万人，贫困发生率为47%。

二　乌蒙山片区的城镇化进程

（一）人口城镇化进程及特征

1. 人口城镇化水平滞后

乌蒙山片区位于四川、贵州、云南三省交界处，地处乌蒙山脉腹地，为典型的高原山地构造地形。受到地理区位、自然环境、经济发展等因素的综合影响，片区城镇化基础十分薄弱，人口城镇化水平远远落后于周边省市以及全国平均水平。图2显示了乌蒙山片区2004～2014年人口城镇化水平的变动及与周边省（市）、全国平均水平的比较。2004年乌蒙山片区人口城镇化率仅为15.41%，远低于41.76%的全国平均水平，也低于周边贵州、云南和四川省的平均水平。到2014年，乌蒙山片区的人口城镇化率达到31.15%，年均增长达1.57个百分点，高于同期周边省份和全国平均增长水平，实现了城镇化的较快发展，但片区的城镇化水平依然滞后，与周边贵州、云南、四川以及全国的城镇化水平分别相差8、10.37、15.07和23.73个百分点，仅相当于全国1999年的平均水平，城镇化进程分别滞后于贵州、云南、四川和全国水平4年、8年、10年和15年时间。

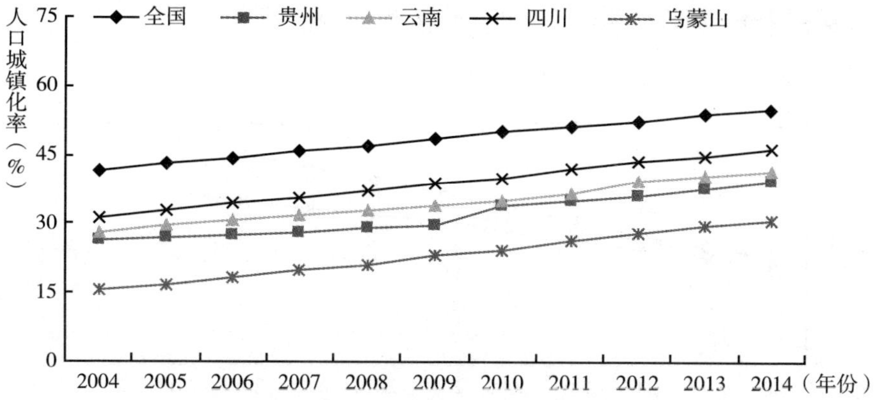

图 2　乌蒙山片区人口城镇化进程及对比

2. 片区内各地区人口城镇化情况考察

（1）片区内各省区人口城镇化进程考察

乌蒙山片区由四川、贵州、云南三省毗邻地区所构成，三个省片区的城镇化进程也表现各异（见图 3）。首先，从总体上看，各省片区的城镇化水平各不相同，四川片区的城镇化水平始终低于片区平均水平；云南片区的城镇化水平大致与片区平均水平相当；贵州片区的城镇化水平在片区内为最高，基本处于片区评价水平之上。另外，从城镇化进程来看，各省片区城镇化发展的速度也不一样，其中贵州片区的城镇化速度明显高于四川片区和云南片区的城镇化速度。2004 年，三省片区的人口城镇化率均在 15% 左右，2009 年以后，三省片区的城镇化率逐步拉开，到 2014 年，贵州片区的城镇化率达到了 34.7%，年均增长达 1.9 个百分点，四川片区的城镇化率为 26.3%，年均增长达 1.2 个百分点，两者差距拉大到 8.4 个百分点。

（2）片区内各县域人口城镇化水平考察

为更细致地考察乌蒙山片区城镇化发展状况，我们对片区内各县（市、区）2014 年的人口城镇化水平进行了分类（见表 1）。从表 1 中我们可以看见，乌蒙山片区县域的人口城镇化水平普遍偏低，人口城镇化水平在 30% 以下的县（市）有 25 个，占片区总数的 65.79%，处于诺瑟姆（Ray. M. Northam）所划分的城镇化初始阶段（城镇化率 <30%）。其中，人口城镇化水平在 20% 以下的县（市）有两个，占片区内总数的 5.26%。处于城镇化加速阶段（城

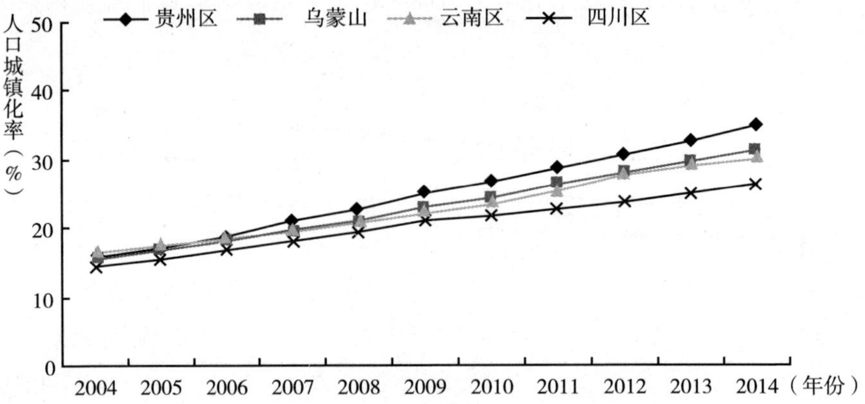

图3　乌蒙山片区内各区域人口城镇化进程

镇化率在30%～60%）的县（市）有13个，占片区总数的34.21%，其中，人口城镇化水平在50%以上的县（市）只有1个，为贵州省的赤水市。

表1　2014年乌蒙山片区县域人口城镇化水平分布情况

人口城镇化水平	数量（个）	占比（%）	县(市、区)名称
20%以下	2	5.26	四川:普格县、美姑县
20%～30%	23	60.53	贵州:大方县、威宁县、赫章县
			云南:禄劝县、寻甸县、鲁甸县、巧家县、盐津县、大关县、绥江县、彝良县、威信县、武定县
			四川:叙永县、沐川县、马边县、布拖县、金阳县、昭觉县、喜德县、越西县、雷波县、屏山县
30%～40%	9	23.68	贵州:桐梓县、习水县、织金县、纳雍县
			云南:会泽县、镇雄县、永善县、昭阳区
			四川:古蔺县
40%～50%	3	7.90	贵州:黔西县、毕节市
			云南:宣威市
50%以上	1	2.63	贵州:赤水市

片区内各县域的城镇化差异也比较大，2014年低于片区平均城镇化水平的县（市）有25个，占片区总数的65.79%，其中人口城镇化水平最低的为美姑县，其城镇化率仅为10.06%；高于片区平均城镇化水平的县（市）有13

个，占片区总数的34.21%，其中人口城镇化水平最高的为赤水市，其城镇化率达到53.1%，为美姑县的5倍多。片区人口城镇化进程十分不均衡。

3. 乌蒙山片区人口城镇化的空间分布

乌蒙山片区的人口城镇化在空间分布上表现出了明显带状辐射特征。图4显示了2014年乌蒙山片区人口城镇化水平的空间分布。从图4中我们可以看出，乌蒙山片区人口城镇化水平在空间上明显呈现贯穿南北、东高西低的"两峰两谷"带状分布特征。"两峰"包括片区东部的是以毕节市为中心的南北"峰值"带，主要包括贵州片区的所有县（市）以及部分四川片区的区（县）；以及以昭阳市为中心的片区中部南北"峰值"带，主要包括云南省区的部分县（市）。"两谷"包括片区西部的四川片区的大部分区（县）和中部贵州和云南片区的部分区（县）。

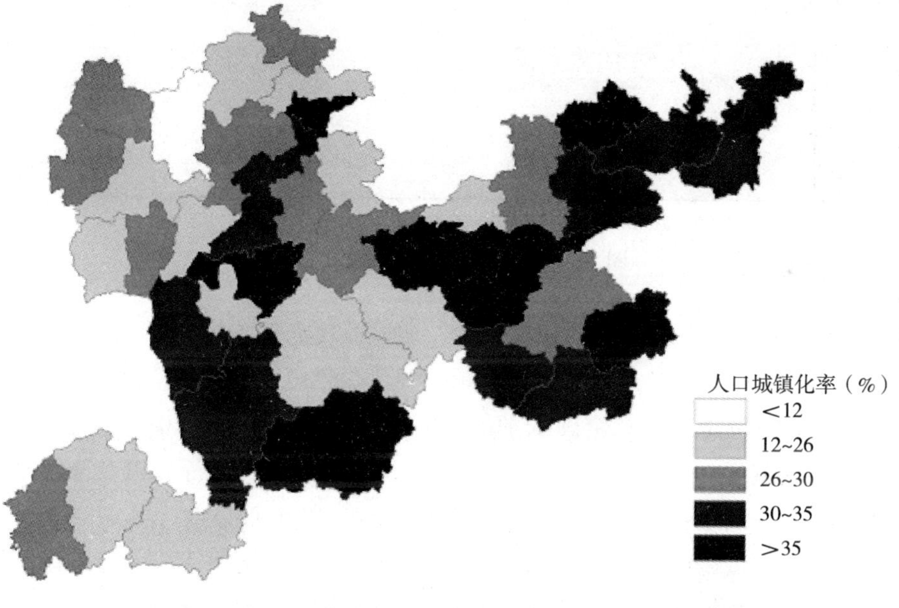

图4 2014年乌蒙山片区人口城镇化水平的空间分布

乌蒙山片区人口城镇化水平的"两峰两谷"带状分布充分体现了片区内两大中心城市的带动效应和区位优势对地区城镇化进程的影响。在片区东部地区，由于所在区位相对比较优势，人口城镇化水平则下对较高，而在片区的西部地区则恰恰相反，更是出现了城镇化水平仅为10%左右的情况。

（二）产业城镇化进程及特征

1. 产业结构不断优化，产业城镇化水平逐年提高

城镇化虽然主要表现为人口由农村向城市迁移聚集的过程，但同时伴随着产业结构的转变、生产生活方式的变革，这是社会经济组织形式和生产生活方式由传统落后的乡村型社会向现代城市社会转化的综合过程。由此，从产业结构变迁角度同样可描述地区产业城镇化进程状况①，乌蒙山片区整个产业城镇化进程如图5所示。

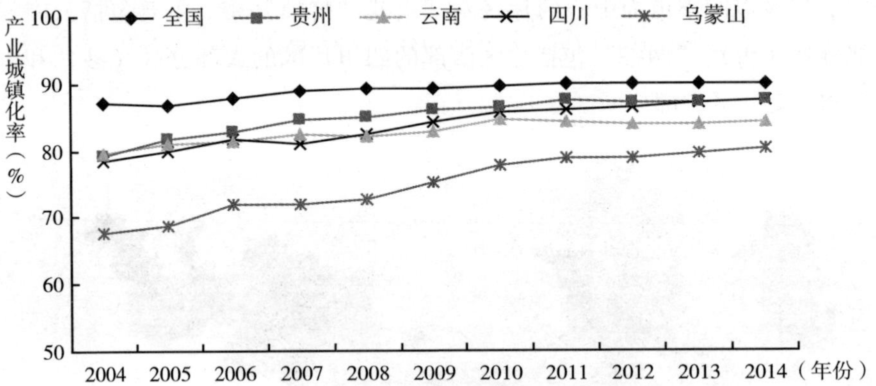

图5　乌蒙山片区产业城镇化状况

从图5中可以发现，乌蒙山片区的产业城镇化水平虽然落后于周边省份以及全国平均水平，但整个片区的产业结构调整趋势比较明显，产业城镇化水平逐年提高，与周边省份及全国水平的差距呈逐步缩小态势。2004年乌蒙山片区的产业城镇化水平为67.72%，与周边四川、贵州、云南等省以及全国平均水平的差距分别达到10.68、11.28、11.86和19.48个百分点。到2014年，乌蒙山片区的产业城镇化率达到80.12%，与周边四川、贵州、云南等省以及全国平均水平的差距已逐步缩小到7.40、7.22、3.94、9.88个百分点。

2. 片区内地区间产业城镇化情况考察

（1）片区内各省片区的产业城镇化水平考察

图6显示了乌蒙山片区内各省片区的产业城镇化进程。从图6中可以看

① 通常采用第二、三产业增加值占地区生产总值的比例来表示地区产业城镇化水平。

出，各省片区的产业城镇化水平逐年提高，并呈逐步收敛趋势。2004 年，片区内贵州、云南、四川三省片区的产业城镇化水平分别为 65. 92%、72. 02% 和 61. 72%，其极差为 10. 3 个百分点；2014 年，贵州、云南、四川三省片区的产业城镇化水平分别达到了 81. 66%、79. 12% 和 76. 21%，实现了产业城镇化水平的稳步提高，其极差也相应缩小到 5. 45 个百分点。

从图 6 中还可发现，各省区产业城镇化水平存在一定的差距。2014 年，产业城镇化水平高于片区平均水平的只有贵州区，云南区和四川区的产业城镇化水平则低于片区平均水平。另外，各省片区产业城镇化的速率也不一样。2004 ~2014 年，产业城镇化水平提高最快的是贵州区，其产业城镇化率年均提高 1. 57 个百分点，其他依次为四川区 1. 45 个百分点，云南区 0. 71 个百分点。

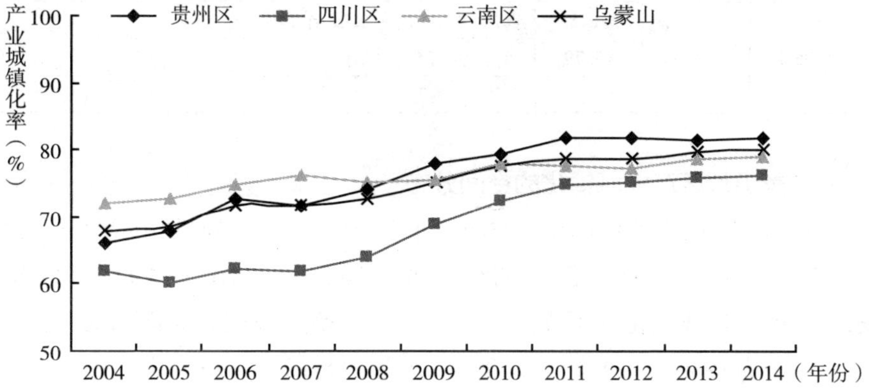

图 6　乌蒙山片区内各区域产业城镇化进程

（2）各县域间产业城镇化水平的差异

为考察乌蒙山片区各个县域具体的产业城镇化状况，我们对片区内各县（市、区）2014 年的产业城镇化水平进行了分类（见表 2）。从表 2 中我们可以看出，乌蒙山片区县域的产业城镇化水平整体不高，大多县（市）的产业城镇化率在 85% 以下。片区内各县域的城镇化差异也比较大，2014 年低于片区平均城镇化水平的县（市）有 23 个，占片区总数的 60. 53%，其中产业城镇化水平最低的为巧家县，其城镇化率仅为 62. 1%；高于片区平均城镇化水平的县（市）有 15 个，占片区总数的 39. 47%，其中产业城镇化水平最高的为昭阳区，其城镇化率为90.1%，达到全国的平均水平。县域间的产业城镇化水平存在明显差异。

表2 2014年乌蒙山片区县域产业城镇化水平分布情况

产业城镇化水平	数量（个）	占比（%）	县市区名称
65%以下	4	10.53	四川：昭觉县、美姑县、屏山县
			云南：巧家县
65%~75%	10	26.32	贵州：威宁县、赫章县
			云南：禄劝县、寻甸县、大关县、彝良县、武定县
			四川：金阳县、越西县、普格县
75%~85%	18	47.37	贵州：黔西县、大方县、桐梓县、习水县、织金县
			云南：会泽县、镇雄县、永善县、鲁甸县、盐津县、宣威市、绥江县
			四川：喜德县、布拖县、马边县、叙永县、沐川县、雷波县
85%~95%	6	15.79	贵州：毕节市、赤水市、纳雍县
			云南：威信县、昭阳区
			四川：古蔺县

3. 乌蒙山片区产业城镇化的空间分布

乌蒙山片区的产业城镇化在空间分布上依然表现为带状辐射特征。图7显示了2014年乌蒙山片区产业城镇化水平的空间分布。从图7中我们可以看出，乌蒙山片区产业城镇化水平在空间上从东到西明显呈现贯穿南北的“两峰两谷”带状分布特征。“两峰”包括片区东部的是以毕节市为中心的南北“峰值”带，主要包括贵州片区的所有县（市）和部分四川片区的区（县）；以及以昭阳区为中心的片区中部南北“峰值”带，主要包括云南省片区的部分县（市）。“两谷”则包括片区西部四川省片区的大部分区（县）和中部贵州和云南片区的部分区（县）。

除了“两峰两谷”的带状分布特征外，我们还可看出乌蒙山片区的产业城镇化水平呈现明显东高西低的特征。东部以毕节市为中心的贵州片区，各县（市）的产业城镇化水平基本都保持在80%以上，形成了东部的第一个“峰值”带；紧邻形成的是中部的“谷值”（或塌陷）区域，其产业城镇化水平基本保持在65%~75%；随后出现了片区的第二个以昭阳区为中心的“峰值”带，其产业城镇化水平基本保持在75%~80%；片区西部“谷值”区域的产

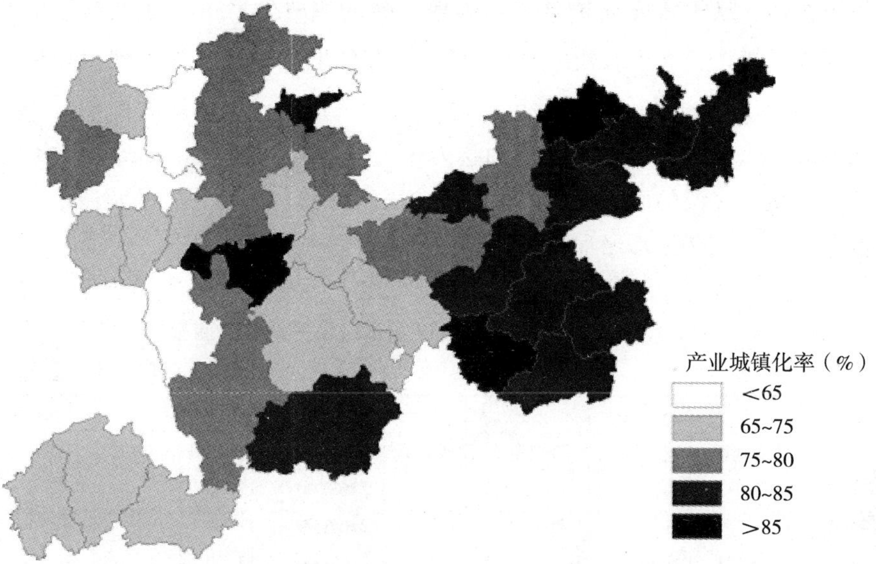

图 7　2014 年乌蒙山片区产业城镇化水平的空间分布

业城镇化水平则表现更低，基本保持在 75% 以下，部分县的产业城镇化水平还不足于 65%。乌蒙山片区这种东高西低的产业城镇化水平分布，在某种程度上反映了东部沿海发达地区对西部地区经济的辐射和带动作用。

（三）土地城镇化进程及特征

土地城镇化是指随着城镇地域空间的扩展，将非城镇建设用地转化为城镇建设用地的过程。通常用土地城镇化率即城市建设用地占城市土地总面积的百分比来衡量土地城镇化的水平。由于在已有统计数据中乌蒙山片区各县域城镇建成面积并未纳入数据统计，因此，我们采用《中国城市统计年鉴》中所给出的乌蒙山片区内县级市以上城市的建成区面积数据来分析乌蒙山片区土地城镇化进程。乌蒙山片区内县级市以上的城市只有毕节市、赤水市和昭通市和宣威市等 4 个，分属于贵州片区和云南片区，四川片区中没有设立县级及以上的行政市。

1. 片区主要城市建设扩展缓慢

乌蒙山片区县级市以上市域城市建成区面积如表 3 所示。在片区内 4 个县级以上市中，城市建成面积最大的为贵州省的毕节市，2011 年以前为毕节地区，仅设县级市，其市区建成面积为 21 平方公里，2011 年撤地建市以后，市区建成面积达 41 平方公里，形成了市区的快速扩展。市区建成面积最小的为贵州的赤水市，2008 年城区建成面积为 8 平方公里，2012 年建成面积为 10 平方公里，城市建设的面积变化不大，城市发展缓慢。云南片区的昭通市、宣威市的城市建成面积逐步增加，城市建设呈平稳扩展态势。

表 3　乌蒙山片区县级市以上市域城市建成区面积

单位：平方公里

年份	毕节市		赤水市		昭通市		宣威市	
	市辖区	建成面积	市辖区	建成面积	市辖区	建成面积	市辖区	建成面积
2004	—	—	—	—	2167.00	17.00	—	—
2005	—	—	—	—	2167.00	17.00	—	—
2006	—	—	—	—	2167.00	17.00	—	—
2007	—	—	—	—	2240.00	22.00	—	—
2008	3412.00	20.00	1883.00	8.00	2240.00	22.00	6053.00	25.00
2009	3412.00	21.00	1883.00	9.00	2240.00	23.00	6053.00	27.00
2010	3411.00	21.00	1852.00	10.00	2240.00	27.00	6053.00	28.50
2011	3412.00	41.00	1852.00	10.00	2240.00	33.00	6053.00	31.00
2012	3412.00	41.00	1852.00	10.00	2240.00	33.00	6053.00	33.00

资料来源：历年《中国城市统计年鉴》，由于 2008 年以前年鉴仅统计地级市以上的建成面积数据，因此 2008 年以前部分城市建成面积数据缺失。

2. 整体土地城镇化率较低，中心城市凸显

图 8 显示了乌蒙山片区县级市以上市域土地城镇化率。从图 8 中可以发现，乌蒙山片区所在区域内的 4 个地（县）级市的土地城镇化率都不高，均在 1.5% 以下，低于周边省（市）的平均水平。2012 年，土地城镇化率最高的为昭通市，达 1.47%；最低的为赤水市，土地城市化率为 0.55%。考察期内片区 4 个地（县）级市的土地城镇化率的增幅也不大，年均增加分别仅为 0.15、0.03、0.08 和 0.03 个百分点，远低于周边省市和国家的平均增速。

但从图 8 中我们也可明显地看出，乌蒙山片区内昭通市、毕节市两大城市的中心地位十分显现，其中昭通市由于多年的城市发展，2012 年土地城镇化率达到 1.47%，毕节市在 2011 年撤地建市之后，2012 年土地城镇化率也到达

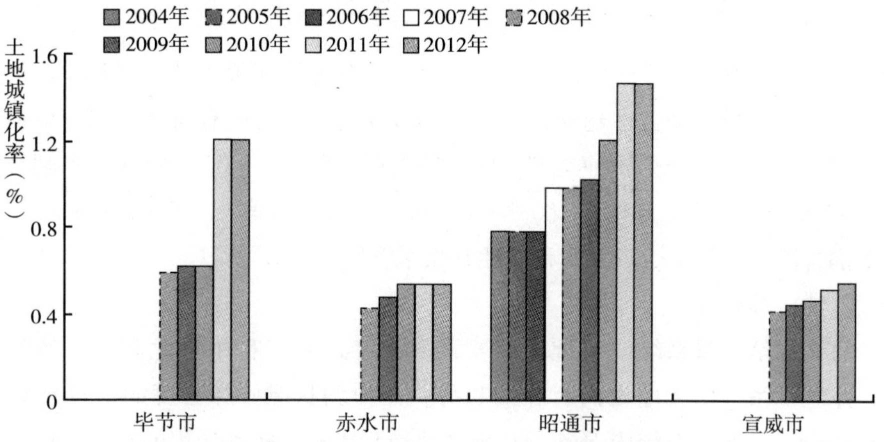

图8　乌蒙山片区县级市以上市域土地城镇化率

1.20%，两城市的土地城镇化率分别居片区内的第一、二位，并成为《乌蒙山片区区域发展与扶贫攻坚规划（2011—2020年）》中重点规划的两大中心城市，通过加大两地的基础设施建设，力求在以后的10年间将两地打造成乌蒙山片区的交通枢纽、商贸物流中心和产业集聚中心。

三　乌蒙山片区城镇化进程的协调性分析

（一）评价方法与指标

1. 耦合度模型

耦合是指两个或两个以上的系统或运动方式之间通过各种相互作用而彼此影响以至协同的现象，表现为各子系统之间相互依赖、相互协调、相互促进的动态关联关系。耦合度正是对这种协同作用的度量。借鉴物理学理论中容量耦合概念及容量耦合系数模型，得到多个系统（或要素）相互作用的耦合度模型①。耦合度的公式为：

① 吴玉鸣、张燕：《中国区域经济增长与环境的耦合协调发展研究》，《资源科学》2008年第1期。

$$C = \{(u_1 \cdot u_2 \cdots \cdot u_n)/\prod(u_i + u_j)\}^{1/n} \quad (1)$$

其中，C 为系统的耦合系数，u_i 指各个子系统的评价函数或指标。C 值越大，表示子系统间耦合性越好，反之，耦合性越差。由已有研究可知，根据耦合度值的变化可以分为6种类型，即无序发展阶段（$C=0$）、较低水平耦合阶段（$0<C<0.3$）、颉颃阶段（$0.3<C<0.5$）、磨合阶段（$0.5<C<0.8$）、高水平耦合阶段（$0.8<C<1$）和良性共振耦合阶段（$C=1$）。

2. 协调度模型

协调度是度量系统或系统内部要素之间在发展过程中彼此和谐一致的程度，体现了系统由无序走向有序的趋势，是协调状况好坏程度的定量指标①。虽然耦合度反映了系统内部各子系统之间相互影响、相互作用的强度，但很难反映各子系统之间的综合协调发展水平。如两系统内部各子系统的耦合度相当，但两系统的整体水平可能存在很大差异，一个系统的整体水平较高，属于高水平上的“耦合”，另一个系统可能整体水平较低，属于低水平上的“耦合”。因此，有必要引入“协调度模型”来分析子系统间的协调程度，其计算公式为：

$$D = \sqrt{C \times T}$$
$$T = a_1 \times u_1 + a_2 \times u_2 + ... + \alpha_n \times u_n \quad (2)$$

其中，D 为协调度，C 为系统的耦合系数，T 代表系统的综合整体水平，u_i 指各个子系统的评价函数或指标，α_i 为各子系统的权重系数。D 值越大，表明系统的协调性越好，反之，协调性越差。协调度亦可划分为4个层次，依次是低度协调（$0<D<0.4$）、中度协调（$0.4<D<0.5$）、高度协调（$0.5<D<0.8$）和极度协调（$0.8<D<1$）。

（二）乌蒙山片区人口/产业城镇化的协调性分析

运用耦合度和协调度的计算公式，我们计算出2004～2014年乌蒙山片区人口城镇化和产业城镇化之间的耦合度和协调度。其中，人口城镇化指标采用

① 尹海伟、孔繁花：《山东省各市经济环境协调度分析》，《人文地理》2005年第2期。

的是人口城镇化率，产业城镇化指标采用的是非农产业所占比重。①

1. 片区人口/产业城镇化总体协调性考察

图 9 显示了乌蒙山片区人口城镇化－产业城镇化总体的耦合度以及协调度水平与变化趋势。从乌蒙山片区城镇化发展的总体来看，2004 ~ 2014 年乌蒙山片区人口城镇化与产业城镇化之间的耦合度和协调度呈现上升态势，11 年间的均值分别为 0.42 和 0.45，其中协调度高于耦合度。从发展趋势来看，在 11 年的考察期内，乌蒙山片区人口城镇化与产业城镇化之间的耦合度从 2004 年的 0.389 上升到 2014 年的 0.449，依然处于“颉颃阶段”；但两者之间的协调度由 0.402 上升到了 0.501，协调性逐步增加，耦合的协调程度从“中度协调”阶段迈入了“高度协调”阶段。以上表明，乌蒙山片区人口城镇化与产业城镇化之间的相互作用还不是很强，同时由于片区城镇化的综合发展水平不高，城镇化的整体协调度大多处于“中度协调”阶段。

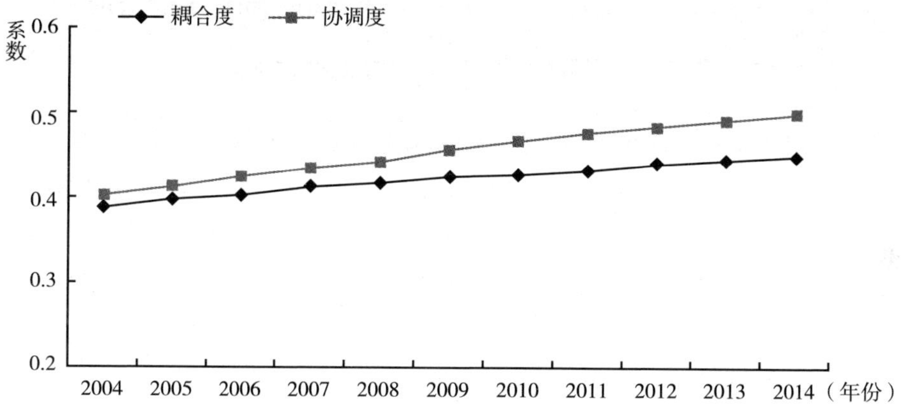

图 9　乌蒙山片区人口－产业城镇化的耦合度与协调度

2. 片区内各省片区人口/产业城镇化的协调度考察

图 10 显示了片区内各省片区人口城镇化－产业城镇化协调度与变化趋势，以及与片区及全国水平的比较。从各省片区的情况来看，人口－产业城镇化的协调度水平不断提高，但明显落后于全国平均水平。其中，贵州省片区自

① 由于产业城镇化指标采用的是非农产业所占比重，因此，本部分的分析也等同于对乌蒙山片区城镇化与工业化之间的协调分析。

2007年以来一直居于领先地位，其人口－产业城镇化耦合的协调程度于2011年率先进入了“高度协调”阶段；云南省片区则与乌蒙山片区总体水平大体上保持一致，基本处于“中度协调”阶段；四川省片区的人口－产业城镇化协调度水平逐年提高，但依然处于“中度协调”阶段。

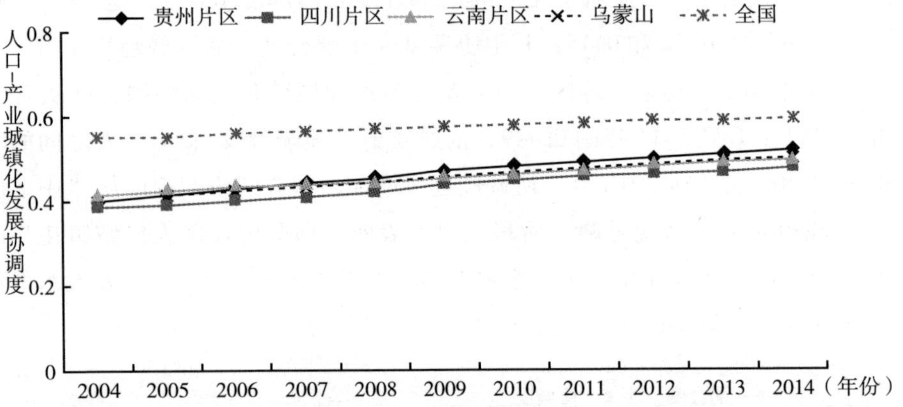

图10　乌蒙山片区人口－产业城镇化发展协调度

3. 片区内各县（市）人口－产业城镇化的协调度考察

为考察片区内各县域人口－产业城镇化的协调程度，我们计算了2013年各县（市）的人口城镇化与产业城镇化的协调度。从2013年片区内各县（市）的截面数据来看，片区内各县（市）人口－产业城镇化的协调度数值跨度在0.346～0.575，其中处于低度协调的县有1个，占总数的2.6%；处于中度协调的县市有25个，占到总数的65.8%，处于高度协调的县市有12个，占总数的31.6%，乌蒙山片区大多数县（市）的人口－产业城镇化还处于中等协调水平阶段。

片区2013年各县（市）人口－产业城镇化协调度的空间分布如图11所示，其中，片区东部贵州省片区的协调水平最高，大多已步入“高度协调”阶段；片区西部的四川省片区各县（市）的协调度普遍低于东部的贵州省片区，除少数县外均处于“中度协调”阶段。

（三）城镇化与地区经济发展的协调性分析

运用耦合度和协调度的计算公式，我们计算出2004～2014年乌蒙山

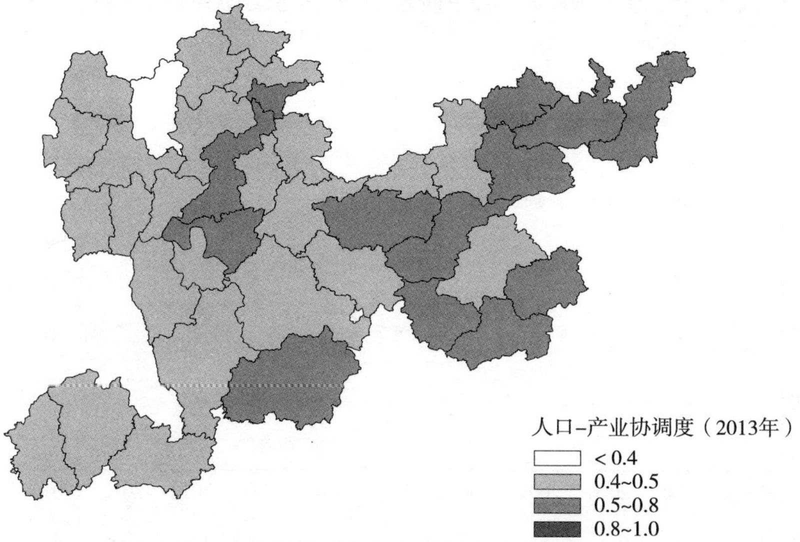

图 11　乌蒙山片区县域人口 – 产业城镇化的协调度

片区城镇化和地区经济发展之间的耦合度和协调度，其中城镇化指标采用的是人口城镇化率指标，经济发展的衡量指标采用的是为名义经济增长率①。

1. 片区城镇化与经济发展总体协调性考察

图 12 显示了乌蒙山片区城镇化与经济发展总体的耦合度及协调度水平及其变化趋势。从乌蒙山片区的总体来看，2004 ~ 2014 年乌蒙山片区城镇化与经济发展之间的耦合度和协调度呈现轻微波动的趋势，其中耦合度除了 2009 年出现小幅下降外，其在 2004 ~ 2011 年基本维持在 0. 5 的水平，2011 年后出现回落；协调度在 2004 ~ 2011 年呈现震荡上升的态势，在 2011 年以后亦出现回落。乌蒙山片区城镇化与经济发展之间的耦合度和协调度呈现的变化特征也表明了 2008 年的金融危机和近年来我国加大经济结构调整、经济增速放缓对乌蒙山片区的影响。整体上，乌蒙山片区城镇化与经济发展间的耦合度高于协调度，其年均值分别为 0. 487 和 0. 312。表明乌蒙山片区城镇化与经济发展间

① 由于片区各县（市）的价格指数数据获取比较困难，因而文中经济发展的衡量指标采用名义经济增长率。

的耦合还是处于“低度协调”水平阶段，这与乌蒙山片区自身薄弱的经济基础是分不开的。

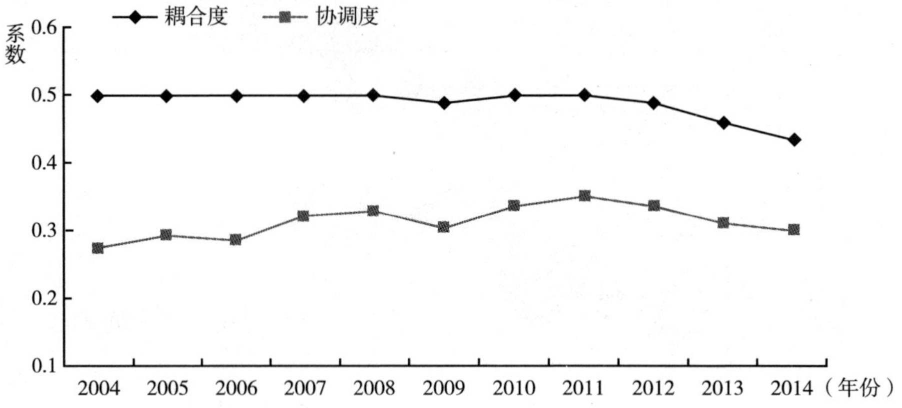

图 12　乌蒙山片区城镇化与经济发展的耦合度与协调度

从发展趋势来看，在 11 年的考察期内，乌蒙山片区城镇化与经济发展之间的耦合度从 2004 年的 0.499 到 2014 年的 0.434，其耦合基本处于“颉颃阶段”；但两者之间的协调度整体水平不高，在 2011 年达到峰值 0.349 后逐步下滑，协调性的波动明显，基本处于“低度协调”水平。以上表明，乌蒙山片区城镇化与地区经济发展之间的相互作用还不是很强，同时由于片区经济发展水平不高，导致城镇化与地区经济发展间的协调程度依然处于“低度协调”阶段。

2. 片区内各省区城镇化与经济发展总体协调性考察

图 13 显示了片区内各省区城镇化与经济发展之间的协调度与变化趋势，以及与片区整体及全国水平的比较。从各省片区、片区整体，以及全国水平的情况来看，城镇化与经济发展之间的协调度水平均呈现波动起伏的趋势，其峰值分别在 2007 年、2011 年前后出现，其波动的谷值则明显出现在 2009 年，并同时在 2011 年后出现回落。这表明 2008 年的金融危机和近年来我国加大经济结构调整、经济增速放缓对全国各个地区城镇化与经济发展间的协调性都带来了很大的影响。但从波动程度来看，乌蒙山片区受到的影响明显低于全国水平，这与片区经济总量水平以及经济的外向性

不强有很大的关系。

从乌蒙山片区内部来看，片区城镇化与经济发展之间的协调度要明显低于全国水平。其中，贵州省片区自2007年以后其城镇化与经济发展的协调性一直居于片区的领先地位，其他两省片区则出现交错领先的波动态势。但各省片区城镇化与经济发展的协调性均不高，都处于低水平的协调阶段。

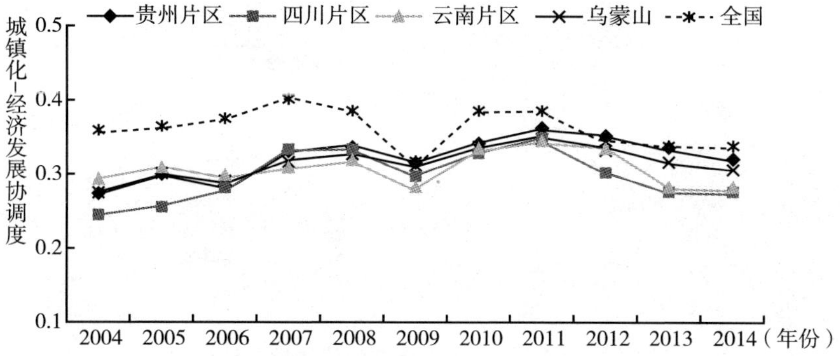

图13 乌蒙山片区城镇化与经济发展协调度

3. 片区内各县（市）城镇化与经济发展总体协调性考察

为考察片区内各县域城镇化与经济发展的协调程度，我们计算了2013年各县（市）城镇化与经济发展的协调度。从2013年片区内各县（市）的截面数据来看，片区内各县（市）城镇化与经济发展的协调度数值跨度在0.185～0.404。除赤水市处于中度协调阶段之外，其他的县（市）均处于低度协调阶段，占到了总数的97.4%，其中，协调度在0.3～0.4有20个县，占总数的52.6%。乌蒙山片区大多数县（市）城镇化与经济发展的协调基本上都处于低水平协调阶段。

2013年片区各县（市）城镇化与经济发展的协调度的空间分布如图14所示，其中，片区东部贵州省片区的协调水平较高，其城镇化与经济发展的协调性水平大多都在0.3以上；片区西部的四川省片区各县（市）的协调度普遍低于东部的贵州省片区，其协调性基本都在0.3以下；云南省片区则介于两者之间。其空间分布明显呈现东高西低的态势。

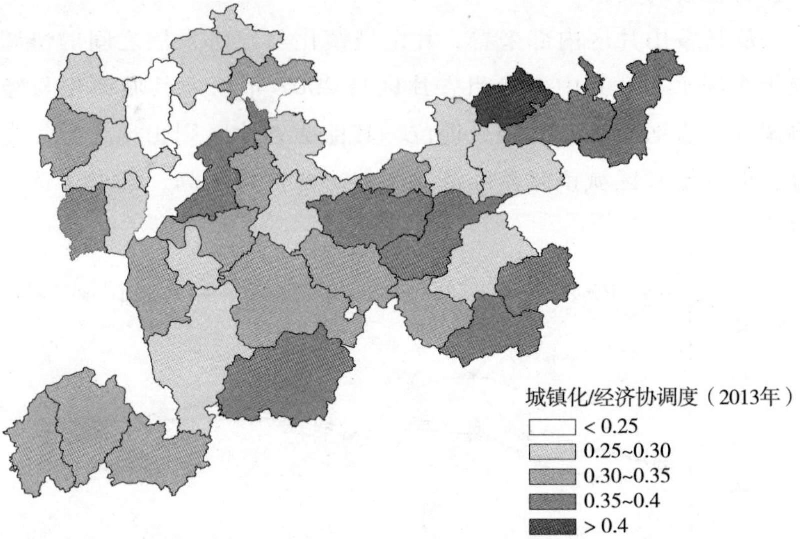

图 14　乌蒙山片区城镇化与经济发展的协调度

四　乌蒙山片区城镇化的模式选择

（一）以特色小城镇建设为主的城镇化模式形成

乌蒙山片区位于由东北向西南横亘在四川东部、贵州西北部、重庆西南部、云南东北部长达五六百公里乌蒙山脉腹地，主要包括四川东南部凉山州、泸州市、乐山市、宜宾市下辖的 13 个县，贵州西北部遵义市、毕节市下辖的 10 个县（市、区），以及云南东北部昭通市、昆明市、曲靖市、楚雄州下辖的 15 个县（市、区）。境内地貌特征复杂多样，高山、丘陵、深谷、盆地、平坝等错落相间，地质构造复杂，大部分地区属高寒山区且石漠化现象严重，山地面积占片区总面积的 90% 以上，片区内大中城市数量稀少且辐射带动力明显较平原地区弱。因此，选择发展适合于山地的特色小城镇建设就成为片区城镇化道路的必然选择。

随着 2000 年国家西部大开发战略的实施，片区内各省开始了对乌蒙山区境内城镇化的探索。云南省委、省政府在《云南省城镇化发展“十五”规划》中根据本省的区域特点，确定了云南省城镇化的总体思路；2005年8月，云南省政府下发了《云南省人民政府关于加快旅游小镇开发建设的指导意见》，启动了包含乌蒙山片区8个特色旅游小镇在内的60个旅游小镇的建设发展；2011年，云南省政府下发了《云南省人民政府关于加快推进特色小镇建设的意见》，将特色小镇的建设扩大到了150个；2014年云南省委、省政府颁布了《云南省新型城镇化规划（2014—2020年）》，再次肯定了云南省走以人为本、四化同步、优化布局、生态文明、传承文化的特色新型城镇化道路。贵州省委省政府2011年颁布的《贵州省“十二五”城镇化发展专项规划》明确提出要“立足贵州实际，遵循城镇化发展规律，坚持走有特色、集约型、多样化的山区绿色城镇化道路”；《贵州省特色旅游小镇发展规划》提出在“十二五”期间，根据贵州特色，分别按资源主导型、历史文化型、民族民俗型、生态宜居型、旅游接待型和复合型等特色建立50个特色旅游小镇，在提升贵州旅游品质的同时，走出一条特色城镇化道路；2014年11月，随着《贵州省山地特色新型城镇化规划（2014—2020年）》的通过，进一步明确了贵州省发展山地特色新型城镇化的方向、路径以及着力点和主要措施。四川省2011年颁布的《四川省“十二五”城镇化发展专项规划》提出将按“特大中心城市－区域中心城市－中小城市、重点镇”的层级来建设布局合理、功能完善的城镇体系，并将乌蒙山片区所涉及的13个区（县）分布纳入川南城镇群、攀西城镇群；2013年5月四川省政府发布的《关于2013年加快推进新型城镇化的意见》明确提出“推进小城镇建设，加快建设一批特色鲜明的经济强镇、区域重镇和文化旅游名镇”；2014年12月《四川省新型城镇化规划（2014—2020年）》提出了发展节约集约、生态宜居、和谐发展为基本特征的新型城镇化的总体要求、基本原则、发展目标、新型城镇化布局和形态，为四川乌蒙山片区的特色城镇化提供了纲领性的指导。

经过乌蒙山片区相关省片区近十来年城镇化建设的探索，乌蒙山片区基本形成了“发展特色小城镇，突出民族特色文化和特色经济”的特色城镇化之路，这不仅在城镇化建设中能彰显各个城镇不同的特色，增强小城镇的吸引力，同时也通过众多特色小城镇的辐射带动作用，解决片区城市因山地等地理因素所带来的辐射范围有限的问题。

（二）乌蒙山片区特色小城镇建设的动力机制分析

乌蒙山片区的特色小城镇建设，受片区地理环境以及经济、社会、政治等诸多因素的影响，学者们通常将这些因素归纳为行政力、外向力、市场力和内源力等4个方面。① 其中，行政力对片区城镇化的作用主要表现在地域景观和土地城镇化方面；市场力、外向力和内源力则更多地从经济、生活方式等方面推动城镇化发展，各因素之间会相互联系、相互促进，共同推进地区城镇化的发展。根据乌蒙山片区城镇化进程的特点，本部分我们将从片区地理环境、政府行政力、市场动力、外源力和内源力等方面对片区特色小城镇建设的动力机制进行分析。

1. 地理环境对乌蒙山片区城镇化的影响

乌蒙山片区的地质特征以高山深谷为主，平原坝区较少，其中山地面积占片区国土面积的90%以上。山地特征首先限制了片区内城镇建设的规模，很难适合大中型城市的建设和发展；其次，大量占用平原或坝区进行城市化建设会造成耕地资源的持续减少，往往会带来其他的不良后果，影响城镇化的健康发展；最后，在历史上乌蒙山片区的传统经济主要依靠农业为主，境内城镇的选址大多也是处于山地区域。因此，结合地形特点，乌蒙山片区的城镇化只能在夹缝中求生存，以特色山地小城镇的方式推动地区城镇化的发展。

2. 政府行政力量对片区城镇化的推动

政府的行政力量，就是政府通过行政手段和政策对城镇化建设的各方面进行调控，推进城镇化的健康有序发展。在我国，无论是中央政府，还是省级或地级市政府，甚至县级地方政府都拥有着许多与地区社会经济发展相关的重要资源。其中，在城镇化发展中最为重要的土地资源为政府所独断，政府可采用行政的手段将一些农村用地转换为城市用地，直接推动地方土地城镇化进程，这也是当下很多地区土地城镇化超前人口城镇化的首要原因；另外，国家或地方政府各类规划及宏观政策的制定和实施，本身就包含着一种特定的先发权；政府资金的直接投入、产业布局及工程项目配套基础设施建设等，则更加直接

① 陈明星、陆大道、张华：《中国城市化水平的综合测度及其动力因子分析》，《地理学报》2009年第4期。

表明其行政行为的取向，这对一个地区的城镇化发展而言有着十分重大的影响。

同样，在乌蒙山片区城镇化建设中政府也扮演着十分重要的角色。随着国家《乌蒙山片区区域发展与扶贫攻坚规划（2011—2020年）》的颁布，乌蒙山片区相关各省以及片区内的中心城市，甚至县级城市纷纷颁布了本地区的区域发展与扶贫攻坚规划。如各省分别颁布了《乌蒙山片区（贵州省）区域发展与扶贫攻坚实施规划（2011—2015年）》《乌蒙山片区（四川部分）区域发展与扶贫攻坚实施规划（2011—2015年）》等。另外，昭通市颁布了《乌蒙山片区（昭通）区域发展与扶贫攻坚规划（2011—2020年）》。各级政府采用宏观政策、行政规划等方式对本地区的经济发展、城镇布局的蓝图进行了全面制定，并由政府直接投资或招商引资，引导社会资源投到本地区的经济发展与城镇化建设中。

3. 市场动力对片区城镇化的作用

城镇化的市场动力，就是指市场机制在城镇化建设过程中的资源配置作用。通过市场对资源的调配作用，使区域内各生产要素按照市场经济规律进行有效配置，促进地区产业城镇化的发展升级，进而带动地区人口的城镇化。市场动力对区域城镇化的推动，主要表现在对城镇化建设过程中的资本、劳动力和土地等生产要素的有效配置，驱动这些生产要素向比较利益较高的城市及第二、三产业集聚转移，从而推动地区城镇化的进程。

政府的行政力从某种方面来说只是一种政策的导向，政府给出的各项优惠政策也只是对外围投资环境进行改善。要真正完成地区城镇化的快速推进和质量的提高，还必须依靠市场的力量来完成。乌蒙山片区在政府的推动下，利用自身的资源优势，不断吸引社会资本进入，带动资源向非农产业集聚，进而加速了本地区的城镇化建设。以片区中心城市贵州毕节市为例，2013年全年完成全社会固定资产投资共计1701.19亿元，与2012年相比增长30.7%，其中500万元以上固定资产投资为928.7亿元，同比增长27.6%；2014年前三季度，全市累计完成500万元以上项目投资671.1亿元，同比增长22.5%。社会资本的进入，不仅带来了地区经济的繁荣，也极大促进了地区的城镇化建设。

4. 外源力对片区城镇化的拉动

城镇化的外源作用力，就是指对本地区城镇化建设具有明显影响的区域外因素。对国家而言，其城镇化外源力主要包括外资的进入和对外的贸易。这些因素会对本国的生产技术水平、产业结构和就业结构等方面产生重要的影响。对乌蒙山片区这样的地方性区域，其城镇化外源力主要包括区域外资金的投入、战略合作者的引入，以及周边经济发达地区对片区的经济辐射和拉动作用。这些因素同样会对地区的技术水平、产业结构、就业结构产生积极的影响，促进地区非农产业的快速发展，加快本地区城镇化建设的进程。

乌蒙山片区地处成渝经济区、黔中经济区、滇中经济区与攀西战略资源创新开发试验区的中心位置，东西连贯黔中经济区和攀西战略资源创新开发试验区，南北联贯成渝经济区和滇中经济区。随着片区"四纵两横"① 交通运输主通道的规划建设，将形成北联成渝经济区、南达滇中经济区、东引黔中经济区、西接攀西战略资源创新开发试验区的面向西南开放的大通道，片区的经济建设将更多地受到周边发达地区的影响，拉动地区城镇化快速发展。

5. 内源力对片区城镇化的推动

城镇化的内源力，就是指地区城镇化进程中所依赖的内在因素，以及在其基础上所形成地区自我发展能力。主要包括地区经济发展和城镇化进程中所依赖的地区自然资源优势、人力资本优势、技术优势，以及在其基础上所形成的产业自我发展和优化能力、地区市场建设与发展能力、城镇空间结构优化与发展能力等地区发展的各种内在驱动力。

乌蒙山片区境内的自然资源异常丰富，具备了产业自我发展的内在动力。境内拥有2800多种生物资源，其中天麻、竹荪、半夏等中药材享誉国内外；拥有煤炭、铝土、锰、硫铁、稀土、磷等矿产资源30余种，其中煤、磷探明储量占到贵州省的50%以上；旅游资源也十分丰富，拥有乌蒙山国家地质公园、国家森林公园、国家级自然保护区等数十处国家级自然景点。这对片区内产业结构优化升级、产业城镇化的推进打下了坚实的基础，随着片区经济的发展和城镇化的推进，片区产业城镇化水平从2004年的67.72%上升到了2014年的80.12%，年均增加1.13个百分点，高于同期全国产业城镇化水平的增速。

① "四纵两横"是指片区内所规划的"内江－毕节－黄桶通道""内江－昭通－昆明通道""宜宾－金阳－攀枝花通道""雅安－越西－攀枝花通道"，以及"乐山－叙永－贵阳通道""攀枝花－昭通－毕节－遵义通道"。

五　乌蒙山片区城镇化的发展战略

乌蒙山片区是集民族地区和贫困地区于一体的14个集中连片特困区之一。在国家大力推进新型城镇化的过程中，应牢牢把握城镇化孕育的巨大机遇，因地制宜，积极推行适合地区发展、具有地区特色的城镇化道路，促进片区城镇化建设的健康、高质发展。

（一）加快发展乌蒙山片区城镇化的机遇

2014年，乌蒙山片区的城镇化率达到31.2%，按照诺瑟姆（Ray. M. Northam）1979年提出的“城市化过程曲线”，乌蒙山片区已经进入了城镇化的快速发展阶段，具备了城镇化快速发展的趋势和要求。乌蒙山片区是集跨省边界、民族集聚、边缘山区和深度贫困等为一体的连片特殊贫困区，城镇化的顺利推进，不仅是促进地区经济健康发展、加快片区脱贫致富的强大引擎，也是推进区域协调发展的有力支撑和促进全面进入小康社会的必然要求。目前，乌蒙山片区城镇化建设中主要面临的机遇包括以下几个方面。

一是国家政策的有力保障和大力倾斜。在国家层面上，随着2010年《中共中央国务院关于深入实施西部大开发战略的若干意见》、2014年国务院关于《国家新型城镇化规划》等纲领性文件的颁布和中央城镇化工作会议对中西部地区中小城镇发展的重视，为扶持贫困地区、民族地区发展以及西部地区城镇化建设等方面做出了一系列战略部署，提出了大中小城市及小城镇协调发展，促进城镇化和新农村建设良性互动等指导方针，支持在资源开发、旅游度假、加工制造、商贸流通等方面有突出特色的小城镇实行优先发展，同时加快推进城乡户籍制度改革，为加快片区发展和城镇化建设提供了根本保证；在地区政策上，随着2010年国务院关于《乌蒙山片区区域发展与扶贫攻坚规划（2011—2020年）》、2011年《国务院关于支持云南省加快建设面向西南开放重要桥头堡的意见》、2012年《国务院关于进一步促进贵州经济社会又好又快发展的若干意见》等文件的颁发，为增强片区自我发展能力创造了条件。

二是地区政府的积极推进。乌蒙山片区相关各省政府明确把城镇化建设作为带动地区经济社会发展的主导战略之一，把加快城镇化发展作为地区“加速发展、加快转型、推动跨越”的重要手段和支撑，不断强化城镇化与工业化、农业现代化的紧密结合与互动发展，各省先后颁布了《云南省主体功能区规划》《云南省城镇体系规划（2012—2030 年）》《贵州省“十二五”城镇化发展专项规划》《贵州省城镇体系规划（2012—2030 年）》《四川省城镇体系规划（2000—2020 年）》《四川省“十二五”城镇化发展规划》等一系列有关城镇化的规划，从地区实际出发，坚持走有特色、集约型、多样化的山区绿色城镇化道路，按照统筹规划、合理布局、完善功能、以大带小的原则，强化城镇化与工业化、农业现代化的紧密结合和互动发展，着力优化城镇化发展布局，为乌蒙山片区各省区的城镇化健康、可持续发展打下了坚实的基础。

三是周边区域发展的辐射带动作用不断增强。乌蒙山片区位于成渝经济区、黔中经济区、滇中经济区与攀西战略资源创新开发试验区的中央。成渝经济区 2011 年被纳入国家层面规划，日益成为西南地区重要的经济中心和全国重要的现代产业基地；黔中经济区处于全国“两横三纵”城市化战略格局中沿长江通道横轴和包昆通道纵轴交汇地带，能源资源丰富，是全国重要的能源原材料基地、航天航空装备制造业基地、烟草工业基地以及南方绿色食品基地；滇中经济区是国家“十二五”规划和云南省建设我国面向西南开放桥头堡规划中承接东中部地区产业转移和面向东南亚、南亚加工出口的重要基地；攀西地区由于丰富的钒钛磁铁矿资源被列为国家级战略资源创新开发试验区，将建成世界级钒钛产业基地和国家稀土研发制造中心之一。这些经济区经济的快速发展和辐射作用的不断增强，为带动乌蒙山片区的城市规划和社会发展提供了良好的周边环境和示范效应。

（二）乌蒙山片区城镇化的总体战略

结合乌蒙山片区城镇化发展的历史机遇和片区自身条件，乌蒙山片区城镇化发展应采用如下战略：立足自身资源优势的基础上，发展片区的优势能源与矿产开发产业、山地特色农业和民族特色文化旅游业，促进产业园区集约发展，利用云南西南开放桥头堡的地位积极承接产业转移，形成具有区域特色的产业体系；积极推进产城融合，在产业支撑的基础上增加就业，以人为核心，以人口城镇化为重点，推进农业人口向城镇转移，稳步提升城镇化质量和水平；突出山水、沿边、多民族特色，强化特色城镇建设，以特色小城镇群为主体形态，优化城镇化布局，促进各级城镇协调发展，不断增强城镇综合承载力与可持续发展水平；坚持生态文明，强化特色城镇建设空间管控，提升城镇的宜居环境，注重城乡区域协调发展，走以人为本、优化布局、生态文明、传承文化的乌蒙山特色新型城镇化道路。

（三）乌蒙山片区产业城镇化战略

产业城镇化实质上是城镇化过程中产业结构的调整和优化，是以农村传统农业为主逐步向以城镇工业化和现代服务业为主的一个转化过程。可以说，没有产业的城镇化就没有经济活动的城镇化，空间和人口的城镇化就成了无源之水。乌蒙山片区城镇化的滞后在很大程度上与其第二、三产业不发达、第一产业占比偏高密切相关，同时，由于片区自身的区位劣势、脆弱的山地生态环境和薄弱的交通基础设施，其二、三产业的发展受到了很大的制约。因此，乌蒙山片区的产业城镇化必须立足于自身，基于自身的比较优势，在大力发展特色和绿色产业的同时，通过产城融合发展，通过产业的培育和壮大带动就业、吸纳人口、集聚经济，促进产城“良性互动”，实现产业发展突围，加快地区产业城镇化的进程。具体而言，乌蒙山片区的产业城镇化战略应在立足自身资源优势的基础上，进一步发展片区能源和矿产资源开发产业、山地特色农业、特色民族文化旅游业，利用云南西南开放桥头堡的地位承接产业转移，积极促进产业园区集约发展，形成具有区域特色的产业体系，加快片区经济发展。同时，大力发展与之配套的其他相关产业，如现代物流业、商贸服务业、金融科技与信息服务业等，通过产业的集聚发展形成一批特色小城镇。乌蒙山片区产业城镇化战略具体可从以下几个方面展开。

1. 培育农民专业合作社，大力发展山地特色农业及农产品深加工

乌蒙山片区生物资源丰富，动、植物资源达2800多种，天麻、竹荪、半夏等中药材享誉国内外，农特产品品质优良，资源优势明显。可通过培育农民专业合作组织和协会，壮大农村生产经营主体，实现小生产与大市场的有效连接，提高农民生产组织能力、管理能力和抗风险能力。通过推进农村中介组织发展，培育农村能人、专业户，发展订单农业，逐步形成“企业 + 农民专业合作组织 + 农户”“农民专业合作组织 + 农户”等模式，促进地区农业生产向组织化、规模化转变，实现农业生产的现代化，重点发展山地特色农业和绿色

有机食品。加强品牌与“地理标志”建设，走特色、高效、精品化发展路径。在特色农业及加工业发展过程中，以“基地”解决规模经济问题，建立优势明显的酿酒专用粮、优质烤烟、中药材、有机果蔬、生态畜牧业等区域性特色农业基地，促进产业集聚和产品结构升级，发展壮大特色农林产品加工业，不断培育形成新的市场品牌，扩大市场占有率。

2. 建立资源加工循环利用体系，有序推进矿产资源开发与深加工

乌蒙山片区自然资源丰富，已探明煤炭、铝土、锰、硫铁、稀土、磷等矿产资源32种，其中煤、磷探明储量占贵州省的50%以上。为有序开发利用这些矿产资源，应优先考虑建立现代资源加工循环利用体系，依托片区北部优势的煤电资源和加工新工艺、新技术，稳步发展精细化煤深加工和关联产业。重点发展煤制烯烃、煤制油、煤制天然气、煤制乙二醇和煤炭气化、液化等环保清洁能源产品的深加工，加快推进煤磷电化、煤电烯烃一体化等清洁燃料示范项目的基地建设，引入战略投资者深度合作开展煤炭资源深加工利用，建设循环经济工业基地。对现有工业园区进行资源加工循环化改造，注重上下游产业的合理布局，推进煤矸石、煤泥、煤层气与煤共伴生资源、粉煤灰、尾矿等工业废弃物的再生利用。开展煤矿、磷矿和电力、化工等矿井水、工业污水循环利用，提高污水资源化综合利用率，鼓励片区创建循环经济示范城市和环境友好型城市。

3. 共建产业园区，因地制宜承接产业转移

产业园区是产业集群的重要载体和组成部分，可通过共享资源、克服外部负效应，带动关联产业的发展，有效地推动产业集群的形成。乌蒙山片区在推行新型城镇化的过程中可合理地将产业园区纳入城镇总体规划控制范围，按照城镇新区的建设要求规划产业园区，统筹安排城镇规划区范围内的各项建设用地布局，以产兴城、以城聚产、产城互动。鼓励与东部地区共建产业园区，按照布局合理、产业集聚、项目集中、用地集约、生态环保的原则，引导企业向园区集中、园区向城镇靠近，带动农村人口向城镇转移。利用地处渝经济区、黔中经济区、滇中经济区与攀西战略资源创新开发试验区的中心位置和云南西南开放桥头堡的有力优势，积极承接东部地区和周边省会城市劳动密集型产业、资源深加工型产业和装备制造业及配套产业转移。把承接产业转移与调整自身产业结构结合起来，促进产业转型升级，提升市场竞争力。

4. 深度挖掘和整合旅游资源，大力发展旅游业

乌蒙山片区拥有丰富的旅游资源，自然景观包括以毕节为中心的草海、百草坪、马摆大山、阿西里西、织金洞－东风湖等喀斯特地质风貌景区以及百里杜鹃、习水、燕子岩等国家森林公园；以昭阳区为中心的会泽大海草山、雨碌大地缝、金沙江漂流、西部大峡谷温泉以及白鹤滩、溪洛渡、向家坝、乌东德四大巨型电站高峡平湖和天星国家森林公园等景区；以倘甸为中心的禄劝轿子雪山、倘甸红土地、武定狮子山、寻甸北大营草场、钟灵山国家森林公园、棋盘山国家森林公园、珠江源等景区。同时，片区民族文化、历史文化、红色文化丰富多彩，拥有威信扎西会议会址、乌蒙山回旋战遗址、罗婺民族风情走廊、柯渡渡口红军长征纪念馆等一大批极富苗族文化特色和红色旅游资源。可在片区内兴建以高等级公路为主体的快速旅游通道，加强区域内旅游交通联结，改善旅游交通条件，并加强景区旅游接待和服务功能建设，完善安全防护设施，加大旅游宣传，提高旅游接洽、导游服务质量，加快开发具有地方风味和民族特色的旅游商品，规范和繁荣旅游市场。同时，深度挖掘旅游资源，提高民间传统节庆活动水平，建设一批重大民族特色文化产业项目，塑造区域文化产业形象。另外，还可与周边旅游热线和旅游地区开展联合营销，建立区域互动合作机制，形成跨区域性的旅游协作网。

（四）乌蒙山片区城镇化的空间发展战略

1. 功能区域的划分

依据整体保护、点状发展的原则，乌蒙山片区划分为重点发展区、农业生态区、生态保护区等三类区域。其中，重点发展区包括地市级城市、县城以及金沙江等干流水能开发和重点项目区，约占区域总面积的4%。对重点发展区域，要充分利用城镇空间和产业基础条件，适度集中人口、集聚产业，培育壮大区域经济增长极，积极推进工业化、城镇化，着力提高综合承载能力，带动农村人口向城镇转移。农业生态区主要包括区域内河谷、平坝和低山丘陵地区，以村寨居住区为主，约占区域总面积的28%。对农业生态区，应用以特色种植和养殖业为主，积极调整农业结构，大力发展特色农业，并加强农业生态建设，改善农村生产和生活环境，支撑城镇及工业发展。生态保护区则主要包括片区内森林、高山草场和各级各类禁止开发的自然文化保护区域等，约占

区域总面积的68%。对生态保护区，应以生态建设和环境保护为主，除适当发展生态旅游、种养殖业和必要的科学实验外，限制其他生产建设活动。结合生态建设和扶贫开发，人口适当易地安置①。

2. 城镇化的空间布局

《乌蒙山片区区域发展与扶贫攻坚规划（2011—2020年）》确认了云南的昭通市和贵州的毕节市作为片区内优先发展的两大中心城市，这也是乌蒙山片区内经济发展基础较好、城市规模较大、实力较强的两大地级市，也是片区内两大重要的区域增长极。因此，乌蒙山片区的城镇化发展首先应依据《乌蒙山片区区域发展与扶贫攻坚规划（2011—2020年）》中的规划定位，继续加大昭通、毕节两中心城市的城市化建设，优化城市形态，完善和提升其作为区域性中心城市的功能，促进人口与产业集聚，发展特色优势产业，强化其增长极功能；同时，根据规划构建“两中心四走廊”的经济发展格局，强化中心城市之间、中心城市与相邻成渝经济区、黔中经济区、滇中经济区、攀西战略资源创新开发试验区以及重庆、成都、贵阳、昆明等重要城市的联系，在提升中心城市城市化品质的同时，最大限度地发挥其应有的辐射带动作用。

不可否认是，由于自然地理条件的限制，乌蒙山片区中任一中心城市都不具备发展成为辐射和带动全境发展的中心的潜力，而且多省交界的行政分割也不允许这样的中心形成。在单一的中心城市集聚和辐射能力有限的条件下，大力推进片区内特色小城镇建设，发展极具民族特色文化和特色经济的中小城镇，不仅可通过众多特色小城镇的辐射带动作用弥补大中城市在片区经济辐射作用有限的不足，也可因地制宜形成区域联系紧密、产业特色突出、资源优势互补、发展要素集聚的特色小城镇群，带动片区城镇化建设的健康持续发展。

（五）乌蒙山片区人口城镇化战略

城镇化是人口由农村向城市迁移聚集的过程，其最终的目标是实现人口的城镇化。乌蒙山片区的人口城镇化除了面临户籍制度、土地制度等共性的制度约束外，人口居住高度分散、人口素质普遍偏低、特定的民族文化习俗以及对

① 国务院扶贫办、国家发改委：《乌蒙山片区区域发展与扶贫攻坚规划（2011—2020年）》，2012年3月。

故土的特殊眷恋、传统的思想观念等都是人口城镇化进程的不利因素。因而，武陵山片区应借助国家集中连片特困区区域发展与扶贫攻坚先行先试的机遇，通过制度创新消除人口城镇化障碍，加快人口城镇化进程。

首先，应健全农业人口的城镇落户制度。根据片区内各类城镇的规模、综合承载能力和发展潜力，健全农业转移人口的落户制度，制定具体的农业转移人口落户标准，引导农业转移人口向不同城镇的合理流动。同时在财政转移支付、基础设施建设、建设用地管理、特色产业发展、户籍制度改革、农村综合改革以及社会事业保障等配套方面进行政策性的倾斜，保障和落实进城农民的各项权益。

其次，鼓励和引导农业富余劳动力积极进入第二、三产业，减轻对土地的依赖程度，为片区内中小城市和特色小城镇建设提供所需劳动力，促进农村土地的流转和农业规模化经营，合理转换农村土地，因地制宜推进就近就地城镇化。同时，不断完善小城镇建设的产业支撑，实现产城融合，增强中小城市和小城镇的综合承载能力和就业的吸纳能力，带动城乡统筹发展。

最后，还要加大农业转移人口就业创业的政策扶持力度，加强农民工技能培训，整合职业教育和培训资源，全面实现农民工免费基本职业技能培训；构建农民工就业和政策咨询信息平台，提高转户进城居民和随迁家属融入城镇生活的能力，为有劳动能力和就业愿望的劳动者创造平等就业机会，形成城乡一体、普惠共享、功能完善、服务规范、管理高效的就业创业服务体系，使劳动者就业更加充分、更加稳定。

B.4

滇桂黔石漠化片区城镇化特征与策略*

王永明**

摘　要：石漠化地区城镇化发展是新型城镇化发展的难点问题，这些地区面临着城镇化、扶贫和生态保护相协调的严峻挑战。本文以滇桂黔石漠化片区为案例区，分析了滇桂黔石漠化片区城镇化发展的过程及其区域差异特征，初步归纳出片区产业城镇化和人口城镇化的发展特征。以普宁县、凯里市为例，分析了片区城镇化的两种模式。文章最后从城镇化空间重构、产业、人口、生态、资金等方面，提出片区未来新型城镇化发展的相关策略。

关键词：滇桂黔石漠化片区　城镇化　空间格局

一　背景

滇桂黔石漠化片区（简称片区）地跨贵州、广西、云南三省（区），是新时期我国确定的14个集中连片特困区之一。片区正处在我国西南边境地区，南与越南接壤，是我国西南边境对外开放的前沿地带。片区的突破发展有利于扩大对外开放，推进中国－东盟自由贸易区建设，深化同东南亚的合作与交流，对稳固我国国家安全和边境地区繁荣，促进社会和谐和国家安全具有重要意义。

---

* 本文受吉首大学校级科研项目（13JD035）资助。

** 王永明，博士，吉首大学商学院讲师，研究方向为区域经济与旅游经济。

2012年6月国务院批准发布《滇桂黔石漠化片区区域发展与扶贫攻坚规划（2011—2020年）》（以下简称《规划》），为实现该片区经济社会全面发展提供了重要的规划指导。近年来，片区所涉及省（市）等各级区域也开始了部分区域合作的工作。2013年5月，在南宁召开的滇桂黔石漠化片区省际联席会议第一次会议上，滇、桂、黔三省（区）有关负责人磋商跨省协调项目和事项，交流了片区区域发展与扶贫攻坚工作经验，围绕交通、能源、水利、林业、扶贫、工业和信息化、跨省协调机制等跨省协调项目和事项进行了磋商，签署了三省（区）片区跨省协作备忘录，启动片区跨省协调机制，标志着跨省协调合作迈出重要步伐。贵州、广西、云南三省（区）有关负责人研究提出联合向国家争取支持的政策建议。2014年5月，广西区委、区政府出台《百色市城镇化攻坚战实施方案》，旨在完善城市配套功能、提升宜居水平、提高城市综合竞争力、加快与全国全区同步实现小康目标的城镇化发展攻坚战的速度。然而片区还未对如何更好地实现城镇化发展及其贫困的协调推进进行磋商。为了更好地推动规划中部分目标的实现，需要对近年来片区城镇化发展的状态、成功模式以及未来如何推进城镇化进程进行分析，以实现新时期国家对贫困地区的战略目标的实现。

2013年我国城镇化率为53.73%，从理论上来说已经进入城市化快速发展时期。但滇桂黔石漠化片区由于自然和人文社会因子的制约，地区整体发展水平低下，经济活力不强；城镇等级结构不合理，中小城市众多，大城市缺乏；城镇化发展水平低，对区域长期发展不利。城镇化是目前我国区域和城市发展的重点课题，理论研究和实践经验均表明：城镇化发展和区域、城市经济发展具有很强的相关关系。推进滇桂黔石漠化片区城镇化进程是实现片区经济社会突破发展的重要举措，然而片区自然地理条件复杂多样、生态脆弱，这是推进城镇化过程中的重要挑战。因此，如何更好更快地推进滇桂黔石漠化片区城镇化发展是重要课题。

二　滇桂黔石漠化片区概况

（一）区域范围

按照《规划》所示，本区域范围包括贵州、广西、云南三省（区）的集中连片特殊困难地区县（市、区）80个，其他县（市、区）11个，共91个（见图1）。总面积为22.8万平方公里，岩溶面积为11.1万平方公里，其中石漠化面积为4.9万平方公里。区域内有民族自治地方县（市、区）83个、老区县（市、区）34个、边境县8个，集贫困、少数民族、革命老区和边远地区等特征于一体，是国家新时期确定的扶贫开发攻坚战主战场中少数民族人口最多的片区。

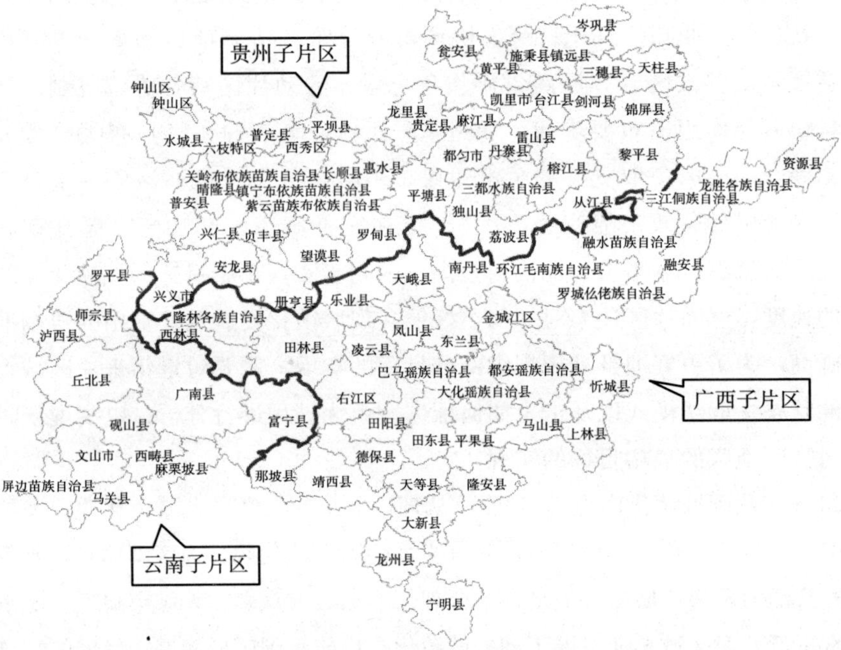

图1　滇桂黔石漠化片区范围

（二）自然条件

滇桂黔石漠化片区位于我国最大的石漠化分布区——中国西南岩溶地区。西南岩溶区以贵州为中心，包括贵州大部及广西、云南、四川、重庆等省（区、市）的部分地区，面积达54万平方公里，居住着1亿多人，是世界面积最大、岩溶发育最强烈的典型生态脆弱区。大部分地区气候类型为亚热带性季风气候，不合理的土地利用方式，致使区域植被破坏、土壤侵蚀严重，治理难度非常大，生态环境十分脆弱，有“地球癌症”之称。石漠化是岩溶地区脆弱的生态系统与人类不合理的社会经济活动相互作用的结果，对人类的建设、生产和生活都产生了极大影响。

滇桂黔石漠化片区地势西北高东南低，大部分地处云贵高原东南部及其与广西盆地过渡地带，地形起伏较大，属典型的高原山地构造地形。气候类型主要为亚热带湿润季风气候，夏季受西南季风影响较大，年均降水量为880～1991毫米。片区内河流众多，水系发育良好，地跨珠江、长江两大流域，是珠江、长江流域重要生态功能区，还有红水河、左江、右江、融江、清水江等河流，水能资源蕴藏量巨大。喀斯特地貌发育典型是本区域发展的重要地理环境本底；自然景观独特，旅游开发潜力大。矿产资源富集，锰、铝土、锑、锡、铅锌、磷、煤炭、重晶石、黄金等储藏量大。生物资源丰富，森林覆盖率为47.7%。

（三）经济社会概况

经济稳步发展。2014年末滇桂黔石漠化片区总人口约为3522万人，其中乡村人口为2906万人，有壮、苗、布依、瑶、侗等14个世居少数民族。经过各方面的努力，滇桂黔石漠化片区经济社会稳步发展，贫困落后面貌得到有效改观，群众生产生活条件持续改善。据统计，2013年，三省（区）地区生产总值同比增长11.44%，远高于7.7%的全国平均增速；三省（区）农村居民人均纯收入实际增长15.3%，比全国平均增速高2.9%；片区农村居民消费较上年增长20.8%，高于全国农村12.1%和全部片区14.2%的平均水平。湘黔、贵昆、南昆、黔桂等铁路，沪昆、广昆、汕昆、兰海、厦蓉等国家高速公路贯穿本区域，已建成百色、兴义、六盘水、文山等机场，初步构筑起内外交通运输骨架网络。

资源开发利用水平低，县域经济薄弱。资源就地转化程度低、精深加工能力弱，能源、矿产、生物、旅游等资源优势没有转化为产业优势。缺少带动力强的大企业、大基地和产业集群，产业链条不完整，市场体系不完善，配套设施落后，尚未形成有效带动经济发展和扶贫开发的支柱产业。基础设施落后，水利和交通瓶颈制约突出。水利建设滞后，骨干水利工程及其配套设施明显不足，小微型水利设施严重缺乏，工程性缺水问题特别突出。基本农田有效灌溉面积占比仅为27.8%。交通主干网络不完善，榕江至三江、罗甸至乐业、富宁至那坡等省际交通瓶颈突出，县际公路连通性差。县乡公路等级低、质量差，4.9%的乡镇和65.6%的行政村不通沥青（水泥）路，17.4%的行政村不通公路。

社会事业发展滞后，人均教育、卫生、社会保障和就业三项支出低，公共服务能力不足。医疗卫生条件差，基层卫生服务能力不足，还有9.7%的村未建立卫生室，13.5%的村卫生室尚无合格医生；14%的自然村不能接收电视节目；义务教育质量差，职业技能教育水平低，九年义务教育巩固率低于全国平均水平9.8个百分点，人均受教育年限低于全国平均水平1.1年；科技对经济发展贡献率低。干部群众市场意识淡薄，劳动力素质整体偏低，农户生产经营方式落后。

（四）贫困特征

经过各方面的努力，滇桂黔石漠化片区经济社会稳步发展，近年来贫困落后的面貌得到有效改观，群众生产生活条件持续改善。三省（区）农村贫困人口由2012年的685万人减少到574万人，农村贫困发生率由26.3%下降到21.9%。但片区贫困问题与石漠化问题伴生，与自然灾害频发叠加，与自然条件恶劣和生态环境脆弱并存，与民族和边境问题交织，石漠化区成为中国连片特困地区中贫困现象最复杂、贫困类型最多样、贫困分布最广泛、贫困程度最深重的地区。

区域内有67个国家扶贫开发工作重点县。农户收入来源单一，部分贫困群众住房困难，杈杈房、茅草房比例高，人畜混居现象突出。岩溶面积为11.1万平方公里，占总面积的48.7%，其中石漠化面积为4.9万平方公里，中度以上石漠化面积达3.3万平方公里，是全国石漠化问题最严重的地区，有80个县属于国家石漠化综合治理重点县。人均耕地面积仅为0.99亩。土壤贫瘠，资源环境承载力低，干旱洪涝等灾害频发，生态条件脆弱。

三　滇桂黔片区城镇化发展过程分析

（一）指标解释和资料来源

城镇化是社会、经济、文化等发展的综合过程，涉及人口、土地、产业的转移。区域城镇化进程是随着经济社会发展水平的提高而逐步推进的，因此，城镇化进程是人口、产业、土地转换的综合过程。评价和分析城镇化进程也应该主要从这三个方面进行。其中，人口城镇化是根本目标，产业城镇化是核心支撑，土地城镇化是外在表现。学者们从不同角度采用不同的标准来分析城镇化率。虽然综合分析三种城镇化率之间的耦合发展，非常有助于把握区域城镇化发展质量，但目前的统计资料缺乏相关土地利用以及城市建设用地等相关指标，以及考虑到现有资料的可获得性和准确性，本文在县尺度层面只分析了人口与产业城镇化状况。

人口城镇化的计算模型为：$U_r = (P - P_r)/P \times 100\%$，其中 P 是区域总人口，P_r 是乡村人口；U_r 与户籍城镇化率值近似，在理论上比真实城镇化率（以城镇常住人口作为分子得出的城镇化率）略低。产业城镇化率的计算模型为：$U_i = (I_s + I_t)/G \times 100\%$，其中 I_s 指第二产业增加值，I_t 指第三产业增加值，G 是地区生产总值。土地城镇化率计算模型为：$U_l = L_c/L \times 100\%$，其中 L_c 为建设用地面积，L 为城市市区或县城城区面积。本研究的时间跨度从 2004 年到 2014 年。

数据主要来源于 2005～2014 年的《县域统计年鉴》、各市年鉴、各县国民经济和社会发展统计公报。在数据处理方面需要说明的是，如果个别县（区）只有个别年份指标值缺失，则可以通过线性插值得到；如果在研究时间段内，某个指标的各个年份指标值均缺失，则默认为缺失值，不进入分析范围，本文中包括贵州的西秀区、钟山区两县的历年人口城镇化为缺失值。

（二）整个片区城镇化发展总体趋势

从图 2 可以看出，滇桂黔石漠化片区整体产业城镇化率不断提高，产业城镇化呈现稳步发展的态势。产业城镇化率呈一条平稳增长的折线，数值从 2004 年的 69.5% 增长到 2014 年的 85.1%，年均增长率约为 2%。同时段内，全国产业城镇化从 2004 年的 86.6% 上升到 2014 年的 90.1%。因此，片区产业城镇率初期和末期的发展水平均低于全国水平。此外，在总产值不断增加的背景下，片区的非农产业部门实力不断提升，第二、三产业在总产值中的比例不断增长，区域产业结构不断优化，对未来城镇化进程的推进起到很好的支撑作用。

从图 3 可以看出，滇桂黔石漠化片区整体人口城镇化呈现缓慢增长趋势。人口城镇化率不断提高，从 2004 年的 10.6% 上升到 2014 年的 14.9%，年均增长率为 3.5%。由于本文计算的人口城镇化率相近于户籍城镇化率，而非城镇常住人口下计算出来的城镇化率，前者要比后者略低。但考虑到贫困山区乡村移民规模不大，同时只做片区内的横向比较，可以反映人口城镇化发展。滇桂黔石漠化片区人口城镇化水平比较低，说明城镇在吸引乡村人口定居方面的

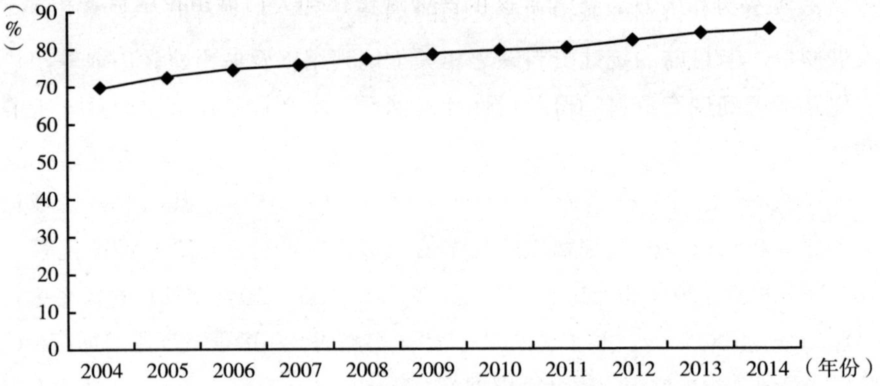

图 2　片区整体的产业城镇化率

能力不强，城镇发展实力亟待提高，城镇相关的制度改革需要大力推进，以此来吸纳更多的乡村人口转移到城镇，提高城镇化率。

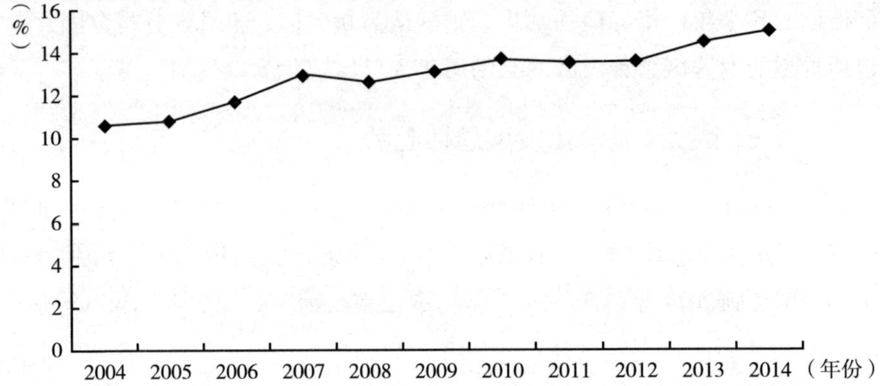

图 3　片区整体的人口城镇化率

（三）三个片区的产业城镇化和人口城镇化发展

1. 广西片区整体城镇化发展

广西片区产业城镇化和人口城镇化均稳步增长，其中人口城镇化的波动较强（见图 4）。广西的产业城镇化率从 2004 年的 65.6% 增长到 2014 年的 83.3%，年均增长率为 2.4%；人口城镇化率从 10.3% 上升到 18.2%，年均增长率为 5.8%，其中 2004 ~ 2007 年人口城镇化率增长较快，之后增长速度稍慢。经过相关分析发现，广西片区的产业城镇率和人口城镇化率显著相关，相关系数高达0.93，表明广西产业城镇化和人口城镇化发展的相关性强，两者的互动效应显著。

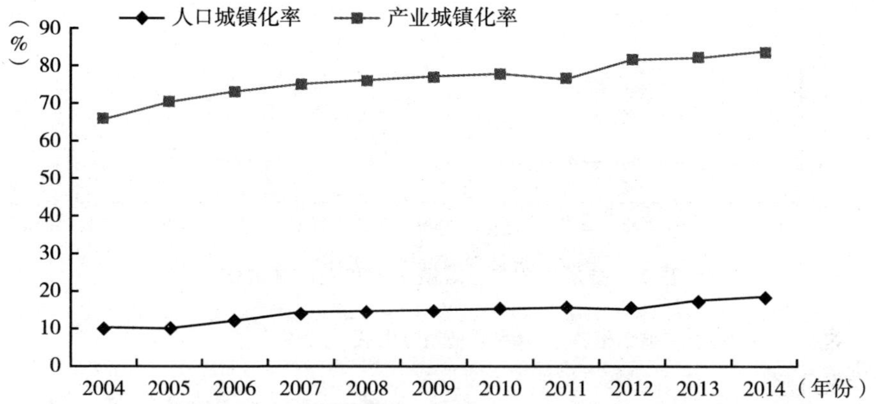

图4　广西片区产业城镇化率和人口城镇化率

2. 贵州片区整体城镇化发展

贵州片区产业城镇化稳步增长，人口城镇化在波动中缓慢增长（见图5）。贵州产业城镇化率从2004年的73.6%近似直线地平稳增长到2014年的89.3%，年均增长率约为2%；但人口城镇化率从11.3%上升到14.4%，年均增长率约为2.5%，但波动比较明显，尤其是2006～2013年呈现压扁状的“W”曲线分布，这很可能是部分辖县统计指标变化所致，但总体趋势还是缓慢增长的。经过相关分析发现，贵州片区的产业城镇化率和人口城镇化率显著相关，相关系数达到0.77，表明贵州产业城镇化和人口城镇化发展的相关性较强，两者的互动效应较显著。

3. 云南片区整体城镇化发展

云南片区产业城镇化和人口城镇化总体上逐年增长，但波动稍大（见图6）。云南的产业城镇化率从2004年的68.4%增长到2014年的77.2%，年均增长率为1.2%；人口城镇化率从9%上升到14.5%，年均增长率为4.9%。产业城镇化率和人口城镇化率波动经过相关分析发现，云南片区的产业城镇化率和人口城镇化率显著相关，相关系数高达0.91，表明云南省产业城镇化和人口城镇化发展的相关性强，两者的互动效应显著。

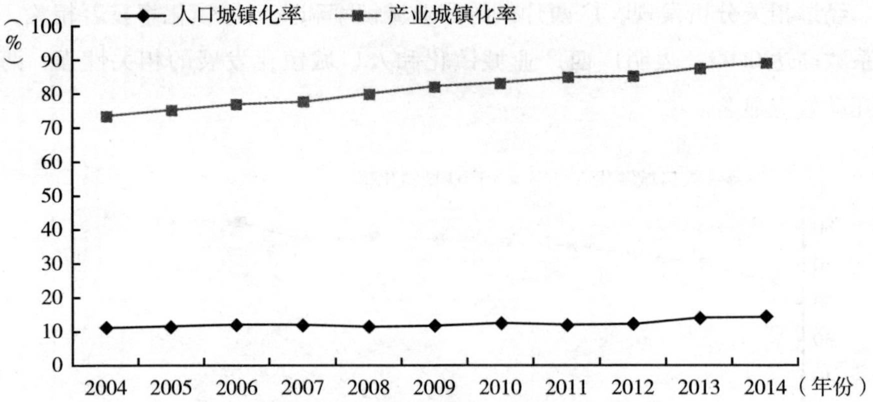

图5　贵州片区产业城镇化率和人口城镇化率

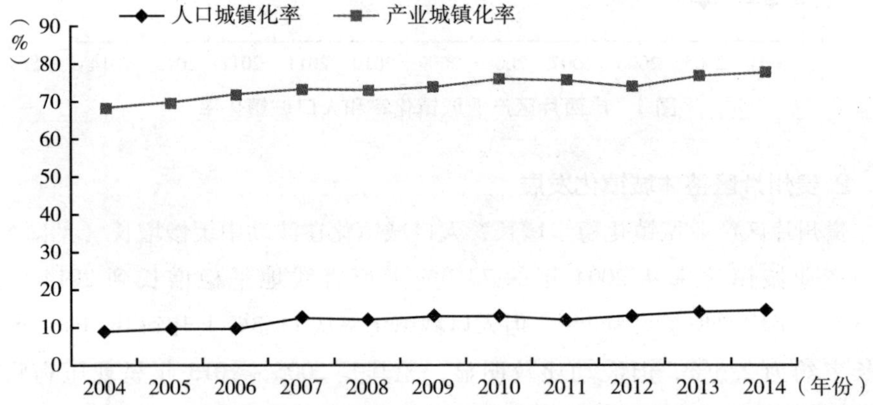

图6　云南片区产业城镇化率和人口城镇化率

4. 三个片区城镇化率的对比分析

从产业城镇化和人口城镇化两个方面，分别分析三个片区城镇化的相对变动态势。从图7可以看出，三个片区产业城镇化均稳步增长，并且到后期相对差异变大。具体来看，贵州片区一直是三个片区中产业城镇化率最高的，而广西片区和云南片区2004～2011年的产业城镇化率非常接近。2012～2014年，广西片区产业城镇化率处在云南片区之上。到2014年，三个片区的产业城镇化率都处在高水平阶段，因此，根据产业结构演变规律可以推定未来产业城镇化率水平的增速将下降并趋于收敛。

从图8可以看出，三个片区中只有广西片区的人口城镇化呈现稳步增长的

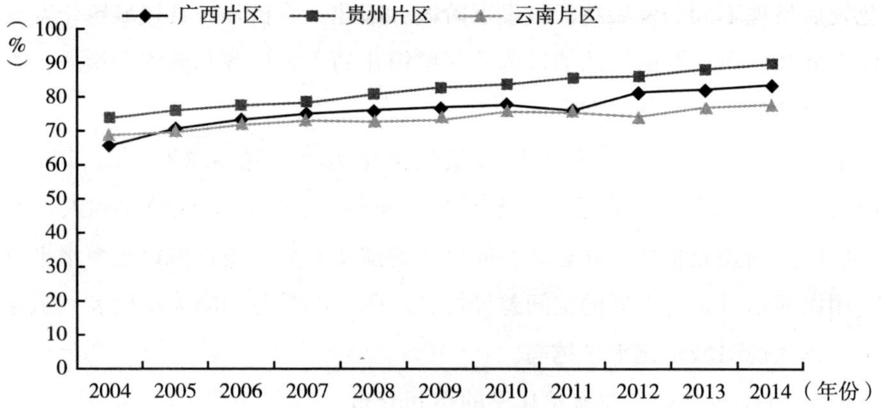

图7　三个片区产业城镇化率

特征，而贵州和云南片区的人口城镇化波动较明显，总体上增长幅度较小。具体来看，2004～2006年，贵州片区人口城镇化率最高，其次是广西片区，最低是云南片区；之后，广西片区的人口城镇化率最高，并且稳步增长，超越了其他两个片区；贵州和云南两个片区的波动态势也非常接近。

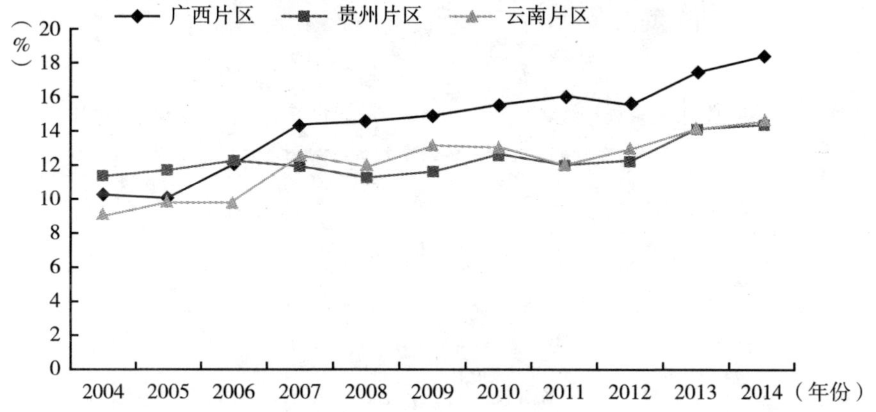

图8　三个片区人口城镇化率

（四）县域尺度下的城镇化发展

1. 县域产业城镇化率分析

各县（区）经济发展基础、自然地理环境的不同，使得各县（区）的城镇化发展呈现不同的发展特征或发展阶段，因此，分析片区县域城镇化发展的空间差异和分布，有助于认清目前片区城镇化的主要任务和面临的挑战，有助于有针对性的政策的制定和实施。

下文拟从产业城镇化和人口城镇化两个方面，选取 2004 年、2009 年、2014 年三个时间截面，分析这三个时间断面各区县的产业城镇化和人口城镇化发展的空间差异特征，并总结空间分布的演变趋势。制作城镇化率水平分布图，用以显示城镇化发展的空间差异特征。图中的黑色圆圈大小代表城镇化率水平，越大说明城镇化水平越高。

（1）2004 年县域产业城镇化率的空间分布

2004 年片区产业城镇化水平的空间分布可以归纳为：空间差异整体较小；一个热点发展带和冷点的“一带一圈”，呈现“111 格局”（见图 9）。一个热点发展带相对比较明显，即贵州北部热点发展带，从贵州西部的钟山区一直向东延伸到凯里市，是产业城镇化发展水平在片区内占优势的区域；而云南和广

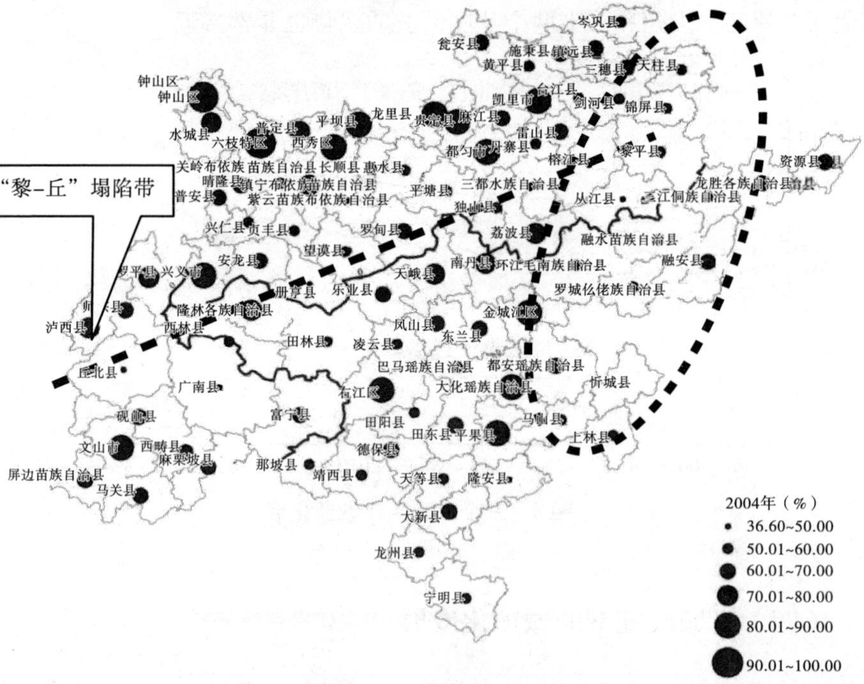

图 9　2004 年县域产业城镇化率空间分布

西两个子片区的产业城镇化分布比较离散。冷点的“一带”是指东北－西南走向的，从贵州的黎平到云南的丘北的“黎－丘”塌陷带，冷战的“一圈”是指由贵州和广西两个子片区的东部县（区）组成的东部塌陷圈。这“一带一圈”附近的县（区）的产业城镇化水平相对较低，是较为明显的塌陷带。

（2）2009 年片区产业城镇化水平的空间分布

2009 年片区产业城镇化水平的空间分布可以归纳为：冷点的“一带”仍存在，产业城镇化水平的空间差异开始减小。从图 10 可以看出，贵州和广西两个子片区的产业城镇化水平各自空间差异变小，区域城镇化协调性有一定程度提升。云南子片区仍然呈现离散的状态，产业城镇化高值区主要分布在其西南区。2004 年出现的“东部塌陷圈”开始慢慢得到发展，没有呈现明显的塌陷状态。

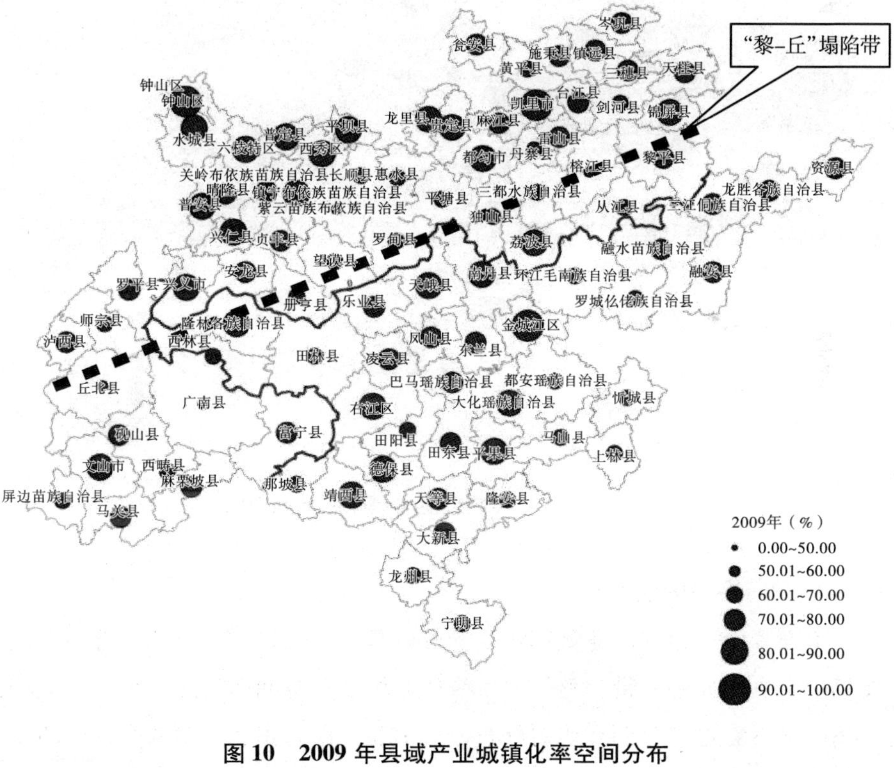

图 10　2009 年县域产业城镇化率空间分布

（3）2014 年片区产业城镇化水平的空间分布

2014 年片区产业城镇化水平的空间分布可以归纳为：产业城镇化的空间

差异逐渐缩小，呈现相对均衡的局面，同时重心处在偏北指向。从图 11 可以看出，处在片区北部的贵州的产业城镇化水平相对高值的分布的区县数量较多，而广西的东部和东北部产业城镇化水平相对较低，云南的状态变化不大。

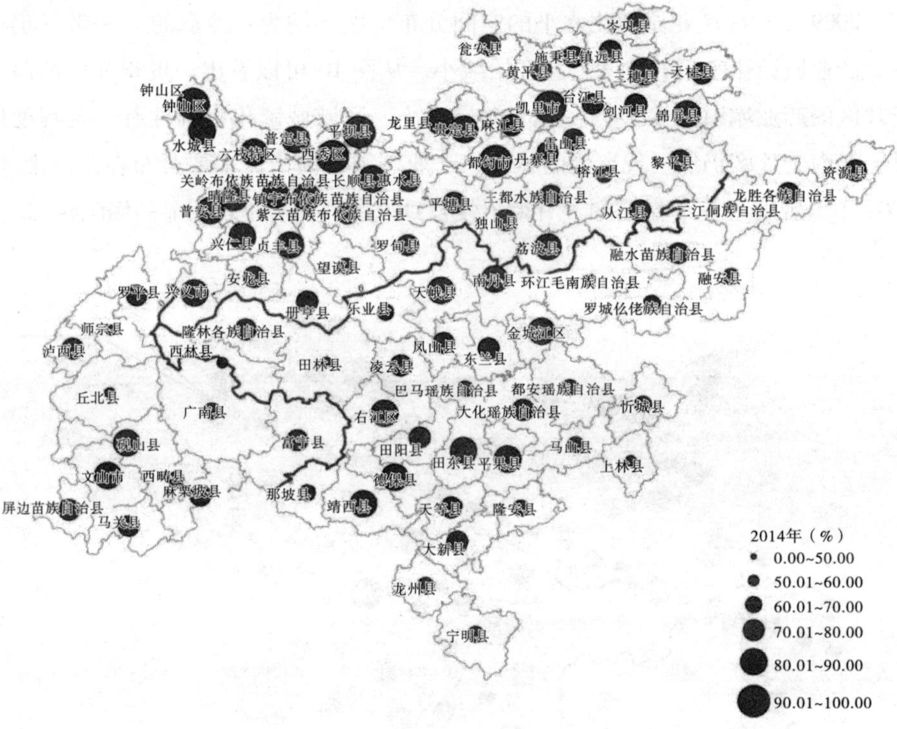

图 11　2014 年县域产业城镇化率空间分布

（4）空间格局的演变

从上面片区三年的产业城镇化分析可以看出（见图 12），各年份的高值区主要集中在贵州北部一带。整体上片区产业城镇化空间差异逐步缩小，从较大的空间差异不断走向协调和均匀分布。这主要是由贵州和广西两个片区的发展贡献的，而云南的空间差异格局变化不大。但同时，也应该注意到，“东部塌陷圈”仍然在一定程度上存在，仍然是该片区产业城镇化发展的相对落后地区，需要给予政策重视。

图 12　3 个时间截面的县域产业城镇化率变动

2. 人口城镇化的空间分布演化格局

（1）2004 年片区人口城镇化水平的空间分布

2004 年片区人口城镇化水平的空间分布的总体特征为：极化分布现象明显，人口城镇化高值区主要出现在市区或县级市的区域。从图 13 可以看出，绝大部分县（区）的人口城镇化率均在 30% 以下，在数量上占绝对优势。而点状分布的高值区主要是右江区、文山市等地。因此，在空间上，片区的人口城镇化水平存在显著的差异。

（2）2009 年片区人口城镇化水平的空间分布

2009 年片区人口城镇化水平空间分布的总体特征为：人口城镇化的“施 - 龙”热点带出现，其他县（区）的人口城镇化水平开始提升。从图 14 可以看出，从贵州施秉县到广西的龙州县出现了一条东北 - 西南走向的热点带，这个热点带附近的县（区）人口城镇化水平较高。其他县（区）也较 2004 年有一定程度提升。

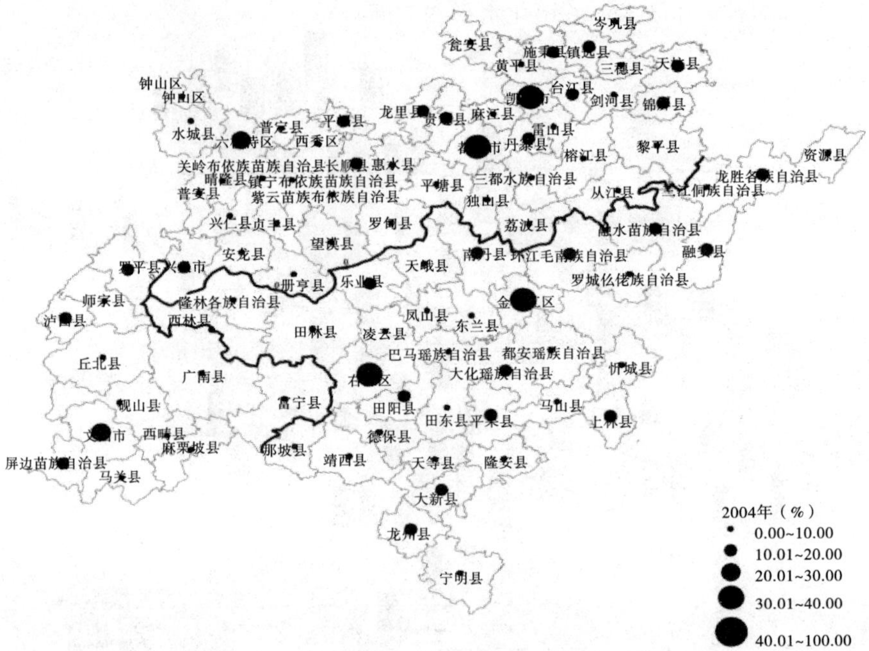

图 13　2004 年片区人口城镇化率空间分布

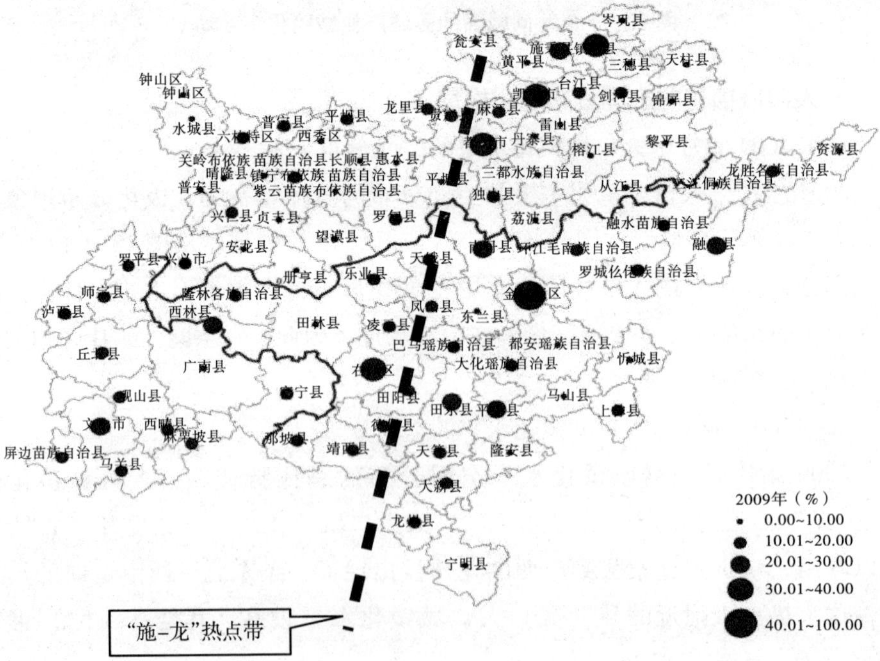

图 14　2009 年片区人口城镇化率空间分布

（3）2014 年片区人口城镇化水平的空间分布

2014 年片区人口城镇化水平的空间分布的总体特征为：人口城镇化的“施 - 龙”热点带仍然存在。从图 15 可以看出，与 2009 年相比，有部分县发展比较明显，如贵州的施秉县和兴仁县。

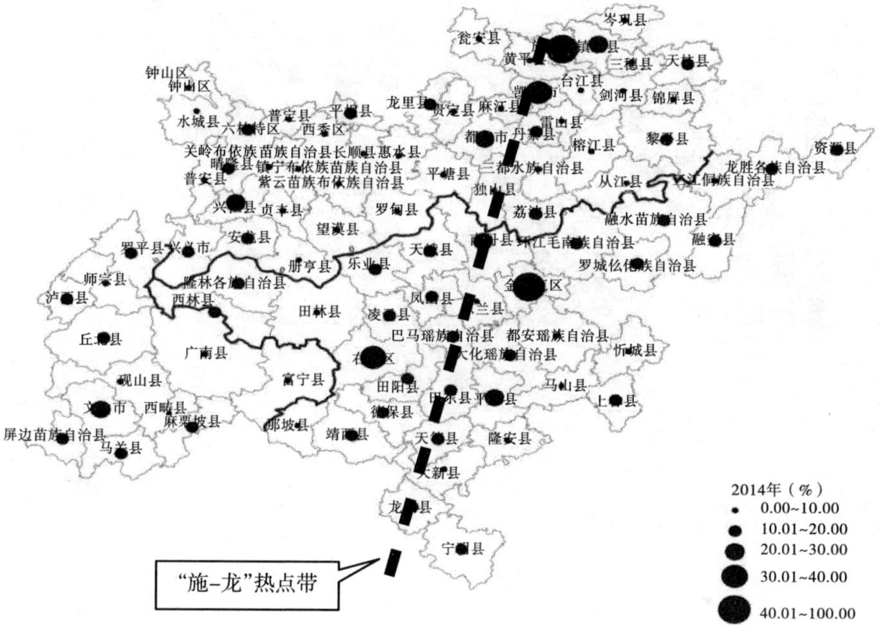

图 15　2014 年片区人口城镇化率空间分布

（4）空间格局演化特征

从图 16 可以看出，片区在研究时段内人口城镇化发展的离散分布特征明显，而且高值区均出现在市辖区或县级市，如右江区、金城江区、凯里市等；出现了“施 - 龙”热点带，而且仍将持续。片区的人口城镇化总体差异不大，呈现低水平的均衡阶段。因此，未来应该加大核心增长极的建设，选择资源基础、发展基础好并且资源环境承载力强的城镇予以大力建设。

（五）片区城市规模和职能分析

城市是区域的经济、文化中心，区域中心城市的发展对区域整体发展均具有很强的带动和引领作用，在区域发展的初期和中期能够起到增长极的作用。

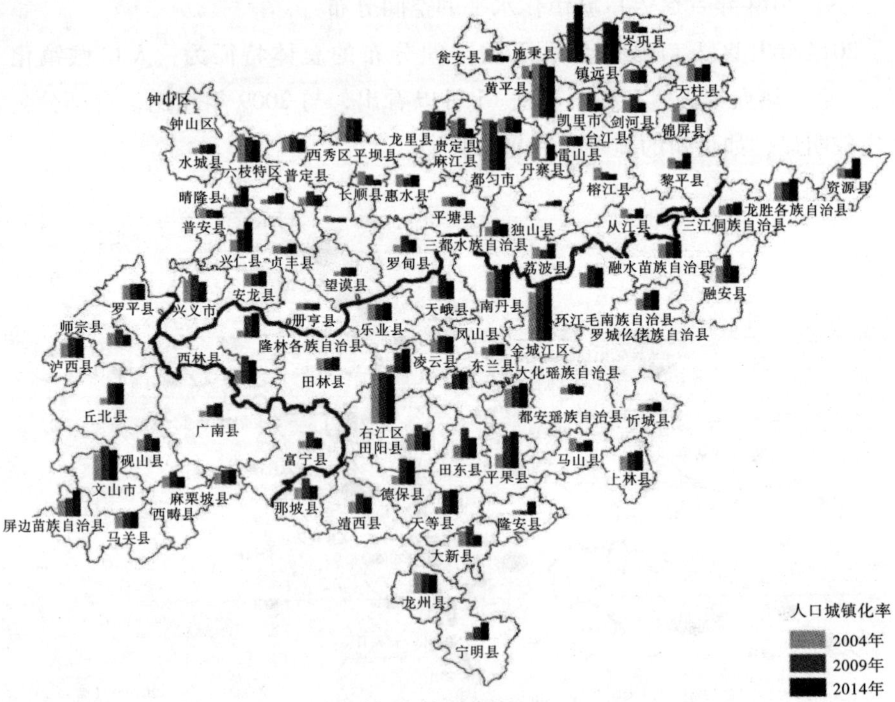

图 16　3 个时间截面的县域人口城镇化率变动

滇桂黔片区涉及 14 个市（州），但大部分地州仅有少部分县纳入片区范围，其中有 7 个市（州）的全部或绝大部分地区纳入片中范围。因此，分析这 7 个市（州）城市发展状况有助于对片区城市发展及其带动作用进行分析。

从规模来看，从表 1 中可以看出，云南省的百色市和河池市城镇人口规模基本相当；贵州省的安顺、黔西南、黔东南、黔南四个市（州）的城镇人口规模在 2004～2007 年总体上呈现增长的态势，而黔西南的数据表明，其城镇人口在 2007 年之后也呈增长的态势；云南的文山州 2007～2013 年的城镇人口规模呈现稳步增长的态势。总体来看，7 个市（州）的城镇人口规模偏小，城镇职能弱，难以形成产业和人口集聚的基础，区域综合性极化水平低。

从职能来看，除一些新中国成立后国家建设的一批工业企业外，城市的职能特点均呈单一性，难以形成集多种类型极化于一体的地域经济体城市，加之部分城市的主导职能与区域经济体系脱节，形成了二元型经济结构。

表1　市（州）城镇总人口数

单位：万人

地区＼年份	2004	2005	2006	2007	2008	2009	2010	2011	2012	2013	2014
百色市	—	—	—	—	—	—	—	—	104.9	110.3	—
河池市	—	—	—	—	—	—	—	—	103.7	109.8	—
安顺市	67.9	75.5	76.0	76.4	73.3	—	—	—	—	—	—
黔西南州	52.2	54.3	55.1	59.9	79.6	—	—	84.0	90.5	—	—
黔东南州	89.3	90.0	101.2	106.2	98.8	—	—	—	—	—	—
黔南州	93.7	95.0	96.4	97.8	92.4	—	—	—	—	—	—
文山州	—	—	—	83.5	88.6	93.3	97.0	106.3	117.6	122.4	—

注："—"表示缺数据。

四　滇桂黔片区应采取的城镇化策略

在经济全球化不断加速的大背景下，中国经济增长进入了新常态，未来将是中高速经济增长时期，产业结构处在快速转型升级之中；社会管理也加快进入法治化轨道，依法治理是进行区域管理的主旋律；人口流动的态势更加多元化、自主化；生态环境保护意识不断深入人心；信息社会不断催生新的需求，也给传统社会带来新的冲击。上述发展大背景给片区未来经济发展和城镇化建设提供了机遇，但更多的将是挑战。面临着多方面的挑战，片区只有以构建区域内生增长能力、挖掘地方比较优势，才能实现未来可持续发展。

作为区域发展生态屏障的片区，受自然条件的影响，难以复制东部成功的城镇化快速推进模式，也不能重蹈沿海发达地区城镇化所带来的资源环境矛盾，而应该走健康的新型城镇化之路。通过调整区域发展思路，重构片区新型城镇化发展体系。在典型的片区资源生态约束的背景下，片区城镇化应该引导发展一种集聚和有机分散并存的空间布局优化的多途径城镇化模式，实现生态文明、人口和产业发展与城镇化相耦合的新型城镇化模式。下文从总体思路与原则、城镇化空间战略、特色产业提升、人口转移、生态保护、融资创新等方面，分析滇桂黔片区实现新型城镇化目标的相关策略。

（一）总体思路与原则

按照“区域发展带动扶贫开发，扶贫开发促进区域发展”的基本思路，以产业发展推进城镇化建设为核心，以城镇化建设惠及贫困人口为着力点，以贫困人口脱贫带动生态保护为基本目标，探索符合滇桂黔片区新型城镇化之路，将片区建设成为城镇化建设与石漠化综合治理相结合示范区、国际知名喀斯特山水与文化旅游区、民族特色文化保护创新实验区。因此，在城镇化建设中，应该遵循以下原则。

1. 遵循主体功能区划安排

主体功能区建设是党中央、国务院在改革发展关键时期做出的重大战略决策，是滇桂黔片区推进经济社会发展的根本指导战略。滇桂黔片区城镇化建设要严格按照国家主体功能区划分的规定，把发挥区域主体功能放在转变发展方式的首位，要以保护和修复生态环境、提供生态产品为首要任务，因地制宜地发展不影响主体功能定位的适宜产业，引导超载人口逐步有序转移。

2. 城镇化建设与区域扶贫相结合

坚持城镇化建设与扶贫攻坚相结合。把保障和改善民生、提升区域自我发展能力和竞争能力作为城镇化建设的落脚点。通过城镇化发展提高就业机会，提升投资需求，推进产业更新，推动公共服务设施发展，为贫困群体的脱贫创造良好的条件。

3. 建设集约用地机制

土地是城镇化发展的重要基础，合理利用每一分土地是城镇化的必然要求，在土地面积稀缺的山区更是如此。因此，山区城镇化建设必须建立集约利用机制。滇桂黔片区山区集镇应该做好以下工作：第一，适当控制集镇数量，提升城镇的产业和人口集聚能力，重点建设好城市和县城，完善城镇聚落体系。第二，集约利用土地，严格限制土地的无序蔓延和城市建设对耕地的占用。第三，重视城镇中移民安置点的布点规划工作，做到既有利于给进城移民创造生产条件和就业机会，又有利于山区集镇的进一步发展。

4. 注重生态保护

城镇化建设与生态环境具有很强的耦合效应，城镇化建设过程应该充分重视当地生态环境本底，在进行城镇居民点选择，基础设施、产业园区建设，主导产业选择时应该充分保护自然环境，达到城镇化建设与生态环境保护的双重目标。

（二）优化城镇化空间布局，推进城镇化集约发展

片区低水平均衡的城镇化空间格局导致片区内城镇间联系度微弱、缺乏产业合作、恶性竞争普遍，中心城市带动能力不强又导致了城市与区域的关系形成的是“小马拉大车”的不可持续的局面。良好的城镇布局是实现城镇化健康运行的重要因素和经济稳定发展的基本保障。滇桂黔片区城镇化建设要充分依据《滇桂黔石漠化片区区域发展与扶贫攻坚规划（2011—2020年）》的战略安排，合理安排城镇布局，强化城镇特色化建设和职能分工，构建合理的城镇体系，促进城镇网络的形成和发展。

1. 城镇空间组织

（1）城镇空间组织体系。山区县（市）往往沿着河流谷地或主要交通干线分布，因此具有谷地或沟域经济特点，这就要求片区县域或城市之间的空间组织应该以“线性连结为主体，而线与线交叉的地方重点建设中心城市”，其中线性要素主要包括河流、发达的基础设施线；而在县域内部应该通过规划引导与空间管制，构建“县城－重点/特色镇－一般镇”的城镇空间体系，以打破低水平均衡的空间格局，实现“县域中心集中、沟域节点相对集聚、山区有机分散”的非均衡式城镇化空间组织模式。

（2）交通建设促进城镇空间组织体系形成。为了促进合理城市空间组织体系的形成，需要根据城镇空间体系的安排合理布局交通基础设施。构筑县域放射状干线网络，通过缩短各层级空间的时空距离，吸引产业和人口向中心城区、沟域重点镇集聚。在片区经济社会交通投资能力有限的情况下，中央政府和省级政府应进一步加大资金投入力度，帮助滇桂黔片区加快建设一批对带动当地经济社会发展起重大作用的交通项目。取消政府还贷二级路收费后，补偿资金应及时足额到位。为提高地方公路建设融资能力，鼓励地方以BOT、BT等方式建设经营性公路，对于公益性较强的普通公路，支持地方政府采取PPP方式建设。

2. 城市集聚

（1）中心城市集聚。实施城市集聚战略，重点建设百色、河池、安顺、

六盘水、兴义、凯里、都匀、文山等中心城市。根据经济社会发展需要，适当调整中心城市的行政区划，优化中心城市发展空间，提升中心城市的发展潜力。加大对核心城市的产业扶持力度、基础设施和服务设施的投资建设力度；重点建设核心城市、城区或县区，建设一批特定功能型城市；增强核心城市对区域人口、资金、产业的吸引力和集聚力。

（2）加强矿产资源型城市的转型升级。对于矿产资源型城市，应该加大矿产资源型的产业升级和更新，提升资源型城市和区域的可持续发展能力。构建区域协调发展的新格局。

3. 城市功能分工

加快研究制定城市具体职能分工规划，根据资源、市场需求、技术基础等条件，构建城市合理的现代产业体系，尤其关注产业发展与本地生态环境的耦合度。大力发展适合石漠化地区地方性的特色产业，推进区域间、城市间产业互补发展，防止城市产业结构雷同。根据国家和区域战略需求，明确城市定位，完善城市功能布局规划。依据《滇桂黔石漠化片区区域发展与扶贫攻坚规划（2011—2020年）》的要求，该片区各中心城市应该进行产业分工。如百色市应该重点发展现代旅游业、能源、煤电一体化、现代农业等，尤其是打造铝产业示范基地、公路交通运输枢纽、生态宜居城市和国内著名的生态旅游目的地；六盘水市重点发展煤化工、能源、机械制造、商贸物流等，建成重要能源基地、区域综合交通枢纽和循环经济示范城市。

4. 特色小城镇建设

（1）建立特色名镇保护体系。建立和完善民族特色文化遗产保护网络和非物质文化遗产保护体系，支持申报入选联合国和国家级非物质文化遗产；根据国家“美丽中国”的建设精神和要求，建立片区名镇保护体系，完善名镇保护的体制机制，大力保护和完善具有民族特色、地方特色的小城镇；研究制定特色名镇建筑管理办法，对建筑占地、容积率、建筑高度、立面设计、色彩、用料、装饰等提出控制引导要求，建设一批乡镇标志性建筑和风貌建筑群。

（2）打造特色城镇品牌。如列为国家历史文化名镇的贵州省安顺市西秀区旧州镇、贵州省平坝县天龙镇等，应该加大其建设力度。另外，加大特色小城镇的形象建设和品牌建设，科学规划小城镇化的基础设施和公共服务设施建设的融资体系，增强小城镇人口、产业集中功能，引导与小城镇社会经济联系紧密的人口向小城镇适度集中、移居和城镇化。

（3）重点建设一批休闲度假、民族文化、名人故居、红色遗址、影视基地等特色小城镇。如百色市可将城乡规划与壮族特色建筑相结合，并充分利用澄碧湖、右江为主体的自然景观和红色革命历史文化景观，打造“美丽右江”品牌，构筑具有独特山水景观特色的壮乡红城。

（三）提升特色产业品质和产城融合水平，推进城镇化高效发展

片区生态脆弱，城乡发展差距大，产业化水平不高、带动力不强，总体思路是因地制宜，并依据未来产品的绿色化、天然化、有机化的市场需求，大力发展相关产业，推进产业发展与人口就业的相协调，产业发展与城镇化建设相促进。因此，城镇化的关键是提升片区产业水平，优化产业结构，提升产业竞争力。另外在产业发展过程中，一是要防止地方政府为政绩所迫，“饥不择食”的招商引资政策将导致大量无关或同构型小企业扎堆式低效集聚，或引进环境污染型工业，可能严重损害片区的可持续发展；二是要主动积极承接符合地方资源特色的东部沿海产业的转移，吸引外出务工人员返乡创业。

（1）完善农业产业链，创新农业生产合作组织形式。以县城或镇中心为基地，大力发展农产品深加工产业，形成特色专业城和专业镇；以农业商品化或产业化发展为核心，推进农业生产的前向、后向联系，尤其是农产品深加工；根据地方特色，发展粮油加工、蔗糖加工、茶叶等产业，提高绿色标准和有机水平，重点增加农业产品型的特色旅游食品、礼品、纪念品、保健品的生产和品牌工作；因地制宜发展蚕茧丝绸、干鲜果品、林（竹）产品等加工产品。大力推广特色农业先进技术创新扩散和新型合作组织模式，开展山区示范性农业生产基地建设，推动农业适度规模化经营，提高农产品附加值，形成以农业发展分区为基础，社区基层农产品生产节点为支撑，特色农业示范产业基地为龙头的农业产业格局。

（2）充分发挥旅游资源优势，大力发展喀斯特山水生态游、森林旅游、民族文化游和红色旅游，探索特色文化旅游与特色城镇建设的新思路；对于产业上规模的村寨，符合条件可以转为城镇建制，不断推进滇桂黔片区的城镇化进程；以中心城市、城镇为依托，合理建设旅游交通网络，依托品牌旅游资

源，打造精品旅游线路产品。

（3）产业融合。一是推进产业之间的纵向融合，利用农林牧复合生产，提升第一产业竞争力，并将农业生产与第三产业的旅游业融合起来，发展农业旅游和乡村旅游，利用金融、物流等产业提升第二产业发展效率。二是推进产业内部的横向整合，可将文化、生态、民俗体验等产业有机融合，提高山区旅游产业综合竞争力。

（4）产城融合。通过重点镇产业集群的发展、产业结构的转型升级、大型特色项目带动、公共设施的配套、工业园区的建设等有力措施，实现城镇化与工业的整合发展。一是努力建设一批世界知名、国内著名的旅游度假城市，如凯里等；二是建立一批有竞争力的矿产资源精深加工基地城市，如加快推进百色生态型铝产业示范基地等建设；三是建立战略性产业发展基地地市，以安顺民用航空产业国家高技术产业基地为依托，发展航空装备产业，建设通用飞机、无人机、教练机等生产和试训基地，配套发展通用航空产业；四是促进产业园区推进城镇化的力度，加快产业园区与居住区的合理配置与建设，推动骨干企业向产业园区集中，适当在产业园区周边布局居住，提高产业园区周边的基础设施和公共服务设施的城镇化发展水平，推进城镇实体的发展。

（四）提升人口发展能力，提升城镇化民生效应

发展教育是提升贫困人口自我发展能力的根本出路，是阻断贫困代际传递的根本举措。可借鉴各种有效模式，不断加大滇桂黔片区的教育投入。

（1）田东模式借鉴。田东县长期以来将发展劳务经济作为提高农业收入、转移就业劳动力的重要途径，强调将人力资源向人力资本发展。以扩大就业为根本目标，大力提升劳动者素质，大力发展外出劳务经济，提升城镇化水平。然后，再通过吸引回流有技术的劳动者，发展本地产业，达到人才资源的乘数效应，以此推动其特色高效的产业的发展。这种先减后增的模式，值得片区各个地区去学习借鉴。

（2）继续实施“阳光工程”等培训工程，推进“雨露计划”改革试点。对建档立卡贫困户中未升学、未就业的初高中毕业生提供现金补助，帮助他们接受2～3年的职业教育培训，掌握一门技能，提高就业创业能力。一是应加大对片区内寄宿制学校的建设力度，扩大学校办学规模，提升寄宿制学生的生

活补助和营养标准；二是提升片区学校教育的信息化、网络化水平，可通过远程教育平台实现优质教育资源的共享；三是提升片区农村老师待遇，优化农业教师的教育水平，发展重点大学学生的支教活动，加快教师的住房建设和社会福利政策；四是对青壮年免费开展职业技能培训，扩大中职教育的免学费政策范围，建立职业教育拨款制度，支持区域内各类职业院校及相关的职业培训机构开展订单培养、定向定岗技能培养与培训，不断加强与沿海发达地区尤其是广东省职业院校联合办学规模，吸引成功的办学经验；五是倡导企业以“企业合作、工学结合、半工半读”等形式对企业吸纳的劳动者开展岗前培训。

(3) 拓宽就业渠道。一是加强与东部沿海经济发达省份尤其是长三角和珠三角，以及东盟国家的劳务合作，千方百计扩大劳务输出规模；二是促进农村和偏远山区劳动力向西江经济区、滇中经济区、黔中经济区和周边特色产业城镇转移就业；三是城市应大力发展劳动密集型产业、中小微企业，扩大就业机会；充分挖掘第三产业的就业潜力；四是大力规范公益性就业岗位，优先考虑就业困难人员的就业需求；五是扩大“西部地区农民创业促进工程”试点范围，支持农民自主创业，结合产业结构调整，着力提高第二、三产业就业比重。

（五）严格执行生态环境保护制度，推进城镇化绿色发展

生态环境保护是生态脆弱区新型城镇化发展的关键，城镇化推进过程中，必须重视石漠化地区的生态保护工作，防止水土流失，合理布局城镇建设，对不同的类型区给予不同的政策保护。目前片区生态环境保护压力加大。首先，片区粗放的农林利用加速了石漠化地区的水土流失和石漠化。片区以山地为主，部分地区降雨量大且分配不均，暴雨集中，水土流失相当严重。其次，长期的资源型产业的发展，加剧生态环境的恶化。片区大量县（区）产业结构呈现以资源依托型重工业和采掘业为主的产业结构，资源利用率低，技术水平低下，环境负面影响严重，矿区环境污染加剧，极大威胁了地区的可持续发展，而且生态恢复难度极大。最后，不合理的城镇发展和规划指导，导致大片优质耕地流失，且建设用地使用不合理也造成本来十分紧缺的土地资源的浪费，严重影响了区域的可持续发展。

建立生态红线制度，推进生态红线划定工作和管理工作，严格实施和监督

污染物排放的治理制度和责任追究制度。按照各省级主体功能区划安排，促进国家级和省级重点开发区的土地、人口、资本等生产要素的保护工作，健全重点生态功能区、禁止开发区的生态补偿机制。为了满足主体功能区的宏观要求并且促进区域可持续发展，需要在城镇化建设过程高度重视生态环境的保护。以国家主体功能区划和各省主体功能区划为指导，合理划定区域限制开发区和禁止开发区，提升城镇化建设的可持续发展水平，并对以下类型区给予重点关注。

（1）生态多样性保护区。如以乐业－凤山世界地质公园、资源国家地质公园、大化七百弄国家地质公园、兴义国家地质公园和丘北普者黑国家湿地公园为核心，立法建设生态多样性保护区，建立以核心区－缓冲区－外围区为体系的生态多样性保护区制度，合理发展旅游产业和文化产业。

（2）水源地涵养保护区。对水源地开展立法建设，禁止在水源地开展任何毁林开荒、无序采矿、过度放牧，尤其是禁止工业活动。通过封山育林育草、退耕还林、小流域治理、水土保持等，减少水土流失面积，提高水源涵养能力。

（3）生态保护制度建设。全面加强林地保护和管理，加强经济林、用材林的可持续建设。严格实施对林地用途的管制，严格控制林地转为建设用地和其他农用地，确保森林资源稳定增长。对不适宜耕地的地区，继续实施退耕还林还草。加大交通沿线、旅游景区、城镇周边和河流两岸的绿化带建设力度。

（六）创新投入机制，推动城镇化持续发展

片区绝大部分区域属于欠发达山区，产业底子薄，企业成长环境较差，对外来企业的吸引力较弱，使得这些地区城镇化发展更加依赖政府投资。因此，政府的主动投资是贫困山区初期发展必须依赖的资本。长期依赖政策照顾所带来的红利，使得部分山区县（市）出现了被动发展惯性，这可能会进一步导致片区自我发展能力不强。因此，对于片区的产业扶持和城镇化建设，可采取将财政政策和金融政策相结合的方式来引导和支持。

1. 财政政策

一是为了调动区域发展的积极性并且避免发展的被动性，国家和省区政府应该把财政直接补贴项目资金更多地以政府性贴息、担保资金和风险补偿基金

的方式给予支持。

二是国家要进一度加大对限制开发区和禁止开发区的生态补偿及财政转移支付力度。生态补偿是国家对列入重点生态功能区的市（县）出台政策给予特殊的财政政策和投资政策扶持，是生态环境投资的主要来源渠道，也是落实主体功能区划的重要手段。虽然国家已初步形成了以财政转移方式为主的生态补偿制度，但目前还存在不少问题，如补偿制度不完善、补偿主体不明确、补偿标准偏低等问题。因此，国家应逐步完善生态补偿制度，设置更为综合的生态修复转移支付并制度化，建立一般性转移支付资金稳定增长机制等，为限制开发区和禁止开发区转变方式提供有利的政策支持。

2. 金融政策

扩大城镇基础设施和服务设施建设的贴息贷款规模和贴息范围，提高贴息比例，延长贴息期限。贯彻落实国家扶贫金融政策，完善金融服务机制，加大货币政策支持力度，综合运用再贷款、再贴现等工具，鼓励和引导金融机构增加对片区城镇化建设的信贷投入。创新涉农贷款抵质押手段，扩大有效担保物范围，开展农村土地流转收益权担保贷款。

通过组建新型城镇化建设基金，联合银行、证券、基金、担保、信托等，建立新型城镇化金融合作组织，引导资金流向新型城镇化的关键领域和投入资金大的领域。

引导金融资本向片区的重点产业、重点行业、重点研究机构集中。根据政府产业规划中确定的重点产业和支柱产业，在政策上应该引导金融资本向该类产业集聚，重点解决高新技术企业、劳动密集型企业、本地传统特色企业、新型农业等产业的资金短缺问题。

B.5

滇西边境片区城镇化特征、趋势与路径*

刘芳 彭耿**

摘 要： 本文首先从人口、产业、土地三个维度分析了滇西边境片区2004~2014年城镇化的进程及其特征，发现：（1）滇西边境片区城镇化水平整体上增速较快，但绝对值偏低，且片区内城镇化水平差异明显；（2）城镇化质量方面表现为人口城镇化与经济发展水平协调度较低、产业城镇化的带动效应较强。然后，阐释了滇西边境片区城镇化的冷热点区域、空间趋势、中心职能指数及中心城市经济联系的演变趋势。最后，结合滇西边境片区区域发展与扶贫攻坚规划以及滇西南城镇群规划，从发展目标、城市群布局、产业总体布局、产业密集区布局、人口空间分布、城镇空间结构和城镇职能等方面提出了滇西边境片区城镇化的发展路径。

关键词： 滇西边境片区 城镇化 空间分布 差异

一 滇西边境片区概况

滇西边境集中连片特殊困难地区（简称“滇西边境片区”）位于我国西南边陲，集民族性和地处边境的特性于一体，贫困面广、程度深，是国家新一轮

* 本文受湖南省社会科学基金项目（12YBA262，12YBB218）、湖南省教育厅优秀青年项目（14B145）、湖南省民族事务委员会民族研究项目（HNMY2014－022）资助。

** 刘芳，硕士，吉首大学商学院讲师，研究方向为财务金融；彭耿，博士，吉首大学商学院副教授，研究方向为金融风险管理。

扶贫开发攻坚主战场11个集中连片特困区中拥有边境县数量和世居少数民族最多的片区。滇西边境片区区域范围包括云南省保山市、临沧市、丽江市、普洱市、大理白族自治州、楚雄彝族自治州、西双版纳傣族自治州、德宏傣族景颇族自治州、红河哈尼族彝族自治州和怒江傈僳族自治州等10个市（州）的集中连片特殊困难地区县（市、区）56个，其中有48个民族自治地方县（市、区）、19个边境县、45个国家扶贫开发工作重点县（见表1）。

表1　滇西边境片区规划区域范围

地　区	市(州)	县(市、区)
云南省	保山市	隆阳区、施甸县、龙陵县、昌宁县
	丽江市	玉龙纳西族自治县、永胜县、宁蒗彝族自治县
	普洱市	宁洱哈尼族彝族自治县、墨江哈尼族自治县、景东彝族自治县、景谷傣族彝族自治县、镇沅彝族哈尼族拉祜族自治县、江城哈尼族彝族自治县、孟连傣族拉祜族佤族自治县、澜沧拉祜族自治县、西盟佤族自治县
	临沧市	临翔区、凤庆县、云县、永德县、镇康县、双江拉祜族佤族布朗族傣族自治县、耿马傣族佤族自治县、沧源佤族自治县
	楚雄彝族自治州	双柏县、牟定县、南华县、姚安县、大姚县、永仁县、楚雄市
	红河哈尼族彝族自治州	石屏县、元阳县、红河县、金平苗族瑶族傣族自治县、绿春县
	西双版纳傣族自治州	勐海县、勐腊县
	大理白族自治州	漾濞彝族自治县、祥云县、宾川县、弥渡县、南涧彝族自治县、巍山彝族回族自治县、永平县、云龙县、洱源县、剑川县、鹤庆县
	德宏傣族景颇族自治州	芒市、梁河县、盈江县、陇川县
	怒江傈僳族自治州	泸水县、福贡县、贡山独龙族怒族自治县、兰坪白族普米族自治县

2012年末，滇西边境片区总人口为1543万人，人均地区生产总值为13800元，有汉、彝、傣、白、景颇、傈僳、拉祜、佤、纳西、怒、独龙等26个世居民族，其中有15个云南独有的少数民族、8个人口较少的少数民族。城镇化率（这里是指产业城镇化率）由2004年的60.89%提升到2014年的70.09%。基础设施条件明显改善，大丽铁路、楚大铁路和昆曼、杭瑞等高速公路贯穿本区域，澜沧江－湄公河国际航道通航条件不断改善，丽江和大理等支线机场容量明显提升，初步构成立体交通骨干网络。

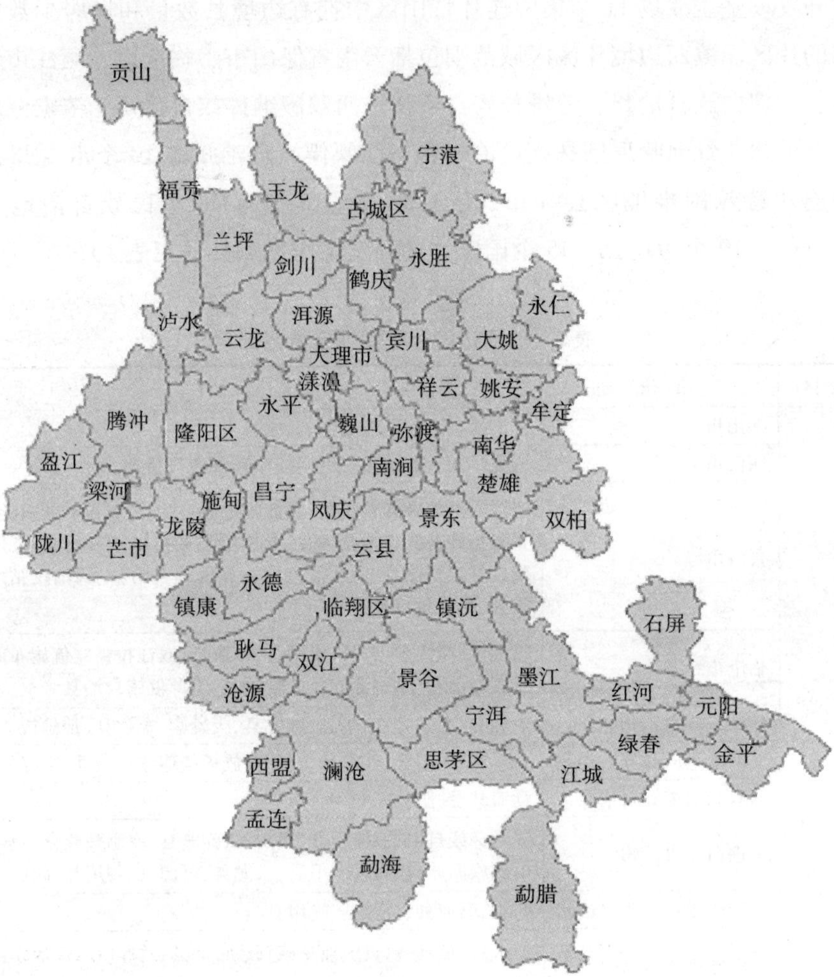

图1　滇西边境片区56县（市、区）分布

滇西边境片区大部分位于横断山区南部和滇南山间盆地，总面积为20.9万平方公里。区域内山高谷深，高黎贡山、怒山、无量山、哀牢山纵贯其中，怒江、澜沧江、金沙江和元江等江河穿越其间，河流湍急、落差大。气候类型总体上属热带亚热带季风气候。海拔高度相差悬殊，最高海拔为6740米，最低海拔为76.4米，立体气候特征明显，年均降水量为1100毫米左右，森林覆盖率达54.6%。片区水能和矿产资源富集、生物多样性丰富、民族文化多彩、对外开放区位优势明显，但该片区经济社会发展滞后，主要表现为贫困面广程度深、基础设施瓶颈突出、基本公共服务不足、特色产业发展缓慢、生态环境保护任务艰巨。

二　滇西边境片区城镇化进程与特征

（一）研究资料来源

城镇化是内涵丰富的多维过程，本文从人口、产业、土地三个主要视角综合考察滇西边境片区城镇化进程和趋势。涉及产业城镇化、人口城镇化和土地城镇化三个维度的指标体系，是为了兼顾数据的可获得性和方法的可操作性。同时，鉴于区域城乡经济社会活动在空间上的相对完整性和基础数据的可获得性，本文的分析包括县级和地级行政单元两个空间尺度。分析的时间跨度为2004～2014年共11年，一方面考察每个年度各区域单元产业、人口、用地结构三个维度城镇化水平、空间特征和相互关系，另一方面采用2004～2014年的增量数据来分析三个维度的动态变化特征。文中的基础数据有几个来源：①2004～2012年的数据来自于2005～2013年的《中国城市统计年鉴》和《云南统计年鉴》。②2013年的部分数据来自于2013年县（市）的统计公报。③2013年部分数据和2014年的所有数据采用指数曲线模型预测得到。

（二）人口城镇化进程与特征

1. 人口城镇化水平界定

人口城镇化是指农村人口向城镇集中，城镇人口占全社会人口比例提高的过程，因此人口城镇化水平以城镇人口占总人口比重表示，计算公式如下：

$$U_{it} = P_{it}/TP_{it}$$

其中U_{it}表示t时间i行政单元的人口城镇化水平，P_{it}表示t时间i行政单元城镇人口数量，TP_{it}表示t时间i行政单元总人口数量。

2. 人口城镇化水平增速较快，但绝对水平偏低

历年来的《云南统计年鉴》中只有地级城市的城镇人口数据，因此这里

仅计算了滇西边境片区56个县（市）所属的10个市（州）的人口城镇化水平，计算结果如表2所示。2014年滇西边境片区人口城镇化水平最大值是42.9%（大理州），最小值是25.5%（怒江州），相差17.4个百分点。

表2 滇西边境片区人口城镇化水平

单位：%

地区＼年份	2004	2005	2006	2007	2008	2009	2010	2011	2012	2013	2014
保山市	20.12	21.46	22.51	23.27	24.11	24.99	22.28	25.11	27.84	29.05	30.32
普洱市	23.56	24.51	24.99	27.99	29.14	30.00	30.24	32.21	34.72	36.46	38.29
临沧市	23.82	27.32	26.42	27.11	28.17	29.01	29.07	30.60	32.72	34.09	35.51
丽江市	21.12	27.02	27.12	25.00	26.86	27.00	27.29	28.23	31.46	33.20	35.05
楚雄州	24.43	26.01	26.98	28.39	29.74	30.99	31.49	33.69	36.23	38.06	39.99
红河州	29.66	29.50	31.00	33.00	34.18	35.01	35.24	35.99	38.76	40.10	41.47
西双版纳州	31.62	32.19	33.11	34.27	36.17	35.97	35.77	37.13	39.25	40.34	41.45
大理州	23.50	25.01	26.51	27.50	29.14	30.99	31.85	34.50	38.02	40.38	42.90
德宏州	27.76	28.50	29.53	30.50	32.15	33.00	33.64	35.38	37.51	38.95	40.45
怒江州	20.00	16.73	16.92	17.96	20.08	21.08	21.50	22.58	24.16	24.82	25.50

图2展示了2004～2014年10个市（州）人口城镇化水平变化的动态特征，可以看出，各市（州）的人口城镇化水平均呈上升趋势，年均增长率最大的地区是大理州，达到6.22%，而怒江州的年均增长率仅为2.72%。从图2可以看出，尽管早期大理州的人口城镇化水平只是处于区内中间位置，但由于维持了较高的增长率，2014年其城镇化水平处于区内领先地位。

自2004年以来，滇西边境片区人口城镇化水平由24.56%上升到37.09%，年均增长4.2%，比该期间内全国人口城镇化水平年均增速高出1.43个百分点。但是，2014年滇西边境片区的人口城镇化水平比2004年全国的水平还低4.55个百分点。与云南省的城镇化进程相比，年均增速相当，不过差距仍然十分明显，2014年城镇化水平差距是5.67个百分点（见图3）。

3. 片区内人口城镇化水平差距较大

根据美国城市学者诺瑟姆（Ray. M. Northam）1979年提出的“城市化过程曲线”（也称为“诺瑟姆曲线”），2014年滇西边境片区处于城镇化初始阶段（＜30%）、加速阶段（30%～60%）的地区占比分别为10%和90%，即

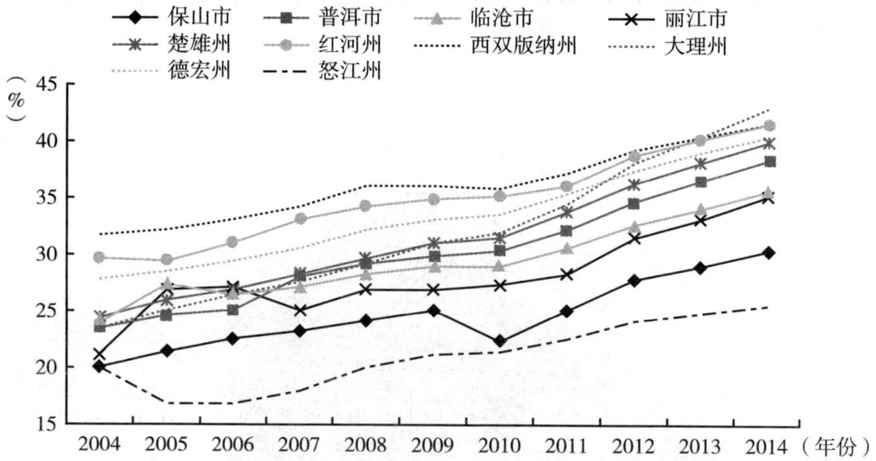

图 2　滇西边境片区人口城镇化水平的变化趋势

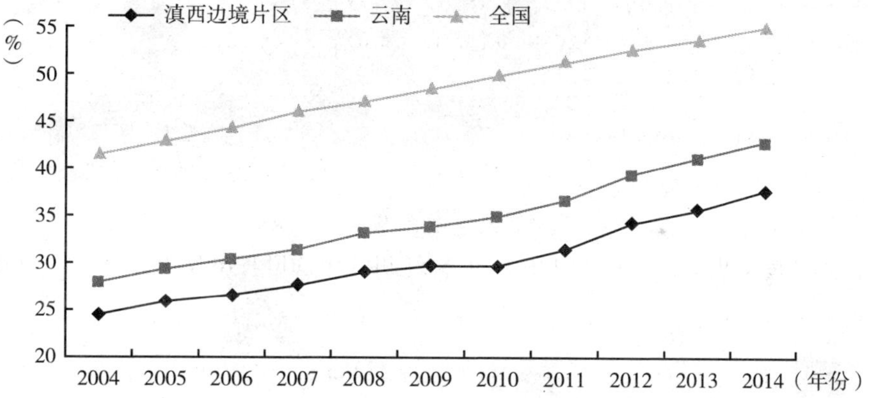

图 3　滇西边境片区与全国及云南省人口城镇化进程对比

几乎所有的地区正处于加速城镇化阶段，没有一个地区进入稳定阶段（>60%）。而从总体空间分布来看，如图 4 所示，滇西边境片区西北部和中部的人口城镇化水平偏低，人口城镇化水平较高区域则分布分散。

（三）土地城镇化进程与特征

1. 土地城镇化水平界定

土地城镇化是城镇地域空间向农村推进，非城镇建设用地转化为城镇建设

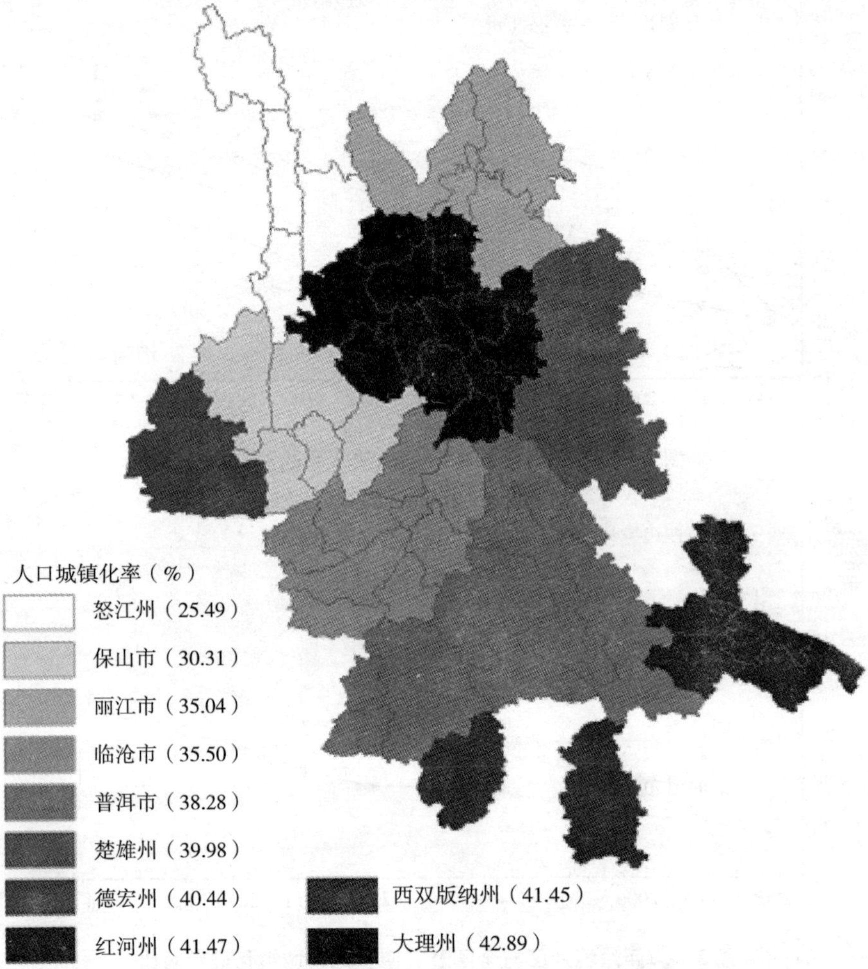

图 4　2014 年滇西边境片区代表市（州）人口城镇化水平分类

用地的过程，因此土地城镇化水平用建成区面积占行政区域土地总面积的比重来表示，计算公式如下：

$$L_{it} = S_{it}/TS_{it}$$

其中 L_{it} 表示 t 时间 i 行政单元土地城镇化水平，S_{it} 表示 t 时间 i 行政单元建成区面积，TS_{it} 表示 t 时间 i 行政单元市辖区土地总面积。

2. 土地城镇化水平低水平聚集

2008年[①]以来的《中国城市统计年鉴》中只有地级市（不包含自治州）和县级市的建成区面积数据，另外，滇西边境片区中的怒江傈僳族自治州没有县级市，因此这里计算了滇西边境片区9个地区（包括4个地级市和5个县级市）[②]的土地城镇化水平，计算结果如表3所示。2012年滇西边境片区土地城镇化水平最大值是2.48%（大理市），最小值是0.34%（景洪市），相差2.14个百分点。2008～2012年，滇西边境片区只有两个城市的土地城镇化水平一直超过1%，分别是大理市和丽江市，而其他7个城市的土地城镇化水平在2012年都没有达到1%的水平，处于0.3%～0.9%，表明滇西边境片区的土地城镇化水平处于低水平聚集状态。

表3　滇西边境片区代表城市的土地城镇化水平

单位：%

年份	保山市	丽江市	普洱市	临沧市	楚雄市（楚雄州）	个旧市（红河州）	景洪市（西双版纳州）	大理市（大理州）	芒市（德宏州）
2008	0.36	1.59	0.51	0.53	0.51	0.76	0.26	2.15	0.50
2009	0.40	1.99	0.61	0.53	0.78	0.76	0.27	2.15	0.54
2010	0.50	1.99	0.61	0.53	0.80	0.76	0.33	2.28	0.55
2011	0.44	1.99	0.61	0.60	0.85	0.76	0.33	2.37	0.57
2012	0.50	1.99	0.61	0.64	0.86	0.82	0.34	2.48	0.57

3. 城市扩张缓慢

图5表明，在9个城市中大理市的城区建成面积最大，2012年达到45平方公里；建成区面积较大的还有楚雄市，2012年为39平方公里，它的扩张速度最快，自2004年以来，以年均4平方公里的速度在扩张，成为滇西边境片区内建成区面积第二大的中心城市。此外，保山市、丽江市、普洱市、景洪市

① 《中国城市统计年鉴》只统计了地级市（不包括自治州）和县级市的建成区面积，本文所研究的9个城市只有2008～2012年的建成区面积数据。

② 4个地级市分别是保山市、丽江市、普洱市和临沧市，5个县级市分别是楚雄市（楚雄州）、个旧市（红河州）、景洪市（西双版纳州）、大理市（大理州）和芒市（德宏州），尽管楚雄市、个旧市、景洪市和大理市不属于滇西边境片区区域范围，但应能够代表相关地区的土地城镇化水平。

的建成区面积也相对较大，均超过了20平方公里，临沧市、个旧市和芒市的建成区面积均低于20平方公里。近年来，滇西边境片区的城市扩张速度较慢，2012年有三个城市建成区面积基本没有增加，分别是丽江市、普洱市和芒市，其他城市中只有保山市增加了3平方公里，另外5个城市的建成区面积增长缓慢。另外，从2008～2012年土地城镇化水平变动幅度来看，滇西边境片区中丽江市变动幅度最大，但也仅有0.4个百分点，其次是楚雄市，为0.35个百分点，最小的是普洱市，仅有0.1个百分点。综上所述，滇西边境片区近5年来的城市扩张速度非常缓慢。

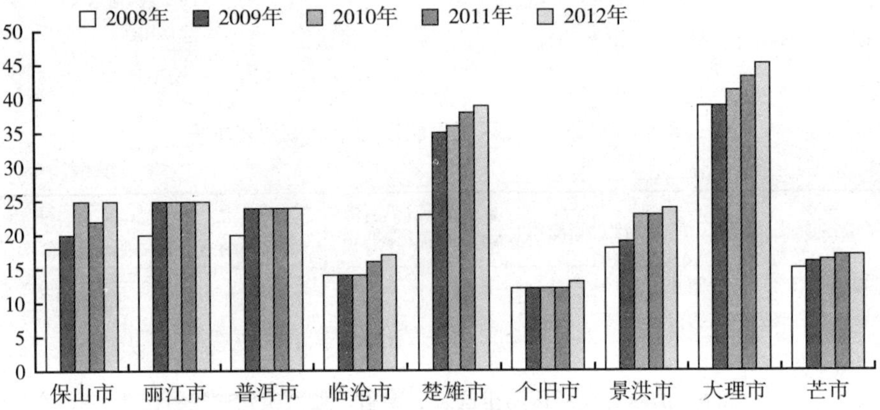

图5　滇西边境片区代表性城市建成区面积演变对比

（四）产业城镇化进程与特征

1. 产业城镇化水平界定

产业城镇化水平以地区生产总值中第二、三产业增加值的比重表示，计算公式如下：

$$I_{it} = \frac{SGDP_{it} + TGDP_{it}}{GDP_{it}}$$

其中 I_{it} 表示 t 时间 i 行政单元产业城镇化水平，$SGDP_{it}$ 表示 t 时间 i 行政单元第二产业增加值，$TGDP_{it}$ 表示 t 时间 i 行政单元第三产业增加值，GDP_{it} 表示 t 时间 i 行政单元地区生产总值。

2. 产业城镇化水平增速较快，但绝对水平偏低

图6显示了滇西边境片区与全国及云南省产业城镇化进程对比图。自2004年以来，滇西边境片区产业城镇化水平上升了15.12个百分点，年均增长1.42个百分点，快于全国及云南省的平均增长幅度（分别为0.43和0.42个百分点）。虽然滇西边境片区的产业城镇化水平总体上有较快的增长，但与全国及云南省的相对差距仍然非常明显。2014年，滇西边境片区产业城镇化水平与全国以及云南省的差距分别是20.01和14.09个百分点。

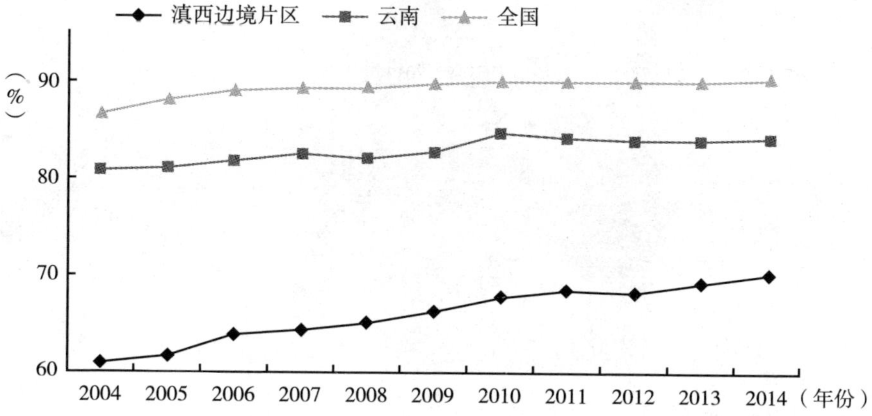

图6　滇西边境片区与全国及云南省产业城镇化进程对比

3. 片区内各县市区产业城镇化空间差异明显

根据2014年的数据和产业城镇化水平的差异，可以将滇西边境片区各县（市、区）分为高产业城镇化区、较高产业城镇化区、中等产业城镇化区、较低产业城镇化区和低产业城镇化区5类，如图7所示。其中，56个县（市、区）中只有兰坪白族普米族自治县的产业城镇化率均高于90%，与全国产业城镇化水平相当。产业城镇化水平较高的区域有勐海县、临翔区和贡山县等9个县（区），其产业城镇化水平高于80%。宁洱县、隆阳区和宁蒗县等10个县（市、区）处于中等产业城镇化水平区域，产业城镇化水平在75%～80%。云县、巍山县和凤庆县等21个县的产业城镇化水平高于65%，低于75%，处于较低水平；镇沅县、孟连县和景谷县等15个县的产业城镇化水平最低，低于65%。产业城镇化水平由高到低的5类县（市、区）数量

占比分别为1.79%、16.07%、17.86%、37.5%和26.79%，由此可见，滇西边境片区产业城镇化水平呈现低水平聚集状态，较低产业城镇化区占据整个区域的绝大部分，达到64.29%。从总体空间分布来看，滇西边境片区产业城镇化水平较高的区域一般都位于片区外围，片区内县（市、区）的产业城镇化水平较低。

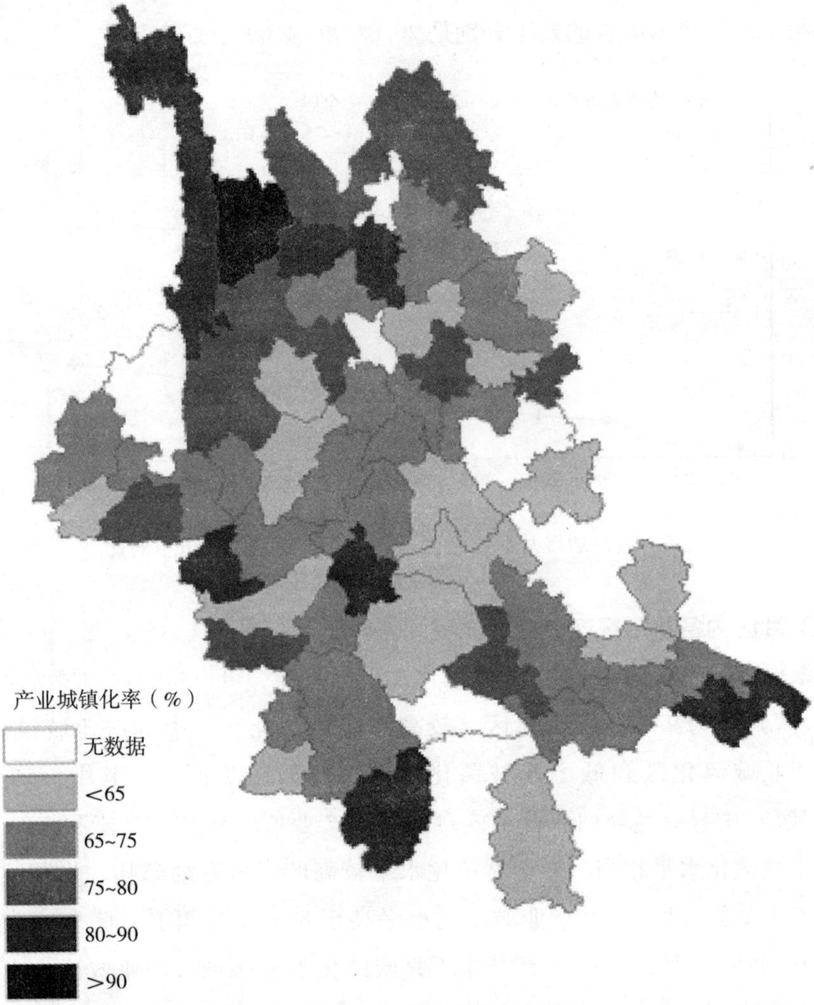

图7　2014年滇西边境片区产业城镇化水平分类

（五）城镇化质量与特征

1. 人口城镇化与经济发展水平协调度较低

滇西边境片区人口城镇化水平不仅偏低，而且应用象限图法①可以发现滇西边境片区人口城镇化水平与经济发展水平的协调程度也不高。如图 8 所示，1～4 象限分别为高人口城镇化－高经济发展区、低人口城镇化－高经济发展区、低人口城镇化－低经济发展区和高人口城镇化－低经济发展区。滇西边境片区位于第 3 象限和第 1 象限的地级城市相当，都是 4 个，其中怒江州、保山市、临沧市和丽江市位于第 3 象限，楚雄州、红河州、西双版纳州和大理州位于第 1 象限，具有相对较高的人口城镇化和经济发展水平，普洱市和德宏州处于第 4 象限，具有较高的人口城镇化水平，但经济发展水平明显滞后。

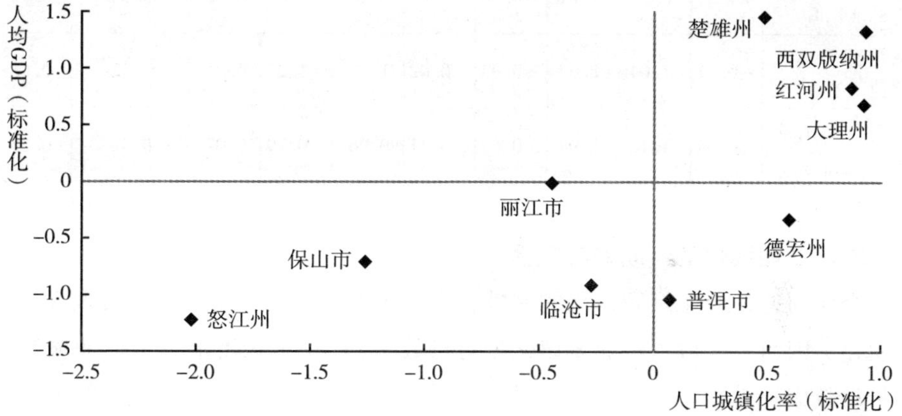

图 8　2013 年滇西边境片区 10 个地级市（州）人口城镇化与经济发展协调度程度

下面利用人口城镇化水平标准化值与人均 GDP 标准化值之差的绝对值进一步考察人口城镇化与经济发展水平的协调程度，值越大，偏离程度越高，值越小，协调程度越高。根据绝对值处于 0～0.1 为基本协调区、0.1～0.5 为轻

① 象限图法的具体做法是先计算得到各县（市、区）的人口城镇化率、人均 GDP 数据，然后应用公式 $z = (x_i - \bar{x})/s$，$s = \sqrt{\sum (x_i - \bar{x})^2 / (n-1)}$，$\bar{x} = \sum x/n$ 求得人口城镇化率、人均 GDP 的标准化值，进而分别以人口城镇化率、人均 GDP 标准化值为 0 作为纵向、横向轴线划分四个象限。

度偏离区、0.5~1为中度偏离区、大于1为高度偏离区的标准，不难发现，滇西边境片区人口城镇化与经济发展水平仅红河州位于基本协调区，丽江市、西双版纳州和大理州位于轻度偏离区，保山市、临沧市、楚雄州、德宏州和怒江州位于中度偏离区，位于高度偏离区的是普洱市。德宏州和普洱市的人口城镇化水平相对于人均GDP过高，属于城镇化超前于经济发展水平的区域，而楚雄州的人口城镇化水平相对于人均GDP过低，属于城镇化滞后于经济发展水平的区域。整体而言，滇西边境片区人口城镇化与经济发展水平的协调程度较低（见表4）。

表4　滇西边境片区人口城镇化与经济发展水平标准化值及其差值绝对值

类　别	保山市	普洱市	德宏州	临沧市	丽江市	楚雄州	怒江州	红河州	西双版纳州	大理州
人口城镇化水平标准化值	-1.25	0.08	0.61	-0.26	-0.43	0.49	-2.01	0.88	0.94	0.93
人均GDP标准化值	-0.71	-1.04	-0.33	-0.93	-0.02	1.45	-1.22	0.81	1.32	0.68
两者之差的绝对值	0.54	1.12	0.94	0.67	0.41	0.96	0.79	0.07	0.38	0.25

2. 产业城镇化的带动效应较强

众所周知，产业是城镇化的基础，产业集聚促进人口集中进而实现人口的城镇化。因而，人口-产业城镇化相对指数①可在一定程度上揭示产业城镇化的带动效应。

图9反映了滇西边境片区10个地级市（州）产业城镇化带动效应的演变及与云南省的差异。虽然自2004年以来，滇西边境片区10个地级市（州）产业城镇化的带动效应呈逐渐增强的趋势，且总体水平较高。2014年，人口-产业城镇化相对指数位于0.81~0.94的地级市（州）有7个，分别是普洱市、临沧市、楚雄州、红河州、西双版纳州、大理州和德宏州，即达到全国平均水

① 计算公式为：$R\text{-}urban_{i,I-P} = \dfrac{urban_{i,P}/urban_{i,I}}{urban_{G,P}/urban_{G,I}}$，其中$R\text{-}urban_{i,I-P}$为人口-产业城镇化相对指数，$urban_{i,P}$、$urban_{i,I}$分别为$i$地级城市的人口城镇化水平和产业城镇化水平，$urban_{G,P}$、$urban_{G,I}$分别为全国的人口城镇化水平和产业城镇化水平。

平的81%~94%，均达到或超过云南省的平均水平。保山市和丽江市的人口－产业城镇化相对指数相当，都是0.69，而怒江州的人口－产业城镇化相对指数最低，仅为0.5。如果将产业城镇化的带动效应分为弱带动效应（指数<0.70）、中带动效应（指数处于0.70~1）、强带动效应（指数>1）三类。不难发现，2014年，滇西边境片区内大多数市（州）都属于中带动效应区域，占比分别达到70%，西双版纳州和德宏州近似为高带动效应区域，这再次表明，滇西边境片区产业城镇化带动效应较强。

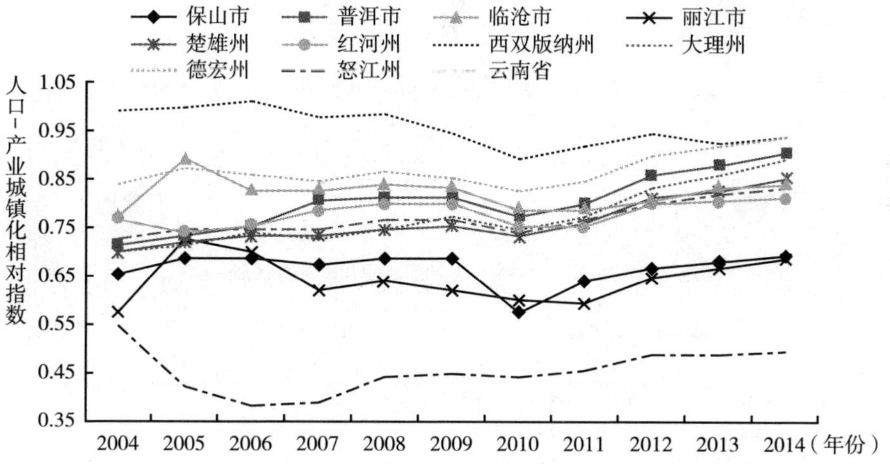

图9　滇西边境片区10个地级市（州）及云南省产业城镇化带动效应的演变及其比较

三　滇西边境片区城镇化发展趋势

（一）城镇化的冷热点区域分析

应用ESDA分析中的LISA图等局部空间统计分析方法，考虑到数据的完整性，本部分利用产业城镇化指标进一步分析滇西边境片区城镇化的冷热点区域，以此揭示片区城镇化发展趋势。

图10中的a、b图分别以5%的显著性水平反映了产业城镇化水平和产业城镇化水平年均增速的冷热点区域。由图10可知，产业城镇化水平高－高集

聚区为贡山县、福贡县、兰坪县和剑川县等4县。产业城镇化水平年均增速热点区域是贡山县、兰坪县以及云龙县等3县，为增速高-高集聚区，冷点区域为临翔区、镇沅县和宁洱县。此外，耿马县为高-低集聚区，勐海县为低-高集聚区，前者的增速低于周边地区，后者的增速高于周边地区。

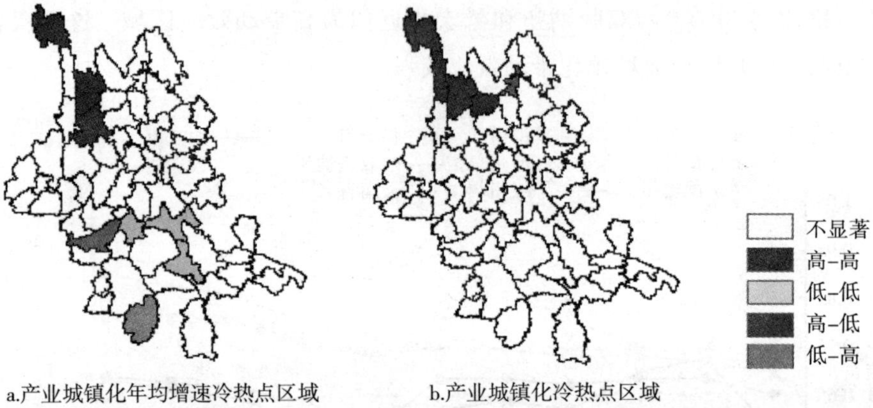

图10　滇西边境片区城镇化冷热点区域分析LISA

（二）城镇化的空间趋势性分析

应用ArcGIS的统计模块中的趋势性分析方法，以产业城镇化水平为代表指标阐释滇西边境片区城镇化的空间发展趋势。具体如图11所示，其中，X、Y轴分别代表东西和南北方向，Z轴表示产业城镇化水平的指标值，落在两个平面上的两条曲线则代表产业城镇化水平在东西、南北方向上的轨迹。

不难发现，滇西边境片区在产业城镇化方面，“中部塌陷”是典型的特征，这表明片区中部地区具有更低的产业结构，这与主要中心城市均处于片区边缘地带密切相关。边缘地带的城市由于位于边境地区，不仅自身的产业结构较高，同时由于产业结构的关联性、外溢性，使得城市周边区域的产业结构也相对较高，进而形成中部地区的产业高地。

（三）中心职能指数演变趋势

中心城市是城镇化进程中的重要支撑，而中心职能指数能较好地反映中心

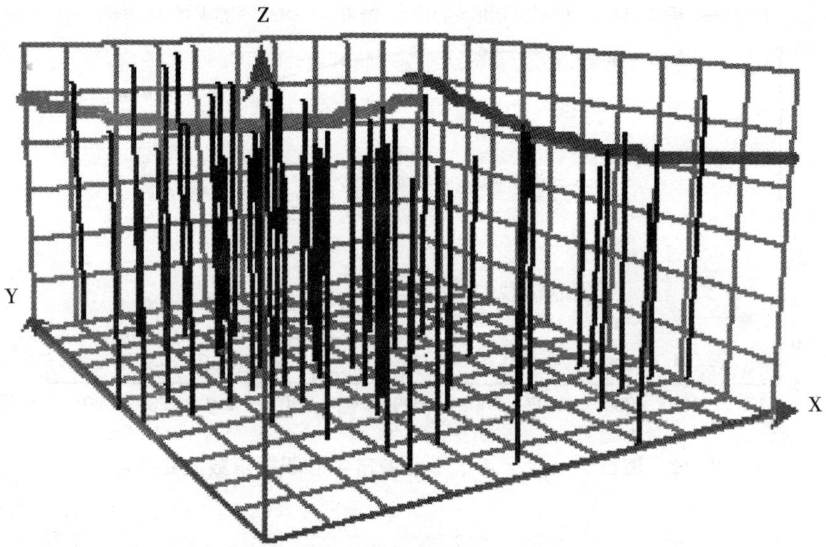

图 11　2014 年产业城镇化水平空间趋势

城市在城镇体系中的中心地位及支撑效应①。由于滇西边境片区范围内的很多地区的中心城市不属于片区范围之内，因此本部分只计算了片区内 4 个中心城市②的中心职能指数的占比，然后进一步分析了中心城市中心职能指数的差异及走势。

图 12 考察了 4 个中心城市中心职能指数的差异及演变趋势。显然，依据中心职能指数，4 个中心城市形成了 3 个梯队。其中，隆阳区为第一梯队，其中心职能指数在 2009 年达到最大值 4. 44，随后各年度有所下降，但在 2014 年也达到 3. 88，比排名第二的芒市高 2. 18，成为名副其实的中心城市。芒市和临翔区为第二梯队，不过前者在 2004 ~2014 年出现小幅波动，近年来呈下降趋势，后者在 2006 ~2014 年持续上升，但上升的幅度很小，2014 年两城市的中心职能指数分别是 1. 69 和 1. 48。泸水县为第三梯队，2014 年中心职能指数为 0. 69，该城市自 2010 年以来中心职能指数开始出现下降趋势。2014 年隆阳区比泸水县的中心职能指数高出 3. 19，区内差异加大。

① 本部分的中心职能指数是指经济发展（GDP）中心指数，由各县（市、区）的 GDP 与片区的平均值相除得到。

② 4 个中心城市为隆阳区（保山市）、临翔区（临沧市）、芒市（德宏傣族景颇族自治州）和泸水县（怒江傈僳族自治州）。

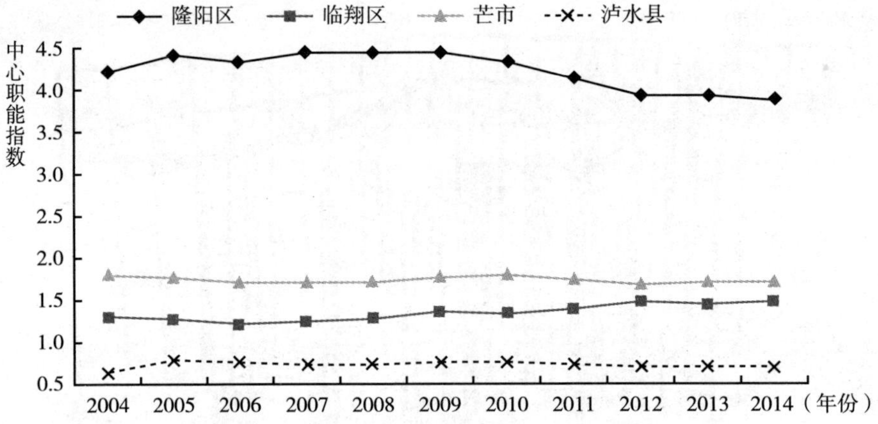

图 12　滇西边境片区 4 个中心城市中心职能指数演变趋势

（四）中心城市经济联系的演变趋势

首先，采用引力模型定量计算 4 个中心城市区域之间的经济联系强度及演变趋势，然后加总各城市与其他城市之间的引力值计算 4 个中心城市的发展潜能①，分别得到图 13、图 14 的经济联系强度和潜能演变趋势对比图。

由图 14 可知，虽然各城市之间的经济联系在不断增强，但彼此间差异十分明显。隆阳区和芒市之间的引力值最大且上升速度也很快，2014 年达到 125.88 万元/平方公里；其次是隆阳区和泸水县之间的引力值，2014 年也超过了 100 万元/平方公里，达到 104.41 万元/平方公里。隆阳区和芒市、泸水县之间的引力值较大的原因来自于两方面，一是隆阳区本身的经济规模在 4 个中心城市中具有相对明显的优势，二是隆阳区和芒市、泸水县之间的距离较近，

① 城市之间的引力计算公式为：$R_{ij}=\frac{\sqrt{v_i v_j}}{D_{ij}^b}$，$(i \neq j)$，$R_{ij}$为引力值，$v_i$、$v_j$ 分别为 i、j 地区的 *GDP* 数值，D_{ij}为 i、j 地区之间的距离，b 为距离摩擦系数，通常国家层面取 1，地区层面取 2；潜能计算公式为：$E_i=\sum_{j=1}^{n} R_{ij}$，$E_i$ 为 i 地区的潜能，R_{ij}为 i 地区与 j 地区的引力值。本部分计算中所采用的距离为百度地图上测得的各中心城市间直线距离，距离数值分别为：隆阳区 - 临翔区相距 166 公里、隆阳区 - 芒市相距 97 公里、隆阳区 - 泸水县相距 85 公里、临翔区 - 芒市相距 165 公里、临翔区 - 泸水县相距 248 公里、芒市 - 泸水县相距 157 公里。

直线距离在100公里之内，分别是97公里和85公里。但隆阳区和临翔区之间、临翔区和芒市之间、临翔区和泸水县之间、芒市和泸水县之间的引力值较小且近年来增长速度缓慢。可见，滇西边境片区中心城市之间的引力值存在较大的差异。因而，可以预见隆阳区－芒市－泸水县将成为滇西边境片区内经济联系最为紧密的城镇组团，进而承担支撑和带动滇西边境片区发展的重任。

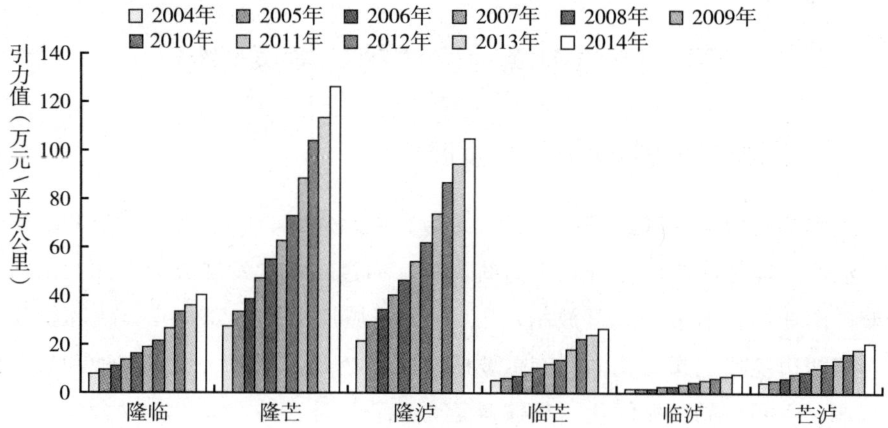

图13　滇西边境片区4个中心城市之间引力值演变趋势对比

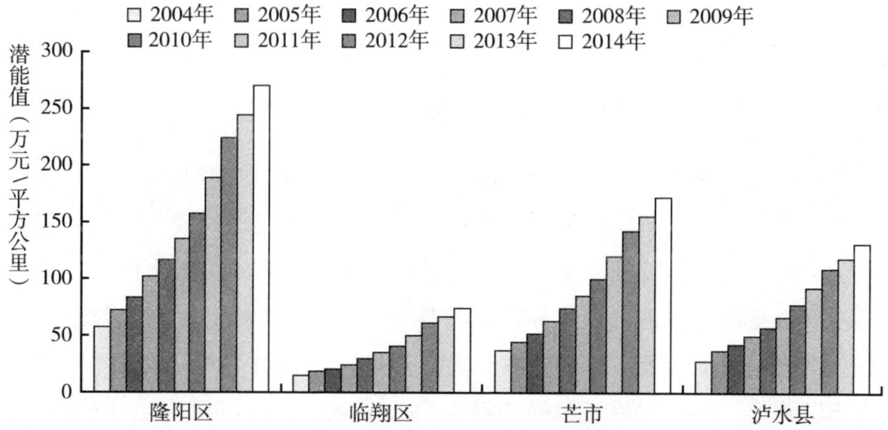

图14　滇西边境片区4个中心城市潜能演变趋势对比

从中心城市潜能演变趋势对比来看（见图14），隆阳区的潜能最大且增速也最快，2014年潜能值达到270.45万元/平方公里。其次是芒市和泸水县，两者 2014 年的潜能值分别为 172.98 万元/平方公里、132.22 万元/平方公里，并且增速也较快。这再次表明隆阳区、芒市和泸水县三个距离较近的中心城市所组成的区域具有较大的发展潜能，可以发展成为带动滇西边境片区发展的重要增长极。临翔区则相对偏离于滇西边境片区地理中心且与其他中心城市的距离较远而导致潜能值相对较低。

四 滇西边境片区城镇化发展路径

（一）滇西边境片区城镇化发展目标

虽然滇西边境片区经济社会发展滞后，但该地区具有独特的区位和资源优势。滇西边境片区应该充分利用这些优势，通过城镇化发展成为中国西南与东南亚、南亚结合地带的“开放门户”，成为区域性文化、商业、金融和物流中心。滇西边境片区作为我国西南重要的轻工特色产业基地、能源基地和旅游服务基地，空间布局明显优化，整体竞争力显著提升，并形成了布局合理、分工协作的城镇体系，在充分发挥中心城市聚集效应的同时，打造了一批特色鲜明、环境友好的中小城市，使城市经济成为区域经济的主体，城乡一体化发展的格局基本建立。

（二）合理布局滇西边境片区城市群

以中心城市为核心，以重点县城为节点，加快滇西城市群发展，合理引导滇西南、滇西北城市布局。加强片区内县城基础设施建设，完善城镇功能，拓展城镇空间，加快县域经济发展，扩大就业渠道，提高人口集聚能力。加强县城基础设施建设，推进城乡统筹发展和基本公共服务均等化。着力打造三个城市群：推进瑞丽国家重点开发开放试验区建设，以隆阳、大理、瑞丽和芒市为核心，以龙陵、腾冲、盈江和祥云等城市为节点，打造滇西沿边开放城市群；重点推进口岸城市建设，以临翔、思茅和景洪为核心，以宁洱、云县、澜沧和耿马等城市为节点，打造布局合理、特色鲜明、生态良好的滇西南沿边开放城市群；深化与川藏的合作，以丽江为核心，以香格里拉和泸水等城市为节点，有序发展城镇体系，打造旅游休闲城市群。

（三）优化产业密集区布局

1. 思茅－宁洱产业密集区

思宁一体化发展，强化普洱茶、咖啡等产业品牌，推进文化旅游产业发展，提高技术，林产业实现深加工，积极培育建材、生物制药、矿产资源开发等支柱产业，建设普洱热区农特产品食品加工中心。

2. 景谷产业密集区

发展成为云南省乃至国家林纸浆一体化工业基地和重要能源基地，普洱市热区生物资源原料供应基地，形成弥宁公路沿线和澜沧江沿岸的绿色经济带以及普洱北部集生产、加工、商贸、物流为一体的新型经济区。

3. “景洪－勐海”产业密集区

是以景洪、勐海为依托，以旅游度假、养生、普洱茶产业、生物资源加工为主的产业密集区。

4. “云－凤”产业密集区

包括云县新材料光伏产业园区、滇红生态特色工业园区、勐佑建材工业园区，是滇西南城镇群重要的产业密集地带。重点发展光伏产业、光伏配套产业、茶叶加工产业（以滇红为特色）、生物资源加工业、轻型加工业、建材业、现代商贸物流业、文化旅游产业。最终打造成为新型工业化示范区，城乡统筹发展先行区，全国最大的茶叶生产加工基地，全国最大的泡核桃生产加工基地，全省重要的绿色能源生产基地，全省重要的新材料基地，全省最大的酒业生产基地。

5. 沿边经济产业密集区

包含磨憨跨境经济合作区、耿马（孟定）边境经济合作区、孟连边境经济合作区。磨憨跨境经济合作区依托口岸优势，发展商贸物流业，建设我国西南地区与东南亚、南亚等地区的物流中转枢纽和集散中心；耿马（孟定）边境经济合作区、孟连边境经济合作区以特色农林产品加工区为主，发展林化工、木材精深加工，形成农林产品加工产业群，同时为综合生产加工区提供配套的物流中转服务。另外还依托资源优势，发展矿产品精深加工、建材业、旅游业和特色旅游商品加工。

（四）优化区域人口空间分布

1. 人口高度密集的迁入区

普景都市区、临沧城市是滇西南城镇群中北部和南部地区的核心城市，人口主要承载区。为了加速城镇化发展，这两个区域应提高土地集约利用程度，降低农业人口比重，促进人口向城市集中。

2. 人口相对密集的迁入区

包括除了普洱城市、景洪城市、临沧城市外的重点发展县城：宁洱县城、景谷县城、澜沧县城、云县县城、凤庆县城、勐海县城、勐腊县城等，这些县紧邻核心城市的外围圈层，是承接核心城市产业转移的主要区域，也是人口集聚的次级区域。应该大力建设各类基础设施和社会设施，为产业发展提供基础，加大产业培育力度，挖掘土地利用潜力，制定政策鼓励人口向城市集中，促进城镇化快速发展。

3. 人口低密度的生态控制区

对于各级自然保护区、风景名胜区、水源保护地，区域生态安全至关重要。普洱市人口低密度的生态控制地区主要分布在宁洱、思茅的小黑江省级森林公园、莱阳河国家森林公园、普洱风景名胜区等区域，以及景东、镇沅的漫湾－哀牢山风景名胜区、千家寨风景名胜区等区域；西双版纳人口低密度的生态控制地区主要分布在西双版纳国家森林公园区域；临沧市人口低密度的生态控制地区主要分布在凤庆、临沧、耿马、永德、沧源等县的宝灵山国家森林公园、五老山国家森林公园、小河道省级森林公园、大浪坝省级森林公园、永德大雪山风景名胜区、临沧大雪山风景名胜区、耿马南汀河风景名胜区、沧源佤山风景名胜区等区域。这些区域应保护并改善生态环境，保护农田森林，控制并削减人口增长，控制污染型产业的发展。鼓励人口向其他地区转移，鼓励劳动力向非农产业转移。

（五）优化区域城镇空间结构

优化区域城镇空间结构群，形成“两核、四极、四轴”的空间结构。“两核”指普景都市区、临沧都市区，普景都市区主要是：普洱、景洪中心城市及其周边紧密发展的城镇聚集区，是滇西南发展的核心区域；临沧都市区主要是：临沧中心城市及其周边紧密发展的城镇聚集区，是滇西南发展的北部核心区域。“四极”是滇西发展的重要合作化区域，分别为：磨憨－勐腊发展极，孟定－镇康－沧源发展极，孟连－澜沧－西盟发展极，云县－凤庆发展极。“四轴”是滇西南区域产业、城镇密集发展的带状走廊：一轴为“昆曼经济走廊”发展轴，是北连接滇中核体城市昆明，南接东南亚各国的发展主轴；一轴为“昆孟国际大通道”发展轴，是云南出国入海最便捷的通道，向东直通昆明，向西连接南亚并接通孟加拉湾、印度洋等；一轴为“沿边对外开放经济带”发展轴，是沿边城镇产业聚集和产业转移的走廊，是加速外向型产业分工协作的经济带。从北至南依次连接缅甸、老挝、越南的重要经济区和口岸；一轴为“广瑞经济走廊”发展轴，是两广地区经文山、红河进入滇西南，并向西延伸出境的通道，将成为东部地区产业转移，生产力布局，西部地区产品外运的重要产业走廊。

（六）合理定位区域城镇职能

1. 核心城市职能定位

普洱城市定位：中国茶城，云南省通向东南亚国际大通道上的前沿城市，滇西南城镇群核心，普景都市区的中心城市。普洱同时也是国家“桥头堡”绿色经济试验示范区和特色生物产业、国际旅游度假休闲养生、清洁能源、现代林产业四大基地。

景洪城市定位：国际旅游城市，中国参与大湄公河次区域经济合作的重要城市，“大湄公河次区域”国际性枢纽城市，滇西南城镇群核心，普景都市区的副中心城市。景洪同时是国家重要而优质的天然橡胶基地，是久负盛名的普洱茶故乡，国家商品粮基地、国家糖料基地，南药药材种植基地，是以旅游、外向型经济为主导，亚热带风貌突出、民族风情浓郁的旅游胜地，国际著名的休闲度假及避寒养生基地。

临沧城市定位：中国“滇红之乡”，云南省水电生产基地，滇西城镇群北部的中心城市。同时临沧是国家西电东送可再生能源基地、新兴能源示范基地和电力交换枢纽、云南省“云药之乡”，是沿海地区劳动密集型轻纺产业的承接基地，全省服装产品的重要生产地和出口加工区。

2. 区域次中心城镇职能定位

澜沧城市：滇西南西部次中心城市，云南林纸浆一体化基地，以生物资源、热区资源和水电开发、生态旅游为主的城市。

西盟县城：滇西南西部发展极的重要节点城市，云南林纸浆一体化基地，以农副产品加工和民族文化旅游为主，具有浓郁佤族民俗文化和原始自然生态景观的边境生态旅游城市。

孟连县城：滇西南西部发展极的重要节点城市，国家一类口岸，云南林纸浆一体化基地，以生物资源加工、边贸、旅游业为主的边境城市。

云县县城：滇西南北部的次中心城市，云南省水电、酒业和茶叶生产基地，滇西南重要的交通门户型城市。

凤庆县城：滇西南北部发展极的重要节点城市，世界滇红之乡，滇西南西北部门户城市，以农特产品加工业、旅游业、现代服务业为主导产业的山水园林城市。

耿马县城：滇西南西北部发展极的重要节点城市，云南重要的糖业生产基地，以发展热区生物资源开发以及旅游、转口贸易加工为主的城市。

镇康县城：滇西南西北部发展极的重要节点城市，以发展进出口加工业、转口贸易为主的边境口岸城市。

沧源县城：滇西南西北部发展极的重要节点城市，世界佤乡，以发展民族文化旅游、转口贸易为主的边境口岸城市。

勐海县城：普景都市区的重要节点城市，以发展绿色经济、旅游度假为主的城市。

勐腊县城：昆曼国际大通道上的重要节点，以发展绿色经济、旅游业、边贸为主的城市。

3. 地区中心城镇职能定位

景谷县：滇西南中部城镇密集区的中心城市，云南林纸浆一体化重要基地，以生物资源、热区资源加工和旅游为主的生态园林城市。

墨江县：滇西南连接滇中的北部门户和重要枢纽，以发展资源型产业、旅游业为主的城市。

镇沅县：昆孟国际大通道的重要节点，以发展旅游、生物资源加工为主的城市。

景东县：以发展生物资源加工为主，具有现代山水园林与历史民族文化特色的生态旅游城市。

江城县：广瑞大通道上的重要节点，以发展热带生物资源加工、边贸为主的山水园林小城市。

永德县：以发展热区生物资源加工和观光旅游业为主的山地小城市。

双江县：以发展茶叶、生物资源等生态产业及民族风情旅游为主的山水田园风光小城市。

B.6

秦巴山片区城镇化建设进程、趋势与路径*

张琰飞　朱海英**

摘　要：根据新型城镇化建设的主要内容，本文分析了秦巴山片区县域和中心城市2004～2014年人口城镇化、产业城镇化和土地城镇化等的进程及趋势，发现片区整体城镇化进程较快，但片区内城镇化水平差异明显，与全国差距比较显著；中心城市发展与土地空间不相称，人口集聚能力有限，中心职能发挥有待提升；片区城镇化质量偏低，人口城镇化与产业城镇化、经济发展水平和农民收入水平的协同水平不高，中心城市间的经济联系和发展潜能比较低。结合片区扶贫攻坚与区域发展规划，本文提出了片区城镇化建设的总体思路，推进城镇化进程的主要路径，及提升城镇化质量的制度设计。

关键词：秦巴山片区　城镇化　时空演变　发展战略

一　秦巴山片区概况

秦巴山集中连片特殊困难地区（以下简称片区）包括河南、湖北、重庆、四川、陕西、甘肃六省（市）的80个县（市、区），总面积为22.5万平方公

* 本文为湖南省哲学社会科学基金项目（12JD61，14JD49）、应用经济学湖南省重点学科建设成果、湖南西部经济研究基地资助项目。

** 张琰飞，管理学博士，吉首大学商学院副教授，研究方向为区域经济与投资管理；朱海英，管理学博士，吉首大学商学院讲师，研究方向为产业经济与财务管理。

里，总人口为3700多万，内部差异极为显著，集革命老区、大型水库（三峡）库区和自然灾害（大型地震）频发区于一体，致贫因素极为复杂，是连片特困区中涉及省份最多、面积最大的片区（见图1）。近年来，片区经济社会发展取得了巨大成就，2013年人均地区生产总值达到20700元，是2001年的6.8倍；第二、三产业比例由2001年的70%增长到2013年的78%；2013年农村人均纯收入达到6200元，是2001年的4.4倍；人口城镇化率也从2001年的16.7%提升到2013年的38.1%；片区基础设施逐步完善，已经逐步建成由国家骨干铁路和高速公路构筑的交通运输网络。但片区经济社会发展仍然滞后，严重制约了城镇化进程。片区贫困面广、程度深，洪涝、干旱、地震等自然灾害易发多发，包括20个汶川地震极重灾县和重灾县，42个县属于南水北调中线工程水源保护区；国家和省级扶贫开发工作重点县占总县数的90%，贫困发生率比全国平均水平高7.1个百分点，农民人均纯收入仅相当于全国平均水平的67%；片区各地发展差异巨大，东西部之间、城乡之间存在显著的差距，农村特别是陇南、巴中等地存在大范围深度贫困的现象，农民人均纯收入最低的县仅为平均水平的47%；片区基础设施薄弱，基本农田有效灌溉面积不足40%，1/3以上农民还存在饮水困难；片区交通制约突出，50%的建制村不通沥青路，陇南9县（区）到2013年12月才通高速公路，限制了片区产业的发展；片区基本公共服务能力不足，人均教育、卫生支出仅相当于全国平均水平的56%，严重制约了片区人口的集聚；片区生态建

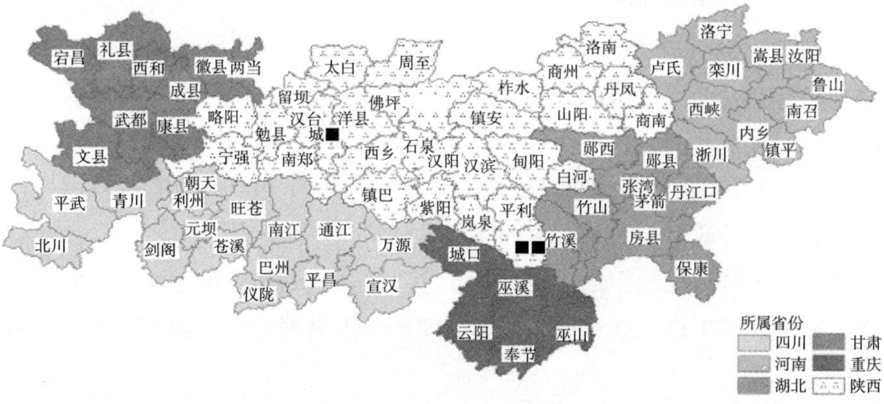

图1 秦巴山片区行政区

设任务重，属于南水北调中线工程水源保护区和三峡库区生态建设区，55个县属国家限制开发的重点生态功能区，这极大限制了片区的城镇化发展空间和方式。

二 片区县域城镇化建设进程与趋势

本部分主要从城镇密度、人口、产业和生活等方面①，对片区县域城镇化水平的时空演化进程与趋势进行分析，探索片区城镇化进程与全国的差距，并研究其中的原因。

（一）县域城镇密度进程与趋势

1. 乡镇数量逐步减少

从图2可以发现，秦巴山片区的每千平方公里乡镇个数均值在逐年下降，乡镇个数从2004年的近10个下降到8个，说明通过各地区的乡镇撤并改革，乡镇在不断地减少，人口在不断向中心乡镇和重点乡镇集聚。区域比较可以发现，乡镇密度最大的是四川片区，2011年以前在14个以上，说明人口的集聚并不显著；最低的是湖北片区，只有4个左右，人口集聚效应明显；其他地区的差距不大，到2012年以后基本都下降到8个左右。

2. 建制镇数量持续增加

图3显示，片区各地建制镇的均值在逐年稳步上升，每千平方公里建制镇个数从2004年的不足5个上升到近6个，说明城镇的规模在不断扩大。区域比较可以发现，河南与陕西的调整力度最大，河南片区每千平方公里建制镇个数由3个增长到近5个，而陕西则从5个左右增长到7个；特别是2011年汉中将其226个乡镇、8个街道办事处，调整为180个镇、8个街道办事处，经过改制后乡级行政单位消失，全部成为建制镇。

随着我国城镇化的不断推进，2010年前后各地都开始全面开展乡镇机构改革与撤乡并镇工作，这对片区城镇密度产生了显著影响，各地乡建制逐步减

---

① 由于秦巴山片区大多数县的建成区面积数据难以获取，故此处未分析县域土地城镇化问题，在后文将对中心城市进行分析。

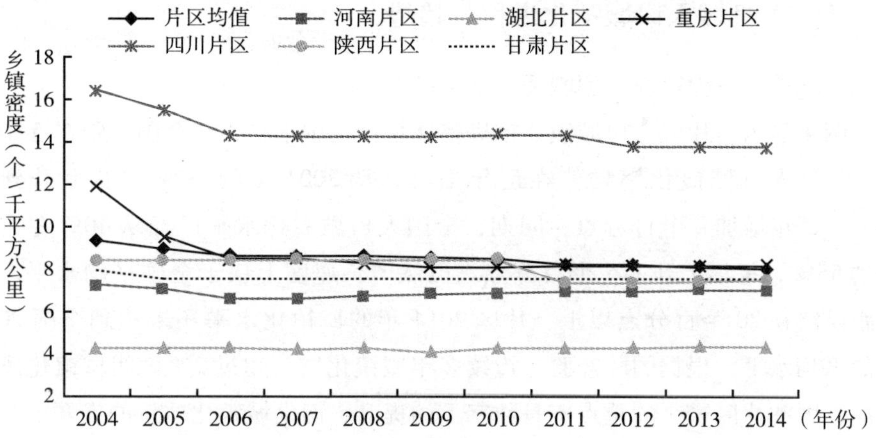

图 2　2004～2014 年秦巴山片区乡镇密度时空演变趋势

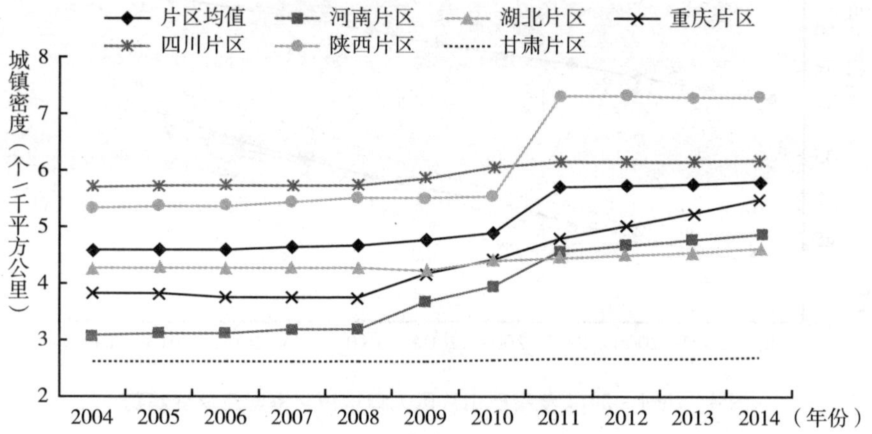

图 3　2004～2014 年秦巴山片区城镇密度时空演变趋势

少，城镇密度则显著上升，有力推进了城镇化进程。但必须看到，片区多为山区，乡镇行政区划面积本身较大，乡镇撤并后政府管理和服务半径扩大，服务对象大量增加，导致片区不少地区的基本公共服务能力进一步下降，居民看病、上学和办事更为不便，因此必须要统筹兼顾好新建乡镇的基础设施建设和公共服务问题。

（二）县域人口城镇化进程与趋势

1. 城镇化进程较快，但城镇化水平偏低

图 4 显示，片区人口城镇化推进整体快于全国水平，与全国差距在逐步缩小。片区人口城镇化率均值在逐年上升，从 2004 年的 20% 左右上升到近 40%，每年增加 2 个百分点；同期，全国人口城镇化水平已经从 40% 左右上升到 55%，每年上升 1.5 个百分点。虽然增长速度上快于全国平均水平，但差距始终在 20 个百分点以上，片区 2014 年的城镇化水平还未达到全国 2004 年的平均水平。根据国际经验，连续多年城镇化增长超过 2% 说明城镇化风险较高，因此片区未来的重点不是数字上的提升，而是城镇化质量的提升。

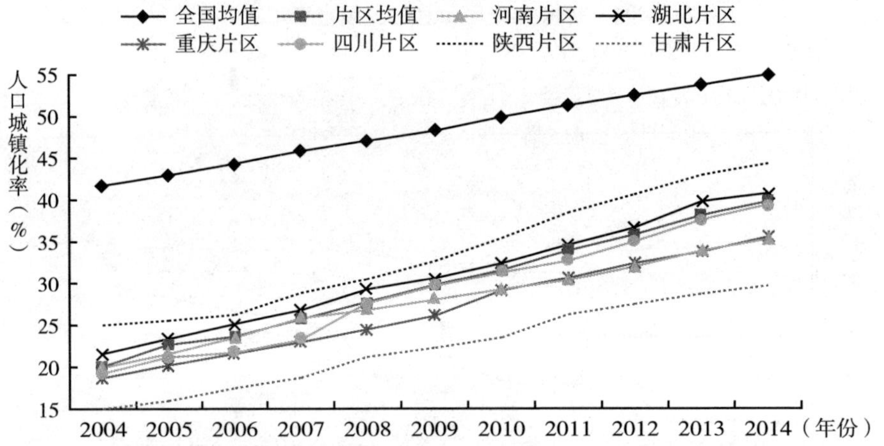

图 4　2004～2014 年秦巴山片区人口城镇化率时空演变趋势

区域比较发现，陕西和湖北片区的城镇化率略高于片区平均水平，重庆片区、河南片区、四川片区的城镇化水平略低于片区平均水平，其中甘肃片区不仅最低，且与其他分片区差距较大。从增长速度上看，陕西和四川片区具有较好的城镇化基础，陕西的增长最为显著，与其他片区的差距在逐年扩大；河南片区增长最为缓慢，从与片区均值水平一致到 2008 年后逐步低于片区水平 5 个百分点；四川片区增长稳定，到 2009 年以后基本与片区平均水平一致。

2. 片区内各县（市、区）城镇化水平差距较大

根据 Northam（1979）提出的“城市化过程曲线”，可将片区的人口城镇

化水平进行分类（见图5），发现处于城镇化初始阶段（<30%）、加速阶段（30%~60%）、稳定阶段（>60%）的县（市、区）占比分别为13.75%、81.75%和5%，即绝大多数县（市、区）正处于快速城镇化阶段，只有极少部分县（区）达到稳定阶段，高人口城镇化区主要集中在片区中心城市的市区。而从总体空间分布来看，片区中部的陕西片区城镇化水平比较高，西部的甘肃和四川、南部的重庆和东部的河南片区人口城镇化水平偏低，特别是甘肃片区几乎所有县（区）都处于最低水平。

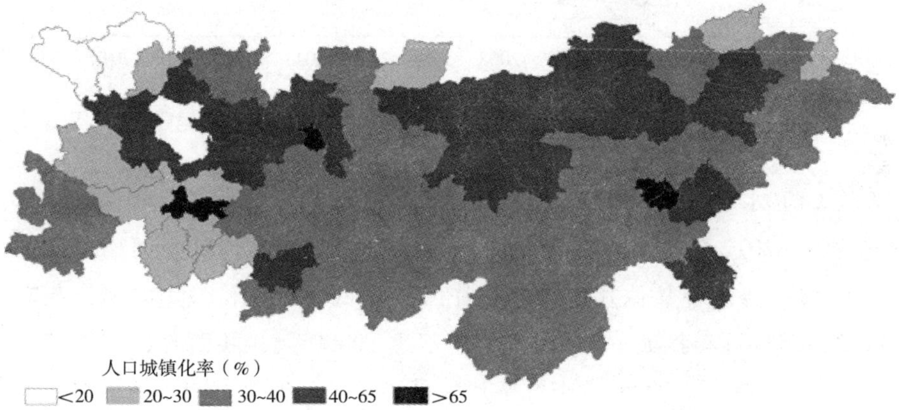

图5　2014年秦巴山片区80个县（市、区）人口城镇化水平分类

（三）县域产业城镇化进程与趋势

1. 经济发展水平与全国差距不断扩大

区域经济和产业发展是人口城镇化的支撑和载体，资料显示（见图6），片区人均GDP均值在逐年上升，从2004年的5000元上升到2014年的20000元，翻了两番，经济发展水平有了显著提升，为城镇化推进提供了更好的基础和条件。同期，全国人均GDP水平已经从12000元左右上升到45000元，增长更为迅速，片区与全国平均水平的差距有扩大趋势，城镇化发展的经济支撑异常薄弱。未来发展中，片区若不能有效提升经济发展水平，不仅与全国城镇化水平的差距会更大，城镇化质量也无法得到保障。

片区之间差异比较明显，陕西和河南具有较好的经济发展基础，2004

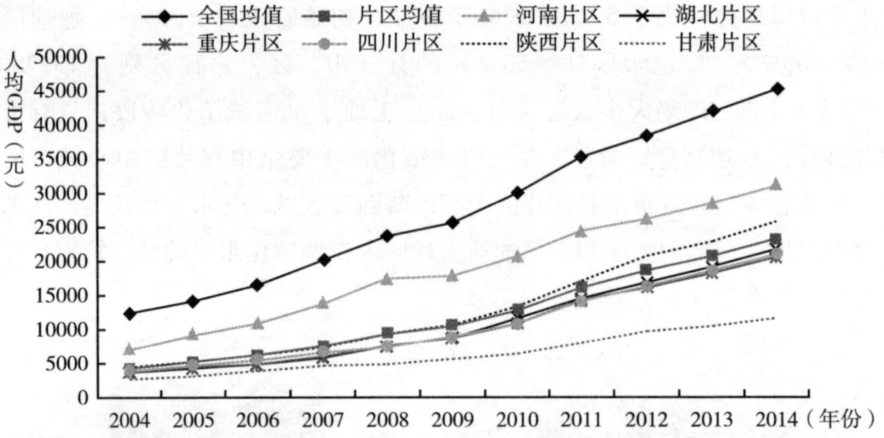

图6　2004～2014年秦巴山片区人均GDP时空演变趋势

年人均GDP水平较高；2008年人均GDP水平较高的区域主要集中在东部和中部地区；2012年以后，四川地区得到了更快的增长。其中河南片区的人均GDP要显著高于其他片区，甘肃片区的最低，且增长最为缓慢，与其他地区的差距在逐年扩大，到2014年还不足10000元；陕西片区略高于片区平均水平，湖北、四川和重庆低于片区平均水平，但是差距不大，基本与均值一致。

从空间分布来看（见图7），片区经济发展水平整体偏低，发展水平较高的地区只有7个县（区），主要集中在中心市区和其他有特殊自然资源的地区，主要分布在中心城区和片区东部的河南及湖北片区；23.75%的城市处于中等水平；56.25%的城市处于较低水平，人均GDP不足20000元；还有5个县（区）人均GDP甚至还不足10000元，远远落后于全国平均水平，主要集中于片区西部的甘肃片区和南部的川渝片区。

2. 产业城镇化水平差距大且增速放缓

图8显示，片区第二、三产业比例均值增长比较迅速，从2004年的不足70%上升到2014年的80%，每年增长1个百分点；同期，全国的第二、三产业比例水平变化不大，从2004年的近87%增长到近90%，这主要是全国的第二、三产业比例本身已经较高，产业结构调整空间有限。片区虽然增长速度具有显著的优势，但与全国平均水平仍然有较大差距，达到10个百分点，2014

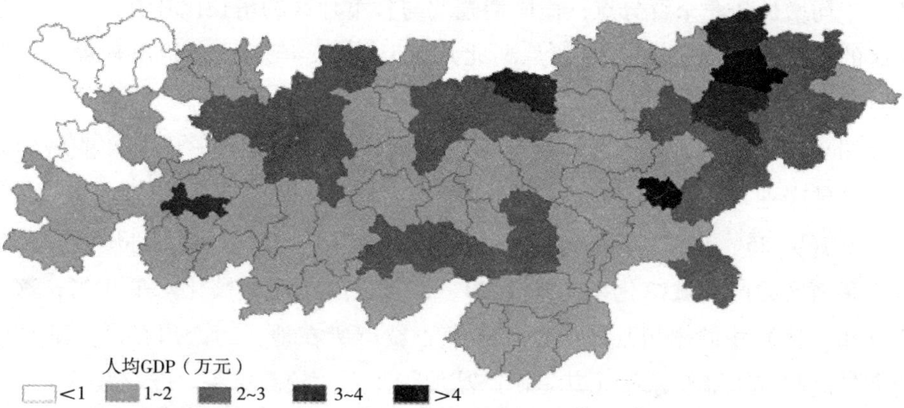

图7　2014年秦巴山片区80县（市、区）经济发展水平分类

年尚未达到全国2004年的水平，说明片区对劳动力的吸纳能力还比较有限，城镇化带动效应不足。

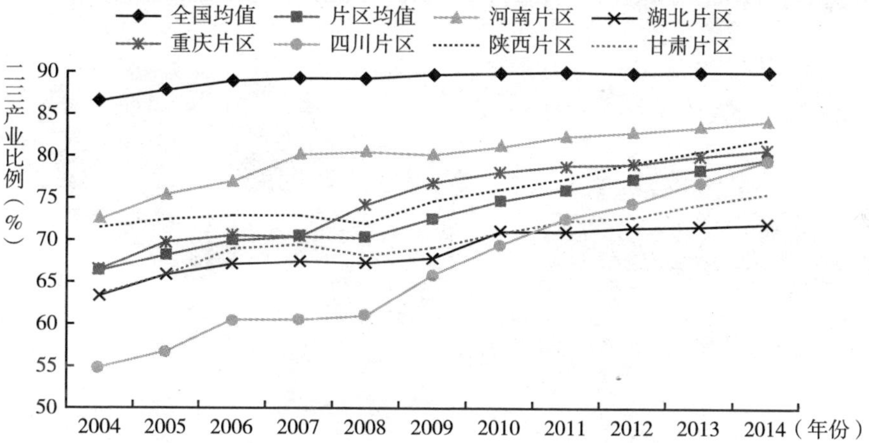

图8　2004～2014年秦巴山片区产业城镇化率时空演变趋势

从区域差距来看，河南、重庆和陕西片区在片区均值以上，湖北、四川和甘肃片区在片区均值之下，其中河南片区的第二、三产业比例最高，增长也比较显著，到2014年已增长80%以上；整体来说，各片区的差距在逐步缩小，到2014年大多数片区都与均值相差不大。从增长速度来看，四川片区增长最为显著，从2004年的55%增长到2014年的近80%，已经与片区均值基本一

致，年均增长2.5个百分点；而同期湖北与甘肃片区的增长比较有限，与其他地区的差距在逐年扩大，特别是湖北片区从2010年增长开始出现停滞，到2014年成为最低的地区。

图9将片区分为高产业城镇化区、较高产业城镇化区、中等产业城镇化区、较低产业城镇化区和低产业城镇化区5类，数量占比分别为6.25%、27.5%、31.25、28.75%和6.25%。其中，栾川县、汉台区、利州区、张湾区、茅箭区的产业城镇化率均高于90%，与全国产业城镇化水平相当；这些县（市、区）中除栾川县外均为片区中心城市所在地，而栾川县的产业城镇化率较高与其工业化水平尤其是矿产品加工业占比较高有关。产业城镇化水平较高的区域有22个县（市），其产业城镇化率高于80%，这些县（市、区）工业经济或旅游经济相对发达，主要集中在陕西片区和河南片区南部。处于中等水平的县（市）最多，达到25个，主要集中在河南片区北部、陕西片区南部和四川片区；处于较低水平的县达到23个，主要集中在陕西、四川和甘肃交界的地区；房县、竹溪县、仪陇县、礼县、两当县的产业城镇化最低，低于65%。

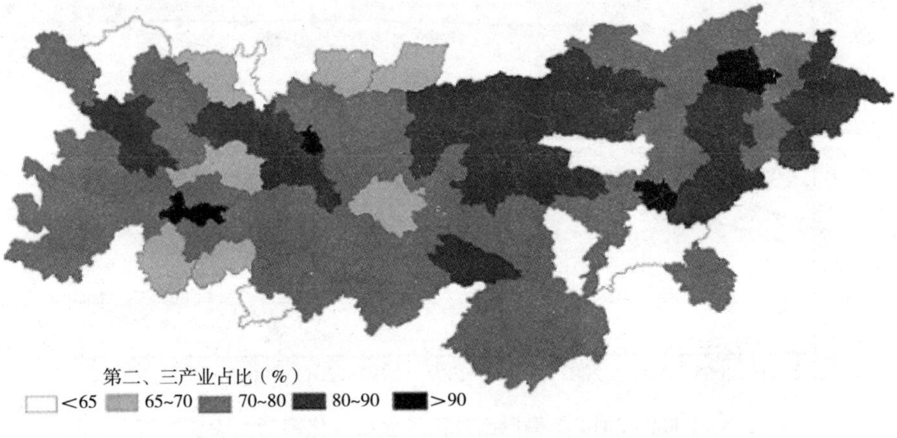

图9　2014年秦巴山片区80个县（市、区）产业城镇化水平分类

（四）县域生活城镇化进程与趋势

1.农民收入水平逐年提升

资料显示（见图10），片区农村居民人均纯收入均值有了显著提升，从

2004 年的不足 2000 元上升到 2014 年的近 7000 元，增长比较迅速，说明居民生活质量整体提升较快；同期，全国农村居民人均纯收入从 2004 年的近 3000 元增长到近 10000 元，增长更为迅速。对比可以发现，片区与全国平均水平仍然有较大差距，增长速度偏低，绝对差距也从 1000 元左右扩大 3000 元左右。比较可以发现，片区各地农民收入水平差距正逐步扩大；其中河南片区收入水平最高，显著高于其他片区，2013 年已在 7000 元以上；陕西片区高于片区均值，重庆和四川片区与片区均值基本一致；湖北和甘肃片区的则在平均水平以下，特别是甘肃片区增长比较迟缓，始终处于最低水平，与其他地区的差距在逐年扩大。收入水平差距直接决定了消费水平和生活质量，片区的城镇化建设要与扶贫攻坚密切结合。

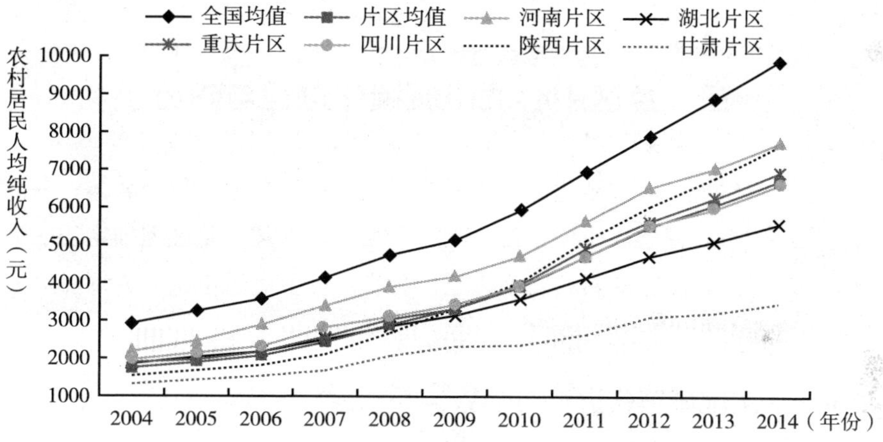

图 10　2004～2014 年秦巴山片区农村居民人均纯收入水平时空演变趋势

2. 区域间农民收入水平差距逐年扩大

图 11 将片区生活质量分为高收入区、较高收入区、中等收入区、较低收入区和低收入区 5 类。其中，镇平县、西峡县、汉台区等地区农民人均收入水平超过 8000 元，与全国平均水平相当，这些地区主要处于片区的中心城区和东部边缘的河南片区；62.5% 的县（区）农民收入处于中等水平，在6000～8000 元，比例最高；有 23 个县（区）的收入水平偏低，不足 6000 元，主要集中在片区南部的四川片区、西部的甘肃片区以及东北部的湖北片区，特别是甘肃片区所属的 7 个县（区）严重偏低，农民收入水平甚至不足 4000 元。

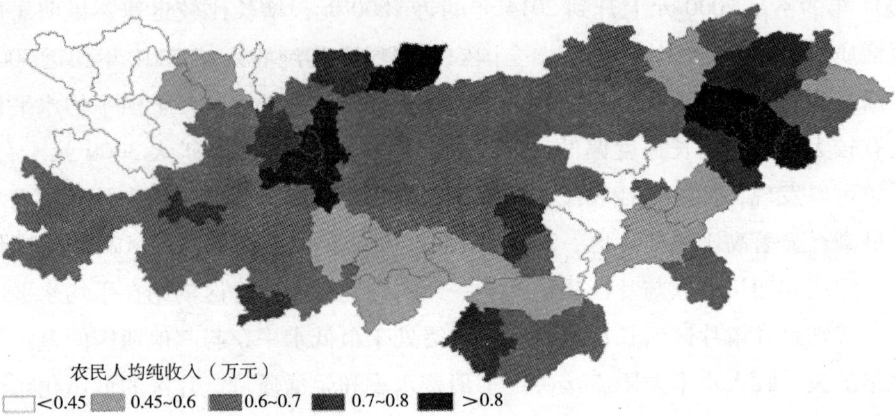

图 11　2014 年秦巴山片区 80 个县（市、区）农民收入水平分类

三　片区中心城市城镇化进程与趋势

中心城市作为区域城镇化进程中的重要经济载体和人口集聚载体，是区域城镇化发展的重要标志。十堰、巴中和汉中是片区扶贫攻坚规划确定的三大中心城市，广元、安康、商洛和陇南则是片区重要的节点城市，故将针对这七个中心城市进行分析。

（一）土地城镇化进程与趋势

1. 十堰城区面积“一家独大”，城市扩张缓慢

土地城镇化是城镇空间扩展的重要支撑条件，图 12 表明，十堰城区建成面积最大，2013 年达到 70 平方公里，且扩张速度也比较快，2004 年以来以年均 2 平方公里的速度在扩张；其次是汉中、广元和安康，建成区面积都在 30 平方公里左右，特别是汉中近年的增长极为迅速，2013 年已经近 60 平方公里。商洛、巴中和陇南则处于较低水平，建成区面积普遍在 20 平方公里以下，增长并不显著，面积基本稳定，特别是陇南地区城区面积甚至长期不足 10 平方公里。可以发现，十堰在七个中心城市中的优势极为显著，远远超过其他城市；城区面积较大的十堰与汉中，基本上都有较强的工业基础，十堰是国内重要的汽车产业基地，汉中则具有较强的装备制造业产业基础。

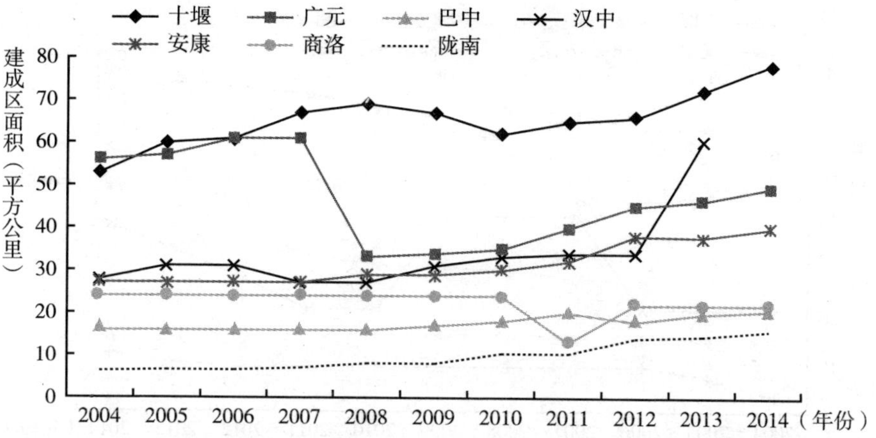

图 12　2004～2014 年秦巴山片区中心城市建成区面积时空演变趋势

2. 城镇建设用地面积差距较大

城镇建设用地面积是城市工业水平的重要标志。由图 13 可以发现，十堰由于有比较好的工业基础，建设用地面积较大，基本都维持在 60 平方公里左右，2009 年接近 70 平方公里。广元、汉中和安康的城镇建设用地出现了较大波动，但 2010 年以来实现了比较平稳的增长，建设用地面积达到 20 平方公里以上。巴中、商洛和陇南处于最低水平，特别是商洛和陇南的城镇建设用地长期处于停滞状态，建设用地面积始终维持在 10 平方公里左右；巴中从 2010 年开始则出现了较大幅度的增长，到 2012 年已经增长到 20 平方公里以上。

3. 十堰和汉中的城镇建设用地面积比例最高

由图 14 可发现，十堰和汉中的工业基础比较好，城镇建设用地比例在 5% 左右，明显高于其他地区；但汉中地区波动比较大，2004 年不足 4%，2007～2009 年在 7% 以上，到 2012 年维持在 5% 左右，而十堰地区则显示明显的上升趋势，从 4.5% 左右上升到近 6%。其他地区基本都在 1% 以下，特别是陇南地区和商洛地区长期不足 0.5%，且增长极为缓慢；广元、巴中和安康市具有一定上升，在 2012 年接近 1%，但是仍然比较有限，这也说明多数城市城镇化发展的产业支撑极为薄弱。

4. 城区面积与区域发展水平不相称

从城区面积比较可以发现（见图 15），十堰是工业基础发展最好，建设用

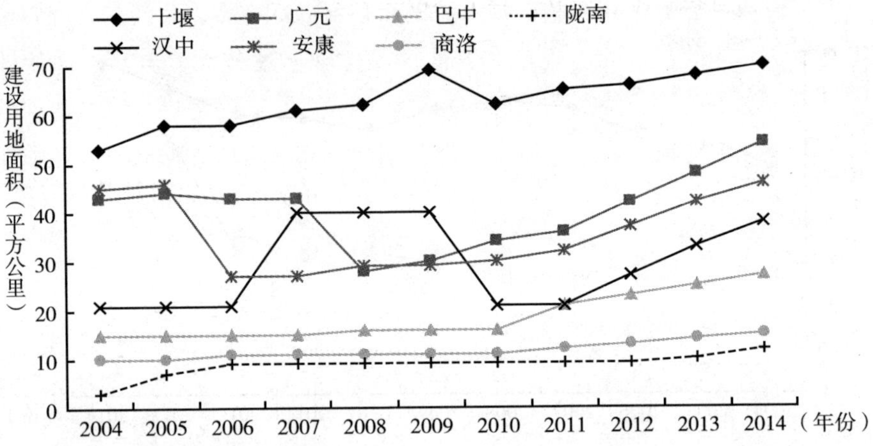

图 13　2004～2014 年秦巴山片区中心城市建设用地面积时空演变趋势

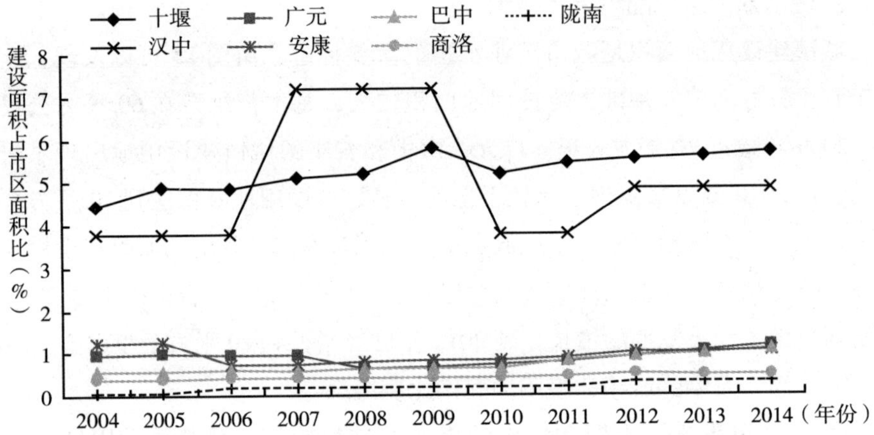

图 14　2004～2014 年秦巴山片区中心城市建设用地面积占市区比例的时空演变趋势

地面积最大的城市，但城区面积极为有限，发展空间偏小；汉中是建设用地面积第二的城市，但城区面积最小，甚至只有十堰的一半；这两个城市的人口城镇化水平处于片区最高水平，而城区面积处于最低水平，说明未来城市发展受到较多限制，需要通过行政区划调整，如撤县改区等，扩大城市发展空间。2014 年 9 月，国务院已经同意撤销郧县设立十堰市郧阳区，通过撤县设区十堰市城区面积达 5093 平方公里，扩大了 4 倍，发展空间迅速扩大；据此，汉中也需尽快通过行政区划调整，扩大城区面积，以适应作为片区三大中心城市之一的角色和职能。广元、陇南和安康的城区面积比较大，但其工业基础较差，城镇化水平偏低；特别是城区面积最大的陇南市，经济社会发展基础最为薄弱，城镇化水平最低；这些城市土地利用效率和水平严重偏低，因此未来需要着力发展城市产业，提升人口集聚能力，并解决好土地利用效率的问题。

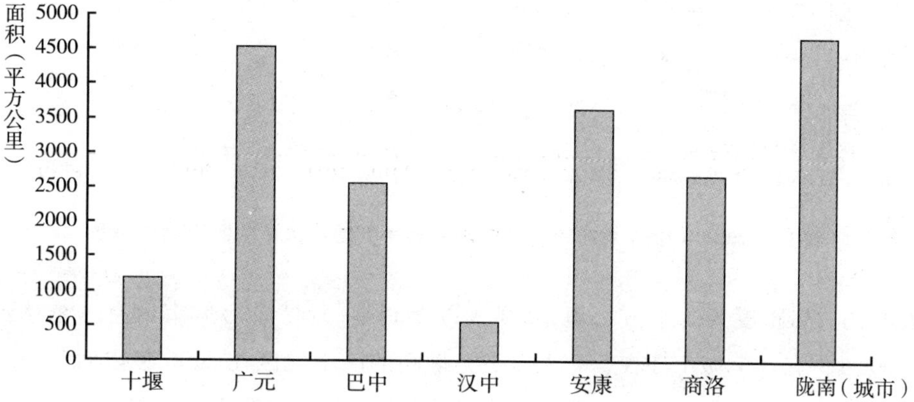

图 15　秦巴山片区中心城市城区面积比较（截止到 2014 年 6 月）

（二）人口城镇化进程与趋势

1. 人口城镇化增长速度较快，但区域差距显著

人口集聚是城镇化的核心，图 16 人口城镇化率演变趋势显示，十堰地区人口城镇化水平最高，与全国差距也在不断缩小，到 2013 年已在 50% 以上；汉中地区城镇化基础较好，到 2012 年已经接近 40%，年均增加 1.5 个百分点；商洛和安康地区的增长速度最快，从 2004 年的 20% 左右增长到 2012 年的 40% 左右，年均增长近 2 个百分点，特别是商洛甚至后来居上，超过了广元和汉中地区。广元和巴中地区增长速度较快，年均增长 1 个百分点，广元从 25% 增长到 35%，巴中则从 20% 增长到 30%，但处于较低水平。陇南地区处于最低水平，其城镇化基础严重偏低，增长速度也比较一般，2004 年只有 15% 左右，到 2013 年尚不足 25%，与其他地区的差距在不断扩大。

2. 城区人口密度偏低，城市集聚效应有限

城区人口密度显示（见图 17），各中心城市与全国平均水平的差距显著，

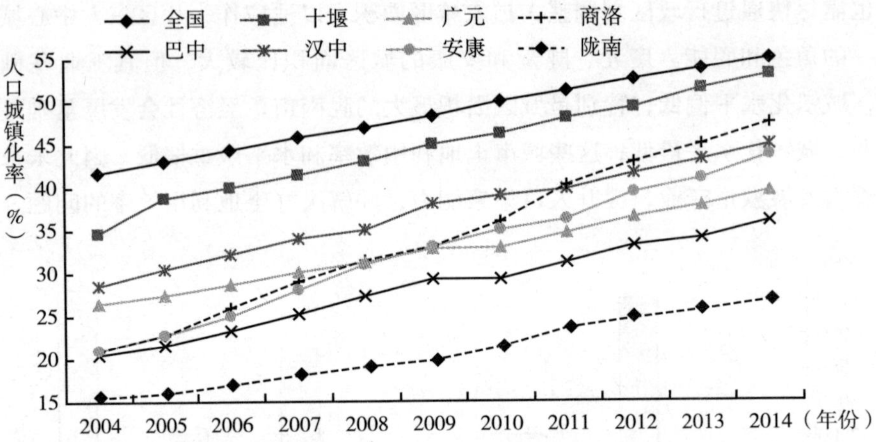

图 16　2004～2014 年秦巴山片区中心城市人口城镇化的时空演变趋势

在全国人口密度为每平方公里 2000 人以上时①，片区中心城市没有一个达到 1000 人，有 6 个城市还在 500 人以下，最高的汉中地区在 2006 年以后与全国的差距也迅速拉大，说明片区中心城市对人口的集聚效应十分有限，城市发展潜力巨大。

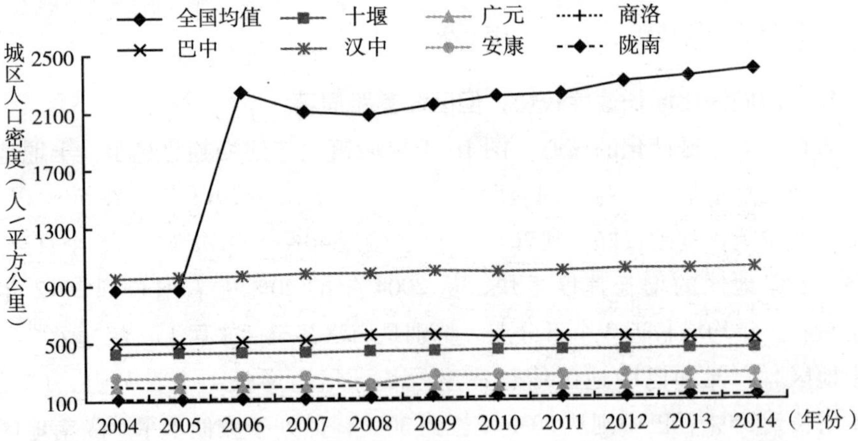

图 17　2004～2014 年秦巴山片区中心城市城区人口密度时空演变趋势

① 2006 年以后全国平均水平突然上升，这可能与统计口径及行政区划的调整有关。

比较可以发现，汉中地区人口密度最高，每平方公里为1000人左右，说明汉中地区的人口集聚效应最为显著，城市土地利用效率更高。其他城市基本都在600人以下，其中巴中和十堰地区属于第二梯队，人口密度在500人左右，具有一定的人口集聚效应；其他四个地区属于第三梯队，人口密度在200人左右；特别是陇南地区，还不足200人，城市人口集聚效率比较低，城区的人口吸引力十分有限。因此，未来这些中心城市要进一步发挥城市的人口集聚功能，提升城区人口密度，重点要为人口集聚提供产业支撑，持续改善人居环境和城市基础设施水平，切实提升城区的实际人口吸引力。

3. 非农人口比例低于人口城镇化比例

非农化率一般大于城市化率，因为非农化是指不以农业为主要收入来源的人口，农村一般也有少量的非农化人口。非农业人口比例分析显示（见图18），十堰地区整体水平最高，一直在30%左右；商洛地区的增长最为迅速，到2013年接近45%①。广元和汉中处于第二方阵，非农比例在20%左右，到2013年在25%左右；巴中、安康和陇南地区处于第三方阵，非农比例到2013年仍在15%左右，且长期增长乏力。

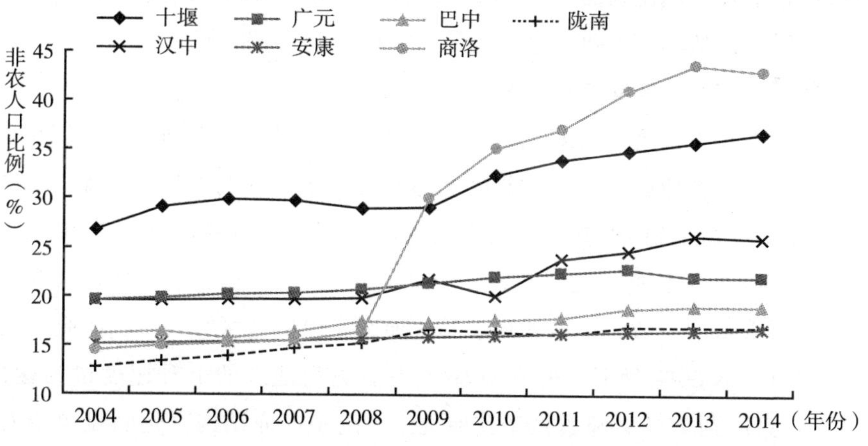

图18　2004～2014年秦巴山片区中心城市非农人口比例时空演变趋势

① 数据可能有问题，2009年以后商洛统计的非农化比例数据口径上可能发生了较大的变化，导致其非农化比例接近人口城镇化数值。

国际经验表明，当人口城市化与非农化比例协调时，非农化率与城市化率比值大致趋近于1.20①。但片区6个中心城市的人口城镇化比例都高于非农化比例10~20个百分点（商洛除外），这可能与统计口径有关，我国有大量农村人口在城市暂住，这部分人被计算在城市常住人口中，但未被计算为非农业人口。由于这些农民难以在城市定居，一旦城市就业出现危机还要回到农村，因此片区城镇化质量不高，稳定性不足，潜伏了巨大危机。因此，各地的重点是提升城镇化质量，为进城务工农民提供更为有效的服务，使其能够掌握赖以生存的技能，并在城市定居。

（三）产业城镇化进程与趋势

1. 经济发展水平持续改善，区域差距越发显著

人均GDP数据显示（见图19），片区各地的人均GDP都有显著提升，但与全国相比还是有较大差距，且差距在逐年扩大，城镇化发展基础条件薄弱。十堰地区的经济基础好且增长迅速，从2004年的近10000元增长到2012年的近30000元；陇南地区增长最为缓慢，到2012年仍然不足10000元；巴中地区虽有一定增长，但比较缓慢，到2012年还不足15000元；其他地区则有比较显著的增长，从不足5000元到2012年增长到近20000元。

2. 第二、三产业比重持续上升

产业发展是人口集聚的基础，片区第二、三产业比数据显示（见图20），除十堰地区外，各地第二、三产业比重都在逐年上升，与全国差距显著缩小，从20个百分点缩小到10个百分点左右，说明更多人口在从事第二和第三产业。其中十堰地区工业基础比较好，第二、三产业比例长期在85%以上，与全国平均水平基本一致，且显著高于其他地区。巴中地区第二、三产业比重增长最为明显，从60%以下上升到80%左右。陇南地区的上升速度最为缓慢，到2012年只达到75%，显著低于其他地区。由于产业结构变化明显快于人口城镇化比例，因此未来片区在调整产业结构过程中更要重视产业发展的实际质量，特别是对农民就业的吸纳能力。

---

① 朱宝树：《上海人口城市化和再分布发展态势》，《南方人口》2003年第3期。

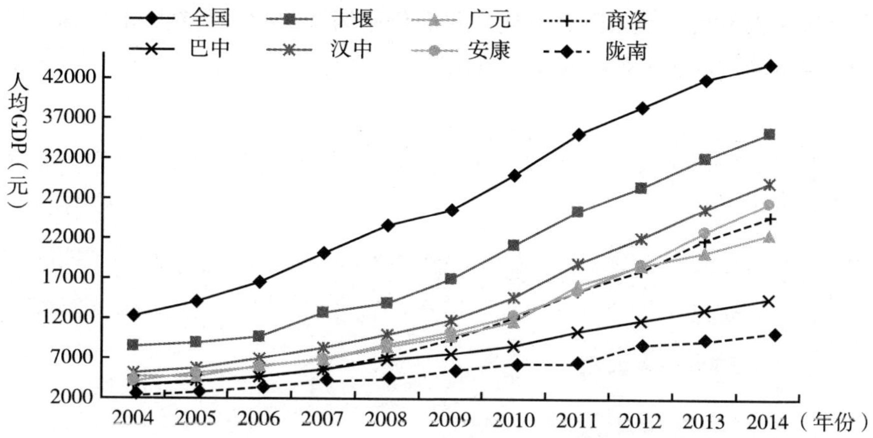

图 19　2004 ~ 2014 年秦巴山片区中心城市人均 GDP 时空演变趋势

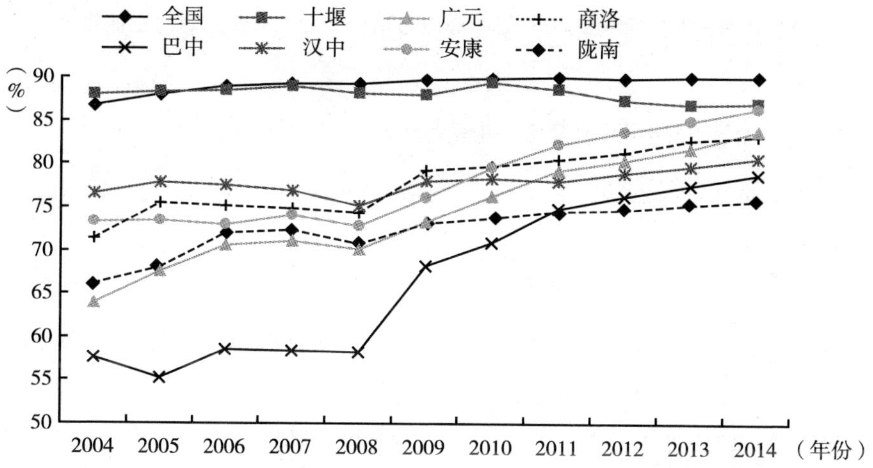

图 20　2004 ~ 2014 年秦巴山片区中心城市第二、三产业比重时空演变趋势

3. 第一产业从业人员比例显著下降

图 21 显示，片区各地第一产业从业人员比重都在稳步下降，到 2014 年除陇南地区外都已下降到 2% 以下。十堰、广元和安康地区的基础比较好，在 2004 年也只有 2% 左右，到 2014 年已下降到 1% 以下；商洛和汉中则从 3% 左右下降到 2% 以下；巴中地区下降最为显著，从 2004 年的 5% 下降到 2014 年的 2%；陇南地区最为落后，到 2014 年仍然在 4% 以上。可以发现，各地的第

一产业从业人员比已经很低，但非农化比例和城镇化比例仍然不高，这说明这些中心城市的就业人口吸纳能力比较有限。

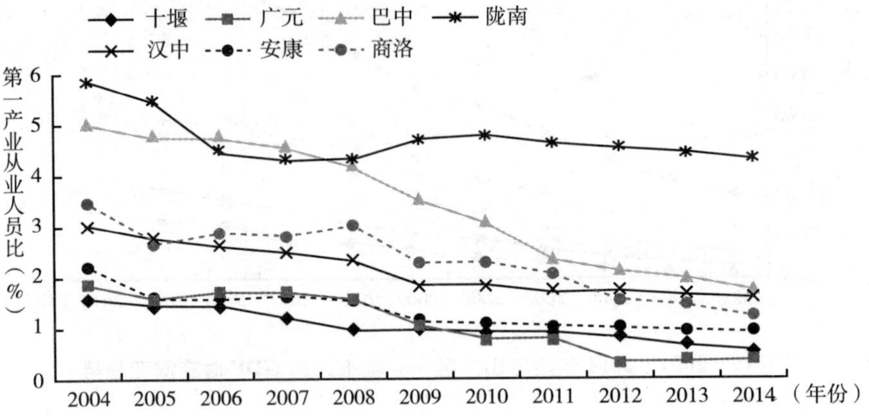

图21　2004～2014年秦巴山片区中心城市第一产业从人员比重时空演变趋势

（四）城市中心职能指数演变趋势

中心职能指数能较好地反映中心城市在城镇体系中的中心地位及支撑效应，以下选取中心城市城区经济发展中心指数和城镇化中心指数两个指标，分析7个中心城市中心职能指数的差异及走势。

从7个中心城市城区的城镇化中心指数演变趋势来看（见图22），各城市的城镇化中心职能指数变化都不大，即人口的集聚功能并未有显著提升。从各地区的差异来看，巴中的指数在3左右，人口集聚程度最高，这也是其成为三大中心城市的一个原因；其次是安康和广元，指数在2.2左右，人口集聚程度较高。但这并不意味着这三个城市的人口吸纳能力高，数据显示其经济发展水平一般，可能与其城区所属范围和面积较大有关。其他城市的城镇化中心指数都比较低，不足1.5，这说明继续强化中心城市的人口集聚职能是未来城镇化工作的重点。

图23进一步考察了7个中心城市经济发展指数的差异及演变趋势。依据经济发展中心指数，7个中心城市形成了3个梯队。其中十堰为第一梯队，其经济发展中心指数虽有所下降，但是远远高于其他城市，属于名副其实的中心城市；考虑到其人口城镇化中心指数处于中心城市的最低水平，可能与其城区

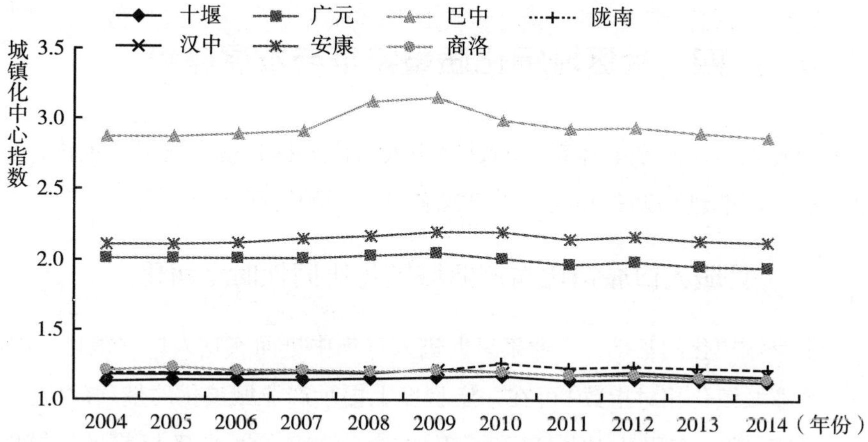

图 22　秦巴山片区中心城市城镇化中心指数演变趋势

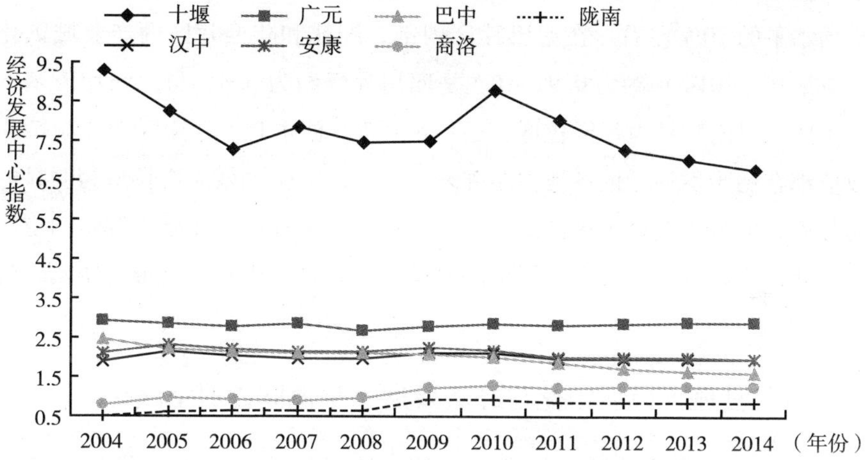

图 23　秦巴山片区中心城市经济发展中心指数演变趋势

面积偏小，人口偏少有很大关系，因此扩大城区是其紧迫任务。广元、巴中、安康和汉中属于第二梯队，中心指数在 2.5 左右，且巴中、安康和汉中在这 10 年中中心指数有一定下滑。商洛和陇南属于第三梯队，经济发展中心指数在 1 左右，但是这两个城市的中心指数都在不断提升；值得注意的是陇南市区，发展水平还未达到片区均值，其经济发展的辐射与带动能力几乎可以忽略，这也与陇南地区整体的发展水平偏低有关。

四 片区城镇化质量特征与发展趋势

城镇化是一个复杂的体系，不是城镇人口比例提升就完成了城镇化，需要经济发展、产业结构调整和收入提升等各种要素的协同。

（一）县域人口城镇化与产业城镇化协同性时空演化

产业是城镇化的基础，产业集聚促进人口集中进而实现人口城镇化。因而，人口－产业城镇化相对指数①可在一定程度上揭示产业城镇化的带动效应。

图24反映了秦巴山片区产业城镇化带动效应发展趋势与差异。虽然自2004年以来，秦巴山片区产业城镇化的带动效应呈逐渐增强的趋势，但总体水平仍然较低，人口－产业城镇化相对指数基本维持在0.6～0.8，即仅为全国平均水平的70%左右。在秦巴片区内部，湖北和陕西片区的产业城镇化带动效应最强，2014年约为0.9，其次是四川片区约为0.8，与片区均值基本一致。重庆、河南与甘肃片区较低，还不足0.7，总体上各分片区产业城镇化带动效应都在逐步增强，但各地差距并未缩小。产业带动效应增长最为明显的地区为甘肃，但是仍然处于最低的水平，这说明甘肃片区产业结构调整的空间很大。因此，片区各地通过产业结构的调整，可以在相当程度上带动城镇化的发展。

（二）县域人口城镇化与经济发展水平协同性时空演化

根据人口－产业城镇化指数的方法，通过计算人口城镇化与经济发展水平（人均GDP指标）相对指数，可分析经济发展水平与城镇化之间的联系。

从图25可以发现，经济发展水平对城镇化的带动效应极为显著，平均水

---

① 计算公式为：$R\text{-}urban_{i,I-P}=\dfrac{urban_{i,P}/urban_{i,I}}{urban_{G,P}/urban_{G,I}}$，其中$R\text{-}urban_{i,I-P}$为人口－产业城镇化相对指数，$urban_{i,P}$、$urban_{i,I}$分别为$i$县（市、区）的人口城镇化率和产业城镇化率，$urban_{G,P}$、$urban_{G,I}$分别为全国的人口城镇化率和产业城镇化率。

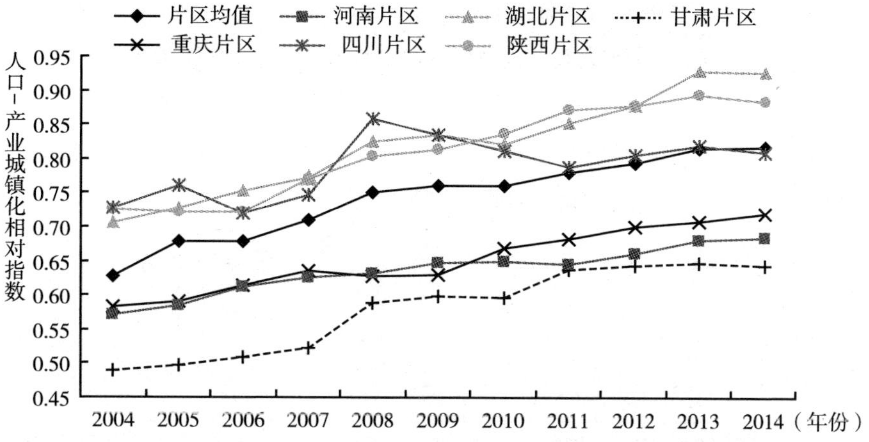

图 24　2004～2014 年秦巴山片区人口－产业城镇化协同性时空演变趋势

平在 1.3 以上，但是发展趋势上有一定的下降（超过全国平均水平），这说明秦巴山片区人口城镇化相对发展速度要快于经济增长的相对速度。从各地差异来看，甘肃片区增长最为显著，且处于最高水平，2008 年以来保持在 2.1 以上，说明经济增长对人口城镇化的带动效应极为显著，同时也说明当地的经济发展速度偏慢，城镇化基础并不牢固。其次是湖北和四川片区，指数为 1.6 左右，说明经济增长对人口城镇化的带动效应较为显著，经济发展基础较好；然后是重庆和陕西片区，指数达到 1.5 左右，说明经济发展的带动效应显著。带动效应最低的是河南片区，常年维持在 0.9 左右，虽有一定上升，但是幅度极为有限，说明当地的城镇化进程偏慢，经济发展带动效应不足。

（三）县域人口城镇化与农民收入水平协同性时空演化

根据人口－产业城镇化指数的方法，通过计算人口城镇化与农民收入水平（农民人均纯收入指标）相对指数，可以分析农民收入水平与城镇化之间的联系。

从图 26 可以发现，农民收入水平对人口城镇化的带动效应比较显著，2012 年的平均水平在 1 左右，且趋势上增长比较平稳，这说明秦巴山片区人口城镇化的相对发展速度与农民收入水平提升的相对速度基本一致。从各地差异来看，甘肃片区增长最为显著，从 2004 年的 0.8 增长到 2013 年以后的 1.4

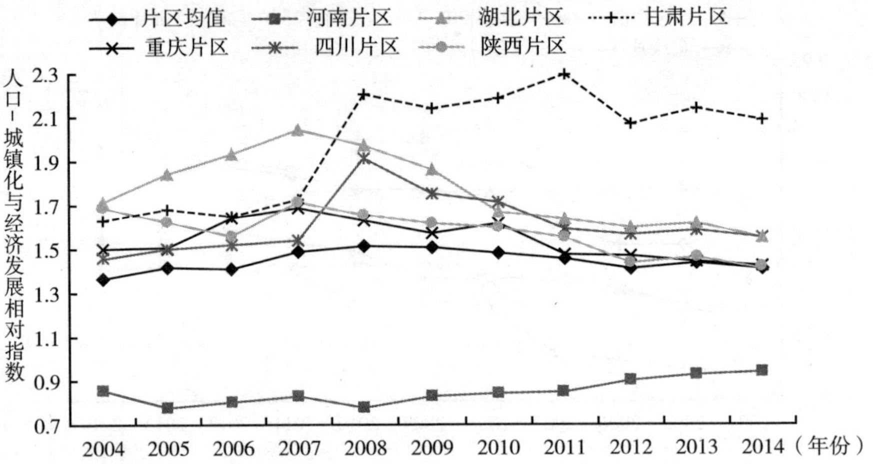

图 25　2004～2014 年秦巴山片区人口城镇化与经济发展协同性时空演变趋势

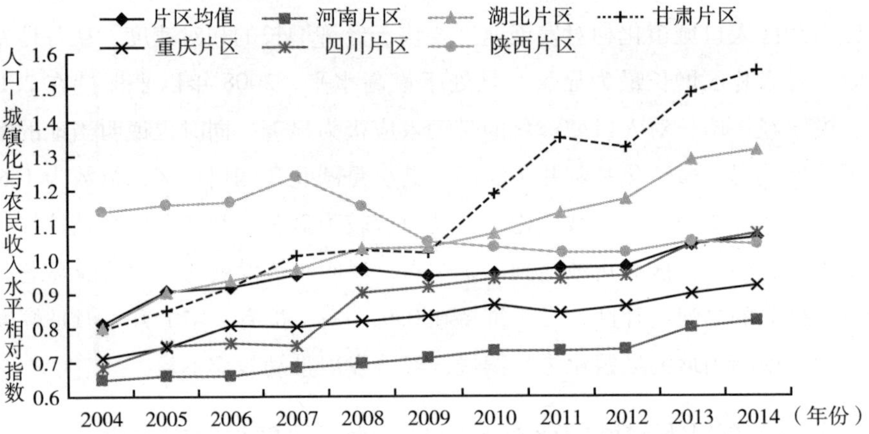

图 26　2004～2014 年秦巴山片区人口城镇化与农民收入协同性时空演变趋势

以上，开始处于最高水平，说明农民收入水平提升对人口城镇化的带动效应极为显著；但考虑到当地农民收入处于最低水平，也说明农民收入水平提升速度偏慢，城镇化收入效应不显著。其次是湖北片区，指数从 0.8 增长到 1.3 左右，说明收入水平提升对人口城镇化的带动效应较为显著；陕西片区是所有片区中指数唯一出现下降的地区，从 1.2 下降到 1 左右，但是带动效应仍然较强。四川片区与片区的评价水平基本一致，但是增长更为显著，从 0.7 增长到

1左右。重庆和河南片区处于最低的水平，虽然都有一定的增长，但是并不明显，说明当地的城镇化进程偏慢，农民收入的带动效应不足。

（四）中心城市人口－产业－土地城镇化耦合度趋势

借鉴容量耦合概念和容量耦合系数模型推广得到的多个系统（要素）相互作用耦合模型，进一步考察秦巴山片区中心城市人口、产业和土地城镇化的耦合协调系数①。根据耦合度值可将其分为6种类型，即无序发展阶段（$C=0$）、低水平阶段（$0<C<0.3$）、颉颃（较量）阶段（$0.3<C<0.5$）、磨合阶段（$0.5<C<0.8$）、高水平阶段（$0.8<C<1$）和良性共振阶段（$C=1$）。

1. 人口－产业－土地城镇化耦合度偏低

人口－产业－土地城镇化耦合度结果表明（见图27），片区内7个中心城市的人口－产业－土地城镇化耦合度系数还比较低，多数还处于颉颃阶段，这说明整体上片区城镇化进程中的人口、产业和土地等要素的耦合度水平偏低。其中，十堰与汉中的耦合水平相对较高，但仍然处于磨合阶段，没有一个达到高水平阶段。从各区域比较可以发现，十堰与汉中的耦合度水平本身较高，但是增长不明显，汉中甚至有一定下降，始终未能达到较好的耦合水平。同期，安康和巴中有了显著提升，特别是巴中增长最为显著，2012年从低水平阶段到进入颉颃阶段；广元和商洛一直处于颉颃阶段，长期未有实质突破。陇南地区始终处于最低水平，耦合度基本趋近于0，甚至有下降趋势。

2. 人口－产业城镇化耦合度系数偏低

人口－产业城镇化耦合度结果表明（见图28），片区内7个中心城市的人口－产业城镇化耦合度系数还比较低，多数还处于颉颃阶段，各地差距比较明显。其中十堰的耦合水平最高，已经进入高水平阶段；商洛和安康通过逐年增长，已经从颉颃阶段进入磨合阶段；广元虽也有显著增长，但始终处于颉颃阶段；汉中的耦合水平有一定下降，从磨合阶段滑入颉颃阶段，但近年来有一定

---

① 耦合系数计算公式：$C_i=\{(u_{P,i}\times u_{I,i}\times u_{L,i})/[(u_{P,i}+u_{I,i})\times(u_{P,i}+u_{L,i})\times(u_{I,i}+u_{L,i})]\}$ ^（1/3），其中$u_{P,i}$、$u_{I,i}$和$u_{L,i}$分别为人口、产业和土地城镇化，C_i为i区域的耦合系数；协调度系数计算公式为：$D_i=\sqrt{C_i\times T_i}$，$T_i=a\times u_{P,i}+b\times u_{I,i}+c\times u_{L,i}$，$D_i$为协调度，$a$，$b$，$c$为三个待定系数，本文中均取值1/3。

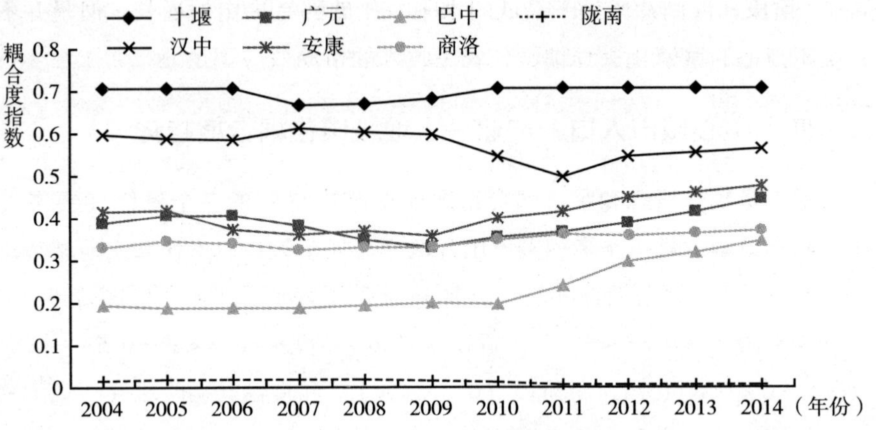

图 27　2004～2014 年秦巴山片区人口－产业－土地城镇化耦合度系数演变趋势

提升；巴中的增长比较显著，从低水平阶段逐步增长到颉颃阶段；陇南地区耦合水平最低，耦合度基本趋近于 0。

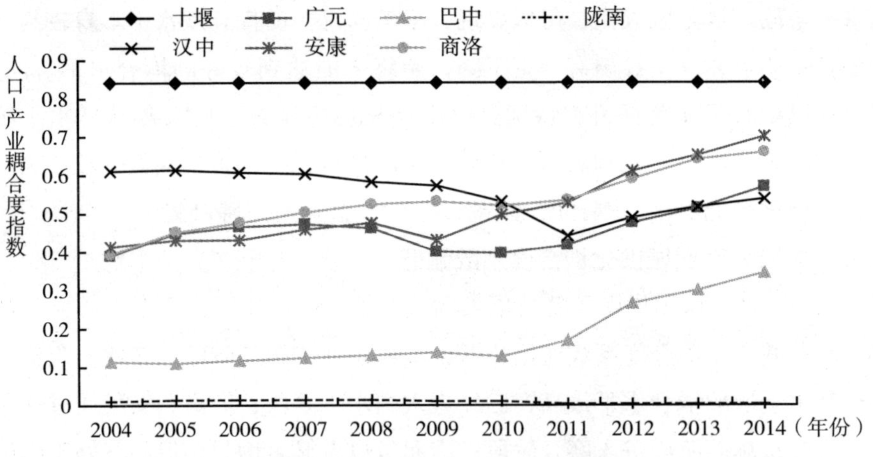

图 28　2004～2014 年秦巴山片区人口－产业城镇化耦合度系数演变趋势

3. 人口－土地城镇化耦合度系数偏低

人口－土地城镇化耦合度结果表明（见图 29），片区内 7 个中心城市的人口－土地城镇化耦合度系数还比较低，多数还处于颉颃阶段。十堰的耦合水平相对较高，已进入高水平阶段；汉中的耦合度水平也比较高，虽处于磨合阶段，但已接近高水平阶段，与十堰的差距不大；十堰和汉中的耦合度虽然处于较高水平，但都有一定波动，这和两市的土地城镇化率波动有一定关系。其他地区都处于较低水平，其中安康和广元处于颉颃阶段，但是增长显著；巴中和商洛处于低水平阶段，也未有实质性增长；陇南地区处于最低水平，耦合度基本趋近于0，且未有显著变化。

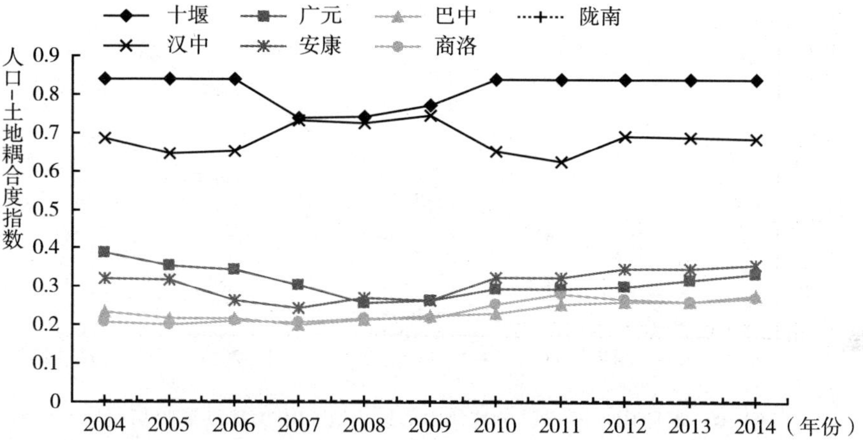

图29　2004～2014年秦巴山片区人口－土地城镇化耦合度系数演变趋势

（五）中心城市经济联系强度演变趋势

采用引力模型定量计算7个中心城市区域之间的经济联系强度及演变趋势①，可得到各城市的经济联系强度演变趋势对比图。根据片区发展规划，主要按照地理空间距离分析三个中心城市与邻近城市的引力值演变趋势。

作为规模最大和最有实力的中心城市，十堰具有最强的经济发展水平和带

① 城市之间的引力计算公式为：$R_{ij}=\frac{\sqrt{p_iv_i\times p_jv_j}}{D_{ij}^b}$，$(i\neq j)$，$R_{ij}$为引力值，$p_i$、$p_j$、$v_i$、$v_j$分别为$i$、$j$地区的常住人口和GDP数值，$D_{ij}$为$i$、$j$地区之间的距离，$b$为距离摩擦系数，通常国家层面取1，地区层面取2。本部分计算中所采用的距离为百度地图上测得的各中心城市间直线距离，距离数值分别为：十堰－安康距离164公里；十堰－商洛距离157公里；十堰－巴中距离353公里；十堰－汉中距离389公里；汉中－广元距离133公里；汉中－安康距离190公里；汉中－商洛距离283公里；汉中－陇南距离196公里；巴中－广元距离106公里；巴中－汉中138距离公里；巴中－陇南距离242公里；广元－陇南距离135公里；安康－商洛距离156公里。

动能力。图 30 显示，十堰对片区其他城市的引力效应在逐年上升，但由于十堰位于片区东南部边缘，与其他中心城市的距离较远，经济联系比较少，故主要对邻近的商洛和安康具有比较显著的带动效应。

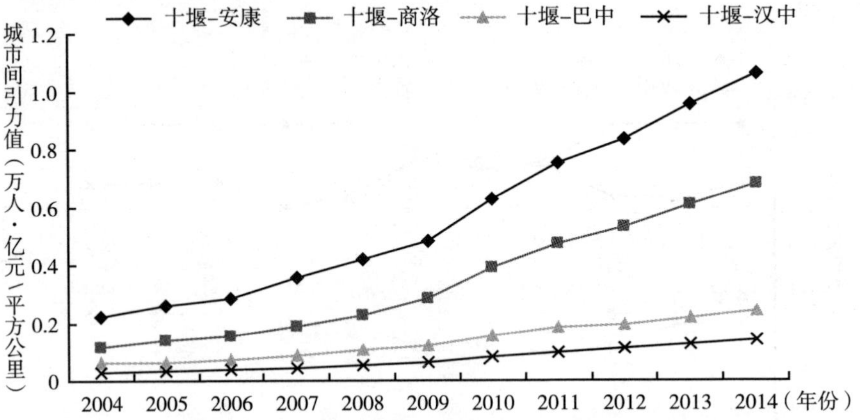

图 30　秦巴山片区十堰与其他中心城市之间引力值演变趋势对比

汉中位于片区中心位置，与其他城市的距离和最短，其带动效应相对更为显著。从图 31 来看，其引力值在逐年上升，但是引力值较大的仍然是距离较近的广元及安康，对较远商洛和陇南的引力值比较有限。汉中是距离陇南最近的中心城市，但也有 196 公里，加上陇南自身的经济发展水平最低，导致其难以受到其他城市的辐射。

从巴中的引力值来看（见图 32），其引力值也在逐年的上升，但引力值较大的只有距离最近（只有 106 公里）的广元，这也是所有中心城市之间引力值中最大的一对，显示出两地具有很强的融合发展前景。巴中与其他城市之间的引力值比较低，特别是对较远的陇南的引力值最低，这其中虽然有距离的原因，但是与陇南自身的经济发展规模也有较大关系。

根据片区各城市之间的引力值，可计算 7 个中心城市的发展潜能①，得到图 33 的潜能演变趋势对比图。可以发现，各中心城市的发展潜能都在不断提

① 潜能计算公式为：$E_i = \sum_{j=1}^{n} R_{ij}$，$E_i$ 为 i 地区的潜能，R_{ij} 为 i 地区与 j 地区的引力值。

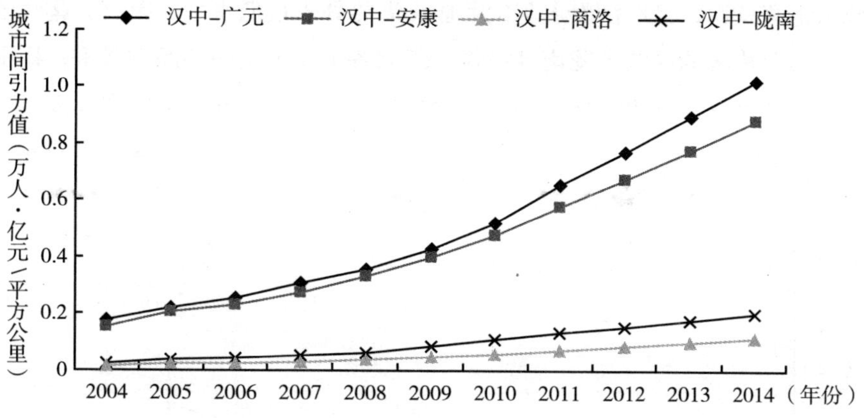

图 31　秦巴山片区汉中与其他中心城市之间引力值演变趋势对比

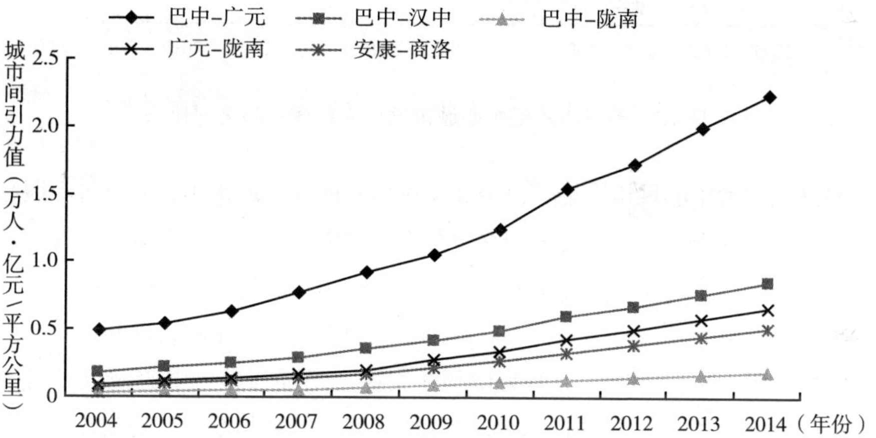

图 32　秦巴山片区巴中与其他中心城市之间引力值演变趋势对比

升，特别是广元和巴中的增长最为显著。巴中和广元的潜能值最高，且增长最快，属于第一梯队，这表明巴中－广元这两个距离较近的中心城市具有较大的发展潜能，可成为片区西部发展的重要增长极。汉中、十堰和安康虽然都具有较好的工业发展基础和较高的经济发展水平，但安康和十堰相对偏离于片区地理中心，且与其他中心城市的距离较远而导致潜能值相对较低，但也是片区中部和东部的重要增长极；汉中虽然处于片区地理中心位置，但由于经济发展水平有限，难以形成强大的发展潜力。商洛和陇南由于偏离片区中心，与其他中心城市距离较远，且经济发展基础薄弱，潜能处于最低水平。因此，这些中心城市要结合片区的汉江－陇南经济带，强化各个城市之间的经济联系，特别是汉中和十堰更要发挥中心城市功能，分别打造片区中部和东部的增长极。

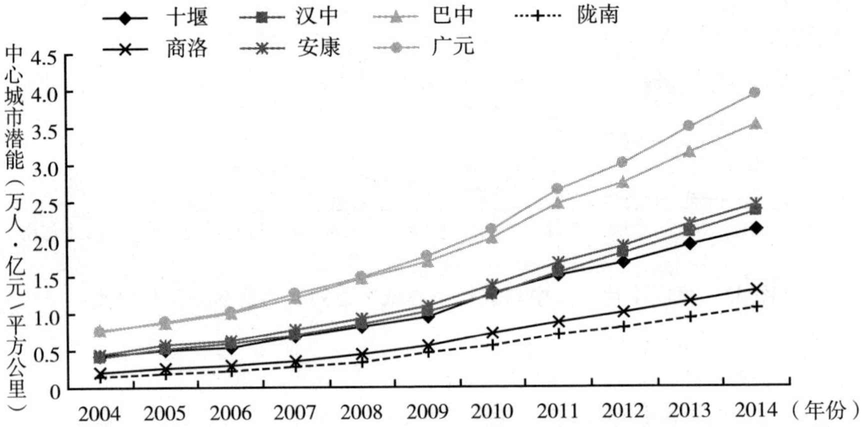

图 33　秦巴山片区中心城市发展潜能演变趋势对比

另外，三大中心城市十堰、巴中和汉中以外的四个城市中，安康与十堰和汉中都有很强的引力，广元与巴中和汉中有很强的引力，商洛与十堰间有较强的引力，因此安康、广元、商洛三个城市发展可以得到较多的中心城市辐射，发展潜力较大。但是陇南不仅与三个中心城市的引力值有限，与距离较近的广元的引力值也比较有限，未来需要通过更为便利的交通来增强与其他中心城市之间的联系，增强发展潜力。可喜的是，2013 年 12 月 26 日，兰州至海口高速公路武都至罐子沟段正式通车，结束了陇南市不通高速公路的历史，使陇南有了与成都、重庆和其他中心城市进行交流的便捷通道，这必将有力推动其城镇化进程。

五　秦巴山片区城镇化建设发展思路、路径与制度

目前来看，秦巴山片区面临严重的制约因素，经济基础比较薄弱，人均 GDP 比较有限，收入水平低下，城镇化基础薄弱，城市化严重滞后；片区农村工业化落后，缺乏强有力的主导产业和优势支撑，对人口的影响力和吸引力有限，对城镇化的带动能力偏低；区域生态环境脆弱，城镇密度偏低，城镇化

发展受到较大的空间限制，导致中心城市的经济与开发辐射有限。以下将从城镇化总体思路、建设路径和制度设计层面进行具体分析。

（一）秦巴山片区城镇化建设的总体思路

1. 以人为本作为城镇化建设核心

片区在城镇化进程中必须深入分析农民在城镇化进程中的实际需要和困难，切实提升城镇化的质量。关注失地和进城农民的基本公共服务需求，特别是教育和卫生服务，完善社会养老、医疗保障体系；关注农民的就业需求，大力发展劳动密集型产业，为农民提供更多就业机会；加大对农民的就业培训力度，切实的提升农民在城镇生活的基本技能，为农民在城市定居创造条件；关注农民心理需求，优先安排市场、文化、环保等基础设施建设，为居民提供足够的休闲娱乐空间和场地，帮助其尽早适应城市生活环境。

2. 以扶贫开发为城镇化建设根本

结合国家的扶贫开发战略与新型城镇化战略，片区各地要将城镇化与连片扶贫开发结合，通过国家的连片扶贫开发政策推进人口聚集与新型城镇化建设。因地制宜选择城镇化建设思路，坚持宜散则散、宜聚则聚的原则，理性实施高山移民搬迁工程，有序推进贫困人口搬迁转移。充分利用扶贫攻坚的特殊支持政策，通过产业发展、基础设施改善、基本公共服务设施同质化、机会均等化等机遇，加强区域统筹，破除体制障碍，探索片区城镇化建设的新路径。

3. 以区域特色为城镇化建设关键

片区要转变观念和发展思路，坚持城镇化建设与生态环境建设相协调，处理好城镇化建设与资源、环境之间的关系，在保护自然生态环境的前提下，建设绿色生态园林城市，把城镇化与生态保护有机结合，实现异地城镇化是片区重要的发展方式。要以区域的文化特色为根本，重视特色文化元素的合理配置和相互融合，将各种文化融入城镇建设中区，以特色文化提升城镇化内涵体现城镇化的文化特色；要将民族文化与城镇化建设有机结合，挖掘城镇建设文化内涵，把历史、生态、建筑等特色文化要素渗透进城镇的规划、设计和建设。

4. 以产业发展为城镇化建设支撑

城镇化的是使农民在城市中能够有生存的空间和机会，片区各地要立足区域的特色资源和要素禀赋，探索区域特色产业、优势产业和主导产业与城镇化协同发展的路径。要防止单一的土地城镇化和户籍城镇化，以城镇产业发展和就业吸纳能力增强为目标，全面提升城镇化的质量和水平。在不断完善基础设施和配套设施的基础上，创新管理体制机制，加快引进高新技术产业项目，重点培育优势产业集群，发挥片区各中心城市工业园区的集聚和辐射效应。要结合区域的旅游资源，将旅游目的地建设摆在更加突出的地位，通过旅游产业发展彰显城市综合效益。

5. 以科学布局为城镇建设重要目标

要按照片区的主体功能区战略，统筹安排片区重大基础设施建设，明确各层次城镇的发展定位，构建科学合理的城镇建设体系。要结合片区各地的资源、环境与生态承载能力，以片区交通网络建设为依托，理顺城镇化发展过程中速度与质量的平衡问题，打造以中心城区为核心、以县城为节点，体现山水人和谐相处、彰显民俗风情、传承地域文化的城市群和城镇带。

（二）推进秦巴山区城镇化建设进程的路径选择

根据秦巴山片区的“一带三中心五走廊”规划，各地要完善城市功能，全面提升城市承载能力，突出城市建设特色，以现代服务业与生态工业实现城镇化建设的双轮驱动，优化城市布局，拓展城镇发展空间，提升中心城市和产业集聚区的辐射带动功能，优化城镇发展空间格局。

1. 全面提升城市综合承载能力

（1）强化市政基础设施建设。各地按照优化产业结构和人口布局的要求，尽快完善城镇基础设施建设，特别是区域性交通设施、节水节能等工程建设，不断提高综合服务功能和综合人口承载能力。抓住扶贫攻坚的机遇，提升扶贫资金的使用效率和效益，按照适度超前、功能完善、配套协调的原则，改造和升级市政设施，打造人口向城镇快速聚集的城镇设施体系。

（2）强化基本公共服务设施。提高城镇基本公共服务均等化，特别是教育、医疗、文化、体育、休闲娱乐需要。加快推进基本医疗保障制度建设，进一步巩固扩大新型农村合作医疗覆盖面，切实提升城镇医疗设施水平。着力解决进城农民子女教育问题，取消户籍限制，积极为其就学提供帮扶和支持。重视进城农民的文娱设施，规划建设图书馆、主题公园和休闲广场，加强社区、集镇文化站建设，完善文化娱乐设施功能。

（3）统筹解决进城农民住房问题。针对片区实际，重点做好移民搬迁住房工程、廉租房和保障性住房工程建设，鼓励房产企业建设中低价位、中小套型的普通商品住房，积极发展房地产中介信息服务，切实解决进城农民的住房问题。将进城农民纳入城镇住房保障范畴，并整合农村危房改造、移民避险搬迁、保障性安居工程等相关政策资源，创新扶持方式，为进城农民提供住房保障。

2. 因地制宜突出城镇建设特色

（1）通过生态移民推进城镇化进程。针对片区生态脆弱、自然灾害频繁的区域，要将移民搬迁与城镇化相结合，引导人口集聚，为区域工业、现代服务业的发展创造条件。要借鉴陕西、四川等地震灾区的避灾移民搬迁式城镇化路径，实现统筹规划，充分考虑人口和产业布局，实现居民安置靠近城镇和产业园区，直接为移民提供工作岗位，切实为农民提供就业保障，并做好公共服务配套，实现公共服务均等化。

（2）突出城市建设特色，不断提升城市品位。打造城市文化名片，保护好历史建筑格局、历史街区风貌和文物保护单位环境，积极开发利用历史文化资源的经济价值，增强城市软实力和文化竞争力。建设特色旅游街区，根据不同城市的特点，规划建设体现地方特色、民俗文化、风土人情的特色街，不断提高城市吸引力，为发展服务业、旅游业增添新亮点。建设绿色城镇，把推进城镇化建设与生态环保相结合，有计划、有步骤地打造人与自然和谐相处的城市生态环境。

（3）重视城镇化发展中的生态补偿问题。秦巴山区作为长江上游重要的生态区，也是南水北调中线工程水源地和三峡库区，因此要把生态补偿与推进秦巴山区城镇化相结合，制定片区与经济发达地区之间的对口支援帮扶政策，实施生态环境流域保护与资源开发，鼓励长江下游发达地区分担秦巴山区人口转移、环境保护与产业扶持，推动片区的城镇化进程。

3. 立足特色产业建设产业新城

（1）推进农业产业化发展，促进产业升级。在保护生态环境的同时推动农业产业化发展，实现农业发展的规模化、品牌化与旅游化。围绕中心城市，以龙头企业发展为依托，以优势特色农林产品基地为基础，打造区域特色农林产品基地；建设现代农业产业园区，拓展“企业 + 农民合作社 + 农户”“企业 + 家庭农场”等现代农业生产模式，拉长产业化链条，加快旅游农业发展，吸纳更多农民就业，为加快农村人口向城镇转移奠定坚实基础。安康市要着力打造富硒农产品基地；商洛要建成秦巴中药材生产基地，引进高新技术和现代制药企业，打造“秦巴药乡”品牌。

（2）加速推进新型工业化。依托和做强各地工业聚集园，建设汽车和装备制造、生物产业及冶金、化工与新型建材等产业高新区，不断壮大工业群体，推动工业的集约化、规模化与两型化发展。依托十堰汽车工业基础，推进建立协同创新中心，建设国家级汽车产业基地和国家级高新技术工业园区。依托汉中装备制造产业基础，打造具有较强竞争力的航空等装备制造产业基地。巴中重点建成重要能源开发服务基地，广元重点发展天然气化工产业，巴中和广元共同打造国家天然气综合开发利用示范区；商洛要打造全国现代材料工业基地，着力培育新能源、新材料、先进装备制造、节能环保等新兴产业；陇南市重点发展有色冶金业、生物制药产业、食口加工业等产业。

（3）建设特色旅游城镇。要立足秦巴山独特的生态禀赋，以世界文化遗产、国家风景名胜区、国家级森林公园、国家文化古迹等为依托，全力打造川陕红色旅游圈、先秦两汉三国历史文化旅游圈、秦岭巴山生态文化旅游圈、鄂西生态与文化旅游圈、豫西文化生态休闲旅游圈、大九寨国际黄金旅游圈、长江三峡文化山水旅游圈等七大特色旅游圈，打造片区特色旅游城镇。要加强旅游基础设施建设，围绕中心城市建设旅游客流集散中心，巴中、汉中和十堰分别建成片区西部、北部和东部的旅游集散地；要强化招商引资和资源开发，充分拓展农民在“吃、住、行、游、购、娱”等旅游要素的就业空间，引导农民成为旅游产业的重要参与主体；打造文化旅游创意产业园，实现文化创意、影视制作、演艺娱乐等产业的集聚化发展。

4. 转变产业发展模式提升城镇建设质量

（1）以工业作为产业发展重点，推进产业集聚发展，为城镇化奠定基础。秦巴山片区不少区域资源匮乏，因此要将工业化与城镇化密切结合，大力发展实体产业，推进产业集聚，以产业发展推动城镇化发展，帮助农民通过转移就业转化为市民。片区各地要从区域实际出发，以工业化为龙头，重点围绕生态经济和循环经济，强化技术创新支持，将产业发展与城镇化建设有机结合，形成自主创新体系，逐步形成有聚集规模、富有片区特色的城镇产业体系与格局。

（2）建设承接产业转移新城。充分利用片区靠近西安、重庆、成都等中心城市的优势，积极承接区域的产业转移，推进矿产品精深加工、农产品加工、旅游商品加工等企业发展，培育壮大优势产业集群，延伸产业发展链条，创造更多就业岗位，建设承接产业转移新城；将吸纳农民就业纳入对企业扶持的内容，鼓励企业以土地流转、土地承包等形式，利用农村生态优势、资源优势兴办现代农业，提高企业助推城镇化的积极性。

（3）优化产业发展空间布局。分区域分重点错位发展城市产业，合理配置产业要素向城市功能区、城市产业区聚集，实现产业、生活、城市“三位一体”协调发展。积极提升工业发展提供服务水平，搭建企业融资、聚集人才和生产要素的平台，增强工业企业的自我发展能力，为农民提供更多的就业岗位，增强城镇吸纳力和承载力；引导二、三产业向城镇集中，加快小城镇产业和产品结构调整的步伐，重点培育具有本地特色的主导产业；加强城镇专业市场建设，重点建设综合性批发市场和专业市场，推进配送中心流通网络建设。

5. 优化城镇发展空间格局

（1）强化片区中心城市建设。发挥中心大城市辐射带动作用，重点建设十堰、汉中、巴中三大中心城市，完善提升城市功能，促进人口与产业集聚。敢于突破城市空间布局，通过行政区划调整拓展中心城区面积，特别是要为十堰、汉中等中心城市发展拓展空间，充分发挥其龙头带动作用；同时，要借助周边关中－天水经济区、成渝经济区、武汉城市圈、中原经济区等区域核心城市的辐射与带动作用，为片区的城镇化提供更好的发展环境。

（2）打造片区城市的“一带两群”。依托片区规划提出的“一带三中心五走廊”经济发展格局目标，增强片区城市与周边核心城市如南阳、襄阳、万州、达州等的联系，打造片区的城市群。同时，围绕片区的交通体系建设打造城市带，可以依托襄阳－十堰－汉中－九寨沟通道打造汉江城市带，包括片区的十堰、汉中、安康、陇南等中心城市。围绕万州－巴中－广元通道建设，加快巴中与广元的城市融合发展，并打破行政区域的束缚，强化与汉中的联系，率先形成汉中－巴中－广元城市群，形成片区西部增长极。充分利用距离优势，强化十堰与商洛和安康的联系，打破行政束缚，积极打造十堰－安康－商洛城市群，形成片区东部增长极。

（3）因地制宜打造中小城市群。结合各省的城镇化发展规划，加快建设广元、安康、商洛、陇南等重点城市，拓展发展空间，完善区域性交通枢纽和商贸物流中心的功能定位，形成组团镶嵌式城镇化空间格局，实现大中小城市和小城镇协调发展，建设形成城镇带。统筹考虑中小城市群的辐射带动力，结合移民避险搬迁、保障性安居工程等项目建设，将灾害频发地区农民纳入城镇建设规划内容，采取系列优惠政策引导生态脆弱、生产生活条件较差地区的人口向城镇集聚。加快区域统筹发展，支持高速公路、铁路枢纽和大城市周边产业基础好、发展潜力大的城镇发展成为中心镇，减轻县城自然条件限制和人口、就业压力。

（三）提升秦巴山片区城镇化建设质量的制度设计

1. 发挥城镇建设规划作用

（1）强化城镇规划科学性。以秦巴山区人文地理环境为基础，充分发挥各地的生态环境和资源优势，按照总体规划、因地制宜、突出特色的原则，广泛征求城镇化相关主体的意见和需求，科学编制和完善城镇发展各类规划。在规划的制定中，要确保规划的超前性、连续性、可操作性，正确处理经济发展与环境保护等方面的关系，避免重复的拆迁和建设，增强规划的效率和效益。

（2）健全城镇规划体系。增强服务意识，强化服务功能，加强各类规划的统筹衔接，着眼经济社会长远发展，按照适度聚集、节约土地、合理布局的原则，将城镇化建设规划与产业发展、土地规划、生态建设、交通规划等各类规划相互衔接，强化部门之间的沟通与协调，形成系统的城镇规划体系；完善城镇管理机构，逐步建立和完善城乡一体化规划管理体制，配备规划建设管理专职人员。

（3）提升规划管理的法制化。树立法治意识，强化规划的法律约束力，切实维护规划的法定性、权威性和严肃性，确保规划设计方案的实施；健全规划管理体制，严格规划修改的法定程序，避免随意变更，保持连续性，提升规划的实际效用。

2. 提升对进城农民服务水平

（1）完善农民转移就业政策。深入调查农民在城镇化进程中的实际诉求，完善就业服务相关政策和配套措施，整合农民就业培训、移民培训和城镇下岗职工就业培训等政策资源，对农村劳动力进行免费的劳动技能培训，通过菜单式的方法对农民实施职业教育、“雨露计划”和“阳光工程”等措施，及时调整培训内容和培训方式，使农民在城镇中成为具有稳定收入来源的群体。

（2）高度重视发挥教育的城镇化作用。针对片区出台特惠性教育扶持政策，把片区内农村贫困家庭享受免费义务教育扩大到高中阶段，对初、高中毕业的农村学生实行免费职业教育，全面提高其文化素质和就业技能，为其向城镇转移奠定基础。同时，要发挥城市优质教育资源的人口集聚功能，推动农民向城镇转移。

（3）完善城镇社会保障体系。健全进程农民的社会保障体系，解决其在住房、户籍、就业、子女就学上遇到的问题与困难。对进城农民继续实施相关扶贫政策，允许进城农民保留承包地经营权、宅基地使用权、山林经营权，继续享受国家有关惠农政策扶持；合理制定进城农民社会保障标准，将进城农民的养老、医疗、教育等社会保障与城镇居民社会保障进行无缝对接，建立起覆盖面更广、保障效率更高的社会保障体系。

3. 破解城镇化制度障碍

（1）创新户籍管理体制。贯彻依法治国理念，进一步改革户籍管理制度，全面开放片区城镇户籍限制，按居住地域登记入户，凡在城镇有合法职业、稳定生活来源和住所的居民及随住亲属均可入户，切实解决进城农民的户籍问题，并将进城农民纳入社会保障体系。

（2）创新土地管理制度。进一步规范用地管理，集约节约利用土地，实施土地储备，确保城镇发展用地与空间；提高城镇现有土地利用率，通过移民搬迁、旧村改造、“空心村”治理等方式增加城镇建设用地面积，拓展城镇化发展的空间。

（3）完善农村产权制度改革。城镇化建设必须与农村产权制度改革结合起来，切实的保障城镇化后农民的持续发展权益。要创新农村土地流转制度和承包政策，按照产权明晰、机制灵活、操作法制的思路，鼓励农村土地流转和家庭农场发展，推进农业产业化发展，为农民提供就业条件。

4. 创新城镇化管理机制

（1）完善城镇建设投融资体制。加大投融资体制改革力度，采取产权转让、入股拍卖、使用权或经营权出让等方式，引入市场机制，提升社会资本投入城镇化建设的积极性，实现城镇投资主体多元化；用好、用活、用足片区的特殊扶贫政策，积极争取国家、省项目资金；整合各种资源，考虑筹建片区城镇化建设专项基金，为城镇化建设募集更多资金。

（2）创新城市管理体制。进一步细化城镇管理方式，健全政府管总、分级负责、条块结合的城镇管理网络；强化属地管理，严格实行社区、街道、居委会城镇管理责任制，深化城乡环境综合治理，切实提高城镇管理水平；开展扩权强镇改革试点工作，加快建制镇行政、财政管理体制改革，加大支持力度，拓展城镇的独立发展空间，提升小城镇人口吸纳能力。

（3）加强城镇管理法制化建设。强化城镇管理立法机制，建立系统、规范、操作性强的城镇管理制度；创新管理体制，强化城镇管理制度落实与执行，改革管理手段，促进城镇管理的科学化与规范化。稳妥推进行政区划调整相关工作，为城市发展拓展空间，进一步理顺城镇行政管理关系，逐步建立责权统一、高效、规范的城镇建设管理体制。

B.7

六盘山片区城镇化历程、途径与趋向*

魏风劲**

摘　要：城镇化建设的优化和推进是六盘山片区区域发展和扶贫攻坚的重要助推器。该片区城镇化发展整体呈现上升趋势，但其发展程度与全国平均水平比较而言仍有较大的差距，在14个片区中也居于较低的位置，片区内陕西、甘肃、青海和宁夏等四个版块之间的城镇化发展程度差异较大。片区城镇化发展仍存在总体水平落后、发展不平衡、产业支撑不足等突出问题。该片区的新型城镇化建设，应以"人"的城镇化和法治为根本出发点，协调内生动力和外生动力，积极对接"一带一路"战略、片区区域发展与扶贫攻坚规划和各省（区）各级各类相关规划等政策措施，把握"国家新型城镇化综合试点"机遇，与新型工业化、信息化和农业现代化配套互促，既要整体推进，更需因地制宜，从有序推进农业转移人口市民化、优化城镇化布局和形态等途径入手，积极探索改革和完善"市民化成本分担机制""城镇化投融资机制"等体制机制的可行办法，实现自然生态环境、政治、经济、文化以及历史传统等众多因素的有机整合。

关键词：六盘山片区　产业城镇化　人口城镇化

* 本文受国家民委科研项目（12JSZ001）、湖南省社会科学基金项目（2010 YBB270）和吉首大学学成返校博士科研资助经费研究项目（jsdxxcfxbskyxm201315）资助。

** 魏风劲，博士，副教授，吉首大学商学院硕士生导师，研究方向为区域公共管理与贫困治理研究。

城镇化是指农村人口不断向城镇转移，第二、三产业不断向城镇聚集，从而使城镇数量增加，城镇规模扩大的一种历史过程，它主要表现为随着一个国家或地区社会生产力的发展、科学技术的进步以及产业结构的调整，其农村人口居住地点向城镇的迁移和农村劳动力从事职业向城镇第二、三产业的转移。城镇化的过程也是各国和地区在实现工业化、现代化过程中所经历社会变迁的一种反映。① 城镇化是激发新一轮财富涌现的载体。它不仅为社会财富的积累和生活质量的提高带来了新的动力和源泉，而且使人类生产方式和生活方式产生巨大变革。② 基于城镇化的上述内涵和特点，可以说，城镇化建设的优化和推进是一个国家或地区经济社会发展的重要助推器，对于以六盘山集中连片特殊困难地区（以下简称六盘山片区）为代表的中国连片特困区区域发展和扶贫攻坚而言，其意义更为重大：它不但是连片特困区转方式、调结构，实现转型发展的必然选择，也是提高群众生活水平、加快扶贫开发进程的重要途径，更是扩大开放的重要载体。

根据国家新型城镇化发展的宏观趋势，《国家新型城镇化规划（2014—2020年）》和《六盘山片区区域发展与扶贫攻坚规划（2011—2020年）》等规划的战略要旨，结合六盘山片区区域特征和战略定位，围绕“六盘山片区城镇化”这一主题，本文就六盘山片区城镇化发展历程、途径和趋向等方面做相应论述和分析。

一　六盘山片区区域简况

六盘山片区跨陕西、甘肃、青海、宁夏四省（区），是国家新一轮扶贫开发攻坚战主战场之一。区域范围包括陕西、甘肃、青海、宁夏四省（区）的集中连片特殊困难地区县（市、区）（以下简称片区县）61个，其他县（区）8个（陕西省咸阳市彬县、甘肃省白银市白银区和平川区、天水市秦州区、平凉市华亭县和崇信县、庆阳市西峰区及青海省平安县），共69个。区域内有国家扶贫开发工作重点县49个，革命老区县12个，民族自治地方县20个（见图1）。③

① 概念解释参见东方财富网，http：//topic. eastmoney. com/czhtzjh/。

② 青海省统计局：《青海省城镇化水平发展现状》，青海统计信息网，http：//www. qhtjj. gov. cn/tjfx/201205/t20120515_ 46434. asp。

③ 国务院扶贫办、国家发展改革委：《六盘山片区区域发展与扶贫攻坚规划（2011—2020年）》，2012年8月31日印发，第10页。

图1　六盘山片区地

六盘山片区的自然条件、经济社会发展状况、贫困状况与特殊困难以及区域战略定位等方面情况如下。

（1）自然条件。六盘山片区区域总面积为16.6万平方公里，地处黄土高原中西部及其与青藏高原过渡地带，地形破碎，沟壑纵横，山、川、塬并存，沟、峁、墚相间。气候类型主要为温带大陆性干旱半干旱气候，无霜期短，昼夜温差大，年均降水量176～667毫米。该区域位于黄河流域，黄河干流及其湟水、洮河、渭河、泾河等重要支流流经本区。植被稀疏，森林覆盖率为18.8%。煤炭、石油、天然气等能源资源丰富，风能、太阳能等新能源开发潜力大；铅锌矿、石灰岩、岩盐等矿产资源储量较大。

（2）经济社会发展状况。2010年末，总人口为2356.1万人，有乡村人口1968.1万人，少数民族人口390.1万人。人均地区生产总值为9621.8元，人均地方财政一般预算收入为328.9元，分别是2001年的3.7倍和3.2倍，城镇居民人均可支配收入为12432元，农村居民人均纯收入为3255元，分别是2001年的2.9倍和2.6倍。第一、二、三产业结构由2001年的27∶37∶36调整为21∶45∶34；城镇化率由2001年的17.7%提升到25.5%。引大入秦、宁夏扶贫扬黄等重大水利工程取得明显效益；陇海、兰新、包兰、兰青、宝中等铁路，京藏、连霍、青兰、福银等国家高速公路贯穿本区域，初步构成交通运输骨干网络。

2001~2010年，适龄儿童入学率从87.9%提高到99.2%，青壮年文盲率从5.3%下降到1.3%，居民平均受教育年限从5.7年增加到7.8年。每万人科技活动人员数为143人。所有乡镇都建立了卫生院，89.4%的村建立了卫生室，新型农村合作医疗参合率达90%。新型农村社会养老保险逐步推广，2010年参保人数达335.1万人。农村低保基本做到应保尽保。

（3）贫困状况。主要存在以下五个方面的问题：一是干旱缺水严重，贫困面广程度深；二是基础设施落后，生产生活条件差；三是社会事业发展滞后，人才支撑不足；四是产业发展乏力，县域经济薄弱；五是生态环境脆弱，水土流失严重。①

（4）区域战略定位。六盘山片区自身的战略定位是“现代旱作农业示范区、循环经济创新区、文化旅游重要目的地、国家向西开放重要枢纽、黄河流域生态修复重点区和民族团结进步示范区”。②

二　六盘山片区城镇化的发展历程

根据城镇化的上述定义，以2004年为时间起点，基于城（乡）镇个数、城镇总人口（万人）、产业城镇化率、人口城镇化率、城镇化率等测量指标，通过如下三个方面对2004~2014年六盘山片区城镇化的进程加以描述：一是六盘山片区自身城镇化进展；二是六盘山片区城镇化发展水平与全国平均发展水平、其他片区区域发展水平的比较；三是六盘山片区自身城镇化进程中存在的突出问题。

（一）六盘山片区自身的城镇化进展

1. 城（乡）镇个数的变动趋向

通过图2的趋向分析可以看出，这9年间六盘山片区的城（乡）镇个数

① 国务院扶贫办、国家发展改革委：《六盘山片区区域发展与扶贫攻坚规划（2011—2020年）》，第12~14页。

② 国务院扶贫办、国家发展改革委：《六盘山片区区域发展与扶贫攻坚规划（2011—2020年）》，第16~17页。

呈现逐渐下降的趋势。地方政府“撤乡并镇”是重要的原因。以片区涉及的陕西省为例，截至2011年6月，全省乡镇数量净减少330个，撤并比例为21%。[①]“撤乡并镇”的重要推动力则在于：随着各地农村村村通公路的建成，农村交通越来越方便，现代信息通信工具的发达，大量农村人口向城市的转移和行政效率的提高，合理的撤乡并镇、精简乡镇机构和裁减乡镇机关工作人员是农村改革的必然趋势，这恰恰从一个方面佐证了六盘山片区农村人口城镇化的发展。

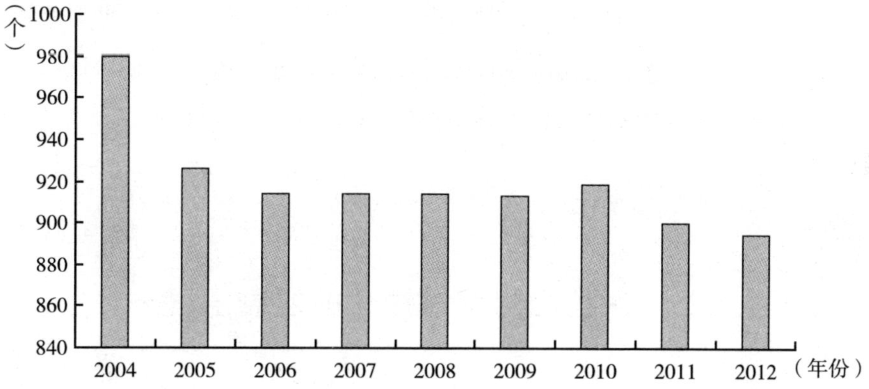

图2　2004～2012年六盘山片区城（乡）镇总数示意

2. 地区生产总值

通过图3的趋势分析，可见六盘山片区的GDP总量呈现为逐年上升的状态，表明该片区的经济总量不断增大；但受国内外宏观经济发展形势影响，增速趋于放缓。

3. 各产业增加值的增长趋势

通过图4的数据对比和趋势分析可以发现，2004～2014年，六盘山片区第二、第三产业增加值各自的分年度总量均大于第一产业增加值的分年度总量，第二产业占的比重最大，表现为产业向城镇集聚的趋势。

① 冽玮、李耀：《陕西撤乡并镇乡镇数量减少330个》，中国新闻网，2011年7月7日，http://www.chinanews.com/df/2011/07-07/3166165.shtml。

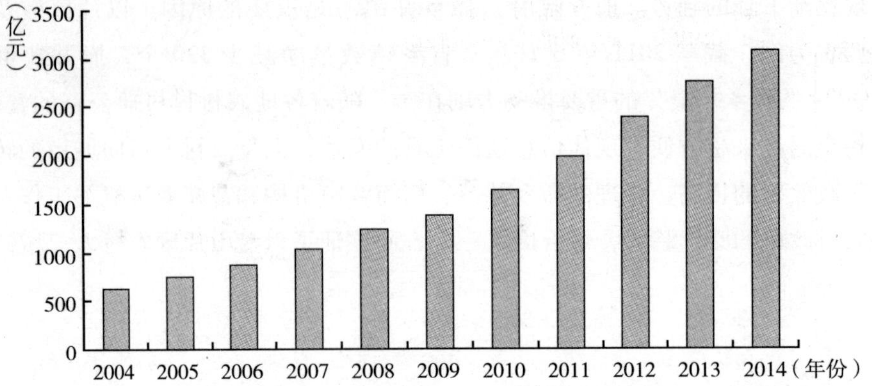

图 3　2004～2014 年六盘山片区 GDP 示意

资料来源：历年数据系整理相关“统计公报”和“年鉴”数据所得。

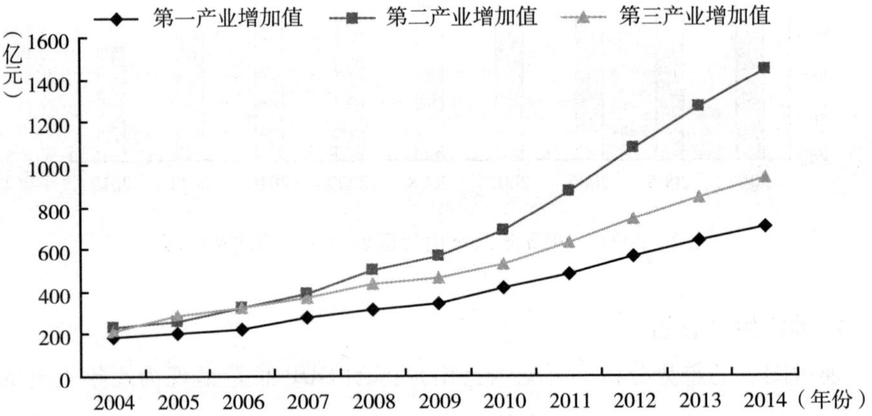

图 4　2004～2014 年六盘山片区各产业增加值变动趋势

资料来源：历年数据系整理相关“统计公报”和“年鉴”数据所得。

4. 第二、三产业增加值在三大产业中占比的增长趋势

通过图 5 可以发现六盘山片区第二、三产业的集聚度整体上呈现增长态势，从一个侧面反映了六盘山片区城镇化率的变化是波动中趋于上升的态势。

5. 城镇总人口

通过图 6 的人口发展趋向分析，可见在此期间六盘山片区的城镇总人口表现为总体增加的趋势，个别年份（2013 年）表现为人口减少的波动，原因可

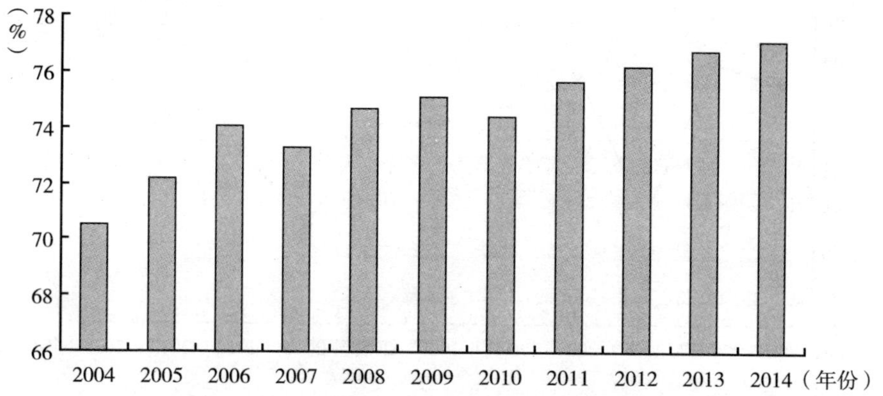

图 5　2004～2014 年六盘山片区第二、三产业增加值在三大产业中占比变动

资料来源：历年数据系整理相关“统计公报”和“年鉴”数据所得。

能有二：一是在城镇的部分农村人口的回流；二是部分城镇人口去往片区外其他城镇。

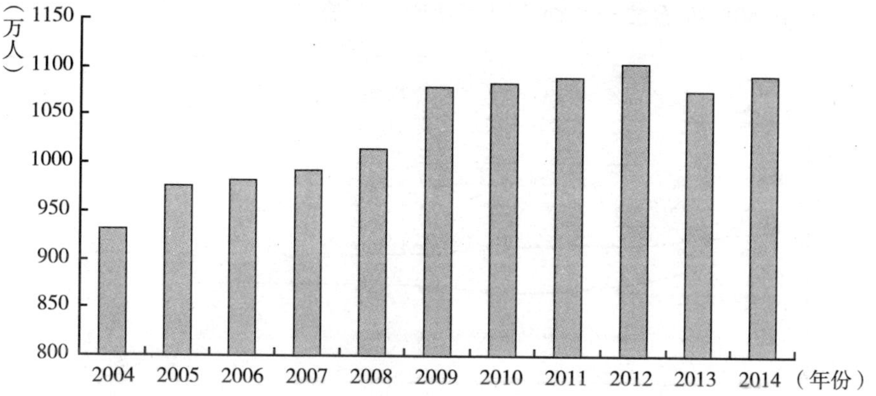

图 6　2004～2014 年六盘山片区城镇总人口示意

资料来源：历年数据系整理相关“统计公报”和“年鉴”数据所得。

6. 六盘山片区产业城镇化状况

通过图 7 的趋势分析可以看出，2004～2014 年，六盘山片区的整体产业城镇化率一直保持在 50% 以上，但并非表现为单向的上升或下降态势，而是波动不定的状态。

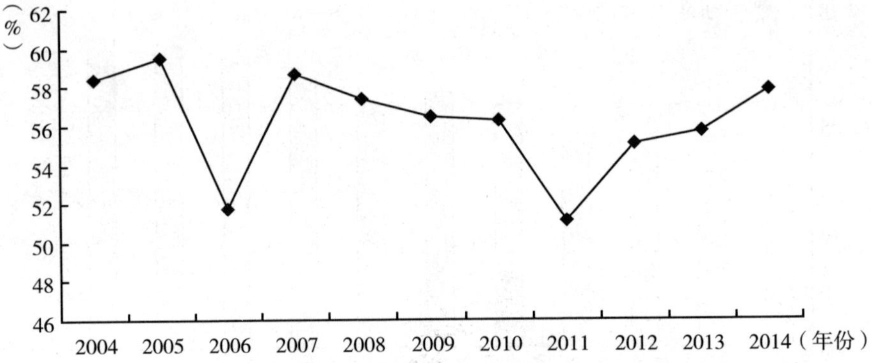

图 7　2004～2014 年六盘山片区产业城镇化率演变趋势

资料来源：历年数据系整理相关“统计公报”和“年鉴”数据所得。

通过图 8 的对比分析可以看到，片区内各版块之间的产业城镇化率差异较大，青海版块和甘肃版块的产业城镇化率在片区内居于领先位置（青海版块一直保持在 60% 以上，甚至超越了 70%，甘肃版块基本保持在 60% 左右），陕西版块在 50% 左右波动，而宁夏版块则一直低于 50%。

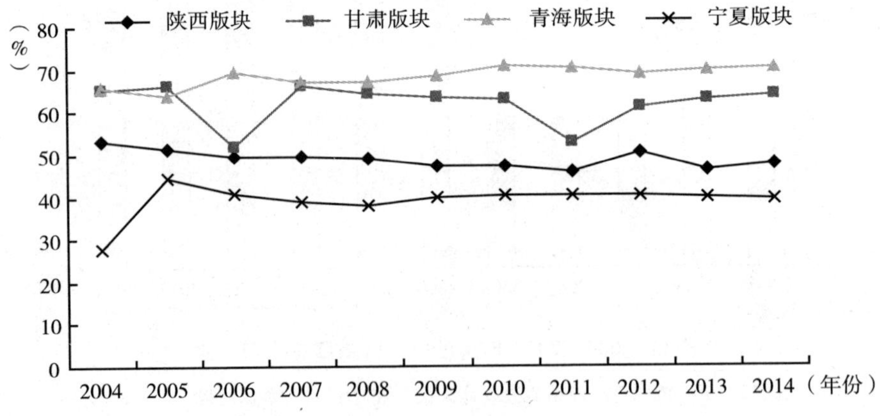

图 8　2004～2014 年六盘山片区内各版块产业城镇化率对比

资料来源：历年数据系整理相关“统计公报”和“年鉴”数据所得。

7. 六盘山片区人口城镇化状况

通过图 9 的趋势分析可以看出，2004～2014 年，六盘山片区的整体人口城镇化率呈现为缓慢上升的态势，2005 年之后一直保持在 30% 以上。通过图 10 的对比分析可以看到，片区内各版块之间的人口城镇化率差异较大，青海版块和甘肃版块的人口城镇化率在片区内居于领先位置，2006 年之后，青海版块一直保持在 35% 以上甚至接近 45%，甘肃版块基本保持在 35% 左右，宁夏版块则在 30% 左右徘徊，而陕西版块一直在 20% ~30% 波动。

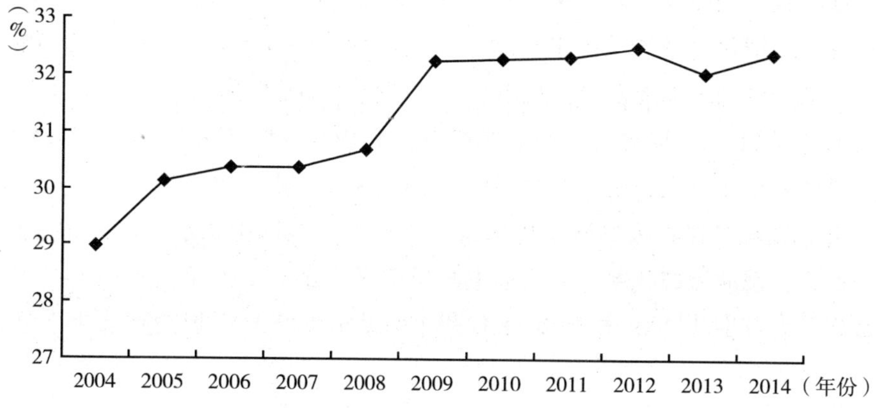

图 9　2004 ~2014 年六盘山片区人口城镇化率演变趋势

资料来源：历年数据系整理相关“统计公报”和“年鉴”数据所得。

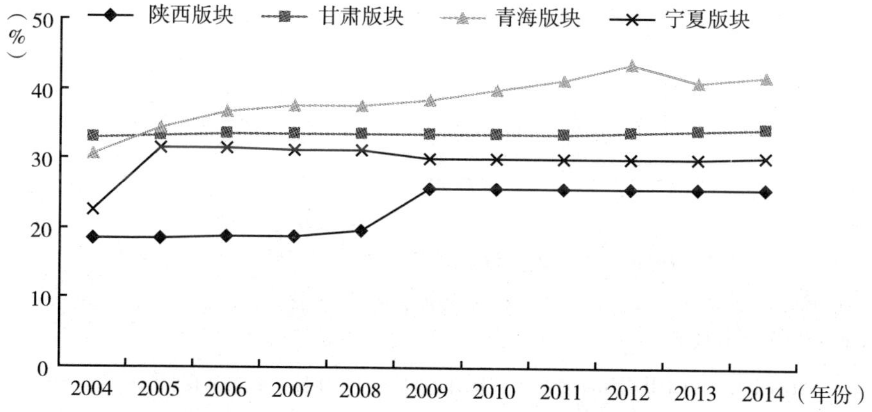

图 10　2004 ~2014 年六盘山片区内各版块人口城镇化率对比

资料来源：历年数据系整理相关“统计公报”和“年鉴”数据所得。

通过对六盘山片区城镇化发展相关数据的统计分析，可以得出一个基本结论：该片区城镇化发展整体呈现上升趋势；与此同时，片区内陕西、甘肃、青海和宁夏各版块之间的城镇化发展程度差异较大，也就是表现为整体增长下的内部不均衡。

（二）六盘山片区城镇化率与其他地区对比情况

通过收集全国及罗霄山片区等6个片区城镇化率的相关数据，① 可以将六盘山片区城镇化水平与全国平均水平及其他片区的发展水平进行一个横向比较，以利于更为全面地衡量六盘山片区城镇化发展的状况。

通过图11的数据对比，可见2010年六盘山片区城镇化率的水平与全国平均水平的差距相当大，仅为全国平均水平的一半。图12和图13显示，2004～2014年六盘山片区在人口城镇化率这一指标上与全国平均水平的差距是持续扩大的，在产业城镇化率这一指标上与全国平均水平的差距基本稳定在30个百分点左右（只有2006年和2011年两年的差距接近40个百分点）。②

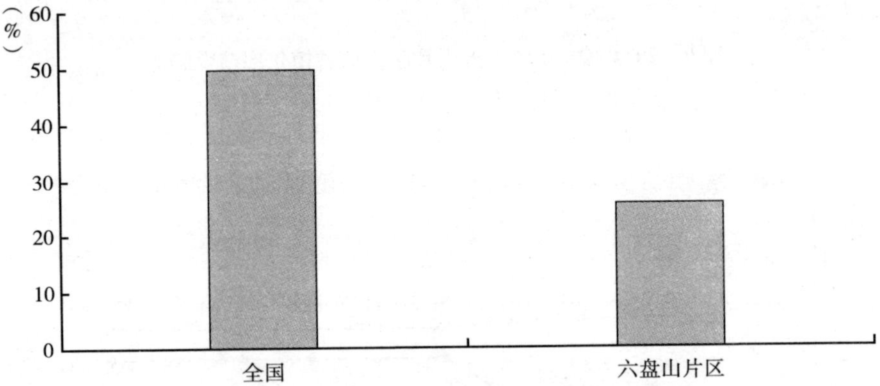

图11　2010年六盘山片区城镇化率与全国平均水平比较示意

资料来源：《六盘山片区区域发展与扶贫攻坚规划（2011—2020年）》，第11页；第六次全国人口普查数据。

① 资料来源为历年“统计年鉴”，《六盘山片区区域发展与扶贫攻坚规划（2011—2020年）》及《罗霄山片区区域发展与扶贫攻坚规划（2011—2020年）》等其他6个相关片区规划。

② 图12和图13相关数据系整理相关“统计公报”和“年鉴”数据所得。

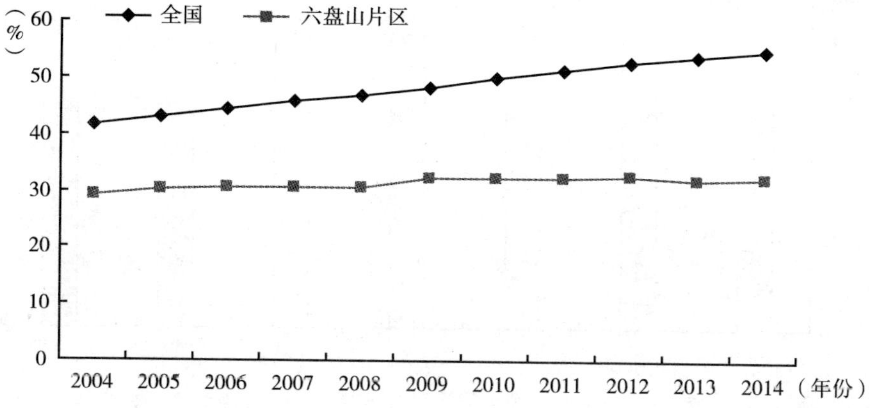

图 12　2004～2014 年六盘山片区与全国人口城镇化率对比

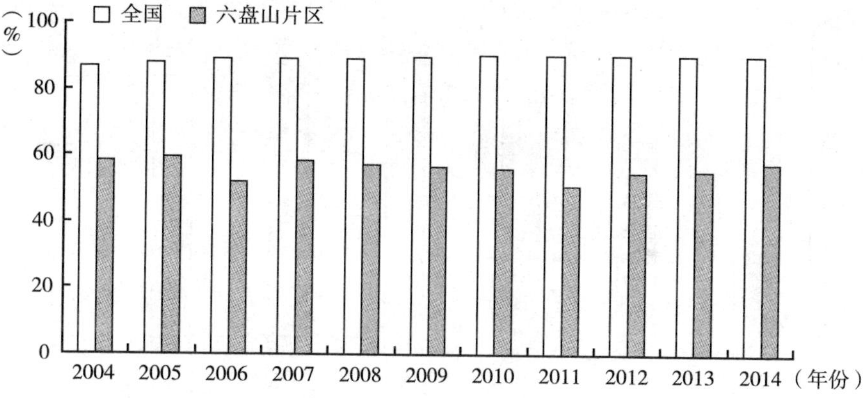

图 13　2004～2014 年六盘山片区与全国产业城镇化率对比

通过图 14 和图 15 的数据比较，可以发现：第一，在 2010 年城镇化率数据方面，六盘山片区在 7 个片区当中居于倒数第二的位置；第二，在 2001～2010 年城镇化率提升幅度方面，六盘山片区在 7 个片区当中居于倒数第一的位置。

通过六盘山片区城镇化发展数据与全国平均水平和其他兄弟片区的相关数据对比，可以得出另一个基本结论：该片区城镇化发展程度与全国平均水平比较而言仍有较大的差距，在 14 个片区中也居于偏低的位置。

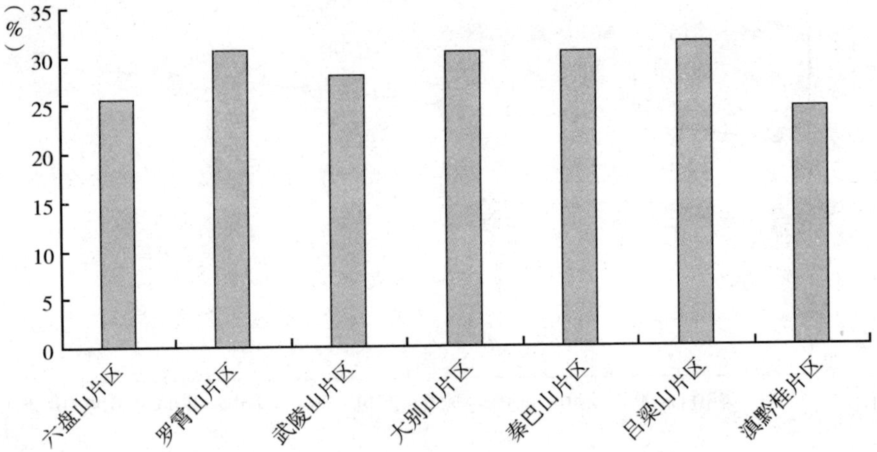

图 14　2010 年六盘山片区与其他 6 个片区城镇化率对比

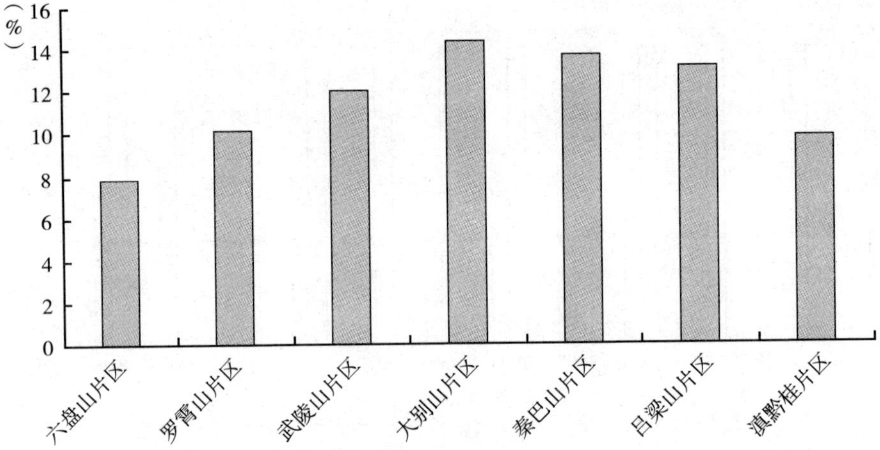

图 15　2001～2010 年六盘山片区与其他 6 个片区城镇化率提升幅度对比

（三）六盘山片区城镇化进程中存在的突出问题

六盘山片区城镇化的发展仍面临总体水平落后、发展不平衡、产业支撑不足、城镇建设特色不鲜明等突出问题，自然生态约束、农民工市民化难度较大、户籍土地等综合配套改革滞后、城市管理和社会治理水平不高等因素制约了其城镇化的发展进程，具体表现如下。

1. 自然与生态的约束较大，资源环境的承载能力脆弱

六盘山片区内有相当部分区域属于不适宜人类居住的地区，地形、气候等自然条件明显处于劣势，不少地方不具备城镇建设的合适条件，也很难形成密集且相互呼应的城镇群，导致城镇化进程缓慢。六盘山片区的城镇化付出了巨大的资源环境代价，在实施城镇开发和“拆旧造新”等举措的过程中，消耗了大量钢材、水泥、玻璃和化学材料等物质，不仅造成了较大的环境污染，也制约了建筑节能减排工作，使其脆弱的生态环境承载能力更加雪上加霜。

2. 基础设施承载能力有限，城镇公共事业面临更大挑战

由于基础设施欠账多、底子薄、投入缺口大，片区内诸多地区又为高原和高山峡谷，基础设施建设难度大、成本高、见效慢，加之当地经济发展滞后，六盘山片区城镇基础设施普遍总量供给不足，无论基础设施的硬件管理还是软件管理都十分滞后，城镇承载能力无法满足快速发展的城镇化需求，严重制约着城镇经济社会的发展。仅以片区涉及的人口城镇化率相对较高的甘肃省版块为例，其城市集中供水普及率、城市燃气普及率、城市污水集中处理率和生活垃圾无害化处理率均低于全国平均水平，[①] 更遑论其他版块的城镇基础设施承载能力。六盘山片区人均占有水资源 367.6 立方米，仅为全国平均水平的 16.7%。会宁、同心、循化等 21 个县（区）年均降水量不足 400 毫米，蒸发量超过 1500 毫米。[②] 干旱缺水是影响该区域城镇化发展的主要障碍之一，严重制约工农业发展和群众生活水平的提高。特别是随着城镇用水用电消耗的增加，资源和能源依赖问题日益紧张。

3. 片区经济总量较小，推进城镇化的物质基础薄弱

尽管片区经济总量实现了平稳较快的增长，但其人均生产总值即使与全国平均水平相比也存在较大差距，更遑论与发达地区比较。因此，片区内各产业发展的技术、资金等支撑条件相当薄弱，经济发展面临全方位结构调整的多重压力，限于自身财力的薄弱，故难以为城镇化的进一步推进提供更多的物质基础保障。比如，农业转移人口市民化既是城镇化的重中之重，又是难中之难。

---

① 冯志军、赵凌艺：《蓝皮书：甘肃农民工市民化进程艰难，成本逾 9 万元》，中国新闻网，2015 年 1 月 8 日，http://www.chinanews.com/sh/2015/01-08/6949543.shtml。

② 国务院扶贫办、国家发展改革委：《六盘山片区区域发展与扶贫攻坚规划（2011—2020年）》，第 12 页。

以2011年全国身在城镇但未实现市民化的农民工占总人口比例的平均水平(12%)[①]和2010年末六盘山片区总人口(2356.1万人)[②]为计算基础依据，六盘山片区目前需要完成市民化的农民工人数大致为282.7万人，人均市民化的成本（主要是让农民工享有与本地市民相同的各项权利和公共服务所需的公共投入，包括医疗保障成本、养老保险成本等）无论是按7万元，[③]还是10.6万元，[④]抑或9.2万元[⑤]的计算口径，相应的总成本分别达到1978.9亿元、2996.6亿元和2600.8亿元，这一巨大的城镇化发展成本，以片区目前的财力是难以支撑的。

4. 农牧区县域经济发展滞后

片区的工业化进程很大程度上是在外力作用下纵向推入的结果，致使经济空间发展水平起伏较大、反差强烈，尤其是农村牧区的非农产业发展更容易受到资源配置和产业聚集在经济效益、规模效益等瓶颈制约，以城镇为载体的工业发展和传统农业经济之间的缺乏有机联系，社会经济发展滞后。

5. 土地城镇化突进情况较为严重

六盘山片区城镇化的发展过分注重城市规模的扩张，片区土地城镇化的速度快于人口城镇化和公共基础设施的建设速度。一些地方在城镇扩展建设过程中，存在着过度征用土地甚至耕地现象；一些城镇在推行“拆农居，建社区”的过程中，由于征地操作的不规范、经济补偿不到位，让农民在失去土地的同时并未得到应有的保障；一些整体搬迁的农村人口迁往城镇后，由于无法享受到必要的住房保障和就业培训机会，日益成为被边缘化的“二等市民”和社会的不稳定因素。

6. 城镇开发缺乏有效规划，特色不够鲜明

在以往六盘山片区城镇化建设和开发过程中，由于缺乏有效的规划和合理监控机制，城镇建设中的“毛坯房”比例较高，因装修造成的二次污染和资

---

① 《专家：需警惕地方“虚假城镇化”》，《新华每日电讯》2012年12月21日，第5版。

② 国务院扶贫办、国家发展改革委：《六盘山片区区域发展与扶贫攻坚规划（2011—2020年）》，第11页。

③ 贺利娟：《农民工市民化人均成本约7万元》，《中国财经报》2015年1月24日，第3版。

④ 阚枫：《蓝皮书：中国农民工市民化人均公共成本约13万元》，中国新闻网，2013年7月30日，http://www.chinanews.com/sh/2013/07-30/5102519.shtml。

⑤ 冯志军、赵凌艺：《蓝皮书：甘肃农民工市民化进程艰难，成本逾9万元》。

源浪费情况相当普遍，建筑使用寿命短、改造成本高等问题比较突出。城镇建设中存在建筑式样单一、风格雷同的倾向，地方气息、民族特点和街景风貌特色不突出，缺乏精品建筑，对历史文化挖掘不到位、历史建筑保护不力、文化产业发展落后等问题较为显著。

7. 城镇化的内生动力不足，城镇竞争力低

由于自身的先天禀赋等因素影响，六盘山片区城镇化的主要和直接的动力来自于对片区资源的低水平不合理开发。由于缺乏有效技术手段，一些地方城镇化发展过程中仅仅依赖于矿产资源、自然资源的初级开发和低成本劳动力等，而在高新技术、信息化发展、高层次人才引进等高级生产要素的发展方面比较欠缺，核心竞争力不强，往往造成资源的低效率利用，失去应有的核心竞争力。

8. 大城市与中小城市（镇）之间、城乡之间发展不协调

六盘山片区城镇化发展存在地区、结构和城乡发展不平衡，大城市与中小城市、小城镇之间发展不协调，城乡之间发展不协调等问题。以片区涉及的陕西省为例，除西安外，宝鸡、咸阳等城市中间层级的城市数量严重不足，城乡发展和居民生活水平差异依然存在。全省非农产业产值每增加 1 亿元，可带动增加 220 个城镇就业，仅相当于全国平均水平的 81%。县域经济活力不强，小城镇产业基础薄弱，陕西全省 827 个建制镇中只有 160 多个初步形成了特色产业。① 城镇对农村的辐射带动和吸纳承载能力较弱，城乡收入差距没有明显改善。

9. 城镇化发展的体制机制配套建设方面严重滞后

六盘山片区城镇化发展中各级各类规划过多、相互矛盾等不利因素影响，导致了产城脱节、重城轻乡、城乡分割、用地粗放等诸多问题，阻碍了规划有效监管、产城有机互动和城乡合理统筹的实现。特别是在一些经济发展相对较好、人口密度较高的地区，人地关系日益紧张，急需加强规划统筹和管理。同时，由于缺乏科学有效的编制实施衔接机制，国民经济和社会发展规划、城市总体规划、土地利用总体规划等多种规划之间的矛盾日益突

① 《陕西城镇化率已达 50.02%　年均增长 1.83 个百分点》，新浪网，2013 年 9 月 22 日，http://sx.sina.com.cn/xianyang/economy/2013-09-22/07528642.html。

出。在同一个城市空间内，多部门的规划引导和控制要求并存，因衔接协调问题导致开发管理混乱的情况时有发生，在一定程度上影响了经济社会的健康发展。

三　六盘山片区新型城镇化的途径

城镇化发展与地理条件、资源状况、人文历史特点等多种因素都有密切关系。针对城镇化发展过程中存在的上述突出问题，六盘山片区应结合自身优势，既要推动大中城市的发展，也要积极促进小城镇的发展和提升，创新体制机制，因地制宜地走出各具特色的差异性的多元化发展路径。

六盘山片区实现新型城镇化，应遵循“以人为本、公平共享”等 7 项原则，并采取有序推进农业转移人口市民化等路径，实施充分发挥政府的调控作用、加快城镇空间的拓展与建设、加强小城镇建设规划和建设等具体举措。与此同时，六盘山片区的新型城镇化需要与新型工业化、信息化和农业现代化配套互促，既要整体推进，更需因地制宜，实现自然生态环境、政治、经济、文化以及历史传统等众多因素的有机整合。

（一）六盘山片区实现新型城镇化所应遵循的基本原则和理念

六盘山片区实现新型城镇化，应遵循“以人为本，公平共享”“四化[①]同步，统筹城乡”“优化布局，集约高效”“生态文明，绿色低碳”“文化传承，彰显特色”“市场主导，政府引导”和“统筹规划，分类指导”的基本原则。同时，应秉持“以人为本”，“重规划、省资源”，“宜居住、便出行”，实现城镇有序发展等发展新理念。

（二）六盘山片区实现新型城镇化所应采取的路径

可采取有序推进农业转移人口市民化、优化城镇化布局和形态等 5 条主要路径（见图 16）。

---

① 四化即信息化、工业化、城镇化和农业现代化。

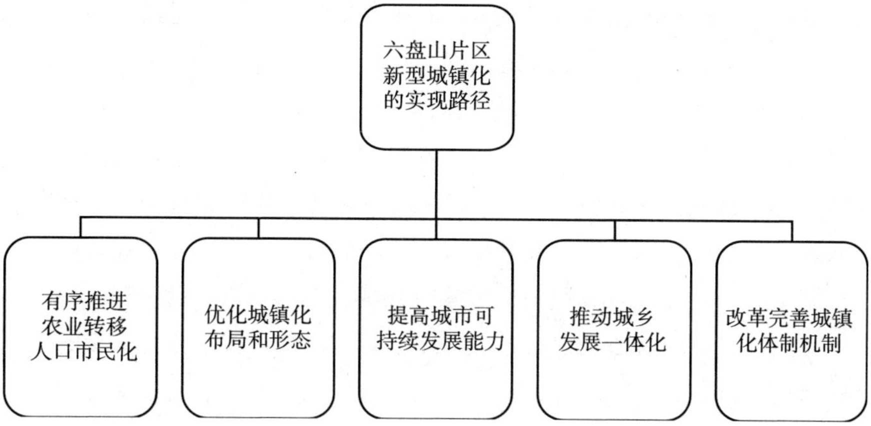

图 16　六盘山片区新型城镇化的实现路径构成示意

（三）六盘山片区实现新型城镇化所应实施的具体举措

1. 充分发挥政府的调控作用

在市场经济运行机制下，政府在城镇化中的主要作用是引导、培育并提升市场力量。政府应根据城镇的特色及功能定位，以及对生态环境要求，在市场机制的作用下，通过宏观调控机制对城镇过程中可利用的资源进行重新组合和优化配置，在尽可能实现资源利用最大化的条件下，实现城镇建设投入和产出的良性循环和可持续发展。

2. 改善城镇发展的制度环境

大力推进户籍制度改革，通过完善人口迁入政策促进农牧业人口的市民化，同时积极推进农村土地承包经营权的流转、农村宅基地置换等，促进农村人口向城镇转移；制定相关优惠措施鼓励农民工在城镇落户。不断完善、规范城乡土地的管理与征用制度，通过差别化的土地集约管理，合理开发有限土地资源。完善社会保障制度，建立与地方经济发展相适应的社会保障体系。推行有利于中小企业、非公有制企业发展的制度政策，鼓励民间创业。

3. 加快城镇空间的拓展与建设

积极响应国家城镇化发展的战略方针，充分发挥国家对片区扶贫开发的政策倾斜，加大片区城镇化建设中基础设施的投资力度，实现城镇化建设过程中投融资及运营的良性循环，不断拓宽民间资本和片区外资本进入的渠道，引导民间资本参与本地基础设施的建设，同时进一步完善区内外交通运输网络体系和网络信息体系，加快城镇空间的拓展。

4. 健全城市体系，发挥中心城市作用

六盘山片区地域辽阔，交通不便，难以在广大地域同时进行开发，因此形成规模适度、布局合理、功能突出的大中小城镇协调发展的城镇体系是六盘山片区未来长期发展目标，完善提升城市功能，促进人口与产业集聚。敢于突破城市空间布局，通过行政区划调整拓展中心城区面积培育六盘山片区的中小型城市，在周边核心城市的辐射与带动作用下，形成与大城市有效衔接的城镇梯次分布格局。

5. 产城融合，实现城市内涵式发展

立足工业化、农业现代化与城镇化协调互动，加快“主导产业－特色农业区－工业园区－特色（配套）产业点”的产业布局，努力形成产业分工协作严密、城镇功能衔接紧密、产业与城镇深度融合的良性互动格局。同时加快工业园区建设，以“产城和产镇融合”实现城区与工业园区、工业园区和农业发展区与服务业集聚区、镇街与周边限制开发区域的协同发展，在工业化、农业现代化、城镇化的过程中进一步实现产业链的优化整合，积极培育新的增长空间。加快现代物流、科技服务、金融保险等生产性服务业和商贸流通、交通运输、旅游休闲等消费性服务业发展，创造一条全新的质量提升、内涵丰富、品质拓展的城市发展道路。

6. 加快城乡一体化发展步伐

将农业产业化纳入城镇工业化发展全局，依托工业化与城镇化带来的辐射效应以及产业与城镇良性互动形成的增长潜力，通过健全土地流转体制机制、完善农业合作社公司化运营、发展现代农业产业集群等方式，加速资本、技术等资源向农村流动，加快农业现代化进程。同时加快城乡社会事业发展，确保城乡居民在就业、社会保障、教育、医疗和文化生活等方面享受同样待遇，缩小城乡公共服务差距，统筹城乡空间发展格局，实现城乡的协调发展。

7. 加强小城镇建设规划和建设

重点规划和建设一批商贸流通、加工制造、民族文化、旅游度假等特色城镇，支持一批交通区位优、产业基础好、发展潜力大的城镇发展成为中心镇。加强小城镇道路、电力、供水、供气、污水和垃圾处理等基础设施建设，加强教育、卫生等公共服务体系和设施建设，完善城镇服务功能。充分发挥小城镇人口集聚能力，引导农村人口向小城镇适度集中。建设一批在产业、建筑、文化、旅游等方面具有鲜明特色的小城镇。

8. 建立更为合理的区域协调机制

积极探索研究突破行政管辖障碍的战略举措，建立跨省区的联席会议制度，加大行政推动力度，通过签订经济一体化协议，统筹协调六盘山片区各区域的经济社会发展，加强片区内部的沟通与交流，一方面由相关职能部门牵头，建立片区内各成员单位定期会商机制、重大交通项目协调机制以及人才技术交流、文化旅游合作、生态环境治理、警务协作等机制，采取多种形式推动片区协调发展；另一方面要发挥企业在促进片区经济发展中的主体作用，鼓励片区内城市商会、行业协会等各级民间组织参与区域合作，通过开展形式不一、规模不同的经贸交流和洽谈，为地区间企业的投资合作创造条件，搭建区域经贸合作的平台，促进片区持续健康发展。①

9. 更有效地激发国际、国内两方面的外生动力

国际方面，应积极对接“一带一路”战略。② 2014 年 6 月 5 日，习近平总书记在中阿合作论坛第六届部长级会议上提出“中国同阿拉伯国家因为丝绸之路相知相交，是共建‘一带一路’的天然合作伙伴”，强调了阿拉伯国家在“一带一路”建设中的重要地位和作用。通过与阿拉伯国家加强合作，积极引进外资和对外项目合作，实现地区跨越式发展。③ 国内方面，努力寻求加大天津、辽宁、江苏、福建和厦门等省（市）在产业发展、干部交流、人员培训和劳动力转移就业等方面对甘肃、青海、陕西、宁夏四省（区）的对口帮扶工作力度，探索共建产业园区的双赢帮扶模式。

---

① 甘肃省统计局农村处：《六盘山区甘肃区域贫困现状与因地制宜脱贫政策研究》，甘肃省统计局网站，2013 年 3 月 5 日，http：//www. gstj. gov. cn/www/HdClsContentDisp. asp？Id = 20073。

② “一带一路”即“丝绸之路经济带”和“21 世纪海上丝绸之路”。2013 年，国家主席习近平在访问中亚和东盟国家期间先后提出了共建“丝绸之路经济带”和“21 世纪海上丝绸之路”的战略构想。此后，这一概念在国际国内都引起了极大的反响和关注。

③ 郝林海：《凝聚“一带一路”建设合力》，中国经济网，2014 年 9 月 4 日，http：//www. ce. cn/xwzx/gnsz/gdxw/201409/04/t20140904_ 3481772. shtml。

四　六盘山片区新型城镇化的趋向

新时期六盘山片区新型城镇化的发展趋向可以基于时代背景、发展目标和任务等分析得出，主要表现为建制镇和小城市落户限制全面放开，设区市市辖区的落户限制有序放开，更注重城镇化水平与质量的协调，更强调城镇化格局的优化，更重视城市发展模式的科学合理，更有力地推动城镇化体制机制不断完善。

（一）时代背景

2014 年 3 月，国务院印发《国家新型城镇化规划（2014—2020 年）》，明确了未来城镇化的发展路径、主要目标和战略任务，统筹相关领域制度和政策创新，是指导全国城镇化健康发展的宏观性、战略性、基础性规划。

自 2014 年 5 月起，六盘山片区相关省区相继出台各自的“新型城镇化规划”或“意见”，为各省（区）新型城镇化发展制定了更为具体的目标，明确了更为详尽的举措。2014 年 5 月 4 日，甘肃省人民政府印发了《甘肃省新型城镇化规划（2014—2020 年）》；2014 年 5 月 22 日，青海省人民政府印发了《青海省新型城镇化规划（2014—2020 年）》；2014 年 8 月，宁夏回族自治区党委、政府出台了《关于加快推进新型城镇化的意见》；2014 年 9 月 23 日，《陕西省新型城镇化规划（2014—2020 年）》发布。

2015 年 1 月，国家发改委等 11 部委在系统内部联合印发《国家新型城镇化综合试点方案》（以下简称《试点方案》），提出将江苏、安徽两省和宁波等 62 个城市（镇）列为国家新型城镇化综合试点地区。新型城镇化综合试点正式启动。① 青海海东市、宁夏固原市入选其中。

（二）发展目标

根据国家经济社会发展的大趋势和本区域特点，六盘山片区的新型城镇化应力求实现城镇化水平和质量稳步提升等 5 个方面的发展目标（见图 17）。

① 《64 个新型城镇化试点名单披露确定五大任务》，《21 世纪经济报道》2015 年 1 月 8 日。

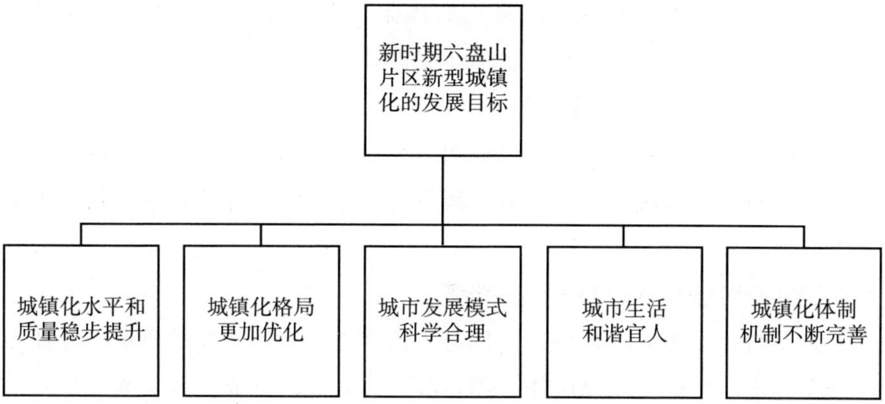

图 17　六盘山片区新型城镇化发展目标构成

（三）主要任务

新时期六盘山片区新型城镇化的任务主要涉及建立农业转移人口市民化成本分担机制等方面（见图 18）。

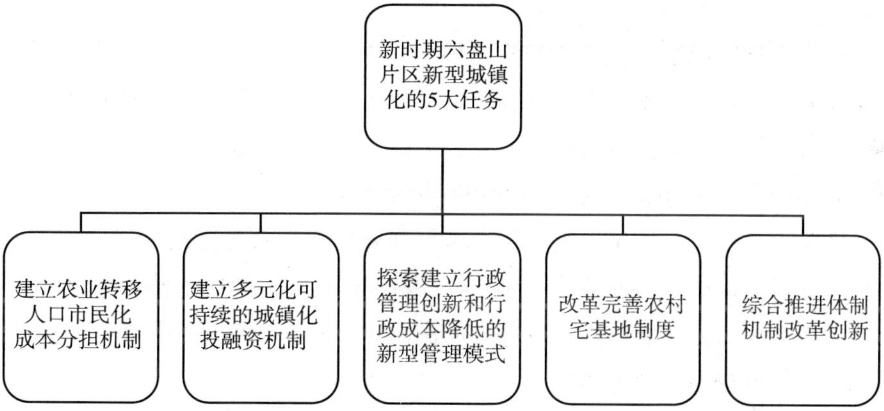

图 18　新时期六盘山片区新型城镇化的主要任务构成

（四）主要趋向

基于上述时代背景、发展目标和任务的分析，六盘山片区新时期新型城镇化发展的趋向主要表现为户籍制度改革等方面取得重大进展，更注重城镇化水平与质量的协调，更强调城镇化格局的优化，更重视城市发展模式的科学合理，更有力地推动城镇化体制机制不断完善等方面。

1. 户籍制度改革等方面取得重大进展

全面放开建制镇和小城市落户限制，有序放开西安市以外其他设区市市辖区的落户限制。土地流转制度改革方面也将通过土地信托流转等创新举措实现新突破。

2. 更注重城镇化水平与质量的协调

不仅要增加城镇人口数量，而且更要重视提高城镇发展的质量，要加强城镇基础设施建设，健全城镇居住、公共服务和社区服务等功能，创造良好的人居环境；要加强城镇污染综合治理，特别是有效解决好空气污染和水污染问题；要切实保护人文资源。在创新城市、智慧城市、低碳城市、人文城市建设等方面取得新突破。

3. 更强调城镇化格局的优化

中心城市、大县城、重点镇等多层级城镇样态建设布局更为合理，构建区域空间组织核心，完善县城综合服务功能，更好地发挥重点镇聚集能力和辐射功能。

4. 更重视城市发展模式的科学合理

将实现产业综合体模式、旅游小镇集群化模式、产城融合一体化模式、旧城改造与更新模式、新型农村社区发展模式等模式的有机整合。

5. 更有力地推动城镇化体制机制不断完善

将在城乡发展一体化体制机制、城乡规划编制和管理体制机制、农业现代化体制机制、城市“多规融合”制度、城市生态文明制度、城市社会治理体系以及新型城镇化标准体系建设等方面做出更多有益的尝试和探索。

6. 新型城镇体系基本成型

到 2020 年左右，六盘山片区作为一个城市规划建设的格局初步建立，基本形成级配合理、优势互补、功能完善、特色鲜明、空间紧凑的新型城镇体系。

五　结论

《六盘山片区区域发展与扶贫攻坚规划（2011—2020 年）》提出了两个阶

段的发展目标："一是到2015年，现代旱作节水农业、能源化工等特色产业加快发展，产业结构得到优化，循环经济发展初见成效，经济发展能力明显增强；基础设施显著改善，基本公共服务水平大幅提高；生态建设深入推进，水土流失综合治理取得明显成效；城乡居民生活水平明显提高，贫困人口数量减半，全面建设小康社会的基础更加牢固；二是到2020年，稳定实现扶贫对象不愁吃、不愁穿，保障其义务教育、基本医疗和住房，发展差距扩大趋势得到扭转，与全国同步实现全面小康社会目标"。①

上述两个阶段发展目标的实现，无不与六盘山片区新型城镇化发展状况紧密相连。六盘山片区的新型城镇化建设，应以"人"的城镇化为根本出发点，紧扣本片区的战略定位，该片区协调内生动力和外生动力，积极对接"一带一路"战略、片区区域发展与扶贫攻坚规划和各省区各级各类相关规划等政策措施，把握"国家新型城镇化综合试点"机遇，与新型工业化、信息化和农业现代化配套互促，从有序推进农业转移人口市民化、优化城镇化布局和形态、加快基础设施建设、推动产业发展、改善农村基本生产生活条件、促进就业与加强农村人力资源开发、推进社会事业发展与公共服务均等化和加强生态建设与环境保护等多个方面着手，积极探索改革和完善"市民化成本分担机制"、"城镇化投融资机制"等体制机制的可行办法，既要整体推进，更需因地制宜，寻求强有力的组合拳效应，走出一条独具本片区特色的新型城镇化道路，实现自然生态环境、政治、经济、文化以及历史传统等众多因素的有机整合。

① 国务院扶贫办、国家发展改革委：《六盘山片区区域发展与扶贫攻坚规划（2011—2020年）》，第17～18页。

B.8

吕梁山片区城镇化进程、趋势与路径

龙海军*

摘 要：本文首先从人口、产业、土地三个维度综合分析了吕梁山片区2004～2014年城镇化的进程及其特征，发现：①城镇化水平稳步推进，但整体水平不高，且片区内部差异明显；②人口－产业－土地城镇化失调，但优于全国平均水平；③城镇化综合水平接近全国平均水平，且呈空间聚集。然后，阐述了吕梁山片区城镇化的空间演变趋势，并指出产业主导型城镇化模式未来将是吕梁山片区城镇化的模式选择。最后，以吕梁山片区城镇化的动力机制分析为基础，从人口城镇化、产业城镇化、土地城镇化、交通基础设施建设保障四个方面提出了未来吕梁山片区城镇化的路径。

关键词：吕梁山片区　城镇化　空间差异　趋势分析

一　吕梁山片区概况

吕梁山片区是吕梁山集中连片特殊困难地区的简称，是国家新一轮扶贫开发攻坚战略确定的14个集中连片特困地区之一，是未来我国扶贫攻坚的主战场之一。片区横跨山西、陕西两省共20个县，分别为山西省所辖的静乐县、神池县、五寨县、岢岚县、吉县、大宁县、隰县、永和县、汾西县、兴县、临县、石楼县、岚县等13个县和陕西省所辖的横山县、绥德县、米脂县、佳县、

* 龙海军，中南大学博士研究生，吉首大学商学院副教授，主要从事企业成长研究。

吴堡县、清涧县、子洲县等7个县（见图1）。片区内20个县全部为国家扶贫开发工作重点县和革命老区县，其中有17个黄土高原丘陵沟壑水土保持生态功能区县。

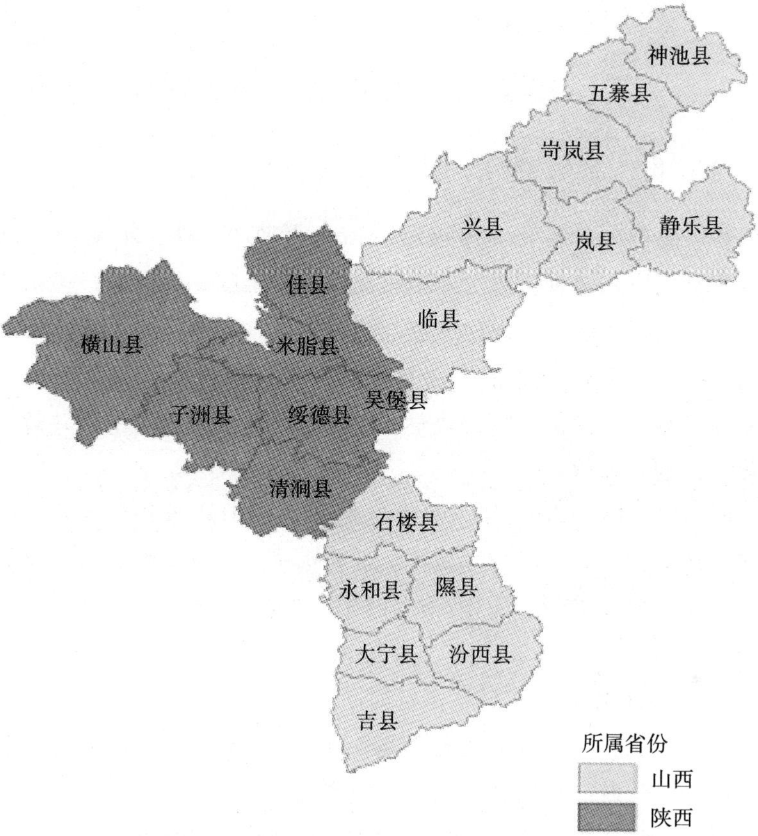

图1　吕梁山片区辖区

吕梁山片区土地总面积为3.6万平方公里，地处黄土高原中东部，西接毛乌素沙地，东跨吕梁山主脉，黄河干流从北到南纵贯而过。地貌类型以墚、峁为主，沟壑纵横，属典型的黄土丘陵沟壑区。

2011年12月，国家制定并发布了《吕梁山片区区域发展与扶贫攻坚规划（2011—2020年）》（以下简称《规划》），为吕梁山片区扶贫发展提供了制度保障。《规划》在吕梁山片区空间布局上明确指出："加快重点城镇和产业集聚区建设，推进片区与太原城市群、呼包银榆经济区的融合发展，……形成空间布局合理、经济联系紧密、产业特色鲜明、城镇体系完善的发展格局。”因此，研究吕梁山片区城镇化进程、趋势及其发展路径，对于贯彻落实《规划》关于吕梁山片区的空间布局具有重要的意义。

二 吕梁山片区城镇化进程评价

（一）评价内容与资料来源

借鉴曹广忠等（2011）测度区域城镇化水平的方法，本文从人口城镇化率、产业非农化率和城乡建设土地城镇化率三个维度综合测度吕梁山片区的城镇化水平，以及各个维度城镇化的空间演进特征和规律。由于吕梁山片区地跨山西、陕西两省4市20个县，各县区面积、人口数量、产业发展水平均存在一定的差异，本文选择从县级行政单元、分片区两个空间尺度来对吕梁山片区的城镇化水平进行评价。

分析时间为2004～2014年，测度这期间吕梁山片区各县人口、产业、用地结构三个维度的城镇化状况和城镇化综合水平、相互关系、空间特征及其动态演进。本文数据皆来源于《中国城市统计年鉴》（2005～2013年）。受出版周期所限，目前2014年、2015年《中国城市统计年鉴》尚未出版，故应用平滑指数法，基于2004～2012年各指标时间序列数据预测得到2014年、2015年数据。另外，出于《中国城市统计年鉴》缺少对县域层次的城市建设用地面积数据的统计，故统一采用各县所在地级市城市建设用地面积占市区面积比重推算该县城镇建设用地面积。最后，对于个别年份缺失的数据主要采取了插值法处理，即利用前后两年的相关数据插值取中间值。

（二）吕梁山片区人口城镇化进程及特征

1. 城镇化进程缓慢，城镇化水平低

图2显示，2004年以来，吕梁山片区人口城镇化率①由14.97%上升至

① 人口城镇化率 $P_{ij}=PU_{ij}/PZ_{ij}$，其中 P_{ij} 为 i 地第 j 年人口城镇化率，PU_{ij} 为 i 地第 j 年城镇人口数，PZ_{ij} 为 i 地第 j 年总人口数。

23.97%，年均增长0.9个百分点。同期，全国人口城镇化率由41.76%上升至54.72%，年均增长近1.3个百分点。相较于全国人口城镇化增长，吕梁山片区人口城镇化进程缓慢，年均增长速度低了0.4个百分点。整体人口城镇化方面，吕梁山片区人口城镇化率远远低于全国平均水平，2014年的差距高达30.75个百分点。另外，由于人口城镇化年增长率低于全国平均水平，2004～2014年，吕梁山片区人口城镇化与全国平均水平的差距不仅没有缩小，反而呈现日益扩大的趋势，两者之间的差距从2004年的26.79个百分点扩大到2014年的30.75个百分点。

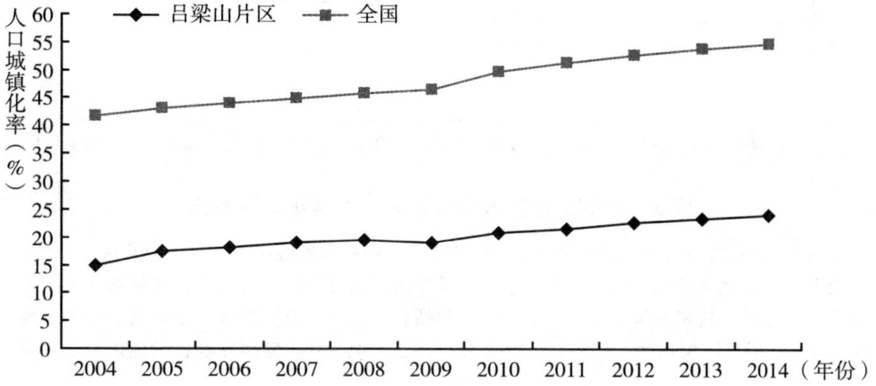

图2　吕梁山片区与全国人口城镇化进程对比

图3显示，吕梁山片区内部各分片区人口城镇化发展也不均衡。就人口城镇化整体水平而言，忻州片区、临汾片区人口城镇化水平相对较高，吕梁片区居中，榆林片区最低。2014年，忻州片区人口城镇化水平达37.44%，临汾片区为35.40%，吕梁片区为27.57%，而榆林片区仅为14.53%。甚至可以说，在一定程度上正是榆林片区人口城镇化水平，拉低了整个吕梁山片区的人口城镇化率。吕梁山片区内部各分片区人口城镇化的差异，其原因主要为各地人口城镇化年增长率的差异。忻州片区、临汾片区两个片区年均增长率分别达1.61个百分点和1个百分点，而人口城镇化率最低的榆林片区年均增长率仅为0.35个百分点，片区内部年均增长率差异最大达到四五倍，从而导致片区内部差距拉大。以吕梁片区和榆林片区为例，2004年两片区人口城镇化水平相差无几，分别为13.87%和

11.22%，两者差距仅为2.65个百分点。而到了2014年，两者的差距迅速扩大到13.04个百分点。

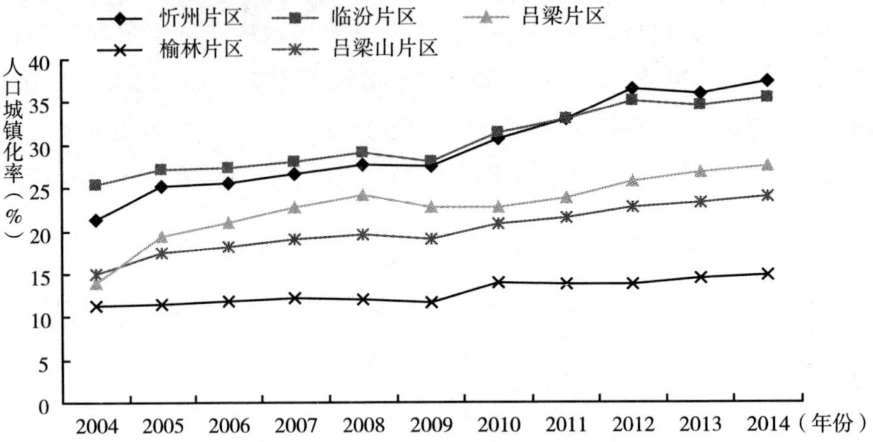

图3　吕梁山片区各分片区人口城镇化进程对比

注：为便于比较，本文将吕梁山片区20个县按照所属地级市，将吕梁山片区划分为4个分片区，分别为忻州片区、临汾片区、吕梁片区和榆林片区。忻州片区包括静乐县、神池县、五寨县、岢岚县等4个县，临汾片区包括吉县、大宁县、隰县、永和县、汾西县等5个县，吕梁片区包括兴县、临县、石楼县、岚县等4个县，榆林片区包括横山县、绥德县、米脂县、佳县、吴堡县、清涧县、子洲县等7个县。

2. 片区内各县城镇化水平差异明显

吕梁山片区人口城镇化整体水平较低，同时片区内各县人口城镇化水平差异明显。由图4可知，吕梁山片区各县人口城镇化空间分布呈现明显的聚集现象，即人口城镇化高密度地区和低密度地区的相对集中。形成了以岢岚县为中心包括静乐县、神池县、五寨县、兴县在内位于吕梁山片区东北部的人口城镇化聚集区（忻州片区），该区域各县人口城镇化率均高于30%，岢岚县最高，达45.5%；另外，在片区西南方也形成了一个包括石楼县、吉县、大宁县、隰县、永和县、汾西县6个县在内的较高人口城镇化聚集区（临汾片区），该区域人口城镇化率均超过30%；最后，在片区西北部形成了一个以子洲县为中心，包括横山县、绥德县、米脂县、佳县、吴堡县、清涧县等共计7个县在内的低人口城镇化聚集区（榆林片区），该区域人口城镇化水平除米脂县以外均低于20%，子洲县更是仅有7.4%。

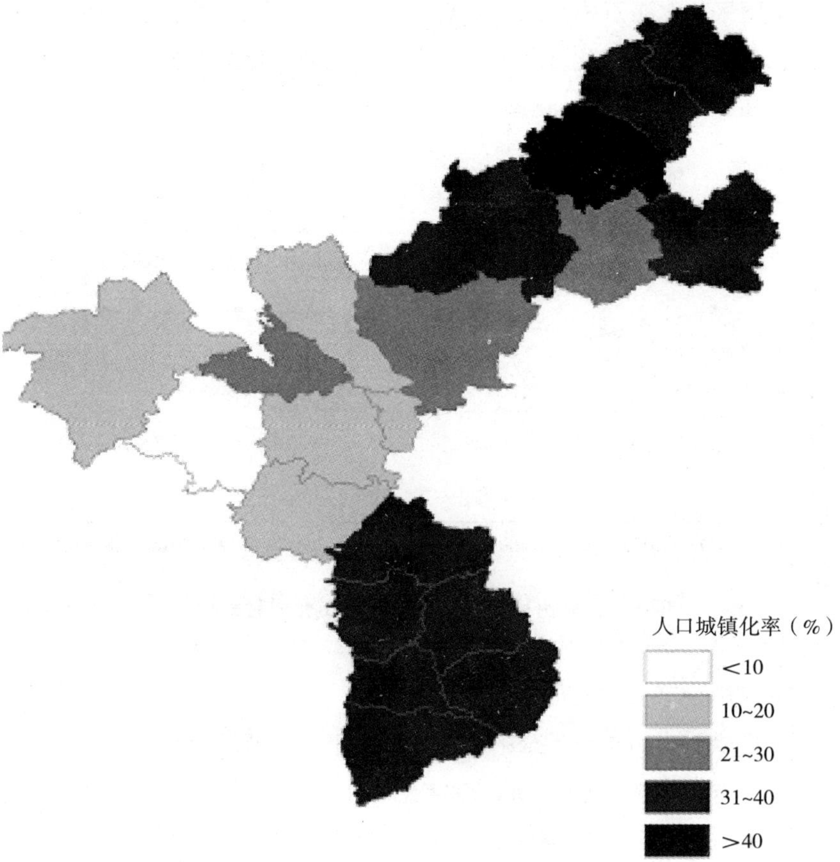

图4　2014年吕梁山片区20个县人口城镇化水平分类

（三）吕梁山片区产业城镇化进程及特征

1. 产业城镇化水平不高

2004～2014年，吕梁山片区产业城镇化率①由73.41%上升至81.58%，年均增长约0.82个百分点。同期，全国产业城镇率由84.81%上升到90.21%，年均增长0.54个百分点。从增长速度来看，吕梁山片区产业城镇化

① 产业城镇化率用第二、第三产业增加值与地区GDP的比值来衡量。

速度快于全国平均水平。但由于吕梁山片区整体经济社会发展水平较低，产业化底子薄，目前产业城镇化水平依然不高，产业城镇化率与全国平均水平的差距长期徘徊在 10 个百分点（见图 5）。

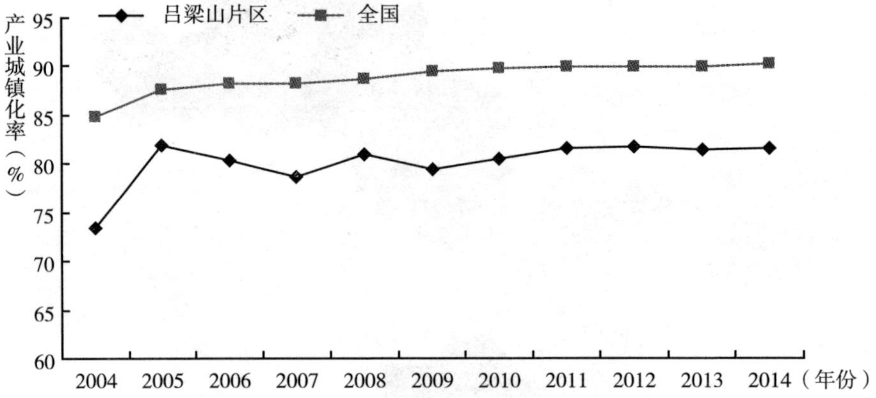

图 5　吕梁山片区与全国产业城镇化进程对比

2. 产业城镇化率波动明显，增速趋缓

从图 5 可以看出，相较于全国产业城镇化率稳步增长的态势，吕梁山片区产业城镇化率有较为明显的波动。2004 ~ 2014 年，吕梁山片区产业城镇化率有两个明显的转折点：2005 年和 2009 年。2004 ~ 2005 年，吕梁山片区产业城镇化率从 73.41% 增长到 81.92%，年增长 8.51 个百分点，呈现井喷式的产业增长速度，迅速拉近了与全国平均水平的差距。但之后，吕梁山片区产业城镇化率开始呈现下降趋势，从 2005 年的 81.92% 一直下降到 2009 年的 79.40%。2009 年之后，吕梁山片区开始重新步入产业城镇化的增长轨道，开始缓慢增长。这意味着吕梁山片区产业城镇化可以分为两个明显的阶段：2004 ~ 2009 年，可以叫作急剧变动阶段，产业城镇化率忽高忽低；2009 ~ 2014 年，则可以叫作缓慢增长阶段，产业城镇化率稳步增长。

同时，吕梁山片区产业城镇化率波动明显，导致吕梁山片区产业城镇化率长期陷于停滞不前的状态。2005 年，吕梁山片区产业城镇化率即达到 81.92%，之后进入下行渠道，一直降到 2009 年的 79.40%。2009 ~ 2014 年，产业城镇化率仅增长了 2.18 个百分点，年均增长 0.43 个百分点。这一现象与同期全国产业城镇化率增速趋缓同步。2009～2014 年，全国产业城镇化率仅增长 0.79 个百分点，年均增长 0.16 个百分点。

3. 片区内产业城镇化差异明显

图 6 显示，吕梁山片区内部各分片区产业城镇化可以分为两种类型。吕梁片区、忻州片区和榆林片区属于长期上升类型，这三个分片区的产业城镇化率虽也有波动，但总体呈上升态势；而临汾片区虽然在 2004～2008 年增长明显，但自此呈现明显的下降趋势，故可以归为长期下降类型。

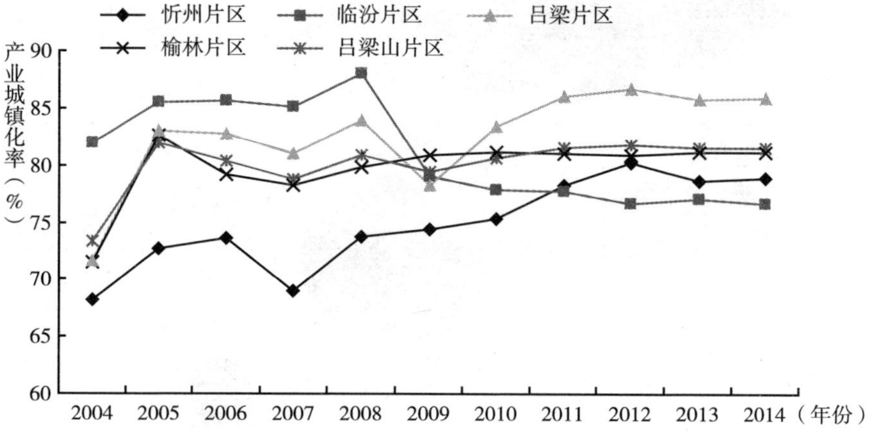

图 6　吕梁山片区各分片区产业城镇化进程对比

4. 片区内各县（市、区）产业城镇化空间差异明显

根据产业城镇化水平的差异，将吕梁山片区各县分为高产业城镇化区、较高产业城镇化区、中等产业城镇化区、较低产业城镇化区和低产业城镇化区 5 类（见图 7）。其中，兴县、横山县和汾西县的产业城镇化率均高于 90%，与全国产业城镇化水平相当。这些县虽然都不是区域中心城市，但是具有一个共同的特点，即资源丰富，煤炭、原油产业较为发达。产业城镇化较高的区域有岢岚县、岚县、静乐县、子洲县、绥德县、米脂县、吴堡县 7 个县，其产业城镇化率高于 80%。五寨县、临县、隰县、吉县 4 个县为中等产业城镇化区域，产业城镇化率在 75%～80%；大宁县、石楼县、佳县 3 个县的产业城镇化率为 65%～75%，处于较低水平；神池县、永和县、清涧县 3 个县的产业城镇化率最低，低于 65%。产业城镇化率由高到低的 5 类县（市、区）数量占比分别为 15%、35%、20%、15% 和 15%。

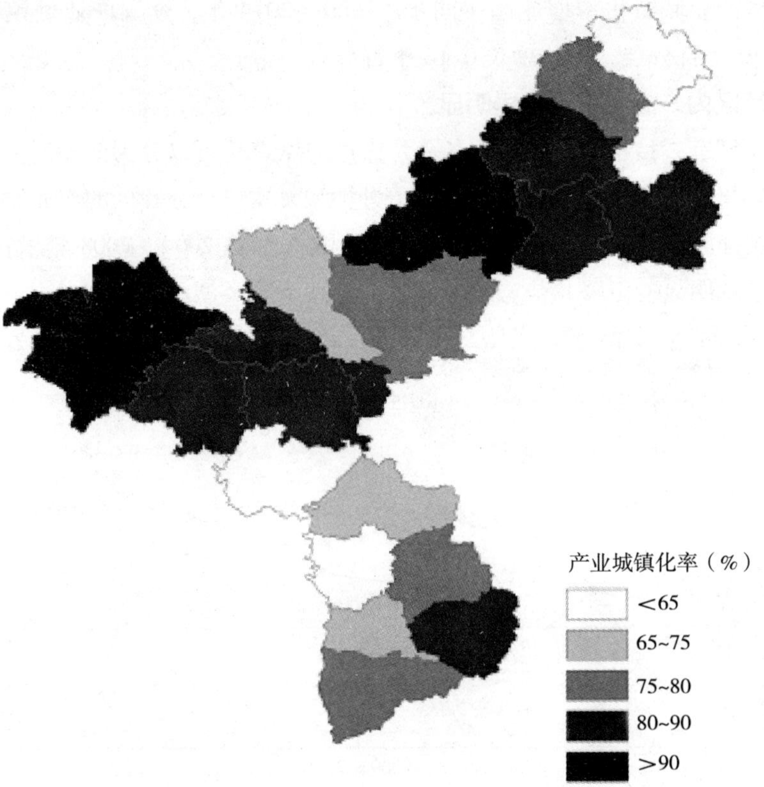

图 7　2014 年吕梁山片区 20 县产业城镇化水平分类

从总体空间分布来看，吕梁山片区产业城镇化率较高的区域与当前该区域铁路空间分布高度重合。片区内产业城镇化水平较高的县一般都位于铁路沿线附近，印证了铁路等交通条件在促进当地工业及第三产业发展中的重要作用。而处于铁路线以外的其他县，特别是大宁、石楼、永和等县，产业城镇化率较低。

（四）吕梁山片区土地城镇化进程及其特征

1. 土地城镇化水平低

土地城镇化率[①]是考察城镇化进程中建成区面积扩展速度、土地利用效率的

① 土地城镇化率 = 城区建成区面积/土地面积（市辖区）。

重要指标，由建成区面积占土地面积的百分比来衡量。吕梁山片区 20 个县均没有统计建成区面积数据，且无一个县级市，故选择各县所属地级市数据来分析吕梁山片区土地城镇化概况。图 8 表明，吕梁山片区土地城镇化水平低，与全国土地城镇化平均水平差距甚远。2014 年，吕梁山片区土地城镇化率为 1.31%，而同期全国土地城镇化率为 3.88%，相差约 2.6 倍。同时，两者之间的差异有扩大的趋势。2004 年，吕梁山片区和全国土地城镇化率的差距为 3.20 个百分点，而到了 2011 年，这一差距扩大到了 4.53 个百分点[①]。这意味着，吕梁山片区土地城镇化速度低于全国平均速度，吕梁山片区在全国土地城镇化进程中逐渐落伍。

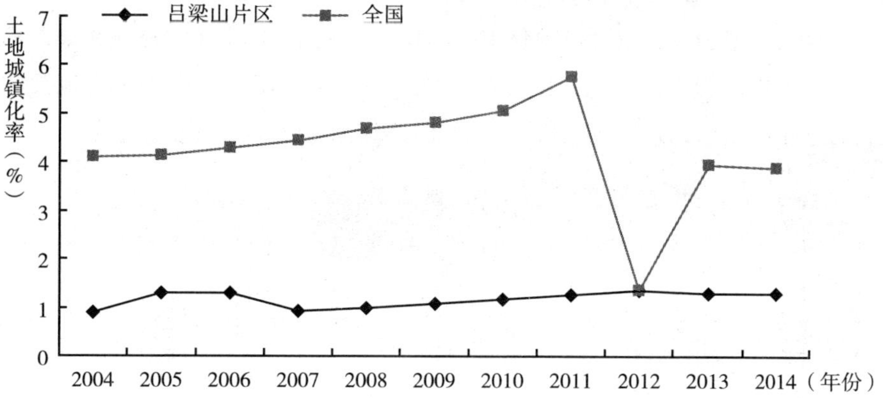

图 8　吕梁山片区与全国土地城镇化进程对比

注：全国土地城镇化率在部分年份出现较大波动是由于统计口径不同。

2. 土地城镇化临汾市“一枝独秀”

吕梁山片区内部各地土地城镇化进程不一，土地城镇化差异巨大。吕梁山片区所属 4 个地级市之中，临汾市的建成区面积及其占土地面积百分比“一枝独秀”。从建成区面积来说，2012 年，该市建成区面积达 54 平方公里，是吕梁山片区建成区面积最大的市，超过建成区面积最小的吕梁市 32 平方公里。而在建成区面积占土地面积百分比上，临汾市的比重也最高。2004 年，临汾市建成区面积占土地面积百分比为 2.81%，2012 年为 4.1%。该数据是吕梁山片区其他市

---

① 2004～2011 年，全国、吕梁山片区各市土地城镇化计算统计指标口径一致，便于比较，故仅对比 2004 年和 2011 年土地城镇化率。

的2~6倍。同时，临汾市建成区面积还保持了较快的扩张速度，年均扩展1.7平方公里。此外，忻州市建成区面积稳步扩张。2004年，该市建成区面积为19平方公里，所占土地面积比重为0.97%；2012年，该市建成区面积增长到32平方公里，所占土地面积比重为1.61%。吕梁市虽然建成区面积总量有所扩张，从2004年的20平方公里增加到2012年的22平方公里，但建成区面积增长缓慢，且建成区面积占土地面积比重不增反减，从2004年的1.51%下降到2012年的1.49%。相较于其他3个城市，榆林市的土地城镇化呈现独有的特征。建成区面积从2004年的26平方公里增长到2012年的52平方公里，但所占比重长期徘徊在1%以下，是吕梁山片区内部土地城镇化率最小的区域（见图9）。综上所述，不难发现，吕梁山片区土地城镇化中临汾市“一枝独秀”，无论是从建成区面积还是所占比重，均为吕梁山片区最高区域。特别是其建成区面积占土地面积比重，远远超越吕梁山片区其他市，已接近与同期全国平均水平。

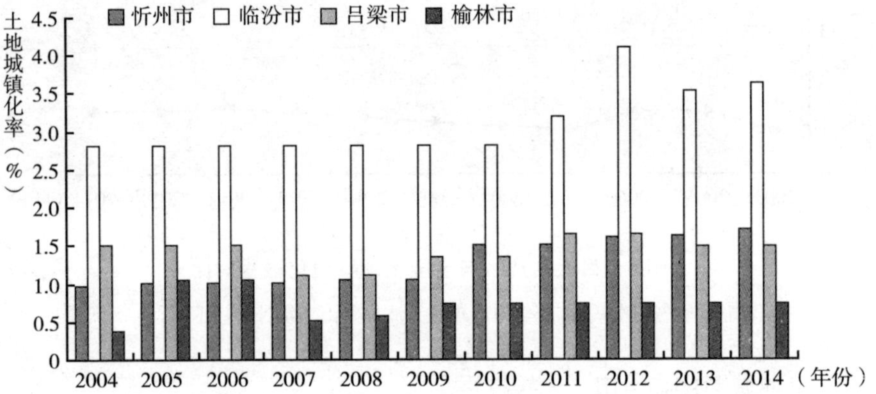

图9　吕梁山片区各市土地城镇化进程对比

（五）吕梁山片区城镇化综合评价①及特征

1. 城镇化整体水平较低，城镇化增速稳定

本文将人口、产业、土地城镇化率看作空间中三个彼此相交的方向，以三

---

① 累计值 $D_{ij}=\sqrt{\frac{U_{ij}^2+I_{ij}^2+L_{ij}^2}{3}}$，偏离度 $P_{ij}=\frac{2}{3}\sqrt{(U_{ij}-I_{ij})^2+(I_{ij}-L_{ij})^2+(L_{ij}-U_{ij})^2}$，综合度 $C_{ij}=D_{ij}\times(1-P_{ij})$。

个指标值所构成的空间向量的长度作为城镇化的综合累计值，来测度城镇化的强度。因此，通过计算吕梁山片区各地城镇化累计值，可以呈现吕梁山片区城镇化整体水平。由图 10 可知，综合考虑人口、产业、土地的吕梁山片区城镇化累计值显示，吕梁山片区城镇化整体水平较低。2004 年，吕梁山片区城镇化累计值为 43.26%，同期全国城镇化累计值为 54.63%，两者相差 11.37 个百分点；2014 年，吕梁山片区城镇化累计值为 49.1%，同期全国城镇化累计值为 60.96%，两者相差 11.86 个百分点。另外，2004 ~2014 年，吕梁山片区城镇化累计值年均增长 0.58 个百分点，全国城镇化累计值年均增长 0.63 个百分点。这一方面反映吕梁山片区整体水平相对较低，另一方面也意味着吕梁山片区城镇化水平在过去的 10 年内没有缩短与城镇化发达地区的差距，城镇化增速稳定，略低于全国平均增速。

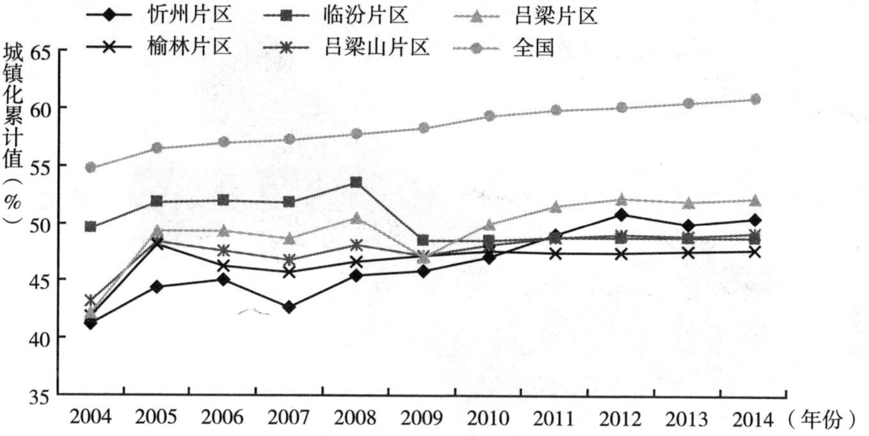

图 10　吕梁山片区与全国城镇化累计值对比

片区内部城镇化进程阶段性特征明显。以 2009 年为节点，片区内部各地城镇化进程可分为两个阶段。2004 ~2009 年作为第一阶段，这一阶段吕梁山片区四个分片区城镇化强度差异较大。2004 年，城镇化强度最高的临汾片区，城镇化累计值为 49.56%，最低为忻州片区，其城镇化累计值为 41.27%，两者相差 8.29 个百分点。2009 ~2014 年属于第二阶段，这一阶段的典型特征就是片区内部城镇化强度差距缩小。2014 年，城镇化强度最高的吕梁片区，其城镇化累计值为 52.13%，最低的是榆林片区，城镇化累计值为 47.65%，两者差距 4.48 个百分点。

吕梁山片区城镇化进程中这一明显的阶段性特征意味着，随着时间的推移，吕梁山片区内部各地城镇化强度有趋同的迹象，未来各地城镇化整体水平趋近。

2. 城镇化整体水平趋同，高城镇化区域“点面结合”

从县域层面对2014年吕梁山片区20个县的城镇化累计值进行分类描述，结果如图11所示。图形显示，吕梁山片区内部存在3个明显的高城镇化区域，分别位于片区的西南部、中南部和东北部。西南部高城镇化区域包含3个县，分别为横山县、米脂县和吴堡县；东北部高城镇化区域由4个县组成，即五寨县、岢岚县、兴县、静乐县；中南部高城镇化区域仅1个县，即汾西县。前两个区域连接成面，后一个区域高城镇化县呈点状分布。所以，吕梁山片区高城镇化区域“点面结合”。另外，吕梁山片区低城镇化县呈面状分布。低城镇化区域集中分布于吕梁山中部腹地，包括清涧县、永和县2个县。

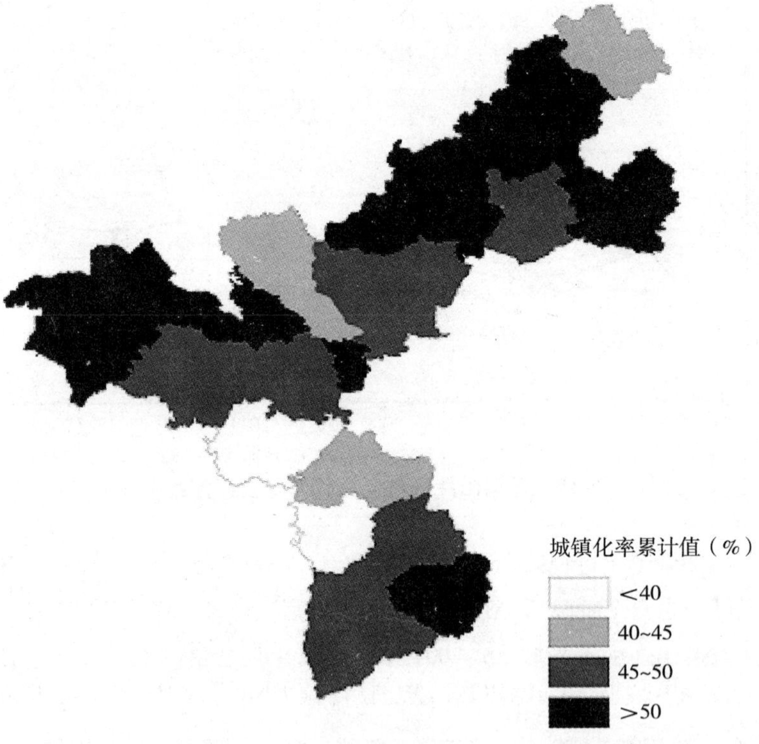

图11　2014年吕梁山片区20个县城镇化累计值分类

3. 人口－产业－土地城镇化协调度偏低，但优于全国平均水平

考察城镇化水平，不仅需要测度其城镇化整体水平，还应分析各个分指标之间的协调程度。城镇化累计值表现了在人口、产业、土地三个指标推动下的城镇化水平，而偏离度代表人口、产业、土地三个指标之间的不一致性程度。图 12 显示，吕梁山片区城镇化累计值与城镇化综合度差异明显。2014 年，吕梁山片区城镇化累计值为 49.1%，而同期的城镇化综合度仅为 15.92%，两者相差约 33 个百分点。两者之间巨大的差异说明，吕梁山片区人口－产业－土地城镇化协调程度偏低。

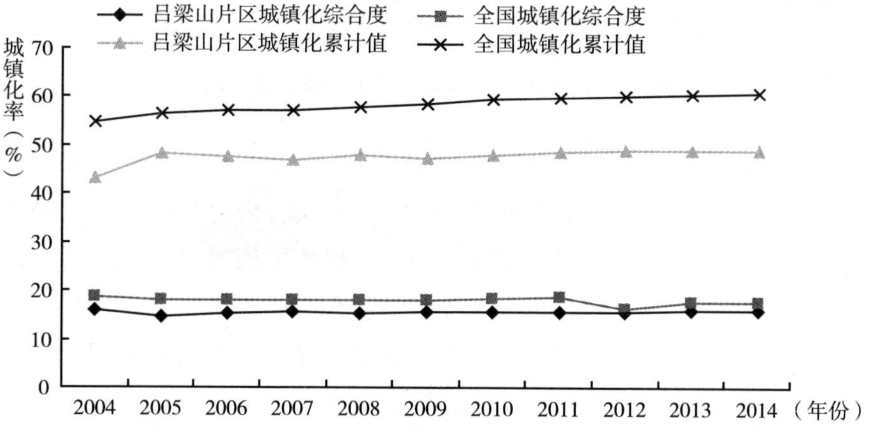

图 12　吕梁山片区和全国城镇化累计值、综合度对比

城镇化进程中人口－产业－土地城镇化协调性一般可用城镇化偏离度来测度，偏离度取值在 0～1，越靠近 1 表示城镇化协调性越差，越接近 0 则表示城镇化协调性好。图 13 显示，2004～2014 年，吕梁山片区城镇化偏离度稳步提高，但提高幅度不大，吕梁山片区人口－产业－土地城镇化的协调性并没有出现大的恶化。2004 年，吕梁山片区城镇化偏离度为 0.628，2012 年上升至 0.6758，仅增长了 7.6%，年均增长不到 1 个百分点。同时，2014 年吕梁山片区城镇化偏离度均低于全国城镇化偏离度平均水平。2004 年，吕梁山片区和全国城镇化偏离度分别为 0.628 和 0.6595；2012 年，两者偏离度演变为 0.6799 和 0.7261。这意味着，相较于全国，吕梁山片区城镇化进程中人口－产业－土地城镇化的协调性表现较好。

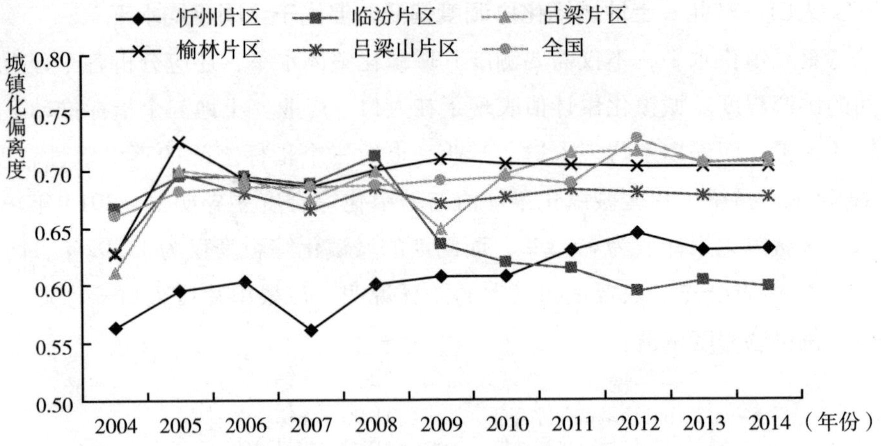

图 13　吕梁山片区和全国城镇化偏离度对比

吕梁山片区内部，各县城镇化偏离度存在较大的差异。分片区来看，忻州片区城镇化偏离度明显低于其他片区。2004 年，忻州片区城镇化偏离度为 0.5631，同期临汾、吕梁、榆林三片区城镇化偏离度分别为 0.6659、0.6108 和 0.6262。这意味着，忻州片区城镇化各维度的协调程度好于吕梁山片区其他区域。另外，临汾片区 2008 年以来城镇化偏离度有明显的下降趋势，至 2012 年下降到 0.594。这意味着 2008 年来临汾片区人口－产业－土地三维度城镇化进程同步性大大提高，城镇化的协调性大大加强。与此相反，吕梁片区、榆林片区城镇化偏离度长期居高不下。2012 年，这两个片区城镇化偏离度达 0.7159 和 0.7020。这意味着吕梁片区、榆林片区长期以来人口－产业－土地城镇化发展失衡，城镇化三维度匹配程度低，城镇化协调发展表现不佳。

而在县域层面上，基于 2014 年吕梁山片区各县城镇化偏离度数据，笔者对吕梁山片区 20 个县城镇化偏离度分别进行了分类。图 14 显示，在空间分布上，城镇化协调性呈现明显的中南好、西部差的空间布局。吕梁山中南部区域城镇化偏离度普遍较低，城镇化协调性较好；而西部地区各县则城镇化偏离度普遍较高，城镇化进程中人口－产业－土地城镇化协调程度相对较差。

4. 城镇化综合水平接近全国平均水平，各地梯度差异明显

城镇化综合度不仅考虑城镇化整体水平，还考虑城镇化过程中人口、产

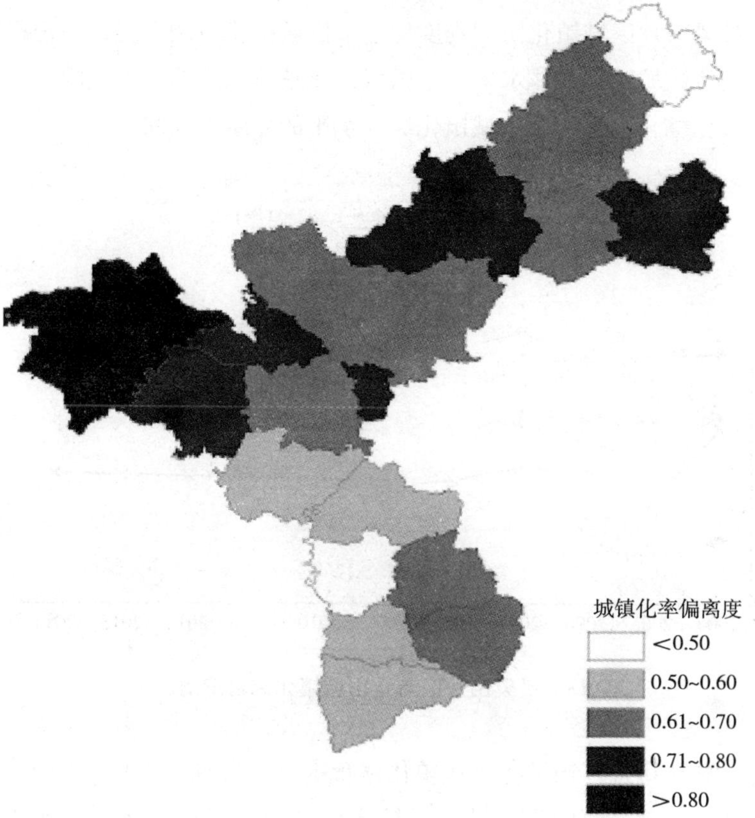

图 14　2014 年吕梁山片区城镇化偏离度分类

业、土地三个城镇化分指标之间的协调程度，是对城镇化质量的综合测度。图 15 显示，吕梁山片区城镇化综合水平一直与全国城镇化综合水平相差在 3 个百分点之内，且有缩小趋势。2004 年，全国城镇化综合度为 18.6%，吕梁山片区为 16.09%，两者相差 2.51 个百分点；2012 年，全国城镇化综合度为 16.47%，吕梁山片区为 15.92%，两者相差 0.55 个百分点。这意味着，吕梁山片区城镇化综合水平开始接近全国平均水平。

回顾图 10 可知，吕梁山片区城镇化整体水平与全国城镇化整体水平相差甚远。2004 年，两者之间的差距为 11.37 个百分点；2014 年，两者之间的差距扩大到 11.86 个百分点。而通过城镇化综合水平的比较发现，吕梁山片区城镇化综合水平接近全国平均水平。这一现象正是两者之间城镇化偏离度差异所致。因为吕梁山片区城镇化协调程度优于全国城镇化协调程度，一定程度上弥补了吕梁山片区城镇化整体水平与全国城镇化整体水平的巨大差距，从而吕梁山片区城镇化综合水平与全国城镇化综合水平的差距大大缩小。

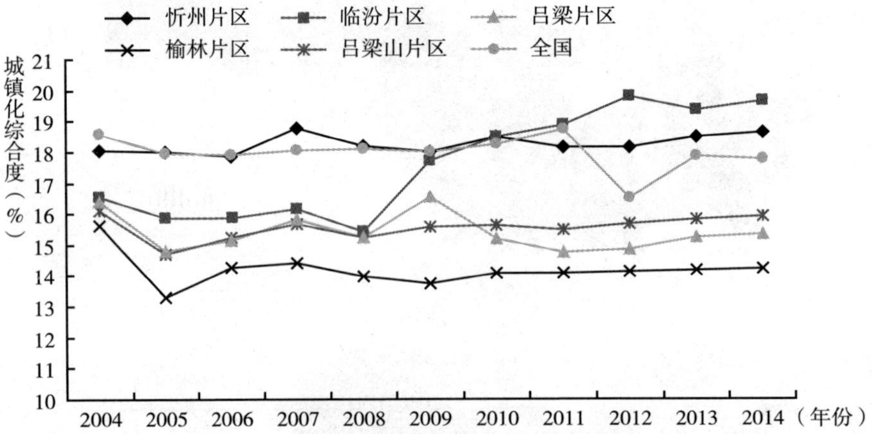

图 15　吕梁山片区与全国城镇化综合度对比

另外，吕梁山片区内部各地城镇化综合水平分为两个梯度。忻州片区和临汾片区属于第一梯队，两片区城镇化综合度高于吕梁山片区平均水平，2014年分别达 18.61% 和 19.63%，且高于同期全国平均水平（17.76%）；吕梁片区和榆林片区属于第二梯队，两片区城镇化综合度低于吕梁山片区平均水平，2014 年分别为 15.31% 和 14.2%。在第二梯队中，榆林片区与吕梁山片区平均水平的差距有扩大的趋势，两者之间的差距从 2004 年的 0.46 个百分点扩大到 2014 年的 1.52 个百分点。

5. 城镇化综合水平空间聚集，南北相望与东西相连并存

从县域层面上，将吕梁山片区各县城镇化综合度进行分类（见图 16）。可以将吕梁山片区 20 个县城镇化综合水平分为五个层次：高城镇化综合水平（>0.18）、较高城镇化综合水平（0.17 ~ 0.18）、一般城镇化综合水平（0.16 ~ 0.17）、较低城镇化综合水平（0.15 ~ 0.16）、低城镇化综合水平（<0.15）。如图 16 显示，吕梁山片区城镇化综合水平空间分布呈现明显的空间聚集特征，

高城镇化区域南北相望，低城镇化区域东西相连。2014 年，吕梁山片区有两个高城镇化综合水平聚集区域。一个区域位于片区北部，包括神池县、五寨县、岢岚县 3 个县，另一区域位于片区南部，包括石楼县、永和县、大宁县 3 个县。两个高城镇化综合水平区域南北相望。而低城镇化综合水平的县域大多集中于片区的西部和东部，如中西部包括横山县、米脂县 2 个县的低城镇化综合水平聚集带，还有中东部的岚县属于低城镇化综合水平区。并且，这两个低城镇化综合水平聚集区通过佳县、临县 2 个一般城镇化综合水平县相连，形成一个贯穿吕梁山片区东西的低城镇化综合水平带。

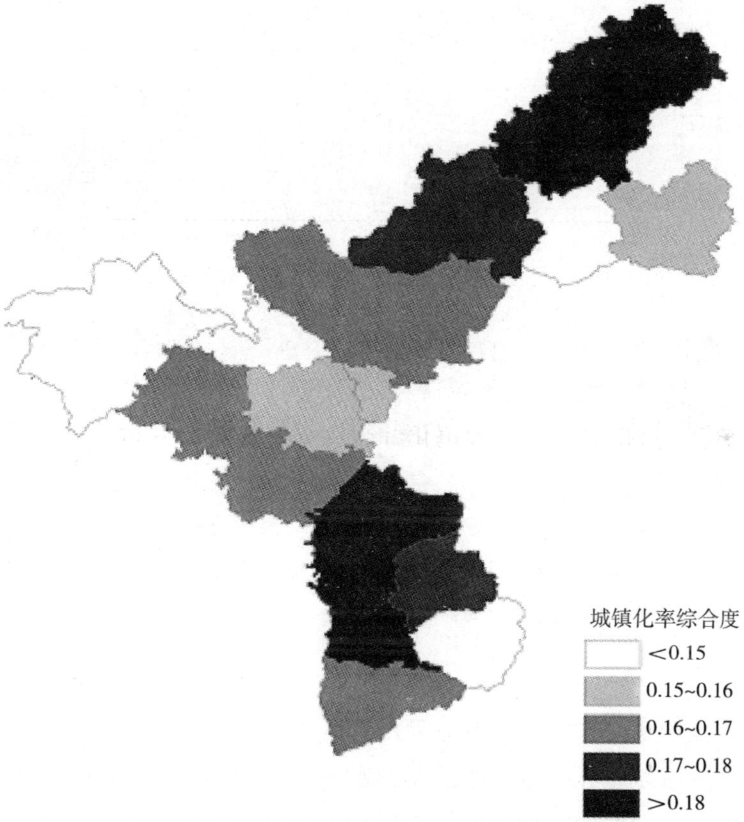

图 16　2014 年吕梁山片区 20 个县城镇化综合度分类

三　吕梁山片区城镇化发展趋势

（一）城镇化的空间趋势性分析

利用 ArcGIS 的趋势性分析方法，可以进一步分析吕梁山片区城镇化关键指标的空间发展趋势。具体如图 17 所示，其中，X、Y 轴分别代表东西和南北方向，Z 轴表示关键指标的指标值，落在两个平面上的两条曲线则代表关键指标在东西、南北方向上的轨迹。

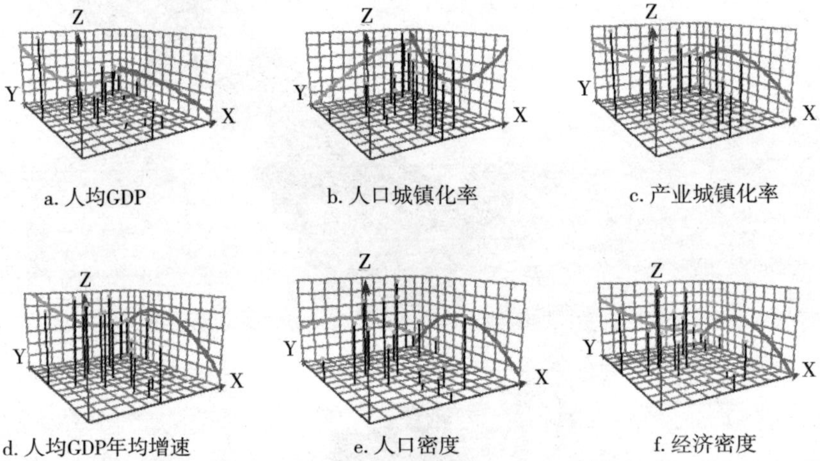

图 17　吕梁山片区城镇化关键指标的空间趋势

注：人均 GDP、人口城镇化率、产业城镇化率、人口密度、经济密度 5 项指标的数据均为 2014 年的，人均 GDP 年均增速则取 2004 ~ 2014 年的平均增速。

相较于全国平均水平，虽然吕梁山片区经济发展水平、城镇化进程较为落后，但内部区域差异明显。经济发展水平方面，吕梁山片区呈现西部强于东部、北部强于南部的特征，东南部形成一个经济塌陷地带，主要包括石楼县、临县、大宁县、岚县、永和县、隰县等，其人均 GDP 远远落后与周边其他县域。产业城镇化方面，中部崛起是其典型的特征，这表明中部具有更优质的产业结构，也与中部地区具有较为丰富的煤炭等自然资源密切相关，基于自然资源形成中部地区的产业高地。人口城镇化则与产业城镇化趋势恰恰相反，中西部人口城镇化急剧下降，远远落后于其他区域。这意味着，当前吕梁山片区的产业城镇化，还是简单粗放型产业城镇化。围绕自然资源的产业发展并没有带动人口从农村向城市的转移，也没有在资源型产业的基础上打造起完整的相关产业链条；由于资源型产业的资本密集特性，就业容量相对较小，吕梁山片区打造劳动密集型产业的任务任重道远。人均 GDP 年均增速方面，东西方向上与人均 GDP 指标的走势吻合，即人均 GDP 相对较高的西部地区增速也较快，人均 GDP 相对较低的东部地区增速也相对较慢，这意味着吕梁山片区经济发展处于起步阶段，“马太效应”明显。南北方向上则没有这一相关性，反而与产业城镇化率指标的变化趋势吻合，这表明中部地区较优质的产业结构支撑了较快的人均 GDP 增长。人口密度方面，东西方向上，西部地区高于东部地区；南北方向上，仍然呈现中部凸起的态势，中部地区人口密度远远高于南北两侧。由此可见，吕梁山片区的中西部地区是高人口密度地区，如绥德县、米脂县、吴堡县等。经济密度的空间差异高于人口密度的空间差异，主要是在东西方向上，西部地区经济密度远高于东部地区，南北方向上仍然是中部凸起。经济密度与人口密度的空间趋势差异表明，经济布局与人口分布之间的协同性较差，片区内部差距未来有进一步拉大的趋势。

为了进一步分析吕梁山片区内各分片区经济布局与人口分布的矛盾，图 18 给出了 4 个分片区经济 - 人口密度指数的演变趋势①。经济 - 人口密度指数越接近于 1，表明经济布局与人口分布之间越匹配，越偏离于 1，经济和人口分布则越不协调。图 18 表明，临汾片区虽然也保持增长趋势，但相对于其他 3 个片区而言，临汾片区经济 - 人口密度指数增长幅度最小，相对平缓，近几年保持在 1.3 左右；吕梁片区以 2009 年为节点，前期经济 - 人口密度指数增长较缓，从 0.32 增长到 0.69，此后开始迅速增长，从 2009 年的 0.69 增长到

① 经济 - 人口密度指数计算公式为：$EP_{d,i}=\frac{E_{d,i}/\bar{E}_d}{P_{d,i}/\bar{P}_d}$，其中，$E_{d,i}$、$P_{d,i}$ 为 i 地区的经济密度和人口密度，$\bar{E}_d$、$\bar{P}_d$ 为片区的经济密度和人口密度均值。

2014 年的 1.78；忻州片区和榆林片区经济 - 人口指数增长轨迹趋于一致，均保持较快增长，榆林片区还是片区内经济 - 人口密度指数最高的区域，2014 年经济 - 人口密度指数达 1.81。可见，4 个片区中，临汾片区的经济和人口分布相对协调，榆林片区、吕梁片区、忻州片区经济布局相对于人口分布具有明显的优势。

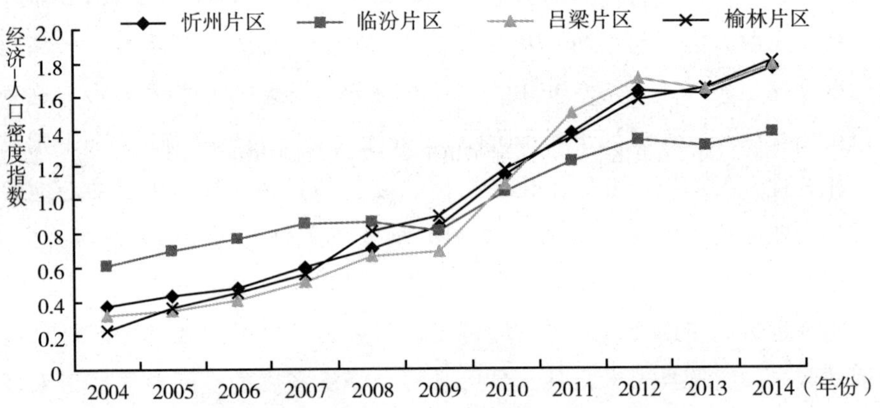

图 18　吕梁山片区经济 - 人口密度的协调性演变趋势

（二）城镇化模式趋势分析

学者们的研究指出，健康的城镇化应该是人口城镇化、产业城镇化、土地城镇化之间相互匹配的过程，即各个城镇化分维度之间彼此协调、相互适应。据此，对城镇化模式的分析可以把人口城镇化、产业城镇化、土地城镇化三维度之间进程的相互关系作为出发点。曹广忠等人（2013）根据三维度之间的关系，将城镇化模式划分为六种类型①。

由图 19 可知，2004 ~ 2014 年，吕梁山片区城镇化进程一直属于类型Ⅲ：

① 类型Ⅰ：人口城镇化水平 > 用地城镇化水平 > 产业非农化水平；类型Ⅱ：人口城镇化水平 > 产业非农化水平 > 用地城镇化水平；类型Ⅲ：产业非农化水平 > 人口城镇化水平 > 用地城镇化水平；类型Ⅳ：产业非农化水平 > 用地城镇化水平 > 人口城镇化水平；类型Ⅴ：用地城镇化水平 > 产业非农化水平 > 人口城镇化水平；类型Ⅵ：用地城镇化水平 > 人口城镇化水平 > 产业非农化水平。

产业城镇化 > 人口城镇化 > 土地城镇化。这意味着，吕梁山片区的城镇化奉行的是一种典型的产业城镇化主导模式。产业城镇化率比人口城镇化率高近 60 个百分点，而土地城镇化与产业城镇化、人口城镇化之间的差距有逐年扩大的趋势。2004 年，吕梁山片区土地城镇化与产业城镇化、人口城镇化之间的差距分别为 72.51 个百分点和 14.08 个百分点；2014 年，数据分别扩大到 80.27 个百分点和 22.66 个百分点。这意味着，在吕梁山片区城镇化进程中，产业主导型城镇化的趋势进一步明确。在可以预见的未来，吕梁山片区仍将在城镇化进程中采取产业主导型城镇化模式。

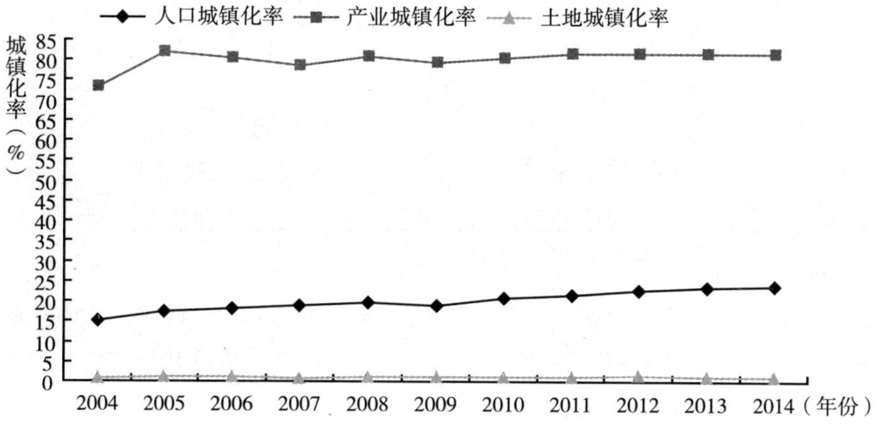

图 19　吕梁山片区人口 - 产业 - 土地城镇化演变趋势

四　吕梁山片区城镇化的路径选择

（一）吕梁山片区城镇化动力分析

城镇化是一个复杂的社会经济过程，学者们对城镇化动力机制研究的结论也不尽相同。有学者认为区域经济发展和产业非农化是推动城镇化的关键力量，有学者则认为城镇化动力可归结为行政力、市场力、外部力和内在力。本文借鉴黄亚平等人（2013）的观点，从宏观政策力、中观经济力、微观要素力三个方面对吕梁山片区城镇化的动力机制进行分析，以明确吕梁山片区城镇化的外部环境和自身条件，进而确定吕梁山片区城镇化的路径。

1. 宏观政策力

吕梁山片区内20个县均属于全国严重水土流失县，其中17个县被纳入限制开发的黄土高原丘陵沟壑水土保持生态功能区，可建设用地少，严重制约农业规模化生产、产业化经营和城镇空间拓展。产业底子薄，片区发展对能源与矿产资源生产加工业及煤炭物流等相关服务业依赖程度高。交通基础设施条件差，对内对外交流不畅。因此，相较于沿海经济社会发达地区，其发展更依赖政策扶持。《吕梁山片区区域发展与扶贫攻坚规划（2011—2020年）》（以下简称《规划》）等一系列国家、省级政策文件的出台为吕梁山片区城镇化提供了坚实的政策支持。

（1）财税支持政策

财政支持政策：《规划》明确指出要求加大中央财政对吕梁山片区的均衡性转移支付力度，提高转移支付的比例，从而实现增加转移支付金额。同时，要求陕西、山西两省省级财政提高对吕梁山片区的转移支付比重，直接向片区内各县倾斜，延长省级财政性资金扶持政策的实施年限。还进一步明确要求，加大中央集中专项彩票公益金对片区扶贫开发的支持力度。针对吕梁山片区煤炭等自然资源丰富的状况，要求进一步完善矿产资源收益机制，实现矿产资源地方留成向资源产地倾斜。

税收支持政策：全面实施各种税收优惠政策。如对吕梁山片区内属于国家鼓励类产业的企业，根据西部大开发税收政策，企业所得税税率调整为15%。又如，对于国家重点扶持的公共基础设施项目，其经营所得享受“三免三减半”政策。积极推进资源税改革，实施从价计征，并进一步提高黑色金属矿原矿、有色金属矿原矿和其他非金属矿原矿的单位税额标准。在资源税分成标准方面，进一步提高县级行政单位的分成比例。

（2）投资产业支持政策

投资支持政策：根据将吕梁山片区建成革命老区发展振兴区、旱作农业和特色农产品基地、优势资源开发与扶贫攻坚相结合创新区、黄河中游水土保持重点区的战略定位，《规划》明确了对吕梁山片区的投资支持政策和产业支持政策。中央投资要向区域特色农业开发、重大民生工程、地方基础设施建设和生态环境保护等方面进行倾斜。针对当前吕梁山片区交通基础设施薄弱的现实，国家将投入专项资金，进一步提高投资补助标准，推进片区公路、铁路、民航等交通基础设施建设。支持优势特色产业的技术改造和产业结构调整。

产业支持政策：重点支持片区内特色农业、煤及盐化工、现代物流等产业的发展。具体表现为，在信贷、用地、投资、项目审批等方面，加大对特色农业生产基地和商贸流通基地的资金支持。针对沿海产业转移，制定相关支持优惠政策，引导劳动密集型产业向吕梁山片区转移，促进片区产业城镇化。

（3）土地支持政策

根据土地利用总体规划，在各项土地利用调控指标控制下，统筹安排耕地保护、城乡建设、基础设施建设、产业发展和生态建设等各项用地规模、结构、布局和时序，合理安排小城镇、产业聚集区建设用地。实施差别化土地管理政策，加大对土地利用年度指标的倾斜力度。支持开展工矿废弃地复垦利用，选择部分有条件的地区适时开展试点工作。

（4）基础设施建设支持政策

重点支持片区交通基础设施建设，从公路、铁路、民航三个方面全面促进片区交通基础设施建设。公路建设方面，规划建设“两纵两横”交通运输主通道，并实施片区内国道、省道、县道的改造升级；铁路建设方面，强化干线铁路、运煤专线建设与扩能改造，提高煤炭等大宗物资运送能力；民航方面，推进吕梁等机场建设。构建绥德综合交通运输枢纽，形成融贯太原城市群、呼包银榆经济区，畅达中原经济区、关中－天水经济区和宁夏沿黄经济区的交通运输主通道。

《规划》明确了国家、陕西、山西等各级政府对吕梁山片区区域发展和扶贫攻坚的政策支持措施，这些措施应用在城镇化建设方面，就为吕梁山片区的人口、产业、土地城镇化提供了强大的政策支持力。

2. 中观经济力

实现人口非农化的前提条件就是区域经济结构和产业结构的调整和升级。因此，经济力是区域城镇化的主要内在动力。

（1）农业发展水平

农业发展水平的提高将会释放大量的农村劳动力，从而为工业和服务业提供丰富的劳动力资源。因此，农业对城镇化的推动力不可忽视。2004～2014年，吕梁山片区第一产业增加值从26.91亿元提高到117.20亿元，第一产业人均产值从833元上升至3655元。这意味着农业劳动力水平大大提高，从而可以为第二、第三产业发展提供大量的劳动力资源。

（2）第二产业发展水平

2004～2014年，吕梁山片区第二产业增加值从31.79亿元增加到282.39亿元，占片区国内生产总值的比重从31.41%上升至44.37%，年均约增长1.3个百分点。同期，全国第二产业增加值从72387亿元增加到272335.2亿元，占国内生产总值的比重从53.02%下降到45%。这一增一减意味着，与当前我国经济进入后工业化时期、城镇化主导力由工业向服务业转变形成鲜明对比的是，今后一段时间，吕梁山片区工业化依然是城镇化的主导推动力。

（3）第三产业发展水平

相较于其他产业，服务业能够容纳的就业人数多，是人口城镇化的重要推动力量。2004～2014年，吕梁山片区第三产业增加值从42.51亿元增加到236.82亿元，占片区国内生产总值的比重从42%下降至37.21%，降低了约4个百分点。同期，全国第三产业增加值从43384亿元增加到273605.8亿元，占国内生产总值的比重从31.78%上升至45.21%。当前，我国第三产业增加值及占国内生产总值比重均超过了第二产业，国家经济发展进入后工业化时期。而吕梁山片区第三产业历经11年的发展，虽然增加值总额增加甚多，但相对于第二产业而言，增速相对较慢。这意味着吕梁山片区服务业发展潜力尚未被充分挖掘，存在巨大的提升空间。因此，大力发展契合吕梁山片区资源优势的特殊服务业将成为拉动吕梁山片区城镇化的重要力量。

3. 微观要素力

区域经济社会发展和城镇化需要依托资源要素去实施。微观要素力主要表现在区域生态环境、硬件基础设施及城镇空间格局等方面。纵观吕梁山片区，其微观要素力具有如下特征。

（1）区域环境容量的有限性和生态脆弱性。吕梁山片区属于典型的黄土水土流失区，土质层厚而疏松，加之植被稀少、降水集中，导致水土流失严重，片区内20个县均属于全国严重水土流失县，其中17个县被纳入限制开发的黄土高原丘陵沟壑水土保持生态功能区。特殊的地形地貌严重制约了农业实行大规模生产，也限制了产业开发和城镇空间拓展。特殊的生态环境决定了吕梁山片区城镇化进程中应控制开发强度，加强生态文明建设，促进生态环境与经济社会发展协调统一，走绿色城镇化道路。

（2）交通基础设施条件差，但未来改善力度大。交通条件的改善对吕梁山片区城镇化水平的促进作用极为明显，吕梁山片区产业城镇化率较高的区域与当前该区域铁路空间分布高度重合的特征正是其反映。在《吕梁山片区区域发展与扶贫攻坚规划（2011—2020年）》的指引下，未来10年吕梁山片区将引来交通大发展时期。将会打造“两纵两横”交通运输主通道，区域内部将会积极推进沿黄河两岸公路的升级改造，加快主通道联络线、省道、专支线铁路规划建设，完善岚县、吉县、五寨等交通节点运输功能。片区内外交通基础设施建设的提速将会为吕梁山片区城镇化提供良好的机遇。

（3）城镇空间布局不合理，区域中心城市缺乏。县城、建制镇是推进城镇化的主要载体，区域中心城市更是拉动区域城镇化的核心。目前，吕梁山片区低水平均衡的城镇空间分布格局导致城镇功能长期较弱，带动农业发展的能力不足。

（二）吕梁山片区城镇化路径的选择

通过对吕梁山片区城镇化发展基础及动力条件的分析，吕梁山片区可以在城镇化路径上选择一条“进出有序、梯度推移、以特促产、产业融合、中心极化、节点聚集”的城镇化道路。

1. 人口城镇化路径

（1）输入输出，有序引导

搭建输入输出、有序引导的人口城镇化模式（见图20）。进城务工，特别是进入发达地区务工是当前吕梁山片区广大剩余劳动力收入增长的主要途径，短期内吕梁山片区劳动力外流的趋势难以逆转。因此，短期内吕梁山片区各地可改变劳动力自发输出的模式，通过强化劳动力技能培训，提高劳动力整体素质，打造吕梁山片区优质劳动力输出品牌，为未来吕梁山片区城镇化培养资金、人才。同时，相较于经济发达地区，吕梁山片区产业基础较为薄弱，就业容量有限。因此，应进一步加大招商引资力度，通过优秀企业和优秀人才的引进，特别是积极承接沿海产业转移，进一步提高吕梁山片区第二、第三产业在国民经济中的比重，实现片区劳动力的就近就业。从中长期来看，增强吕梁山片区自我发展能力，增强吕梁山片区劳动力内部吸收能力，应是吕梁山片区未来人口城镇化发展的主要路径。具体来说，一方面，吕梁山片区各地应通过各种措施，积极鼓励和支持劳务输出人才回流创业，利用他们在经济发达地区所学的知识、经验和积累的资金，返乡创业，通过大量的自创小微企业吸收片区剩余劳动力，实现人口的城镇化；另一方面，则应充分利用吕梁山片区丰富的自然资源和人文旅游资源，提高吕梁山片区特色优势产业的竞争力。如应对目前吕梁山片区粗放型的资源产业进行改造升级，进一步延伸资源产业的产业链，引进清洁能源企业，打造吕梁山片区绿色资源产业聚集带；同时，引入技术人才，增强旅游业的孵化能力，变吕梁山片区丰富的人文旅游资源为现实的旅游竞争力，充分利用旅游业强大的就业吸收能力，促进片区人口城镇化。

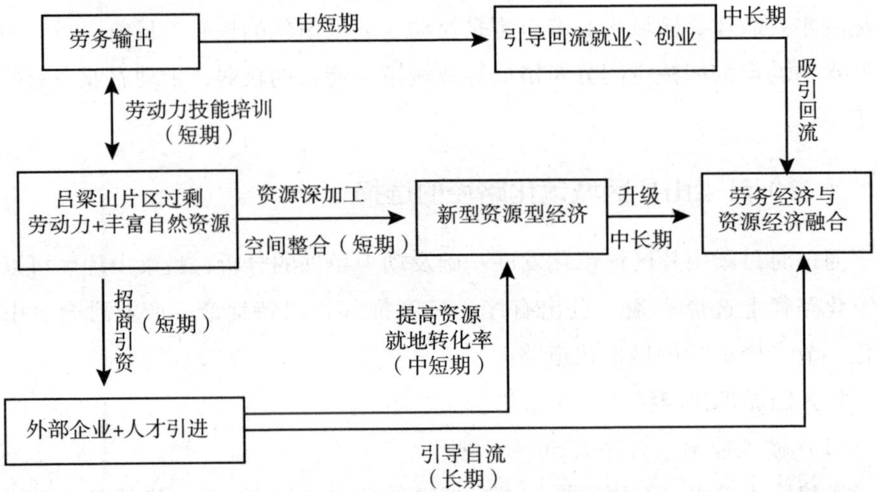

图 20　输入输出、有序引导的人口城镇化模式

注：在“黄亚平、林小如：《欠发达山区县域新型城镇化路径模式探讨》，《城市规划学刊》2013 年第 7 期”的基础上结合吕梁山片区实际情况改造而成。

（2）梯度推移，循序渐进

构建“一带两走廊”的空间结构，形成空间布局合理、经济联系紧密、产业特色鲜明、城镇体系完善的发展格局。对于县城中心城镇，强化基础设施建设，提高县城公共服务能力，完善县城功能，拓展发展空间，发展壮大优势特色产业，增强县城人口聚集能力。提高绥德、隰县、岚县等县城的综合承载能力，并争取将这些县城打造成区域经济中心，实现周边区域，特别是中心城区外围农村的人口转移，实现农村人口向城区人口转变，就地实现城镇化。对于某些工贸重镇，特别是自然资源丰富的乡镇，通过打造产业园区，进一步强化产业支撑，延伸产业链条，提高人口聚集能力，实现人口的迁入式城镇化。一般性乡镇，则突出打造旅游产业，实现旅游富农、以林促农，并结合吕梁山片区生态建设和扶贫开发，通过“迁村并点，下山脱贫”，有序推进人口转移和易地安置，实现山区农民向乡镇集中，打造特色乡镇。

2. 产业城镇化路径

人口、产业、土地城镇化三维度中，产业城镇化是核心，产业发展推动区域人口、土地的城镇化。因此，吕梁山片区城镇化的关键是打造一条适合吕梁山片区实际情况的特色产业城镇化道路。

（1）以特促产，工贸互动

吕梁山片区生态脆弱，丘陵沟壑地形严重制约农业规模化生产、产业化经营和城镇空间拓展。《吕梁山片区区域发展与扶贫攻坚规划（2011—2020 年）》明确规定：吕梁山片区划分为重点发展区、农业发展区和生态保护区三类区域。重点区域是指包括县城等重点城镇和单独设立的工矿区、产业集聚区。应充分利用城镇空间和产业基础条件，积极推进工业化、城镇化，促进人口集中，加快产业集聚发展。农业发展区则强调农业生产和生态环境相协调，积极发展特色农业、生态农业和现代农业。生态保护区，除适度发展生态旅游、种养业和必要的科学实验外，严禁其他生产建设活动。因此，吕梁山片区产业发展只能走以特促产、工贸互动的路径。

工业方面，打造煤炭及煤化工业、盐化工业、农产品加工业、轻纺和特色手工业四大产业集群。一是推进煤炭资源综合开发利用，有序发展煤化工产业，实现煤炭热解基础上的热、电、气、焦油联产；二是高效利用岩盐资源，构建聚氯乙烯、有机氯产品、纯碱深加工、氯酸盐和金属钠五大产业链，打造产业链长、技术密集、产品附加值高、带动能力强的盐化工产业集群；三是强化农业生产基地建设，进一步发展壮大农产品深加工企业，通过提升企业生产技术水平，提高企业品牌知名度，打造区域农业产业品牌；四是依托横山、米脂等地的轻纺产业基础，进一步扩大羊毛防寒服等生产规模，形成有较强竞争力的区域轻工产业群，促进绥德石雕、兴县根雕、清涧石板画、岢岚手工地毯和砂岩雕刻等工艺美术产业集聚发展。

服务业方面，重点打造文化旅游业和商贸物流业。基于吕梁山片区丰富的非物质文化遗产，挖掘黄河文化、红色文化、陕北民俗文化内涵，打造特色文化产业与旅游产业。重点打造黄河、黄土风情文化体验游、红色文化主题游、历史文化观光游、生态休闲度假游五大旅游主题。商贸物流业方面，完善绥德、五寨等物流节点的基础设施建设，积极发展煤炭等专业物流和第三方物流，培育和壮大一批骨干物流企业。

（2）产业融合，协同发展

通过产业融合促进产业协同发展。首先，强化产业内部融合。吕梁山片区各地应依据自然资源和农业生产条件，积极优化农业内部结构，大力发展旱作农业、设施农业和高效节水农业，建设沿黄河特色农业产业带。其次，基于吕梁山片区特有的地形地貌特点，充分利用片区内部特色民俗文化旅游资源，打造吕梁山片区黄河、黄土文化旅游品牌。最后，进一步打通一、二、三产业之间的界限，通过产业转型升级，以特色农业促进特色工业，以特色农业、工业打造特色旅游业，以特色工业、旅游业反哺特色农业，进而形成三个产业协同发展的局面。

3. 土地城镇化路径

吕梁山片区地貌类型属于典型的黄土丘陵区，片区内部水土流失严重造成沟、梁众多，平地少。因此，吕梁山片区的土地城镇化应通过合理规划，探讨构建由“县城－重点乡镇－一般乡镇”组成的“中心极化、节点聚集”的土地城镇化路径。即努力提高各地县城的土地开发力度，将其打造成区域空间发展的中心极。同时，通过加大乡镇一级公共服务设施的建设，打造若干个县域重点乡镇，使其成为县域内经济社会发展辐射点，带动非农产业发展；通过一般乡镇的土地开发，充分吸纳“迁村并点，下山脱贫”的人口。

4. 城镇化保障基础——交通设施

交通条件是带动区域经济社会发展的重要条件。吕梁山片区产业城镇化率较高的区域与当前该区域铁路空间分布高度重合的现实进一步印证了交通基础设施建设在促进吕梁山片区城镇化中的重要作用。首先，吕梁山片区应用好、用足国家政策，加快推进国家铁路、高速公路等重点项目建设，打通区域内外交流通道，切实推进“两纵两横”交通运输主干道建设，构建绥德综合交通运输枢纽。形成融贯太原城市群、呼包银榆经济区，畅达中原经济区、关中－天水经济区和宁夏沿黄经济区的交通运输主通道。其次，强化片区内交通网络建设，疏通片区内部交流通道。通过建设太兴铁路、张台地方铁路、静乐至静游地方铁路、太中银铁路吕临支线、瓦塘至孙家沟地方铁路、榆佳铁路专用线、榆横铁路专用线、包西铁路绥德物流园区铁路专用线，实施隰县－吉县、隰县－永和－永和关、榆林－横山、清涧－石楼、绥德－柳林等公路改造升级和建设，最终形成布局完善、干支结合、结构合理的区域综合交通运输网络。

B.9

燕山 - 太行山片区城镇化进程、特征及对策研究

殷强　王泳兴*

摘　要：本文首先从燕山 - 太行山片区城镇化进程入手，揭示燕山 - 太行山片区的城镇化进程表现出以下特征：①人口城镇化进程缓慢，与周边省份差距较大；②产业城镇化进程迟缓；③保定市土地城镇化率最高，且增速快。其次对人口城镇化、产业城镇化、土地城镇化的时空特征，人口城镇化与产业城镇化协调度以及人口城镇化与经济发展协调性进行了阐述。通过实证研究发现，人口城镇化与产业城镇化的影响因素并不相同，人口城镇化、产业城镇化、土地城镇化三者之间存在长期稳定关系，且土地城镇化对人口城镇化的影响要小于产业城镇化对人口城镇化的影响。最后，从产业城镇化和人口城镇化两方面提出提升燕山 - 太行山片区城镇化水平的对策。

关键词：燕山 - 太行山片区　城镇化　时空特征　VAR 模型

一　燕山 - 太行山片区概况

燕山 - 太行山片区跨河北、山西、内蒙古三省（区），环卫京津，是国家新一轮扶贫开发攻坚战主战场之一。该片区地处内蒙古高原和黄土高原向华

* 殷强，博士生，吉首大学商学院教师，研究方向为民族地区生态经济与产业扶贫；王泳兴，硕士，吉首大学商学院教师，研究方向为民族区域经济。

北平原的过渡地带，也被称为环京津贫困带。共包括 33 个县，其中河北 22 个县、山西 8 个县、内蒙古自治区 3 个县（见图 1）。2012 年末，总人口为 1097 万人，其中城镇人口 206 万人、乡村人口 891 万人。境内有满族、蒙古族、回族 3 个世居少数民族，人均地区生产总值为 16221 元。第一、二、三产业结构由 2001 年的 27∶35∶38 调整为 21∶35∶30。

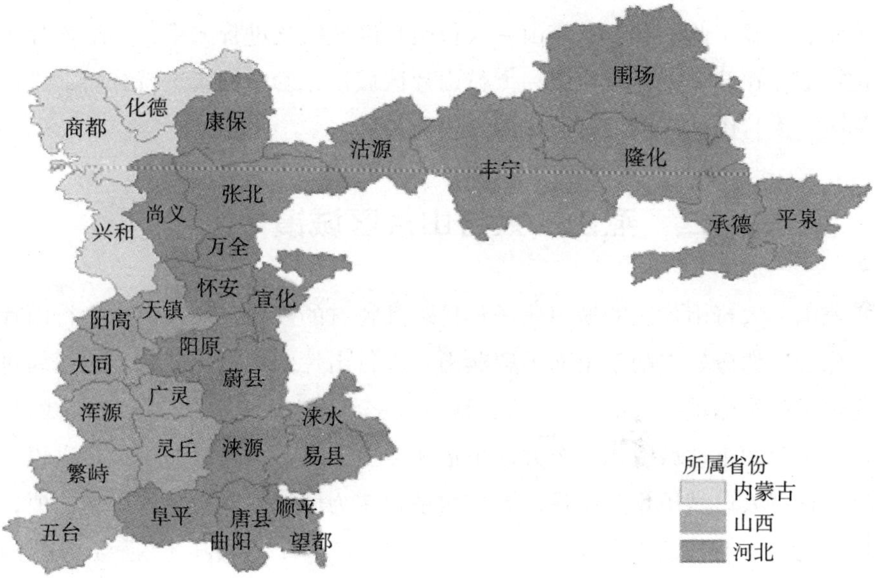

图 1　燕山－太行山片区地理区位

该片区土地总面积为 9.3 万平方公里，地处燕山和太行山腹地，属内蒙古高原和黄土高原向华北平原的过渡地带。气候类型为温带大陆性季风气候，无霜期短，昼夜温差大，年均降水量为 300～580 毫米。片区跨海河、滦河等流域，是潮河、白河和滦河的发源地，有滹沱河、桑干河、洋河等河流。森林覆盖率为 24.7%。石墨、膨润土、煤炭、钒钛等矿产资源较为丰富，风能、太阳能等清洁能源具有开发潜力。

该片区紧邻首都北京和北方经济中心天津，连接冀中南经济区、太原城市群、呼包鄂榆经济区。区位优势突出，生态与文化等旅游资源丰富，综合交通运输体系框架初步形成，区域经济发展潜力巨大。但也存在着一些特殊的困难，包括基础设施落后，城镇化水平低；产业发展水平低，市场开拓不够；受教育水平低，专业技术人员缺乏；生态建设任务重，环境保护要求高等。

为促进贫困人口脱贫致富，加快西部大开发和中部地区崛起，缩小地区差距，促进区域协调发展和首都周边地区繁荣稳定，迫切需要加快燕山－太行山片区的区域发展，推动燕山－太行山片区的区域扶贫。世界历史已证明，城镇化是社会经济发展的必经之路，是现代经济增长的重要推动力，燕山－太行山片区城镇化进程有助于推进燕山－太行山片区扶贫攻坚，实现燕山－太行山片区域发展。鉴于此，文章从燕山－太行山片区城镇化进程入手，归纳该片区城镇化特征，在此基础上对燕山－太行山片区城镇化影响因素进行分析，进而提出燕山－太行山片区新型城镇化的发展对策。

二　燕山－太行山片区城镇化进程

燕山－太行山片区的城镇化进程呈现其特有的规律，对燕山－太行山片区城镇化进程的分析有助于全面了解燕山－太行山片区城镇化现状。然而衡量城镇化水平的指标很多，借鉴已有文献，通过全面权衡，笔者拟从人口城镇化、产业城镇化和土地城镇化三个方面来描述燕山－太行山片区的城镇化进程。人口城镇化以人口城镇化率衡量，人口城镇化率为城镇人口与总人口的比值；产业城镇化以产业城镇化率衡量，产业城镇化率为第二、第三产业与 GDP 的比值；土地城镇化以土地城镇化率衡量，土地城镇化率为城镇建设用地面积与土地总面积的比值。

（一）人口城镇化进程缓慢，与周边省份差距较大

人口城镇化是指随着城镇数量的增加和城镇规模的扩大，人口向城镇聚集的过程。其可以用城镇人口占总人口的比重来衡量。

图 2 显示了燕山－太行山片区与全国及周边省份人口城镇化进程对比情况，2004～2014 年，河北省人口城镇化率最大值为 49.25%，最小值为 35.00%，均值为 42.63%；山西省人口城镇化率最大值为 52.98%，最小值为 39.63%，均值为 46.50%；内蒙古自治区人口城镇化率最大值为 60.38%，最小值为 43.85%，均值为 52.69%；燕山－太行山片区人口城镇化率最大值为 20.79%，最小值为 12.67%，均值为 17.02%。燕山－太行山片区人口城镇化

率从13.08%上升到了20.79%，年均增长0.7个百分点，比全国人口城镇化率年均增长1.2个百分点要低，差距约为0.51个百分点，人口城镇化水平发展缓慢。而与周边三个省（区）人口城镇化率相比，燕山－太行山片区人口城镇化年均增长率要低于河北省、山西省和内蒙古自治区，分别低了0.59个、0.51个、0.80个百分点，且从2014年来看燕山－太行山片区与河北省、山西省、内蒙古自治区以及全国的人口城镇化率的差距分别是28.46个、32.19个、39.59个、34.28个百分点，差距十分明显。

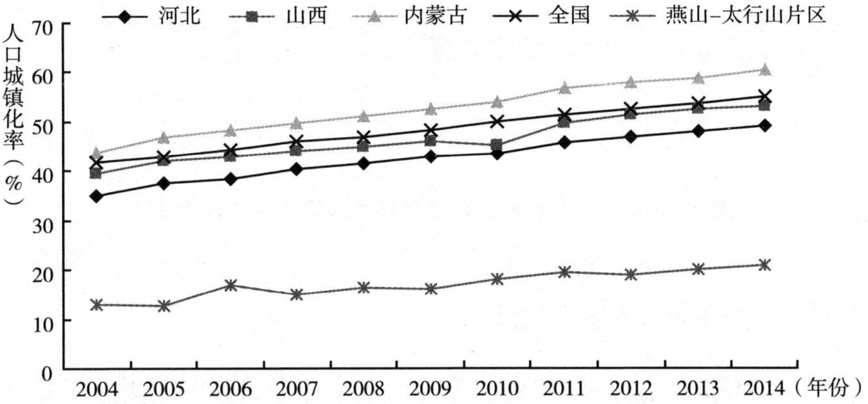

图2　燕山－太行山片区与全国及周边省份人口城镇化进程对比

图3显示了燕山－太行山片区内各分片区人口城镇化进程对比情况，2004～2014年，燕山－太行山片区内，河北分片区人口城镇化率最大值为14.27%，最小值为9.61%，均值为12.43%；山西分片区人口城镇化率最大值为33.50%，最小值为11.94%，均值为22.56%；内蒙古分片区人口城镇化率最大值为58.07%，最小值为36.63%，均值为47.60%。内蒙古分片区人口城镇化率最高，河北分片区人口城镇化率最低，内蒙古分片区的人口城镇化率高于燕山－太行山片区平均水平；而山西分片区在2004～2006年以及2010～2014年人口城镇化率略高于片区平均水平，在2007～2009年，山西分片区人口城镇化率低于片区平均水平。2014年，河北、山西、内蒙古各分片区的人口城镇化率分别为14.27%、33.50%、52.32%，与各自所在省份人口城镇化率的差距分别为34.98个百分点、19.48个百分点、8.06个百分点。可见，河北分

片区和山西分片区与所在省份人口城镇化平均水平差距较大；内蒙古分片区与所在省份人口城镇化率平均水平差距较小。

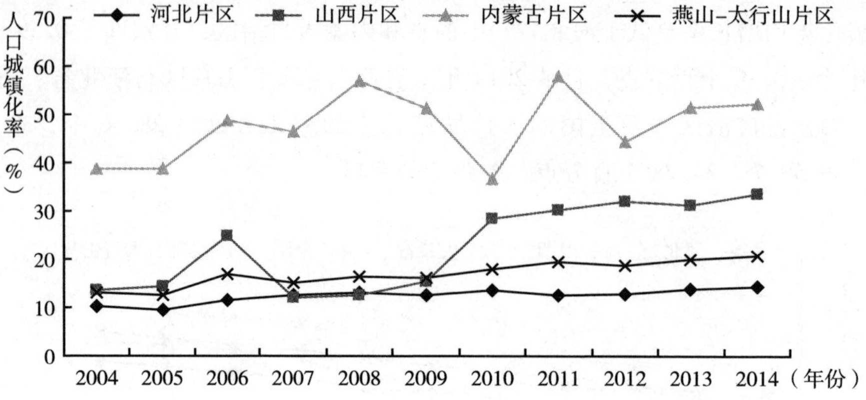

图3　燕山－太行山片区内各分片区人口城镇化进程对比

（二）产业城镇化进程迟缓

产业城镇化率是指第二产业和第三产业总和在GDP中的比重。图4显示了燕山－太行山片区与全国及周边省份产业城镇化进程对比情况，2004～2014年，河北省产业城镇化率最大值为88.37%，最小值为85.83%，均值为87.54%；山西省产业城镇化率最大值为94.86%，最小值为78.09%，均值为91.68%；内蒙古自治区产业城镇化率最大值为91.27%，最小值为72.54%，均值为86.29%；全国产业城镇化率最大值为90.10%，最小值为86.60%，均值为89.23%；燕山－太行山片区产业城镇化率最大值为75.61%，最小值为71.11%，均值为74.31%。燕山－太行山片区产业城镇化率从2004年的74.68%升到了2014年的75.01%，年均增长0.03个百分点，比全国产业城镇化率年均增长0.32个百分点要低，城镇化率的差距约为0.29个百分点，产业城镇化水平增长缓慢。而与周边三个省（区）产业城镇化率相比，燕山－太行山片区产业城镇化年均增长率要低于河北省、山西省和内蒙古自治区，分别低了0.03个百分点、1.49个百分点、1.67个百分点，且从2014年来看燕山－太行山片区与河北省、山西省、内蒙古自治区以及全国的产业城镇化率的差距分别是 12.91 个百分点、19.85 个百分点、16.26 个百分点、15.09 个百分点，差距较大。

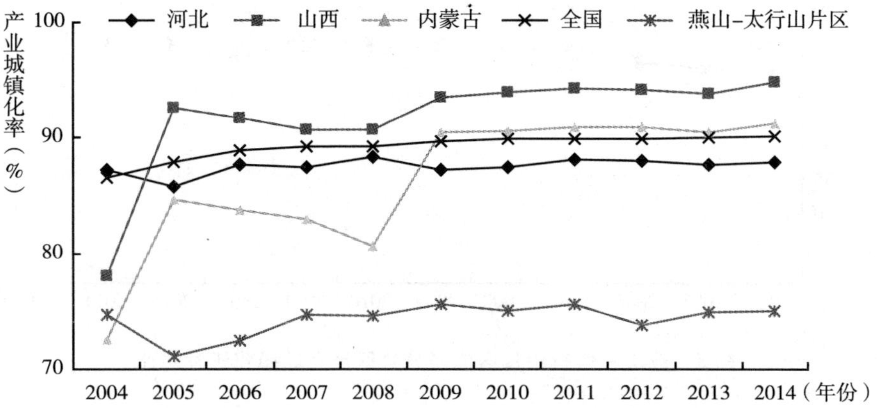

图 4　燕山－太行山片区与全国及周边省份产业城镇化进程对比

图 5 显示了燕山－太行山片区内各分片区产业城镇化进程对比情况，2004～2014 年，燕山－太行山片区内，河北分片区产业城镇化率最大值为 75.60%，最小值为 70.61%，均值为 73.37%；山西分片区产业城镇化率最大值为 82.88%，最小值为 73.68%，均值为 77.57%；内蒙古分片区产业城镇化率最大值为 80.38%，最小值为 63.20%，均值为 74.90%。总体而言，燕山－太行山片区与各片区产业城镇化差距较小，2014 年河北、山西、内蒙古各分片区的产业城镇化率分别为 74.39%、77.06%、77.41%，与各分片区所在省份相比产业城镇化差距分别为 13.53 个百分点、17.80 个百分点、13.87 个百分点，有较大差距。

（三）保定市土地城镇化率最高，且增速快

土地城镇化率是指建成区面积占城镇土地面积的比率，用于衡量建成区扩张速度以及土地利用的效率。因为燕山－太行山片区大部分县都没有建成区面积的相关统计数据，且燕山－太行山片区也没有地级市和县级市，所以无法对各县土地城镇化或重要城市土地城镇化进行分析，故选择燕山－太行山片区各县所属地级市来分析燕山－太行山片区的土地城镇化率概况。

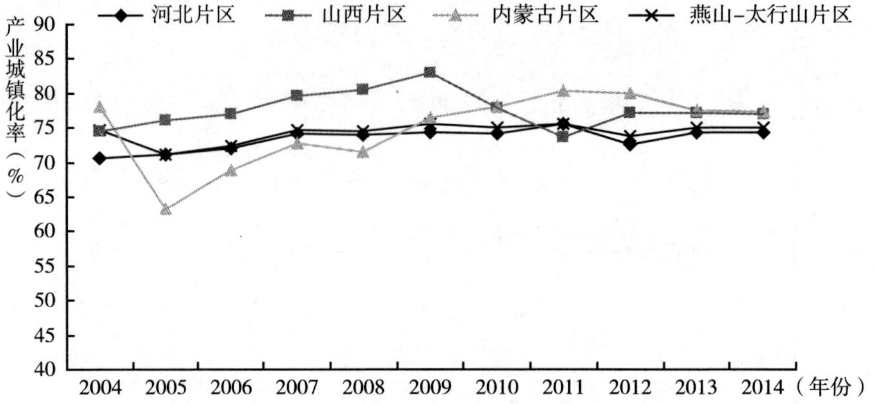

图5　燕山－太行山片区内各分片区产业城镇化进程对比

图6显示了燕山－太行山片区各县所属地级市建成区面积演变对比情况，燕山－太行山片区各县分别属于保定、张家口、承德、大同、忻州、乌兰察布6个市，在这6个市中，保定市的建成区面积最大，2012年为141平方公里，且增长速度最快，2004～2012年，年均增长4.89平方公里；承德市建成区面积在6个市中排名第二位，其扩张速度仅次于保定市，2012年达113平方公里，2004～2012年，年均增长8.11平方公里；建成区面积排名第三位的为大同市，2012年为108平方公里，2004～2012年，年均增长2.11平方公里，扩张速度相对较小；张家口市、忻州市和乌兰察布市2012年的建成区面积分别为86、32、42平方公里，2004～2012年，年均扩张速度都小于2平方公里。由此可知，保定市建成区面积是6个市中建成区面积最大，扩张速度最快的，其2012年建成区面积超过排名第二位的承德市28平方公里，燕山－太行山片区有涞水县、阜平县、唐县、涞源县、望都县、易县、曲阳县、顺平县属于保定市，有望通过保定市的带动和辐射扩张建成区面积。

图7显示了燕山－太行山片区各县所属地级市土地城镇化率演变对比情况，2004～2012年，燕山－太行山片区各县所属地级市土地城镇化率呈现明显差异，2012年6市土地城镇化率由高到低依次为保定市、乌兰察布市、张家口市、承德市、大同市、忻州市，其土地城镇化率分别为45.19%、36.84%、22.87%、14.66%、5.19%、1.61%。表1显示了燕山－太行山片

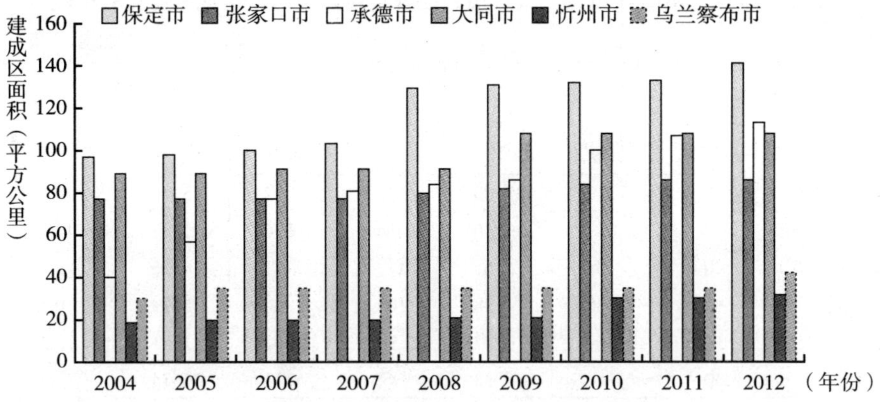

图6　燕山－太行山片区各县所属地级市建成区面积演变对比

区各县所属地级市2004～2012年土地城镇化率比较情况，从其变动幅度来看，保定市的变动幅度最大，从2004年的31.09%上升到2012年的45.19%，增长14.10个百分点；其次是张家口市，从2004年的9.40%上升到2012年的22.87%，增长13.47个百分点；另外，乌兰察布市和承德市的增幅也较大，分别增长10.53个、9.01个百分点；而大同市和忻州市的增幅均小于1个百分点。

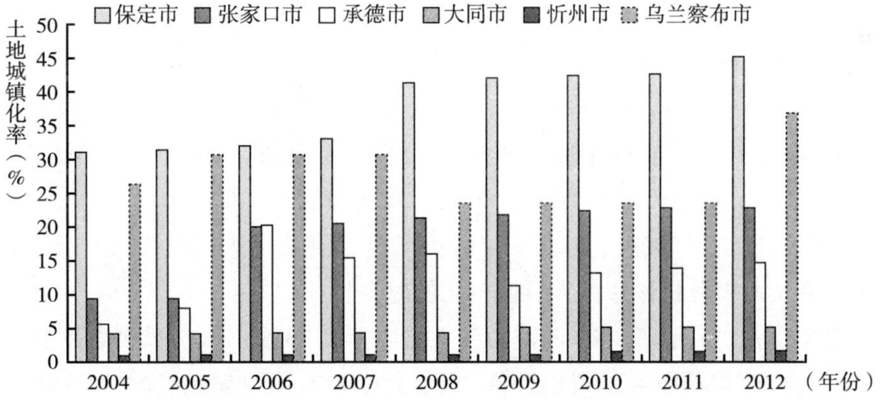

图7　燕山－太行山片区各县所属地级市土地城镇化率演变对比

表 1　2004 ~ 2012 年燕山 - 太行山片区各县所属地级市土地城镇化率比较

单位：平方公里，%

城　市	2004 年			2012 年			2004 ~ 2012 年变动幅度
	建成区面积	市区面积	土地城镇化率	建成区面积	市区面积	土地城镇化率	
保 定 市	97	312	31. 09	141	312	45. 19	14. 10
张家口市	77	819	9. 40	86	376	22. 87	13. 47
承 德 市	40	708	5. 65	113	771	14. 66	9. 01
大 同 市	89	2080	4. 28	108	2080	5. 19	0. 91
忻 州 市	19	1954	0. 97	32	1982	1. 61	0. 64
乌兰察布市	30	114	26. 32	42	114	36. 84	10. 53

三　燕山 - 太行山片区城镇化特征

（一）时空特征

1. 人口城镇化呈“Ⅰ”字形扩张，西高东低

燕山 - 太行山片区人口城镇化整体水平较低，同时其区域内部也存在着明显差异，为了更好地描述燕山 - 太行山片区人口城镇化差异，本文将燕山 - 太行山片区 33 个县分为高人口城镇化区、较高人口城镇化区、中等人口城镇化区、较低人口城镇化区和低人口城镇化区 5 类。同时，根据美国城市学者诺瑟姆（Ray. M. Northam）1979 年提出的“城市化过程曲线”（也称为“诺瑟姆曲线”），将燕山 - 太行山片区城镇化过程分为三个阶段，分别为城镇化初始阶段（≤30%）、加速阶段（30% ~60%）、稳定阶段（≥60%）。

下面通过绘制 2004 年、2009 年以及 2014 年燕山 - 太行山片区人口城镇化率水平分类图来分析该片区人口城镇化的时空特征。

图 8 和表 2 显示了 2004 年燕山 - 太行山片区 33 个县人口城镇化率水平分类情况，2004 年燕山 - 太行山片区 33 个县中没有人口城镇化率高于 65% 的县；商都县的人口城镇化率在 45% ~65%，为 47. 06%，处于较高人口城镇化区，人口城镇化处于加速阶段；化德县人口城镇化率在 35% ~45%，为 43. 75%，处于中等人口城镇化区，人口城镇化也处于加速阶段；人口城镇化

率小于30%的县数量最多，包括了涞水县、阜平县等31个县，占片区全部县的93.94%，处于低人口城镇化区，人口城镇化处于初始阶段。

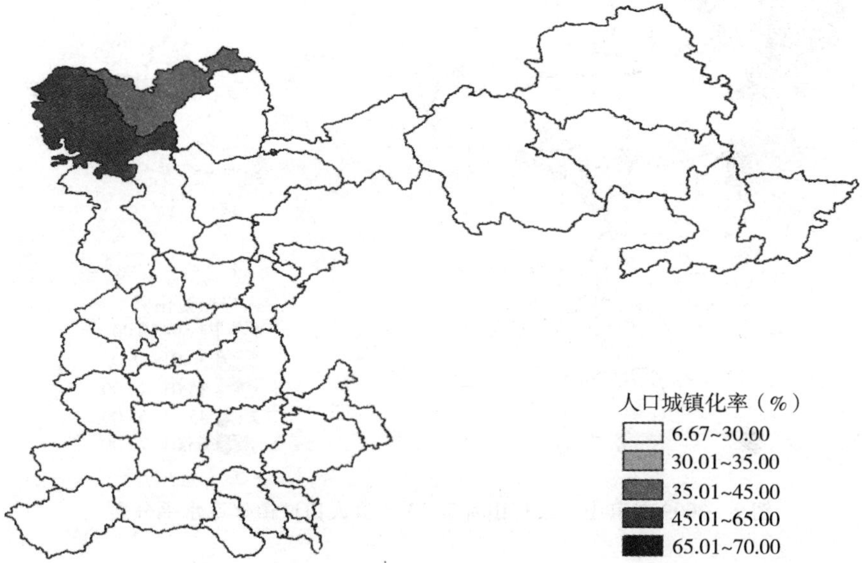

图8　2004年燕山－太行山片区33个县人口城镇化率水平分类

图9和表2显示了2009年燕山－太行山片区33个县人口城镇化率水平分类情况，2009年燕山－太行山片区33个县中没有人口城镇化率高于65%的县；化德县和商都县的人口城镇化率在45%～65%，分别为55.56%和57.14%，处于较高人口城镇化区，人口城镇化处于加速阶段；兴和县人口城镇化率在35%～45%，为42.42%，处于中等人口城镇化区，人口城镇化也处于加速阶段；燕山－太行山片区没有人口城镇化率处于30%～35%的县；人口城镇化率小于30%的县数量最多，包括了涞水县、阜平县等30个县，占片区全部县的90.91%，处于低人口城镇化区，人口城镇化处于初始阶段。

图10和表2显示了2014年燕山－太行山片区33个县人口城镇化率水平分类情况，2014年燕山－太行山片区33个县中没有人口城镇化率高于65%的县；化德县和商都县的人口城镇化率在45%～65%，分别为61.31%和62.43%，处于较高人口城镇化区，人口城镇化处于加速阶段；阳高县、天镇县、浑源县、繁峙县、兴和县人口城镇化率在35%～45%，分别为37.21%、

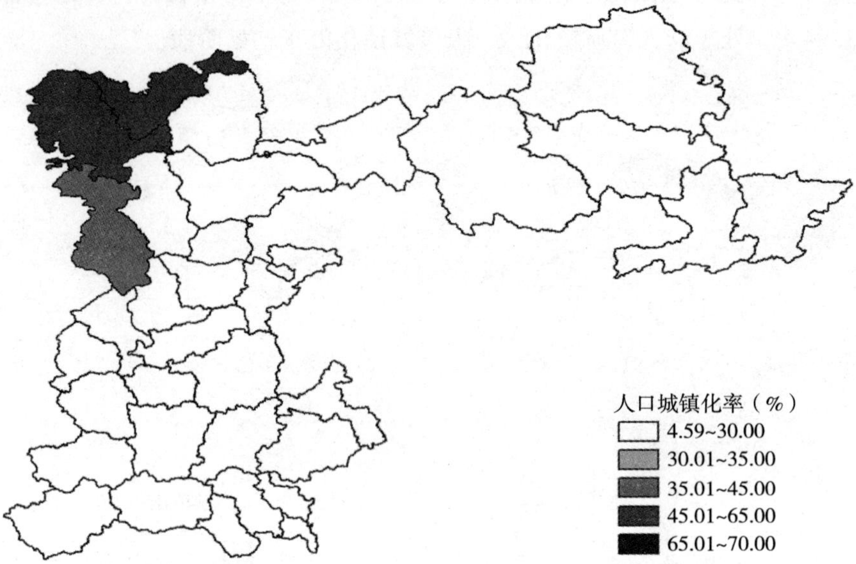

图 9　2009 年燕山－太行山片区 33 个县人口城镇化率水平分类

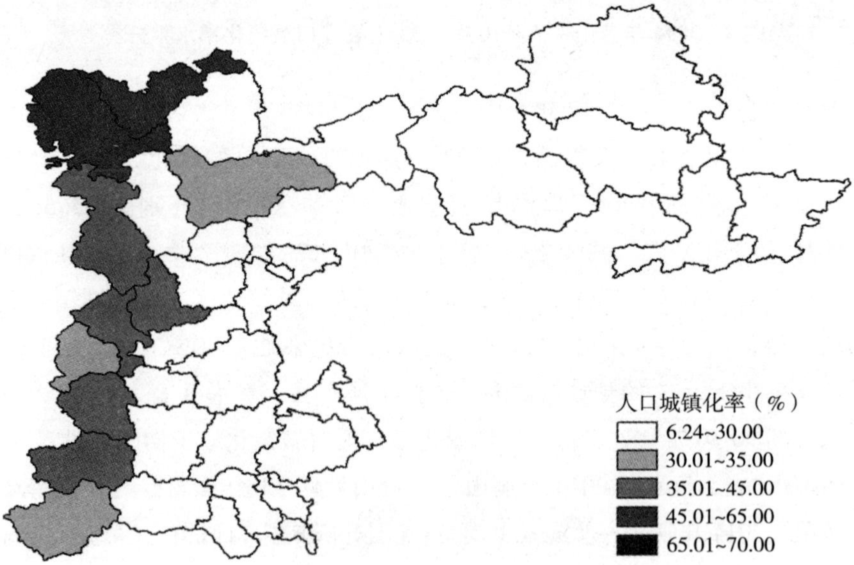

图 10　2014 年燕山－太行山片区 33 个县人口城镇化率水平分类

37.08%、36.20%、41.56%、37.22%，处于中等人口城镇化区，人口城镇化处于加速阶段；张北县、大同县、五台县人口城镇化率处于30%～35%，分别为31.82%、32.60%、32.28%；人口城镇化率小于30%的县数量最多，包括了涞水县、阜平县等23个县，占片区全部县的69.70%，处于低人口城镇化区，人口城镇化处于初始阶段。

表2　燕山－太行山片区33个县人口城镇化率水平分类

类　型	县名称		
	2004	2009	2014
高人口城镇化区（65%以上）	无	无	无
较高人口城镇化区（45%～65%）	商都县	化德县、商都县	化德县、商都县
中等人口城镇化区（35%～45%）	化德县	兴和县	阳高县、天镇县、浑源县、繁峙县、兴和县
较低人口城镇化区（30%～35%）	无	无	张北县、大同县、五台县
低人口城镇化区（30%以下）	涞水县、阜平县、唐县、涞源县、望都县、易县、曲阳县、顺平县、宣化县、张北县、康保县、沽源县、尚义县、蔚县、阳原县、怀安县、万全县、承德县、平泉县、隆化县、丰宁满族自治县、围场满族蒙古族自治县、阳高县、天镇县、广灵县、灵丘县、浑源县、大同县、五台县、繁峙县、兴和县	涞水县、阜平县、唐县、涞源县、望都县、易县、曲阳县、顺平县、宣化县、张北县、康保县、沽源县、尚义县、蔚县、阳原县、怀安县、万全县、承德县、平泉县、隆化县、丰宁满族自治县、围场满族蒙古族自治县、阳高县、天镇县、广灵县、灵丘县、浑源县、大同县、五台县、繁峙县	涞水县、阜平县、唐县、涞源县、望都县、易县、曲阳县、顺平县、宣化县、康保县、沽源县、尚义县、蔚县、阳原县、怀安县、万全县、承德县、平泉县、隆化县、丰宁满族自治县、围场满族蒙古族自治县、广灵县、灵丘县

综上可知：燕山－太行山片区人口城镇化率整体水平较低，且内部差异较大；燕山－太行山片区人口城镇化率水平在逐步提升，且呈“Ⅰ”字形扩张。以内蒙古分片区内的商都县为增长点，逐步在内蒙古分片区内扩张，然后由北往南在山西分片区内扩张；燕山－太行山片区内，人口城镇化率呈西高东低的态势。

2. 产业城镇化西高东低，内部差异较大

燕山－太行山片区产业城镇化水平按高低可分为高产业城镇化区、较高产业城镇化区、中等产业城镇化区、较低产业城镇化区和低产业城镇化区5类。

图11和表3显示了2004年燕山－太行山片区33个县产业城镇化水平分类情况，2004年燕山－太行山片区33个县中有化德县、商都县、兴和县、涞源县的产业城镇化率在90%以上，分别为125.57%、174.30%、187.01%、92.01%，属于高产业城镇化区，占燕山－太行山片区全部县的12.12%；曲阳县、蔚县、灵丘县、五台县、繁峙县的产业城镇化率位于80%～90%，分别为81.98%、81.04%、88.28%、82.77%、81.21%，属于较高产业城镇化区，占燕山－太行山片区全部县的15.15%；阜平县、宣化县、阳原县、万全县的产业城镇化率处于75%～80%，分别为79.31%、77.22%、78.68%、75.47%，属于中等产业城镇化区，占燕山－太行山片区全部县的12.12%；包括涞水县、唐县、望都县、易县、顺平县、承德县、平泉县、隆化县、围场满族蒙古族自治县、阳高县、天镇县、广灵县、浑源县、大同县在内的14个县产业城镇化率处于65%～75%，属于较低产业城镇化区，占燕山－太行山片区全部县的42.42%；包括张北县、康保县、沽源县、尚义县、怀安县、丰宁满族自治县在内的6个县产业城镇化率低于65%，属于低产业城镇化区，占燕山－太行山片区全部县的18.18%。

图12和表3显示了2009年燕山－太行山片区33个县产业城镇化水平分类情况，2009年燕山－太行山片区33个县中有涞源县和浑源县的产业城镇化率在90%以上，分别为93.04%、93.83%，属于高产业城镇化区，占燕山－太行山片区全部县的6.06%；曲阳县、蔚县、阳原县、广灵县、五台县、繁峙县、化德县的产业城镇化率位于80%～90%，分别为82.57%、84.29%、84.03%、89.80%、83.06%、89.92%、80.46%，属于较高产业城镇化区，占燕山－太行山片区全部县的21.21%；涞水县、怀安县、万全县、灵丘县、兴和县的产业城镇化率处于75%～80%，分别为75.84%、76.12%、77.75%、77.21%、77.07%，属于中等产业城镇化区，占燕山－太行山片区全部县的15.15%；包括阜平县、唐县在内的15个县产业城镇化率处于65%～75%，属于较低产业城镇化区，占燕山－太行山片区全部县的45.45%；包括康保县、沽源县、丰宁满族自治县、围场满族蒙古族自治县在内的4个县产业城镇化率低于65%，分别为59.21%、52.77%、62.50%、62.59%，属于低

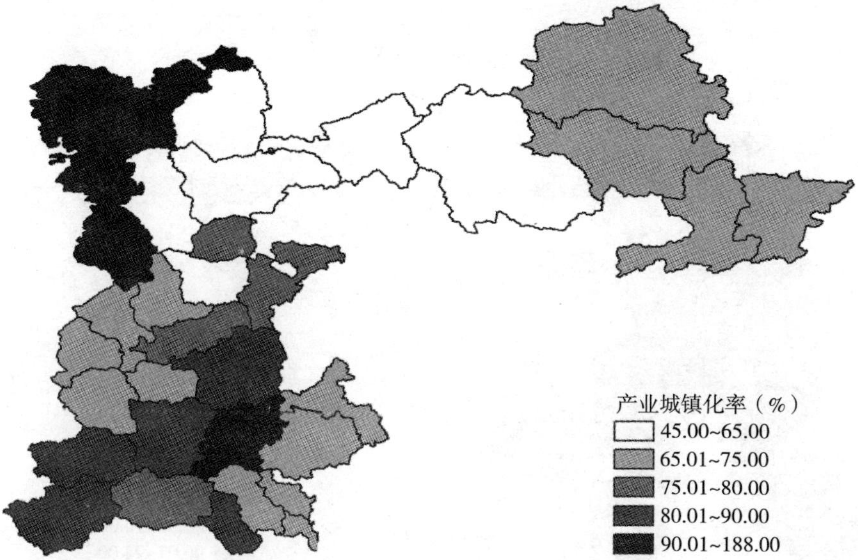

图 11　2004 年燕山－太行山片区 33 个县产业城镇化水平分类

产业城镇化区，占燕山－太行山片区全部县的 12. 12%。

图 13 和表 3 显示了 2014 年燕山－太行山片区 33 个县产业城镇化水平分类情况，2014 年燕山－太行山片区 33 个县中有涞源县、灵丘县、繁峙县的产业城镇化率在 90% 以上，分别为 98. 78%、90. 24%、93. 98%，属于高产业城镇化区，占燕山－太行山片区全部县的 9. 09%；曲阳县、蔚县、阳原县、怀安县、化德县的产业城镇化率位于 80% ~90%，分别为 82. 34%、85. 69%、81. 18%、83. 22%、84. 10%，属于较高产业城镇化区，占燕山－太行山片区全部县的 15. 15%；涞水县、阜平县、万全县、承德县、广灵县、浑源县、兴和县的产业城镇化率处于 75% ~80%，分别为 77. 02%、75. 03%、76. 60%、78. 94%、75. 59%、78. 58%、76. 91%，属于中等产业城镇化区，占燕山－太行山片区全部县的 21. 21%；包括唐县、望都县在内的 12 个县产业城镇化率处于 65% ~75%，属于较低产业城镇化区，占燕山－太行山片区全部县的 36. 36%；康保县、沽源县、隆化县、围场满族蒙古族自治县、阳高县、五台县的产业城镇化率低于 65%，分别为 55. 63%、57. 46%、61. 52%、58. 97%、58. 73%、58. 91%，属于低产业城镇化区，占燕山－太行山片区全部县的 18. 18%。

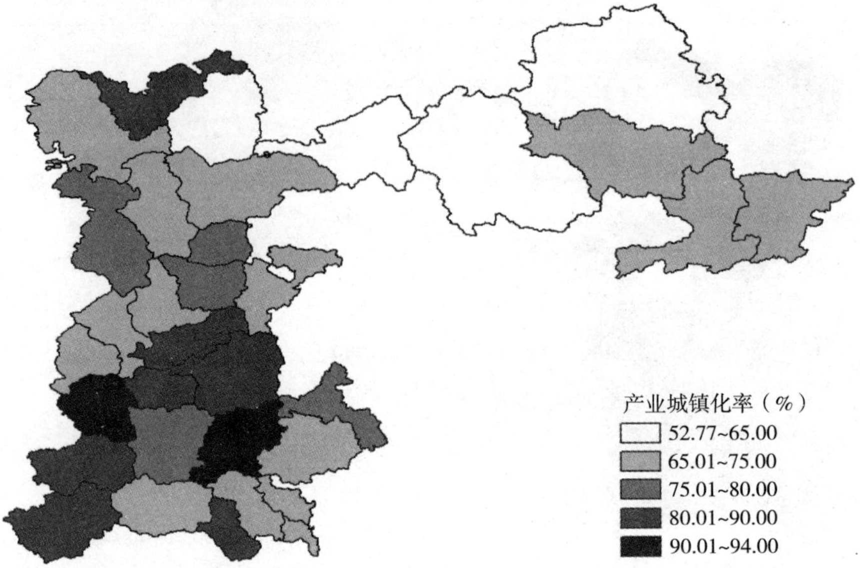

图 12　2009 年燕山－太行山片区 33 个县产业城镇化水平分类

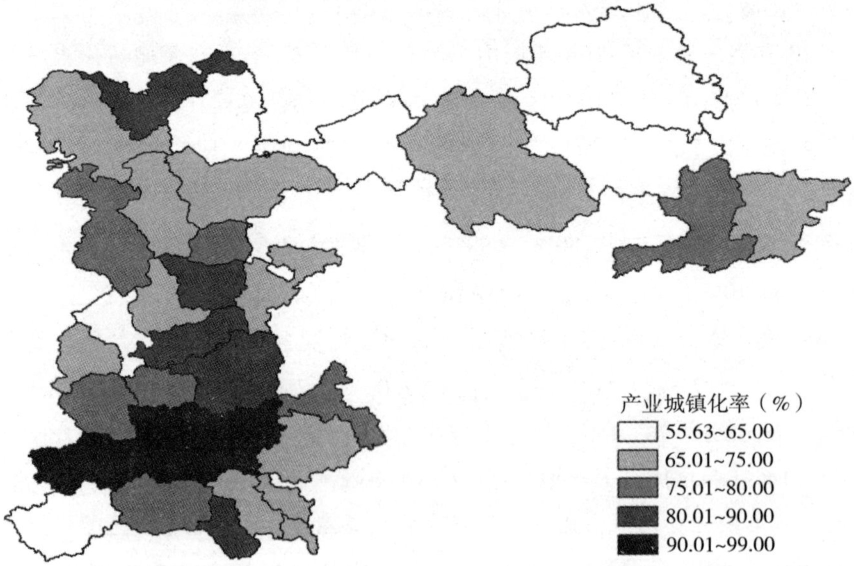

图 13　2014 年燕山－太行山片区 33 个县产业城镇化水平分类

表3　燕山－太行山片区33个县产业城镇化水平分类

类　型	县名称		
	2004	2009	2014
高产业城镇化区（90%以上）	涞源县、化德县、商都县、兴和县	涞源县、浑源县	涞源县、灵丘县、繁峙县
较高产业城镇化区（80%～90%）	曲阳县、蔚县、灵丘县、五台县、繁峙县	曲阳县、蔚县、阳原县、广灵县、五台县、繁峙县、化德县	曲阳县、蔚县、阳原县、怀安县、化德县
中等产业城镇化区（75%～80%）	阜平县、宣化县、阳原县、万全县	涞水县、怀安县、万全县、灵丘县、兴和县	涞水县、阜平县、万全县、承德县、广灵县、浑源县、兴和县
较低产业城镇化区（65%～75%）	涞水县、唐县、望都县、易县、顺平县、承德县、平泉县、隆化县、围场满族蒙古族自治县、阳高县、天镇县、广灵县、浑源县、大同县	阜平县、唐县、望都县、易县、顺平县、宣化县、张北县、尚义县、承德县、平泉县、隆化县、阳高县、天镇县、大同县、商都县	唐县、望都县、易县、顺平县、宣化县、张北县、尚义县、平泉县、丰宁满族自治县、天镇县、大同县、商都县
低产业城镇化区（65%以下）	张北县、康保县、沽源县、尚义县、怀安县、丰宁满族自治县	康保县、沽源县、丰宁满族自治县、围场满族蒙古族自治县	康保县、沽源县、隆化县、围场满族蒙古族自治县、阳高县、五台县

综上可知，燕山－太行山片区内部产业城镇化水平差异较大；燕山－太行山片区产业城镇化重心随着时间的推移，由北向南转移，且西部产业城镇化高于东部；涞源县属于高产业城镇化区，其产业城镇化水平稳定，是燕山－太行山片区产业城镇化的增长点；内蒙古分片区与山西分片区的产业城镇化水平高于河北分片区。

3. 土地城镇化保定市一枝独秀，乌兰察布市后来居上

燕山－太行山片区土地城镇化水平按高低可分为高土地城镇化区、较高土地城镇化区、中等土地城镇化区、较低土地城镇化区和低土地城镇化区5类。

图14和表4显示了2004年燕山－太行山片区所属六市土地城镇化水平分类情况，2004年燕山－太行山片区所属六市土地城镇化率只有保定市在30%以上，处于30%～35%，属于较低土地城镇化区，土地城镇化率为

31.09%；而张家口市、承德市、大同市、忻州市、乌兰察布市处于30%以下，属于低土地城镇化区，土地城镇化率分别为9.40%、5.65%、4.28%、0.97%、26.32%。

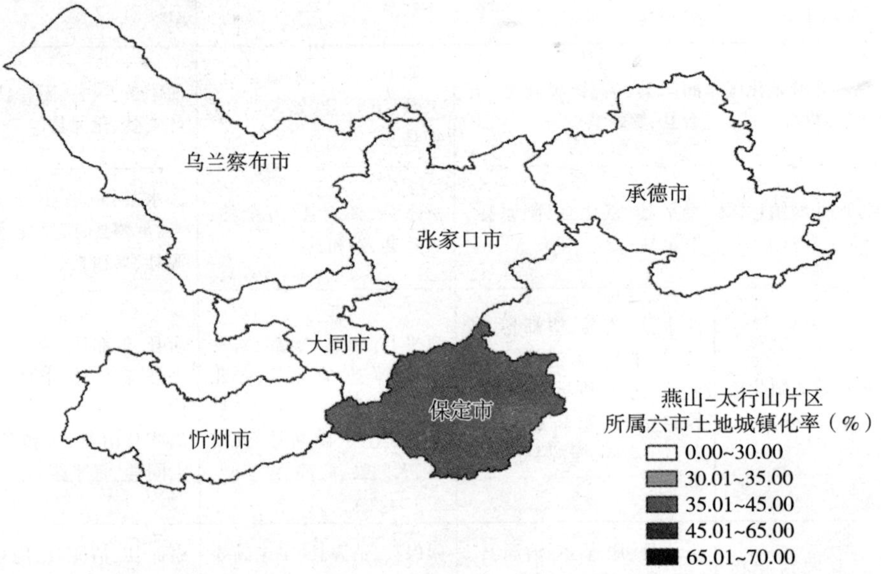

图14　2004年燕山－太行山片区所属六市土地城镇化水平分类

图15和表4显示了2008年燕山－太行山片区所属六市土地城镇化水平分类情况，2008年燕山－太行山片区所属六市土地城镇化率为保定市最高，处于35%～45%，属于中等土地城镇化区，土地城镇化率为41.36%；而张家口市、承德市、大同市、忻州市、乌兰察布市处于30%以下，属于低土地城镇化区，土地城镇化率分别为21.28%、16.00%、4.38%、1.06%、23.49%。

图16和表4显示了2012年燕山－太行山片区所属六市土地城镇化水平分类情况，2012年燕山－太行山片区所属六市土地城镇化率为保定市最高，处于45%～65%，属于较高土地城镇化区，土地城镇化率为45.19%；乌兰察布市处于35%～45%，属于中等人口城镇化区；而张家口市、承德市、大同市、忻州市处于30%以下，属于低土地城镇化区，土地城镇化率分别为22.87%、14.66%、5.19%、1.61%。

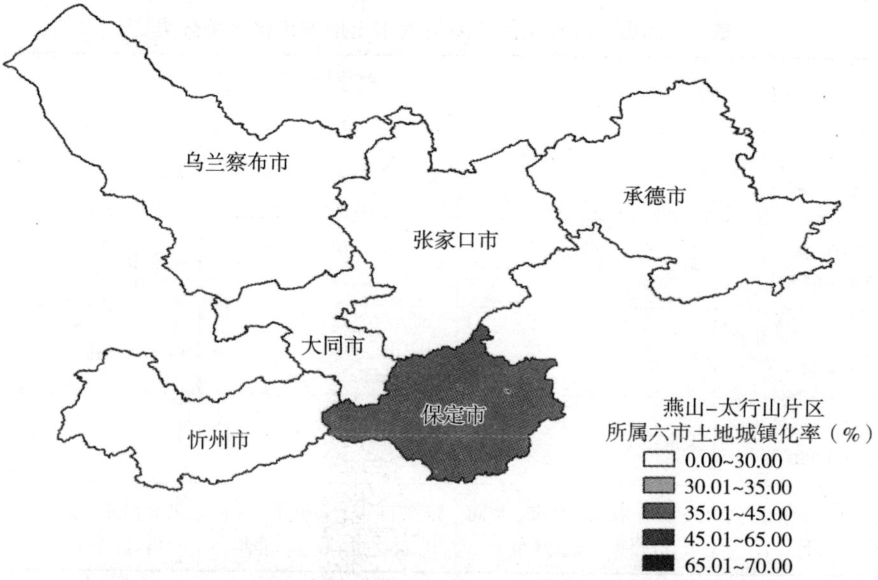

图 15　2008 年燕山－太行山片区所属六市土地城镇化水平分类

图 16　2012 年燕山－太行山片区所属六市土地城镇化水平分类

表 4　燕山 - 太行山片区所属六市土地城镇化水平分类

类　　型	县名称		
	2004	2008	2012
高土地城镇化区（65% 以上）	无	无	无
较高土地城镇化区（45% ~65%）	无	无	保定市
中等土地城镇化区（35% ~45%）	无	保定市	乌兰察布市
较低土地城镇化区（30% ~35%）	保定市	无	无
低土地城镇化区（30% 以下）	张家口市、承德市、大同市、忻州市、乌兰察布市	张家口市、承德市、大同市、忻州市、乌兰察布市	张家口市、承德市、大同市、忻州市

（二）人口城镇化与产业城镇化协调度逐步增强

借鉴物理学中的容量耦合系数模型，推广得到多个系统（或要素）相互作用的耦合度模型。即 $C_n = \{(u_1 \cdot u_2 \cdot u_3, \cdots, u_m) / [\prod (u_i + u_j)]\}^{\frac{1}{n}}$，其中 $i=1, 2, 3, \cdots, n-1$；$j=i+1, i+2, i+3, \cdots, n$。$u_i$ 为各子（要素）系统综合评价函数。

耦合度的大小由各个子要素决定。耦合度值 $0 \leqslant C \leqslant 1$，根据耦合度值的变化分为以下 6 种类型：①$C=0$，子要素间处于无关状态且向无序发展；②$0<C \leqslant 0.3$，处于较低水平耦合阶段；③$0.3<C \leqslant 0.5$，处于颉颃阶段；④$0.5<C \leqslant 0.8$，进入磨合阶段，子要素开始良性耦合；⑤$0.8<C<1.0$，处于高水平耦合阶段；⑥$C=1.0$，子要素间达到良性共振耦合且趋向新的有序结构。

人口城镇化和产业城镇化两个要素之间的耦合度计算公式设计如下：

$$C = \left\{ \frac{Pep \times Ind}{(Pep + Ind)^2} \right\}^{\frac{1}{2}}$$

同时，为了更好地评价人口城镇化和产业城镇化之间交互耦合的协调程度，引入耦合协调度模型，其计算公式如下：

$$D = \sqrt{C \times T}$$
$$T = \alpha Pop + \beta Ind$$

C 为耦合度；D 为耦合协调度；T 为人口城镇化率和产业城镇化率综合评价指数；α、β 为待定系数。另外，根据人口城镇化率和产业城镇化率对城镇化的解释程度，结合 7 位专家的意见，现取 $\alpha = 0.5$、$\beta = 0.5$，①$0 \leqslant D \leqslant 0.4$ 时，为低度协调；②$0.4 < D \leqslant 0.5$ 时，为中度协调；③$0.5 < D \leqslant 0.8$ 时，为高度协调；④$0.8 < D \leqslant 1$ 时，为极度协调。

2004～2014 年燕山－太行山片区人口城镇化和产业城镇化耦合度整体处于较低水平，片区所有县在研究期间内耦合度都没有超过 0.5。其中，2004 年处于较低耦合的县只有 5 个，分别是曲阳县、顺平县、宣化县、蔚县、隆化县，占片区所有县的 15.15%，其他包括涞水县、阜平县等在内的 28 个县的耦合度都处于颉颃阶段，占片区所有县的 84.85%。2005 年，易县、曲阳县、顺平县、宣化县、蔚县处于较低耦合阶段，其他 28 个县都处于颉颃阶段，占片区所有县的 84.85%。2006 年，片区仅曲阳县耦合度处于较低耦合阶段，其他 32 个县都处于颉颃阶段，占片区所有县的 96.97%。2007 年，耦合度处于较低耦合阶段的仅有 3 个县，分别是广灵县、灵丘县、繁峙县，其他 30 个县耦合度都处于颉颃阶段，占片区所有县的 90.91%。2008 年，灵丘县和繁峙县耦合度处于较低耦合阶段，其他 31 个县耦合度处于颉颃阶段，占片区所有县的 93.94%。2009 年，仅有宣化县耦合度处于较低耦合阶段，其他 32 个县都处于颉颃阶段，占片区所有县的 96.97%。2010 年，所有县耦合度都处于颉颃阶段。2011～2014 年，仅有宣化县和蔚县的耦合度处于较低耦合阶段，其他 31 个县都处于颉颃阶段，占片区所有县的 93.94%。

2004～2014 年燕山－太行山片区人口城镇化率和产业城镇化率协调度都低于 0.8。2004 年，化德县、商都县、兴和县处于高度协调，阜平县、涞源县、灵丘县和大同县处于中度协调，其他包括涞水县在内的 26 个县处于低度协调，低度协调占片区所有县的 78.79%。2005 年，化德县、商都县处于高度协调，涞源县、灵丘县、大同县、五台县、繁峙县、兴和县处于中度协调，其他25个县处于低度协调，低度协调占片区所有县的75.76%。2006年，繁峙县、化德县、商都县处于高度协调，涞源县、张北县、阳原县、万全县、阳高县、灵丘县、浑源县、大同县、五台县、兴和县处于中度协调，其他20个县处于低度协调，低度协调占片区所有县的60.61%。2007年，化德县、商都县处于高度协调，阜平县、涞源县、张北县、阳原县、万全县、丰宁满族自治县、大同县、五台县、兴和县处于中度协调，其他22个县处于低度协调，处于低度协调的县占片区所有县的66.67%。2008年，化德县、商都县、兴和县处于高度协调，阜平县、涞源县、曲阳县、张北县、阳原县、怀安县、万全县、大同县、五台县处于中度协调，其他21个县处于低度协调，处于低度协调的县占片区所有县的63.64%。2009年，化德县、商都县、兴和县处于高度协调，阜平县、涞源县、张北县、尚义县、阳原县、怀安县、万全县、阳高县、天镇县、广灵县、浑源县、大同县、繁峙县处于中度协调，其他17个县处于低度协调，处于低度协调的县占片区所有县的51.52%。2010年，繁峙县、化德县、兴和县处于高度协调，阜平县、涞源县、曲阳县、张北县、尚义县、阳原县、怀安县、万全县、阳高县、天镇县、广灵县、浑源县、大同县、五台县、商都县处于中度协调，其他15个县处于低度协调，处于低度协调的县占片区所有县的45.45%。2011年，繁峙县、化德县、商都县、兴和县处于高度协调，阜平县、涞源县、望都县、曲阳县、张北县、尚义县、阳原县、怀安县、丰宁满族自治县、阳高县、天镇县、广灵县、灵丘县、浑源县、大同县、五台县处于中度协调，其他13个县处于低度协调，处于低度协调的县占片区所有县的39.39%。2012年，繁峙县、化德县、商都县处于高度协调，阜平县、涞源县、曲阳县、张北县、尚义县、阳原县、万全县、丰宁满族自治县、阳高县、天镇县、广灵县、灵丘县、浑源县、大同县、五台县、兴和县处于中度协调，其他14个县处于低度协调，处于低度协调的县占片区所有县的42.42%。2013年，浑源县、繁峙县、化德县、商都县、兴和县处于高度协调，阜平县、涞源县、望都县、曲阳县、张北县、尚义县、阳原县、怀安县、万全县、丰宁满族自治县、阳高县、天镇县、广灵县、灵丘县、大同县、五台县处于中度协调，其他12个县处于低度协调，处于低度协调的县占片区所有县的36.36%。2014年，浑源县、繁峙县、化德县、商都县、兴和县处于高度协调，阜平县、涞源县、望都县、曲阳县、张北县、尚义县、阳原县、怀安县、万全县、平泉县、丰宁满族自治县、阳高县、天镇县、广灵县、灵丘县、大同县、五台县处于中度协调，其他 11 个县处于低度协调，处于低度协调的县占片区所有县的 33.33%。由此可知，处于低度协调的县比例在逐步减小，处于中度和高度协调的县比例逐步在提高。

图 17、图 18、图 19 分别显示了 2004 年、2009 年、2014 年燕山－太行山片区人口城镇化率和产业城镇化率耦合度水平分类情况。整体而言，燕山－太行山片区人口城镇化和产业城镇化耦合度水平一直停留在较低水平，且部分地区出现耦合度波动的情况，如蔚县 2004 年耦合度在 0.3 以下，2009 年耦合度变到 0.3 以上，2014 年又到 0.3 以下。

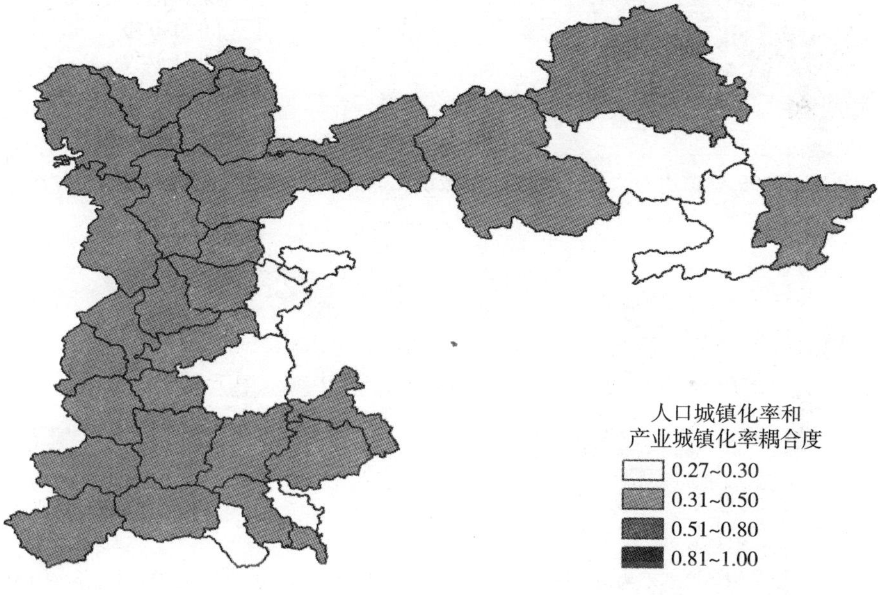

图 17　2004 年燕山－太行山片区人口城镇化率和产业城镇化率耦合度水平分类

图 20、图 21、图 22 分别显示了 2004 年、2009 年、2014 年燕山－太行山片区人口城镇化率和产业城镇化率协调度水平分类情况，燕山－太行山片区人口城镇化率和产业城镇化率协调度在不断增强，中度协调和高度协调的地区在不断增多，但是整体而言低协调地区还比较多。

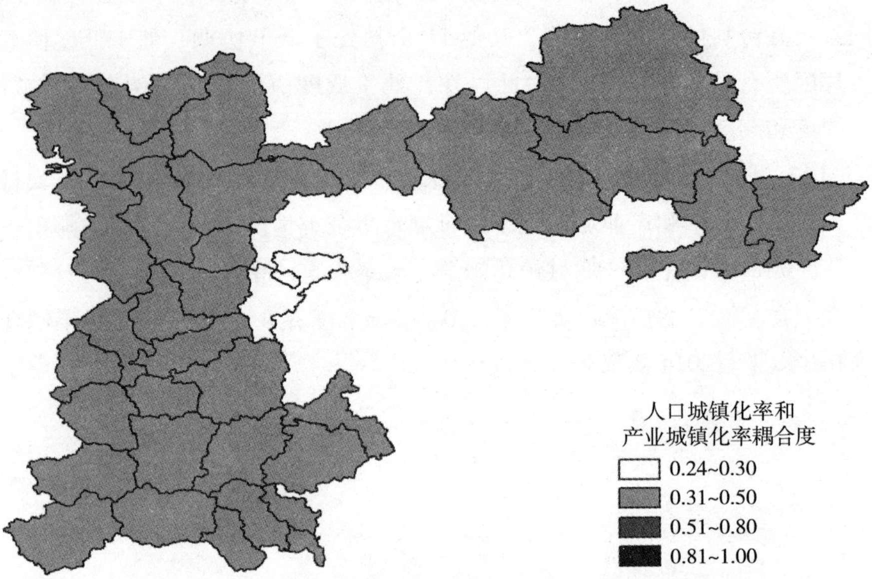

图 18　2009 年燕山 - 太行山片区人口城镇化率和产业城镇化率耦合度水平分类

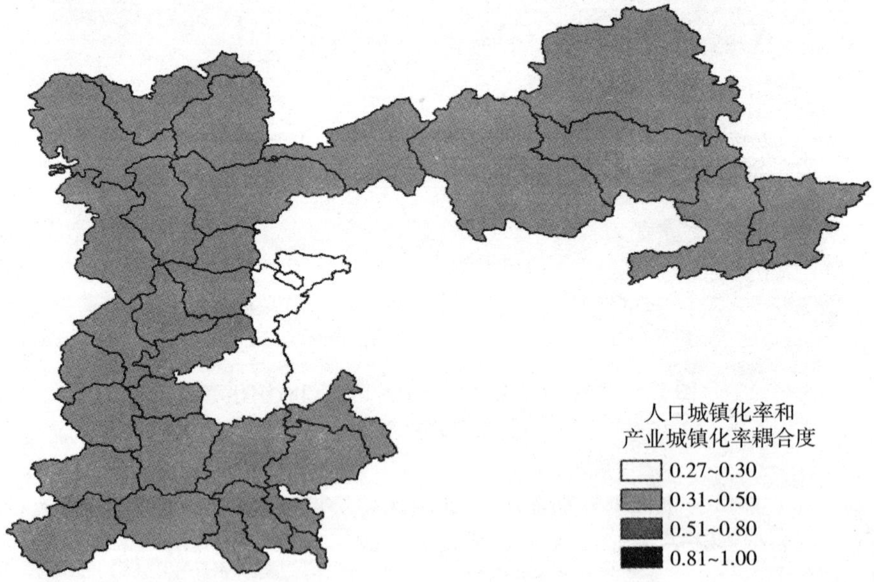

图 19　2014 年燕山 - 太行山片区人口城镇化率和产业城镇化率耦合度水平分类

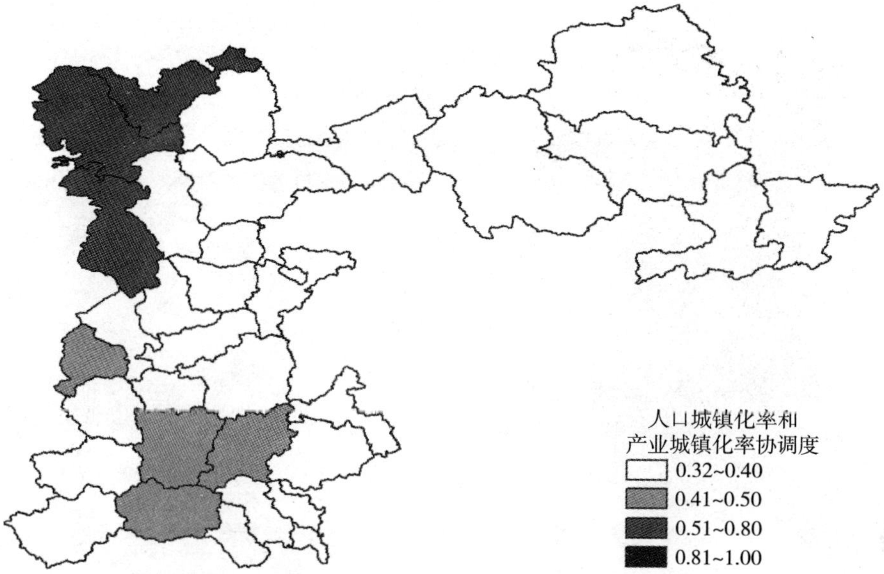

图 20　2004 年燕山－太行山片区人口城镇化率和产业城镇化率协调度水平分类

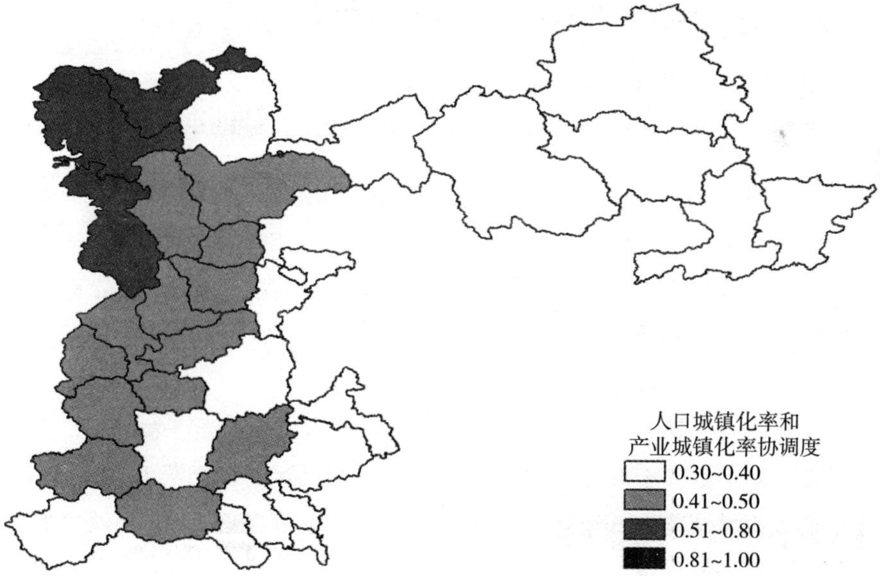

图 21　2009 年燕山－太行山片区人口城镇化率和产业城镇化率协调度水平分类

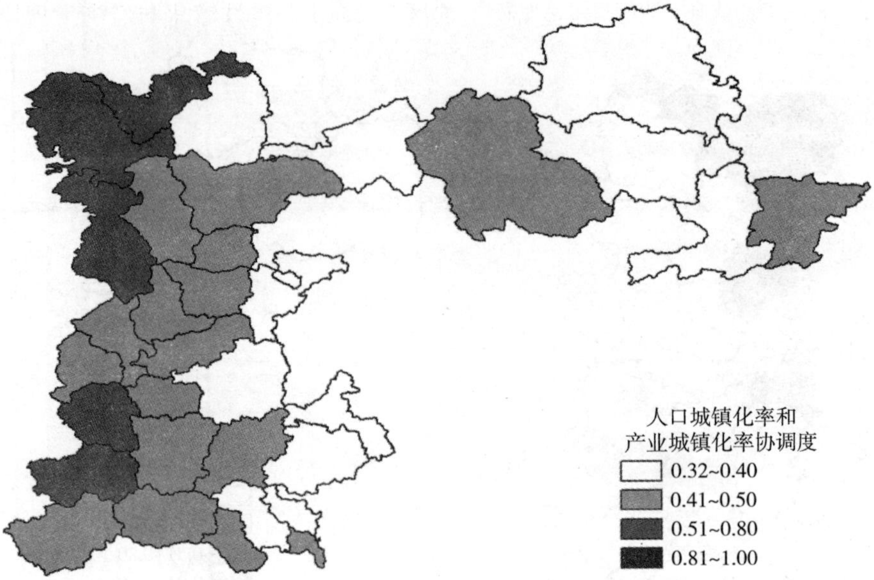

图 22　2014 年燕山 - 太行山片区人口城镇化率和产业城镇化率协调度水平分类

（三）人口城镇化与经济发展协调性较差

运用象限法对燕山 - 太行山片区人口城镇化和经济发展水平的协调性进行研究。具体方法是先计算得到各县（市、区）的人口城镇化率、人均 GDP 数据，然后运用公式 $z = (x_i - \bar{x}) / s$，$s = \sqrt{\sum (x_i - \bar{x})^2/(n-1)}$，$\bar{x} = \sum x/n$ 求得人口城镇化率、人均 GDP 的标准化值，进而分别以人口城镇化率、人均 GDP 标准化值为纵向、横向轴线划分四个象限。从第 Ⅰ - Ⅳ象限分别为高人口城镇化 - 高经济发展区、高人口城镇化 - 低经济发展区、低人口城镇化 - 低经济发展区和低人口城镇化 - 高经济发展区。

其中化德县、繁峙县、张北县处于高人口城镇化 - 高经济发展区，商都县和灵丘县等 8 个县处于高人口城镇化 - 低经济发展区；曲阳县和唐县等 10 个县处于低人口城镇化 - 低经济发展区，兴和县和望都县等 12 个县处于低人口城镇化 - 高经济发展区（见图 23）。

进一步地，以人口城镇化率标准化值与人均 GDP 标准化值之差的绝对值考察人口城镇化与经济发展水平的协调程度，值越大，偏离程度越高，值越小，协调程度越高。将燕山－太行山片区33个县人口城镇化与经济发展协调性分为4类，即绝对值处于0～0.1的基本协调区、0.1～0.5的轻度偏离区、0.5～1的中度偏离区、大于1的高度偏离区。不难发现，涞水县、张北县和尚义县处于基本协调区，在片区所有县中占比为9.1%；阜平县、唐县、易县、顺平县、康保县、沽源县、围场满族自治县、繁峙县、兴和县处于轻度偏离区，在片区所有县中占比为27.27%；望都县、曲阳县、阳原县、灵丘县处于中度偏离区，在片区所有县中占比为12.12%；包括涞源县、宣化县在内的17个县处于高度偏离区，在片区所有县中占比为51.52%。由此可见，燕山－太行山片区人口城镇化与经济发展协调程度较差。

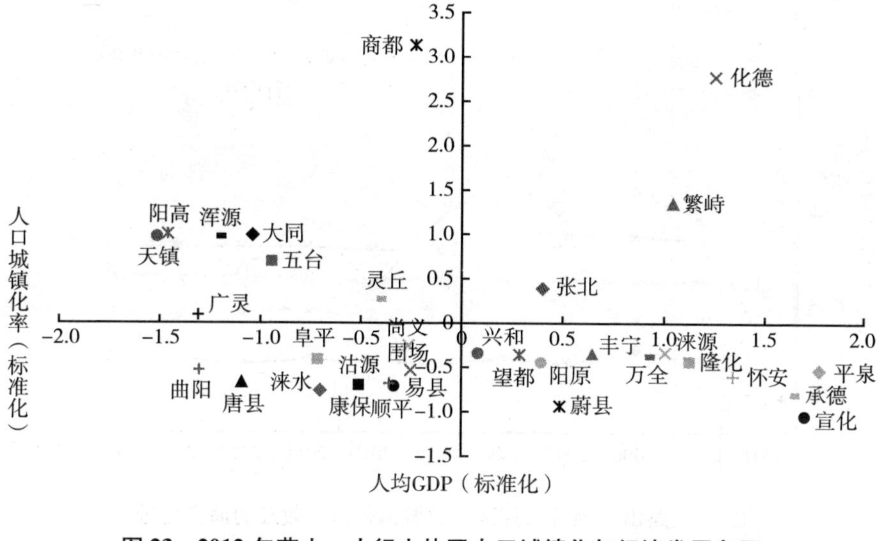

图23　2012年燕山－太行山片区人口城镇化与经济发展象限

（四）产业城镇化带动效应整体水平低，增长幅度小

以人口、产业城镇化相对指数来分析产业城镇化的带动效应，计算公式为：

$$R\text{-}urban_{i,I-P} = \frac{urban_{i,P}/urban_{i,I}}{urban_{G,P}/urban_{G,I}}$$

其中 $R\text{-}urban_{i,I-P}$ 为人口－产业城镇化相对指数，$urban_{i,P}$、$urban_{i,I}$ 分别为 i

县（市、区）的人口城镇化率和产业城镇化率，$urban_{G,P}$、$urban_{G,I}$分别为全国的人口城镇化率和产业城镇化率。

图 24 显示了燕山 – 太行山片区产业城镇化带动效应的演变情况，燕山 – 太行山片区产业城镇化演变及周边 3 个省（区）产业城镇化的带动效应存在明显差异，燕山 – 太行山片区产业城镇化的带动效应在逐年增强，但增加幅度小，整体水平较低。2004 ~ 2014 年，燕山 – 太行山片区人口 – 产业城镇化相对指数维持在 0.16 ~ 0.49，为全国平均水平的 16% ~ 49%，与河北、山西、内蒙古三省（区）的差距较大。在燕山 – 太行山片区内部，内蒙古片区的产业城镇化带动效应波动幅度最大，河北片区波动较为平缓。其中内蒙古片区的带动效应最强，2014 年为 1.11，山西片区和河北片区分别为 0.71 和 0.31。

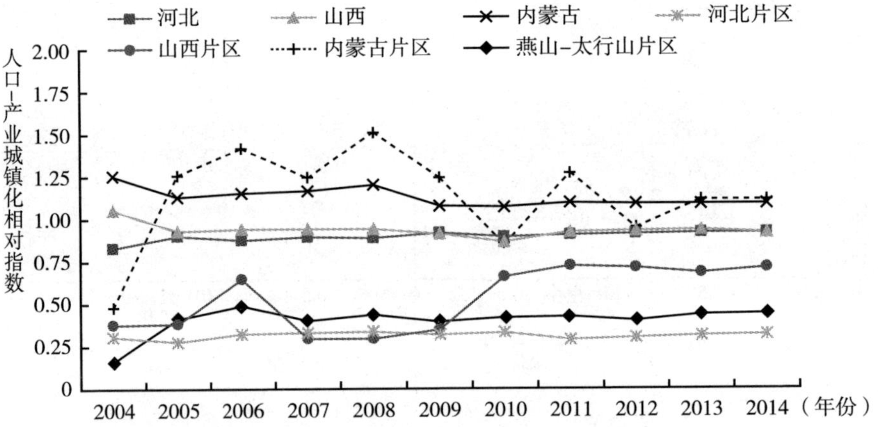

图 24　燕山 – 太行山片区产业城镇化带动效应的演变比较

同时，燕山 – 太行山片区各县的产业城镇化带动效应也存在明显差异。图 25 显示了 2014 年燕山 – 太行山片区产业城镇化带动效应情况，将燕山 – 太行山片区产业城镇化的带动效应分为弱带动效应（指数 <0.70）、中带动效应（指数处于 0.70 ~ 1）、强带动效应（指数 >1）三类。不难发现，片区内大多数县（市、区）都属于弱带动效应和中带动效应区域，两者的占比分别达到 69.70% 和 21.30%，高带动效应区域仅有化德县、商都县和阳高县，占比为 9.09%。这再次表明，燕山 – 太行山片区大多数县产业城镇化带动效应偏弱。

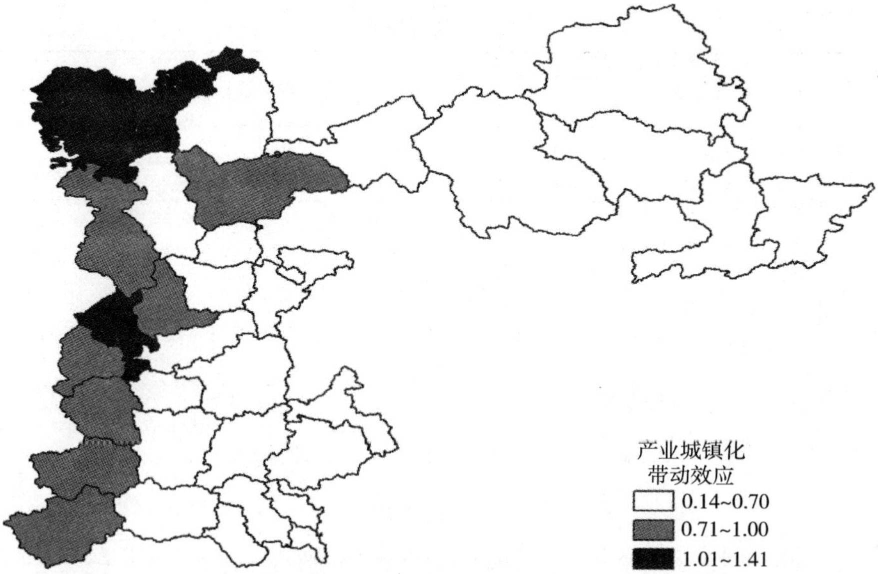

图 25　2014 年燕山－太行山片区产业城镇化带动效应

四　燕山－太行山片区城镇化的影响因素分析

（一）燕山－太行山片区城镇化影响因素的实证分析

本文采用多元回归模型的面板数据模型来分析燕山－太行山片区城镇化的影响因素。研究时间为 2004～2014 年，所有资料来源于“中国区域经济统计年鉴”以及地方的统计公报。

1. 变量选择

表 5 显示了变量概况。被解释变量包括人口城镇化率和产业城镇化率。人口城镇化率是城镇人口在总人口中所占的比重，产业城镇化率是第二、第三产业之和与 GDP 的比值。两个指标能很好地从人口和产业两方面反映城镇化水平。解释变量，为了较为全面的揭示各个影响因素对城镇化的影响，在参考以往研究对解释变量设置的基础上，考虑研究的实际情况，本文又分别从产业发展能力、市场发展能力、自我发展软实力和生态环境发展能力几方面进行考虑，设置因变量。

表 5　变量概况

变量性质	变量名称	变量符号	变量含义及计算公式
被解释变量	人口城镇化率	Pop	城镇人口与总人口的比值
	产业城镇化率	Ind	第二、三产业之和与 GDP 的比值
解释变量	规模以上工业增加值增速(%)	Sin	规模以上工业增加值增长速度,反映产业发展能力中产业经济效益,即所在区域企业生产过程中新增加价值的增长速度
	人均 GDP(元)	LnAgdp	GDP 与年末人口比值,反映市场发展能力中经济发展水平和人民生活水平
	人均零售商品消费额(元)	LnArg	反映市场发展能力中人民物质文化生活水平高低
	农村居民纯收入(元)	LnCin	农村居民的人均纯收入(取对数)反映市场发展能力中农村居民消费能力
	城乡就业人员比重(%)	Em	城镇就业人员和农村就业人员之和与年末总人口的比值,反映市场发展能力中就业机构
	人均居民储蓄存款余额(元)	lnAba	人均居民储蓄存款余额(取对数),反映市场发展能力中居民消费能力
	城镇职工平均工资(元)	LnCi	城镇职工平均工资(取对数),反映市场发展能力中城镇居民消费能力
	财政自给能力指数	Fin	财政收入与财政支出的比值,反映自我发展软实力中财政收支状况以及社会服务能力改善潜力
	普通中学在校学生人数(人)	LnSis	普通中学在校学生人数反映自我发展软实力中教育发展水平
	每万人医院床位数(床)	LnHob	每万人医院床位数反映自我发展能力中医疗水平
	人均固定资产投资额(元)	LnAfa	人均固定资产投资额反映自我发展软实力中的基础设施建设
	人均耕地面积(公顷)	Acl	人均耕地面积反映自我发展软实力中的居民物质生计资本
	人均林地面积(公顷)	Afo	人均林地面积反映生态环境发展能力,衡量生态环境的好坏

2. 描述性统计

表 6 显示了对数据的描述性统计,从表 6 可以看出人口城镇化率的均值为 0.1913,中位数为 0.1392,人口城镇化率较低;产业城镇化率的最大值为

1.8701，最小值为0.4416，均值为0.7428，较全国平均产业城镇化率低了14.9个百分点；规模以上工业增加值增速最大值为12.3935，最小值为－0.8668，均值为0.3329；人均GDP最大值为10.3848，最小值为7.7051，均值为9.1199；人均零售商品消费额最大值为9.0755，最小值为6.3368，均值为8.0543；农村居民纯收入最大值为8.8079，最小值为7.1789，均值为7.9777；城乡就业人员比重最大值为0.6420，最小值为0.1556，均值为0.4575；人均居民储蓄存款余额最大值为10.1706，最小值为6.6904，均值为8.9763；城镇职工平均工资最大值为11.5145，最小值为9.0074，均值为10.0381；财政自给能力指数最大值为0.4683，最小值为0.0329，均值为0.1774；普通中学在校学生人数最大值为11.0229，最小值为5.1180，均值为9.5842；每万人医院床位数最大值为3.7636，最小值为1.9267，均值为2.9312；人均固定资产投资额最大值为10.6855，最小值为5.9521，均值为8.7479；人均耕地面积最大值为0.4756，最小值为0.0372，均值为0.1674；人均林地面积最大值为0.1203，最小值为0.0004，均值为0.0180。

表6　描述性统计

变量符号	均值	中位数	最大值	最小值	标准差
Pop	0.1913	0.1392	0.9156	0.0541	0.1292
Ind	0.7428	0.7324	1.8701	0.4416	0.1459
Sin	0.3329	0.2419	12.3935	－0.8668	0.7736
LnAgdp	9.1199	9.1377	10.3848	7.7051	0.5614
LnArg	8.0543	8.0950	9.0755	6.3368	0.4918
LnCin	7.9777	7.9862	8.8079	7.1789	0.3008
Em	0.4575	0.4839	0.6420	0.1556	0.0892
LnAba	8.9763	9.0356	10.1706	6.6904	0.6384
LnCi	10.0381	10.0355	11.5145	9.0074	0.6057
Fin	0.1774	0.1736	0.4683	0.0329	0.0857
LnSis	9.5842	9.6363	11.0229	5.1180	0.5563
LnHob	2.9312	2.9577	3.7636	1.9267	0.3783
LnAfa	8.7479	8.7606	10.6855	5.9521	0.9711
Acl	0.1674	0.1431	0.4756	0.0372	0.0993
Afo	0.0180	0.0137	0.1203	0.0004	0.0150

3. 实证结果及分析

表7显示了分别以人口城镇化率和产业城镇化率为被解释变量对方程进行回归的结果。以人口城镇化率为被解释变量的实证结果表明，规模以上工业增加值增速（Sin）与人口城镇化率呈正相关关系，统计结果在10%的显著性水平下显著；农村居民纯收入（LnCin）与人口城镇化率呈正相关关系，统计结果在1%的显著性水平下显著；城乡就业人员比重（Em）与人口城镇化率呈负相关关系，统计结果在10%的显著性水平下显著；财政自给能力指数（Fin）与人口城镇化率呈负相关关系，统计结果在1%的显著性水平下显著；人均固定资产投资额（LnAfa）与人口城镇化率呈正相关关系，统计结果在1%的显著性水平下显著；人均耕地面积（Ad）与人口城镇化率呈负相关关系，统计结果在5%的显著性水平下显著；而人均GDP（LnAgdp）、人均零售商品消费额（LnArg）、人均居民储蓄存款余额（LnAba）、城镇职工平均工资（LnCi）、普通中学在校学生人数（LnSis）、每万人医院床位数（LnHob）、人均林地面积（Afo）与人口城镇化率统计结果不显著，无相关关系。

以产业城镇化率为被解释变量的实证结果表明，人均零售商品消费额（LnArg）与产业城镇化率呈负相关关系，统计结果在5%的显著性水平下显著；农村居民纯收入（LnCin）与产业城镇化率呈负相关关系，统计结果在5%的显著性水平下显著；城乡就业人员比重（Em）与产业城镇化率呈正相关关系，统计结果在1%的显著性水平下显著；人均居民储蓄存款余额（LnAba）与产业城镇化率呈负相关关系，统计结果在1%的显著水平下显著；城镇职工平均工资（LnCi）与产业城镇化率呈正相关关系，统计结果在1%的显著性水平下显著；人均耕地面积（Acl）、人均林地面积（Afo）与产业产业城镇化率呈负相关关系，统计结果在1%的显著性水平下显著；规模以上工业增加值增速（Sin）、人均GDP（LnAgdp）、财政自给能力指数（Fin）、普通中学在校学生人数（LnSis）、每万人医院床位数（LnHob）、人均固定资产投资额（LnAfa）与产业城镇化率统计结果不显著，无相关关系。

由此可以发现，影响燕山－太行山片区人口城镇化的因素主要有：规模以上工业增加值增速、农村居民纯收入、城乡就业人员比重、财政自给能力指数、人均固定资产投资额、人均耕地面积。影响燕山－太行山片区产业城镇化

表7　面板数据估计结果

变量＼被解释变量	Pop			Ind		
	系数	t值	p值	系数	t值	p值
常数 *C*	-0.3451*	-1.8210	0.0696	0.5630*	1.7818	0.0757
Sin	0.0065*	1.6524	0.0994	0.0043	0.6531	0.5142
LnAgdp	-0.0065	-0.3173	0.7512	0.0536	1.5588	0.1200
LnArg	-0.0277	-1.0733	0.2840	-0.0915**	-2.1277	0.0341
LnCin	0.1223***	3.5919	0.0004	-0.1446**	-2.5471	0.0113
Em	-0.1746*	-1.6733	0.0953	0.7902***	4.5407	0.0000
LnAba	-0.0171	-1.1052	0.2699	-0.0674***	-2.6146	0.0094
LnCi	-0.0003	-0.0284	0.9773	0.1872***	10.8776	0.0000
Fin	-0.2439***	2.9097	0.0039	-0.0317	-0.2268	0.8207
LnSis	-0.0089	-0.8899	0.3742	0.0217	1.3083	0.1917
LnHob	0.0062	0.3388	0.7350	-0.0265	-0.8754	0.3820
LnAfa	0.0253***	3.0731	0.0023	-0.0078	-0.5647	0.5727
Acl	-0.2211**	-2.1011	0.0364	-0.5250***	-2.9919	0.0030
Afo	0.1697	0.5934	0.5533	-1.3693***	-2.8705	0.0044
R^2	0.8531			0.6797		
Adjusted R^2	0.8323			0.6343		
F-statistic	40.9412			14.9555		
P(F-sta)	0.0000			0.0000		
Hausman 检验	Chi2(13)=52.4528 P=0.0000 固定效应模型			Chi2(13)=107.5612 P=0.0000 固定效应模型		

注：***、**和*分别表示1%、5%和10%的显著性水平。

的因素主要有：人均零售商品消费额、农村居民纯收入、城乡就业人员比重、人均居民储蓄存款余额、城镇职工平均工资、人均耕地面积、人均林地面积。

（二）燕山-太行山片区人口城镇化、产业城镇化和土地城镇化关系的实证研究

人口城镇化、产业城镇化和土地城镇化是衡量燕山-太行山片区城镇化的重要指标，三者之间的关系对研究燕山-太行山片区城镇化意义重大。因此，本文对人口城镇化、产业城镇化以及土地城镇化之间的关系进行实证研究，探

索三者之间的相互关系。由于燕山－太行山片区大部分县都没有建成区面积的相关统计数据，且燕山－太行山片区也没有地级市和县级市，无法对燕山－太行山片区各县人口城镇化、产业城镇化和土地城镇化之间的关系进行分析，故选择燕山－太行山片区各县所属地级市来分析燕山－太行山片区的人口城镇化、产业城镇化和土地城镇化之间的关系。

1. 数据说明及统计描述

对于人口城镇化、产业城镇化和土地城镇化的评价指标、体系，已经有很多文献涉及，其中包括用综合性指标体系来进行评价，也包括用单一指标进行评价。本文在参考相关文献的基础上，综合考虑数据的可得性、操作的可能性以及分析的简化性，采用单一指标来进行分析。本文还利用人口城镇化率（Pop）来度量人口城镇化，产业城镇化率（Ind）来度量产业城镇化，土地城镇化率（Ear）来度量土地城镇化，运用2004～2014年的面板数据，实证检验人口城镇化、产业城镇化和土地城镇化之间的相互关系。资料来源于《中国城市统计年鉴》以及中经网统计数据库。表8显示了对数据的描述性统计。

表8　描述性统计

指标 变量	均值	中位数	最大值	最小值	标准差
Pop	0.3083	0.2823	0.5108	0.2073	0.0855
Ind	0.8743	0.8519	0.9935	0.6996	0.0587
Ear	0.0032	0.0022	0.0082	0.0006	0.0025

2. 平稳性检验

本文利用Eviews 6.0对Pop、Ind、Ear三个变量进行平稳性检验。表9显示了对数据的平稳性检验，由检验结果可知，各变量在原始状态下不全平稳，于是对数据进行差分，差分后各变量在1%的显著性水平下显著，由此拒绝△Pop、△Ind和△Ear具有一个单位根的零假设，各变量都为二阶单整，可以对其进行协整检验。

3. 协整检验

根据平稳性检验结果，三者都是二阶单整，可以进行协整检验。协整检验是基于VAR模型而进行的，首先须构建VAR模型。根据AIC和LR准则确定

表 9　平稳性检验

变量	检验类型（*C*,*T*,*K*）	*LLC*	*IPS*	*ADF*	*PP*	结论
Pop	*C*,0,1	-0.2893	1.42596	0.1379	0.1245	不平稳
△Pop	*C*,0,1	-2.2712	-1.4626	5.9242	5.8854	不平稳
$△^2$Pop	*C*,0,1	-5.7135***	-3.4042***	12.2718***	12.0226***	平稳
Ind	*C*,0,1	-4.3624***	-2.4319***	9.4545***	14.7950***	平稳
△Ind	*C*,0,1	-7.4277***	-4.1568***	14.6064***	23.5120***	平稳
$△^2$Ind	*C*,0,1	-19.5750***	-10.2123***	23.2065***	21.6682***	平稳
Ear	*C*,0,1	-116.4870***	-92.6783***	18.4207***	18.4207***	平稳
△Ear	*C*,0,1	-211.3480***	-145.5170***	18.4207**	18.4207***	平稳
$△^2$Ear	*C*,0,1	-141.7080***	-86.3565***	18.4207***	18.4207***	平稳

注：△表示一阶差分，$△^2$ 表示二阶差分。*** 表示在1%的显著性水平上通过统计检验；*C*、*T*、*K* 分别表示截距项、趋势项、滞后阶数；截距项和趋势项根据时序图确定，各变量滞后阶数据 *AIC* 值确定。

VAR 模型的滞后阶数为 1，协整检验的滞后阶数为 0，由上述单位根检验可以看出，三个变量为二阶单整，因此可以进行协整分析。采用 Johansen 进行协整检验，检验形式为无趋势项、有截距项。检验结果表明在 1% 的显著性水平下存在一个协整向量。即人口城镇化率、产业城镇化率和土地城镇化率之间存在显著的长期均衡关系。

4. 因果关系检验

通过对变量的协整分析，明确了人口城镇化、产业城镇化和土地城镇化之间存在着长期协整关系，但这种协整关系并不能指出因果关系的具体方向。因此，笔者将利用 Granger 因果检验来进一步验证人口城镇化、产业城镇化和土地城镇化之间的因果关系。

表 10 显示了因果关系检验结果，通过变量间的 Granger 因果关系检验，可以看到在 10% 的显著性水平下，在人口城镇化率方程中，不能拒绝产业城镇化不是人口城镇化的 Granger 原因的原假设，拒绝土地城镇化不是人口城镇化的 Granger 原假设，而且两者的联合检验也能拒绝原假设，表明人口城镇化受土地城镇化的影响。在产业城镇化率方程中，无论单个变量的 Granger 因果检验，还是联合检验 10% 的显著性水平下都不能接受原假设。说明产业城镇化受到土地城镇化和人口城镇化的影响。在土地城镇化率方程中，在 10% 的显

著性水平下，拒绝了人口城镇化不是土地城镇化的 Granger 原因的原假设，不能拒绝产业城镇化不是土地城镇化的 Granger 原因的原假设，两者的联合检验也不能拒绝原假设。这表明：①人口城镇化和产业城镇化之间存在单向因果关系，人口城镇化会带动产业城镇化；②人口城镇化和土地城镇化之间存在双向因果关系，土地城镇化会促进人口城镇化，人口城镇化会带动土地城镇化；③土地城镇化和产业城镇化之间存在单向因果关系，土地城镇化会带动产业城镇化。

表 10　因果关系检验

	原假设	统计量	自由度	P 值	结论
Pop方程	产业城镇化(Ind)不能 Granger 引起人口城镇化(Pop)	0.3904	2	0.8227	接受原假设
	土地城镇化(Ear)不能 Granger 引起人口城镇化(Pop)	9.2417	2	0.0098	拒绝原假设
	产业城镇化(Ind)、土地城镇化(Ear)不能 Granger 引起人口城镇化(Pop)	9.2890	4	0.0543	拒绝原假设
Ind方程	人口城镇化(Pop)不能 Granger 引起产业城镇化(Ind)	9.7091	2	0.0078	拒绝原假设
	土地城镇化(Ear)不能 Granger 引起产业城镇化(Ind)	600.4990	2	0.0000	拒绝原假设
	人口城镇化(Pop)、土地城镇化(Ear)不能 Granger 引起产业城镇化(Ind)	714.5524	4	0.0000	拒绝原假设
Ear方程	人口城镇化(Pop)不能 Granger 引起土地城镇化(Ear)	4.8440	2	0.0887	拒绝原假设
	产业城镇化(Ind)不能 Granger 引起土地城镇化(Ear)	0.1438	2	0.9306	接受原假设
	人口城镇化(Pop)、产业城镇化(Ind)不能 Granger 引起土地城镇化(Ear)	5.0592	4	0.2813	接受原假设

5. 脉冲响应

格兰杰因果检验的结果表明，变量之间存在因果关系，但不能说明变量之间因果关系的强度和路径。脉冲效应函数描述的是一个内生变量对残差冲击的响应。具体而言，它描述的是在随机误差项上施加一个标准差大小的冲击后对内生变量的当期值和未来值所产生的影响。横坐标代表追溯期数（设为 10

年），纵坐标表示因变量对自变量的响应大小。

土地城镇化增长对人口城镇化的一个标准扰动的响应。图26A、B、C分别显示了人口城镇化对土地城镇化的响应路径、人口城镇化对产业城镇化的响应路径、土地城镇化对产业城镇化的响应路径。从图26A可以看出土地城镇化对人口城镇化冲击产生正向响应，前两期响应的上升趋势最大，第二期到第三期有一定的下降，第三期之后变化较为平缓；产业城镇化对人口城镇化一个标准扰动的效应。从图26B可以看出，产业城镇化对人口城镇化的冲击产生了正向响应。前三期变化响应变动幅度较大，第三期之后变化较为平缓；产业城镇化对人口城镇化一个标准扰动的响应。从图26C可以看出，产业城镇化对土地城镇化的冲击产生了正向响应，前三期响应迅速下降，从第三期开始，产业城镇化对土地城镇化冲击产生的响应趋于平稳。

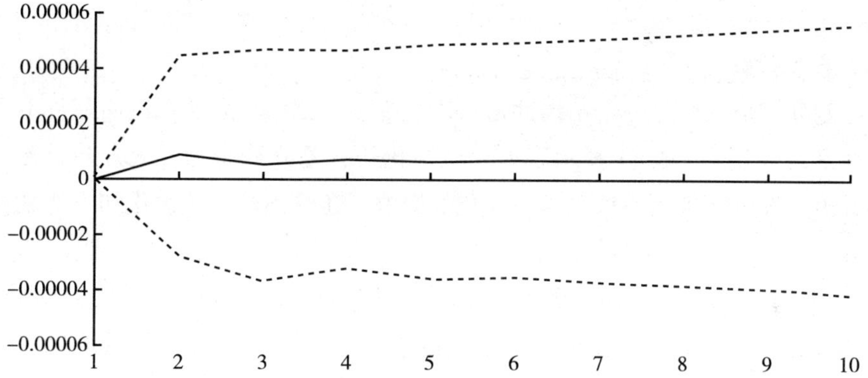

A

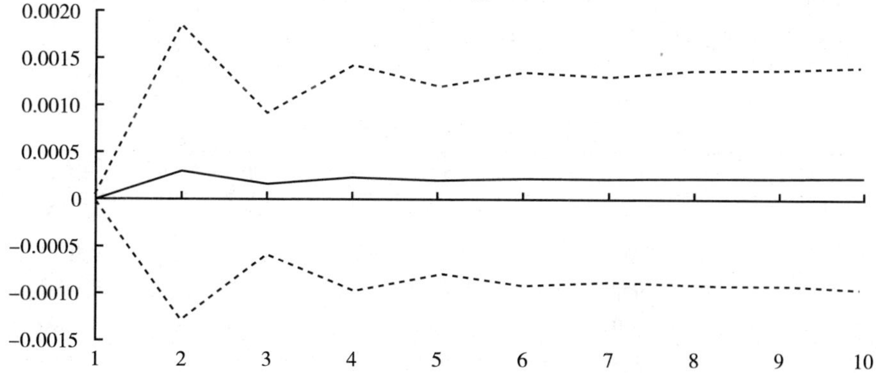

B

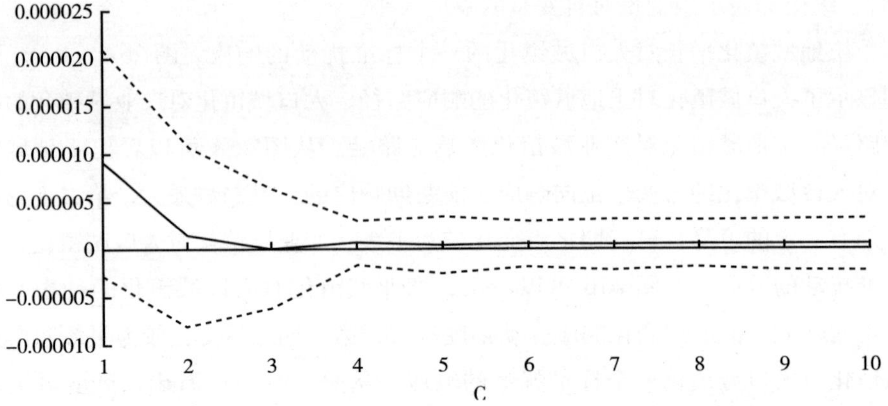

图 26　A、B、C 分别表示人口城镇化对土地城镇化的响应路径、人口城镇化对产业城镇化的响应路径、土地城镇化对产业城镇化的响应路径

6. 方差分解

方差分解是分析每一个结构冲击对内生变量变化的贡献度，进而评价不同结构冲击的重要性。表 11 显示了人口城镇化的方差分解情况，从方差分解表可以看出，人口城镇化不仅受自身变化的影响，还受到产业城镇化和土地城镇化发展带来的影响。人口城镇化的发展受自身冲击的影响在第一期达到了 100%，但是其后随着时间的推移逐渐降低。来自产业城镇化的冲击，在前三期波动较大，后七期波动较小，基本保持在 34% ~35%。而土地城镇化发展对人口城镇化带来的冲击从第二期开始基本稳定，稳定在 0. 3%，这说明土地城镇化对人口城镇化的影响要小于产业城镇化对人口城镇化的影响。

表 11　人口城镇化的方差分解

Period	S. E.	POP	IND	EAR
1	0. 0035	100. 0000	0. 0000	0. 0000
2	0. 0049	99. 6257	0. 3740	0. 0003
3	0. 0060	99. 6815	0. 3182	0. 0003
4	0. 0070	99. 6532	0. 3465	0. 0003
5	0. 0078	99. 6595	0. 3402	0. 0003
6	0. 0087	99. 6548	0. 3449	0. 0003

续表

Period	S. E.	POP	IND	EAR
7	0. 0094	99. 6551	0. 3446	0. 0003
8	0. 0102	99. 6538	0. 3459	0. 0003
9	0. 0109	99. 6534	0. 3462	0. 0003
10	0. 0115	99. 6529	0. 3468	0. 0003

由此可知，燕山－太行山片区人口城镇化、产业城镇化和土地城镇化之间存在着长期稳定关系，且三者之间的因果关系是：人口城镇化和产业城镇化之间存在单向因果关系，人口城镇化会带动产业城镇化；人口城镇化和土地城镇化之间存在双向因果关系，土地城镇化会促进人口城镇化，人口城镇化会带动土地城镇化；土地城镇化和产业城镇化之间存在单向因果关系，土地城镇化会带动产业城镇化。同时，通过脉冲响应分析，土地城镇化以及产业城镇化对人口城镇化冲击产生正向响应，产业城镇化对土地城镇化的冲击也产生了正向响应。另外，根据方差分解发现，土地城镇化对人口城镇化的影响要小于产业城镇化对人口城镇化的影响。

五　燕山－太行山片区新型城镇化的发展对策

由以上分析可知，整体而言，燕山－太行山片区城镇化水平较低，具体来说，燕山－太行山片区城镇化在进程上表现出：人口城镇化进程缓慢，与周边省份差距较大；产业城镇化进程迟缓；保定市土地城镇化率最高，且增速快等特点。同时，城镇化呈现以下特征：人口城镇化呈“I”字形扩张，西高东低；产业城镇化西高东低，内部差异较大；土地城镇化保定市一枝独秀，乌兰察布市后来居上；人口城镇化与产业城镇化协调度逐步增强；人口城镇化与经济发展协调性较差；产业城镇化带动效应整体水平低，增长幅度小等。另外，通过对燕山－太行山片区城镇化影响因素进行实证分析发现，影响人口城镇化的因素主要有：规模以上工业总产值、农村居民纯收入、城乡就业人员比重、财政自给能力指数、人均固定资产投资额、人均耕地面积。影响产业城镇化的因素主要有：人均零售商品消费额、农村居民纯收入、城乡就业人员比重、人均居民储蓄存款余额、城镇职工平均工资、人均耕地面积、人均林地面积。对燕山－太行山片区人口城镇化、产业城镇化和土地城镇化关系进行的实证研究表明，三者存在着长期稳定关系。人口城镇化和产业城镇化之间存在单向因果关系，人口城镇化会带动产业城镇化；人口城镇化和土地城镇化之间存在双向因果关系，土地城镇化会促进人口城镇化，人口城镇化会带动土地城镇化；土地城镇化和产业城镇化之间存在单向因果关系，土地城镇化会带动产业城镇化；土地城镇化以及产业城镇化对人口城镇化冲击产生正向响应，产业城镇化对土地城镇化的冲击也产生了正向响应；土地城镇化对人口城镇化的影响要小于产业城镇化对人口城镇化的影响。

因此，要破除燕山－太行山片区城镇化发展的瓶颈，优化首都的环境，形成持续发展的经济增长点，推动京津冀一体化进程。燕山－太行山片区可以从以下方面进行努力。

（一）创新产业组织形式，扶植特色优势产业

产业组织形式的多样化，有利于产业的形成和发展。燕山－太行山片区农产品缺乏规模效益和品牌竞争力，农产品的科技含量低、附加值低，而且燕山－太行山片区特色农产品与京津市场的对接不紧密，所以燕山－太行山片区要积极发展农民合作社、龙头企业和小微企业等产业组织形式。同时，应利用资源优势，发展特色农业。燕山－太行山片区环绕京津地区，对农副产品的需求量巨大，应大力发挥资源优势，推进农业生产经营专业化、标准化、集约化、品牌化，建成京津地区重要的农副产品供应基地，建设商贸流通体系。另外，应注重文化产业发展。燕山－太行山片区有很多民间文化艺术，如晋剧、二人转、晋北鼓吹和民间剪纸、雕刻、编织等，需要对其进行传承，壮大文化产业。

（二）完善利益联结机制

建立健全扶贫龙头企业、农民专业合作社等产业组织与贫困农户的利益联结机制。支持农户积极参与产业化全过程并分享收益，促进企业和贫困农户形成稳定利益关系，实现共同发展。支持扶贫龙头企业与农民专业合作社组织有效对接。鼓励企业在本区域建立产业基地，带动贫困农户增收。支持企业优先吸纳安置贫困地区富余劳动力，就地就近转移就业。积极探索增加农民财产性收入的新形式。

（三）承接产业转移，促进产业园区集约发展

京津地区面积和发展空间有限，产业的不断壮大，必然会促使京津地区加

快产业转移，而燕山－太行山片区临近京津地区，是京津地区产业转移的首选之地。燕山－太行山太区应发挥区位优势，改善城镇基础设施建设，提升市场服务能力，加强连接京津快速交通体系建设，创新与京津地区的产业协作机制，重点承接高附加值的产业转移。另外，要统筹规划产业园区，大力推进园区整合，形成合理布局、产业集聚、用地节约、配套完善、特色突出的产业园区体系，为承接产业转移提供便利。

（四）构建“一圈三带四走廊”经济发展格局，优化产业空间布局

要推动燕山－太行山片区积极融入首都经济圈，推进与冀中南经济区、太原城市群、呼包鄂榆经济区的合作，增强与周边地区的联系，推进张家口、大同、乌兰察布市三地经济合作，加快构建“一圈三带四走廊”经济发展格局。同时，应加快推进首都绿色经济圈、沿海经济隆起带、冀中南经济区建设。鼓励各级城镇依托自身资源禀赋，错位发展，坚持产城互动，把产业聚集区作为城市发展的重要增长极。

（五）培育农村科学技术创新能力，延长产业链

燕山－太行山片区的农村建设离不开科技的创新，同时，将传统农业转化成现代农业的过程中，同样需要科技的推动。京津地区科技力量雄厚，而燕山－太行山片区环绕在京津地区周围，可以利用燕山－太行山片区与京津地区的区位优势，细化两地分工，将京津地区的技术和燕山－太行山片区的资源相结合，确定重点项目，开展联合攻关，组建创新团队，着力提高产业的附加值，延长产业链。

（六）优化人才发展环境，健全人才激励措施

燕山－太行山片区的农民安于现状，基层干部观念陈旧，无法带动燕山－太行山片区农民致富。同时，该地区教育水平普遍较低，缺乏致富的主动性。因此，燕山－太行山片区应该加强乡土人才培养。鼓励各类教育培训机构开设创业、就业培训课程，支持开展订单、定向、定岗培训。扶持致富带头人、技术能人、农村经纪人，支持优秀乡土人才到职业院校、普通高校和发达地区接受培训。

B.10

大兴安岭南麓片区城镇化进程、特征与发展战略

李付坤*

摘 要: 本文从新型城镇化的角度，以及强调产业城镇化-人口城镇化-土地城镇化协调推进的内涵出发，分析了大兴安岭南麓片区2004年以来人口城镇化、产业城镇化和土地城镇化的进程及特征，阐释了大兴安岭南麓片区中心职能指数及中心城市经济联系与产业分工的演变。结合大兴安岭南麓片区的扶贫攻坚与区域发展规划，在SWOT分析的基础上提出了总体城镇化发展战略，并分别阐述了产业城镇化、空间城镇化和人口城镇化三个战略具体内容。

关键词: 大兴安岭南麓片区 城镇化 质量评价 演化趋势

一 大兴安岭南麓片区概况

大兴安岭南麓集中连片特殊困难地区（以下简称为片区）是《中国农村扶贫开发纲要（2011—2020年）》中国家确定的14个集中连片特困区之一，是新一轮扶贫开发攻坚战主战场之一。该片区规划区域土地总面积为14.5万平方公里，位于大兴安岭中段和松嫩平原西北部，以平原和低山丘陵为主要

* 李付坤，北京林业大学博士研究生，吉首大学商学院讲师，研究方向为农业经济管理。

地貌类型，气候类型为温带大陆性季风气候，无霜期为 101～190 天，冬季严寒漫长；土地资源丰富，有耕地 449.9 万公顷、草场 286.5 万公顷；跨内蒙古、吉林、黑龙江三省（区），共包括特殊困难地区的 22 个县（市、区、旗），其中包含 13 个国家扶贫开发工作重点县、3 个老区县、2 个边境市（旗）、15 个牧业和半农半牧业县（旗）（见图 1）。2013 年，片区总人口为 831 万人，乡村人口为 573 万人，有蒙古族、满族、柯尔克孜、锡伯族等 6 个世居少数民族，城镇化率为 31%，远低于全国 53.7% 的城镇化水平，人均地区生产总值为 19041 元，仅为全国平均水平的 45.4%；片区产业结构不合理、市场化程度不高、国有经济比重偏重，是扶贫攻坚和区域协调发展任务重的连片特困区和经济协作区。

片区发展面临的主要问题为：①农田水利等设施薄弱，农业支撑体系乏力。水利建设滞后，骨干水利工程不足，灌排设施老化失修，基本农田中有效灌溉面积占比仅为 31.3%；农田低压电网普遍缺乏，电力设施支撑农田水利化的能力不足；农机具与规模化生产要求不配套；农业科技创新和推广应用体系不健全，农业科技进步贡献率低；农村金融服务不足，农业保险滞后。②土地退化明显，自然灾害频发。人均耕地面积较多，但积温不足，无霜期短，降雨量偏少，土地生产力不高，土地沙化面积达 20383.7 平方公里，占片区面积的 14.1%，片区 19.1% 的耕地面积盐碱化情况严重，约为 86 万公顷，平原地区黑土层变薄，面源污染加重，耕地质量下降，低山丘陵地区水土流失比较严重，土壤沙化退化；自然灾害严重。③农户收入来源单一，增收困难；农户科技文化水平不高，市场意识淡薄。外出务工人员少，农民收入比重中 21.5% 为工资性收入，与全国平均水平相差 19.6 个百分点；农户以传统农牧业生产为主，经营性收入增长乏力；农民人均纯收入仅为全国平均水平的 66%，农村人口中 67.6 万人符合扶贫标准，贫困发生率达 12%。④结构性矛盾突出，区域发展活力不足。国有经济比重高，产业结构不合理，市场化程度低，民间投资乏力；产业链条短，产品附加值低，企业自主创新能力不足；城镇化水平低于全国平均水平 15.6 个百分点，城市吸引投资能力弱，辐射带动能力不足，现代服务业发展滞后，新增就业机会少。

图1　大兴安岭南麓片区空间分布

二　大兴安岭南麓片区城镇化进程及特征

（一）人口城镇化进程及特征

1. 人口城镇化水平偏低、城镇化进程较缓慢

图2显示了大兴安岭南麓片区与全国及周边省份人口城镇化进程对比情况。2004～2008年，片区人口城镇化率从28.08%增长至35.52%，进入快速增长阶段；但自2009年以来，片区人口城镇化率由2009年的33.65%下降到2014年的31%左右，年均降低0.45个百分点，而同期全国人口城镇化率年均增长1.09个百分点，两者产生了较大的差距，人口城镇化率呈现缓慢降低态势。而且，2014年片区的人口城镇化率仅相当于国家1997年的水平，城镇化进程滞后17年。与周边3个省（区）的城镇化进程相比，年均增速较低，除比吉林高出0.05个百分点外，比内蒙古、黑龙江分别低1.01个和0.19个

百分点，差距明显。2014 年，人口城镇化率与内蒙古、吉林、黑龙江的差距为 28 个、23 个、26 个百分点。

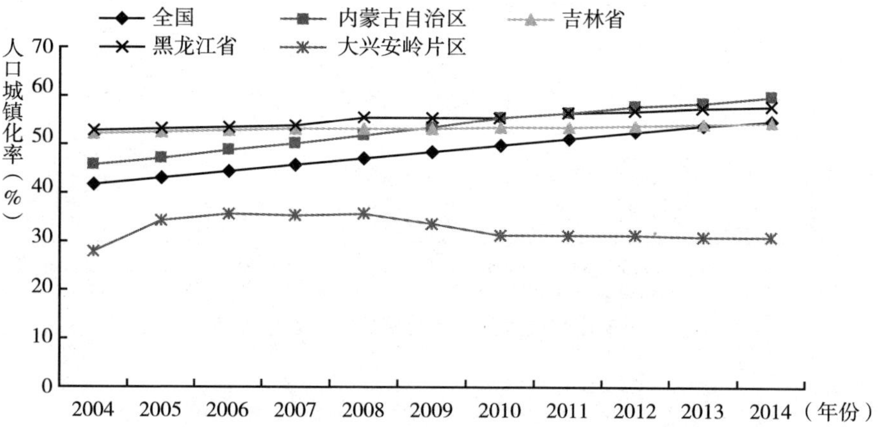

图 2　大兴安岭南麓片区与全国及周边省份人口城镇化进程对比

图 3 显示了大兴安岭南麓片区内各分片区人口城镇化进程对比情况。片区内，吉林片区的人口城镇化率最高，内蒙古片区的人口城镇化率略高于平均水平，而黑龙江片区的人口城镇化水平低于片区平均水平并且差距较大。2014 年，内蒙古、吉林、黑龙江 3 个分片区的人口城镇化率分别为 31. 9%、40. 53%和 22. 72%，与各自所在省份人口城镇化水平的差距为 28. 93 个、14. 07 个和 35. 08 个百分点，内蒙古片区、黑龙江片区与所在省份人口城镇化水平差距巨大，吉林片区的差距相对较小。

2. 片区内各旗县（市、区）城镇化水平差距较大

大兴安岭南麓片区内 22 个旗县（市、区）城镇化率差异十分明显。如图 4 和表 1 所示，可将片区 22 个旗（县、市、区）分为高人口城镇化区、较高人口城镇化区、中等人口城镇化区、较低人口城镇化区和低人口城镇化区 5 类。阿尔山市、乌兰浩特市人口城镇化率在 65% 以上，分别为 79. 51%、73. 98%，进入城镇化稳定阶段。洮北区人口城镇化率为 56. 88%，属于较高人口城镇化区；处于较低和中等人口城镇化区的旗县市数量较多，有富裕县等 8 个，占比为 36. 36%；低人口城镇化区数量最多，有泰来县等 11 个县，占比为 50%。

据诺瑟姆（Ray. M. Northam）“城市化过程曲线”（即“诺瑟姆曲线”），

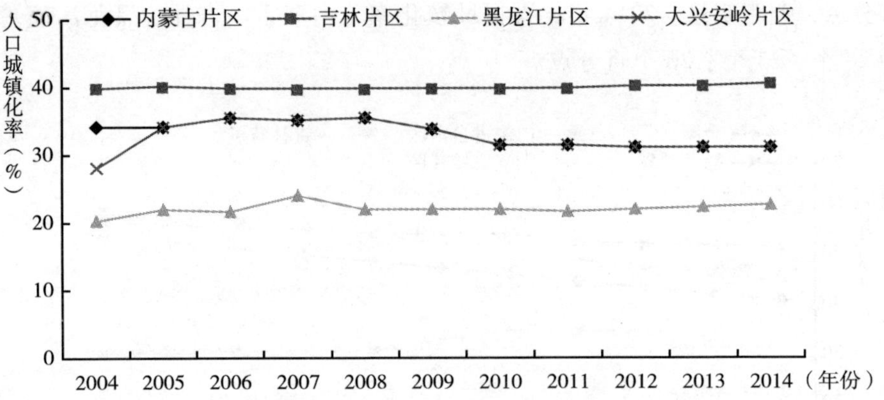

图3　大兴安岭南麓片区内各分片区人口城镇化进程对比

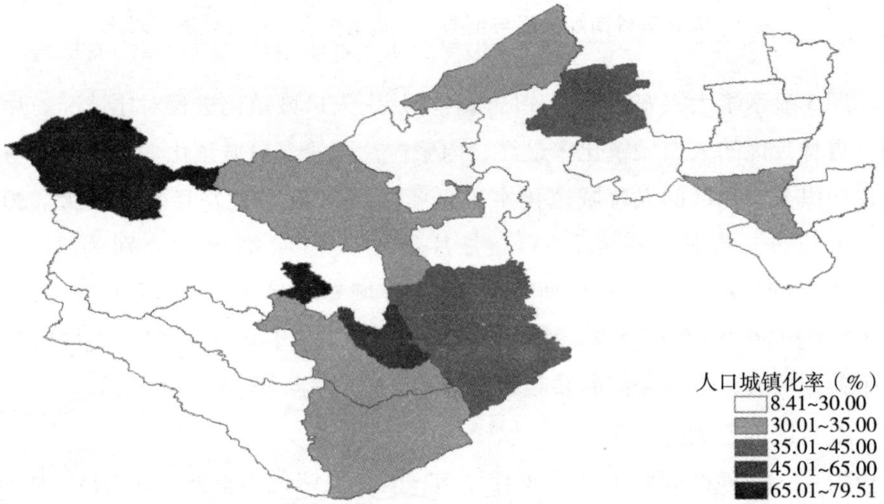

图4　2014年大兴安岭南麓片区22个旗（县、市、区）人口城镇化水平分类

大兴安岭南麓片区处于城镇化初始阶段（<30%）、加速阶段（30%~60%）、稳定阶段（>60%）的旗（县、市、区）占比分别为50%、40.91%和9.09%，即一半的旗（县、市、区）尚在城镇化初始阶段。从总体空间分布来看，如图4所示，片区西南部、东北部的人口城镇化水平偏低，中部地区和西北部个别县（市）的人口城镇化率较高。

表 1　大兴安岭南麓片区 22 个旗（县、市、区）人口城镇化水平分类

类　型	旗(县、市、区)名称
高人口城镇化区(65%以上)	阿尔山市、乌兰浩特市
较高人口城镇化区(45% ~65%)	洮北区
中等人口城镇化区(35% ~45%)	富裕县、镇赉县、大安市、洮南市
较低人口城镇化区(30% ~35%)	甘南县、扎赉特旗、通榆县、青冈县
低人口城镇化区(30%以下)	科尔沁右翼中旗、泰来县、突泉县、林甸县、克东县、明水县、望奎县、兰西县、龙江县、拜泉县、科尔沁右翼前旗

（二）产业城镇化进程及特征

1. 产业城镇化水平差距大且增速放缓

图 5 显示了大兴安岭南麓片区与全国及周边省份产业城镇化进程对比情况。大兴安岭南麓片区的产业城镇化率总体上有所增长，但与全国及周边 3 个省（区）的差距仍然较大。2014 年，片区产业城镇化率分别低于全国及内蒙古、吉林、黑龙江 20.2 个、20.75 个、18.66 个和 16.98 个百分点。从年均增速看，10 年间，片区产业城镇化率年均增长 0.49 个百分点，高于黑龙江省及全国水平；2004 ~2010 年，年均增长 0.743 个百分点，进入较快速的增长阶段；但 2010 年后，年均增长下降到 0.044 个百分点，呈缓慢增长态势。

图 6 显示了大兴安岭南麓片区各分片区产业城镇化进程对比情况。片区内，产业城镇化率分为两个梯度；内蒙古片区和吉林片区为第一梯队，产业城镇化率高于片区平均水平，2014 年分别达 73.11%、82.44%，分别高于片区平均水平 3.21 个和 12.54 个百分点；黑龙江片区为第二梯队，2014 年产业城镇化率为 55.8%，低于片区平均水平约 14.1 个百分点。

2. 片区内各旗（县、市、区）产业城镇化空间差异明显

图 7 和表 2 将大兴安岭南麓片区分为高产业城镇化区、较高产业城镇化区、中等产业城镇化区、较低产业城镇化区和低产业城镇化区 5 类。其中，仅乌兰浩特市的产业城镇化率高于 90%，与全国产业城镇化水平相当，这与乌兰浩特作为中心城市工业化水平有较高提升相关；产业城镇化率较高的有洮北区等 4 个区（县、市），这些旗（县、市、区）经济相对发达；镇赉县等 2 个

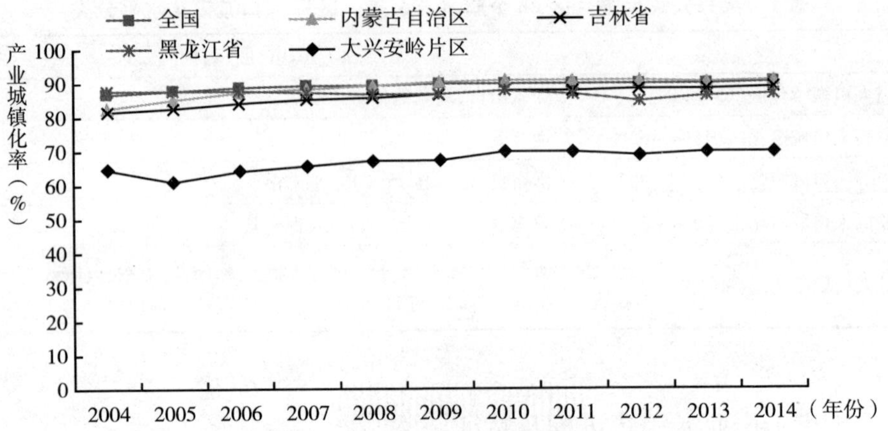

图5　大兴安岭南麓片区与全国及周边省份产业城镇化进程对比

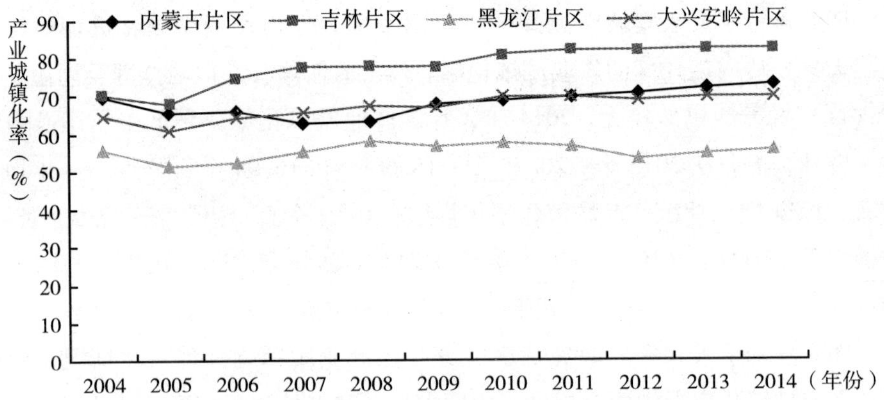

图6　大兴安岭南麓片区各分片区产业城镇化进程对比

县（市）为中等产业城镇化区域；突泉县等3个旗（县）的产业城镇化率处于较低水平；富裕县等12个旗（县、市）的产业城镇化率最低。产业城镇化率由高到低的5类旗（县、市、区）数量占比分别为4.55%、18.18%、9.09%、13.64%和54.55%。

从总体空间分布来看，片区产业城镇化率较高的区域近似呈中南部－南部、中南部－西北部走向，中南部向南部和西北部扩散型分布；乌兰浩特、白城中心城市的所在区域则是这一分布上的重要支撑部分。

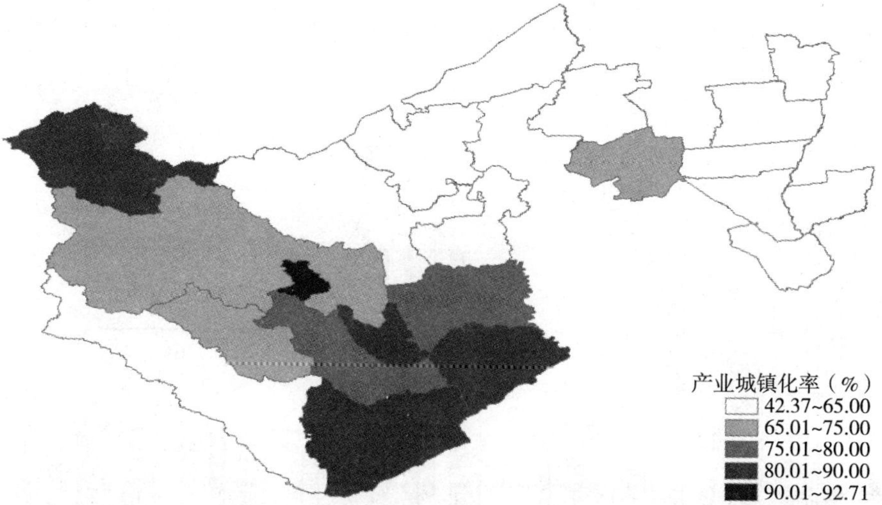

图7　2014年大兴安岭南麓片区22个旗（县、市、区）产业城镇化水平分类

表2　大兴安岭南麓片区22个旗（县、市、区）产业城镇化水平分类

类　型	旗县市区名称
高产业城镇化区(90%以上)	乌兰浩特市
较高产业城镇化区(80%～90%)	洮北区、大安市、通榆县、阿尔山市
中等产业城镇化区(75%～80%)	镇赉县、洮南市
较低产业城镇化区(65%～75%)	科尔沁右翼中旗、林甸县、突泉县
低产业城镇化区(65%以下)	科尔沁右翼前旗、克东县、富裕县、泰来县、拜泉县、明水县、扎赉特旗、甘南县、青冈县、龙江县、望奎县、兰西县

（三）土地城镇化进程及特征

1. 中心城市建成区面积大，部分城市扩张较快

土地城镇化率是考察城镇化进程中建成区面积扩张速度、土地利用效率的重要指标，由建成区面积占土地面积的百分比来衡量。片区大多数县没有统计建成区面积数据，故选择5个城市区域（地级市、县级市）为代表分析片区土地城镇化概况。图8表明，白城市城区建成面积最大，2012

年达 42.13 平方公里，扩张速度较快；建成区面积较大的还有乌兰浩特市，从 2004 年的 19.57 平方公里快速增长为 2012 年的 38.5 平方公里，为扩张速度最快的城市；此外，阿尔山市、大安市和洮南市多年来建成区面积变化不大。

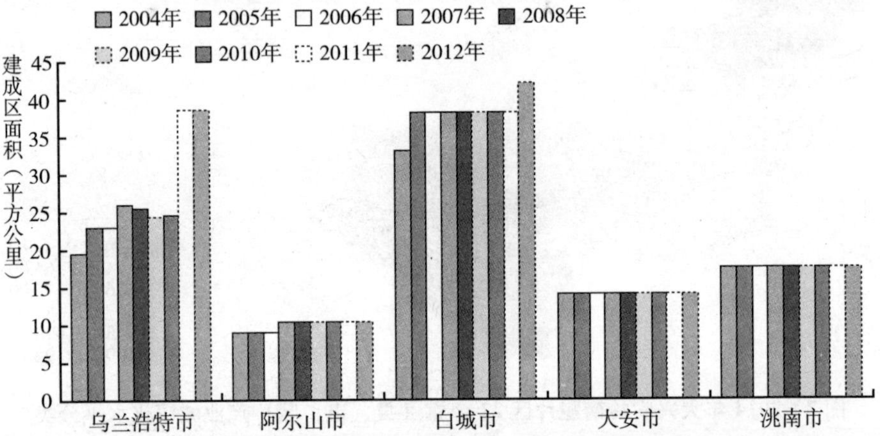

图 8　大兴安岭南麓片区代表性城市建成区面积演变对比

2. 洮南市建成区面积占比最高，各城市间差异较大

图 9 显示了大兴安岭南麓片区代表性城市建成区面积占比演变对比情况，从建成区面积占比（即土地城镇化率）角度来看，大兴安岭南麓片区建成区面积占比最高的城市为洮南市，2012 年达 32.22%，远远高于同期乌兰浩特市、阿尔山市、白城市、大安市的 14.69%、6.13%、4.62%、11.78%。表 3 显示了片区内建成区面积占比最高的洮南市与周边城市相比，远低于呼和浩特市、哈尔滨市、齐齐哈尔市、大庆市、通辽市的 79.09%、100%、100%、76.20%、100%，只高于锡林浩特市（10.02%）。

从表 3 显示的 2004～2012 年建成区面积占比变动幅度的对比来看，大兴安岭南麓片区中乌兰浩特市变动幅度最大，达 7.23 个百分点，其次是白城市，为 2.85 个百分点，阿尔山市为 0.85 个百分点，大安市和洮南市一直没有发生变化。其他城市与上述周边城市的变动幅度相比都存在较大差距。这意味着，大兴安岭南麓片区中除乌兰浩特市和白城市以外，其他城市的土地城镇化速度都相对较慢。

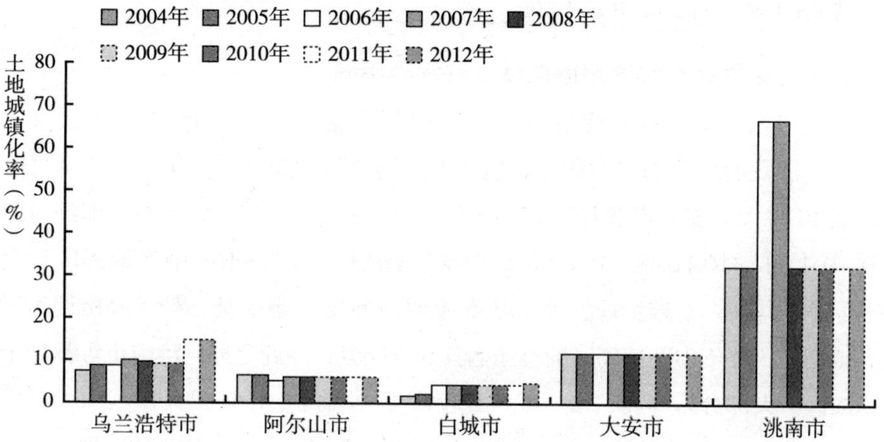

图9　大兴安岭南麓片区代表性城市建成区面积占比演变对比

表3　大兴安岭南麓片区5个城市与周边3个省（区）代表性城市土地城镇化比较

单位：平方公里，%

城　市	2004年			2012年			2004～2012年
	市区面积	建成区面积	建成区面积占比	市区面积	建成区面积	建成区面积占比	变动幅度
乌兰浩特市	262	19.57	7.47	262	38.5	14.69	7.2252
阿尔山市	170.31	9	5.28	170.31	10.44	6.13	0.8455
白城市	1864	33	1.77	1864	42.13	4.62	2.8491
大安市	118	13.9	11.78	118	13.9	11.78	0
洮南市	54	17.4	32.22	54	17.4	32.22	0
对比城市							
呼和浩特市	2054	135	6.57	265.05	209.63	79.09	72.52
哈尔滨市	345.3	293	84.85	383	383	100	15.15
齐齐哈尔市	139.6	103.2	73.93	139.6	139.6	100	26.07
大庆市	278.4	148.4	53.30	305.4	232.7	76.20	22.89
锡林浩特市	409	20.8	5.09	409	41	10.02	4.94
通辽市	32.3	51.7	62.48	75.63	75.63	100	37.52

（四）城镇化质量及特征

1. 人口城镇化与经济发展总体上低水平协调

以人口城镇化率标准化值与人均 GDP 标准化值①之差的绝对值考察人口城镇化与经济发展水平的协调程度，值越大，偏离程度越高，值越小，协调程度越高。图 10 将大兴安岭南麓片区 22 个旗（县、市、区）划分为 4 类，即绝对值处于 0 ~ 0.1 的基本协调区、0.1 ~ 0.5 的轻度偏离区、0.5 ~ 1 的中度偏离区、大于 1 的高度偏离区。不难发现，处于基本协调区的仅有望奎县，处于轻微偏离区的仅有镇赉县，处于中度偏离区的有通榆县和青冈县；除此之外，洮南市等都处于高度偏离区。大部分旗（县、市、区）处于高度偏离区主要是因为片区内人口城镇化率相较于人均 GDP 过低、人口城镇化率的增长远低于人均 GDP 的发展，属于城镇化滞后于经济发展水平的区域。需强调的是，目前片区人口城镇化与经济发展总体上的协调是一种低水平的协调，需要同时促进经济发展和提升城镇化水平。

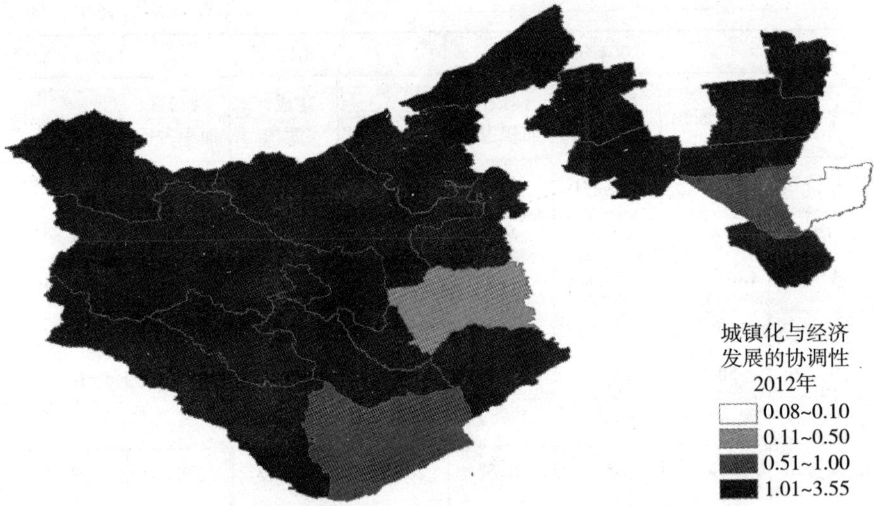

图 10　2012 年大兴安岭南麓片区 22 个旗（县、市、区）城镇化与经济发展协调程度

① 先计算得到各旗（县、市、区）的人口城镇化率、人均 GDP 数据，然后应用公式 $z = (x_i - \bar{x})/s, s = \sqrt{\sum (x_i - \bar{x})^2/(n-1)}, \bar{x} = \sum x/n$ 可求得人口城镇化率、人均 GDP 的标准化值。

2. 产业城镇化的带动效应偏弱

产业是城镇化的基础，产业集聚促进人口集中进而实现人口的城镇化。因而，人口－产业城镇化相对指数①可在一定程度上揭示产业城镇化的带动效应。

图 11 显示了片区产业城镇化带动效应的演变及与周边3个省（区）的差异。2004 年以来，大兴安岭南麓片区产业城镇化的带动效应呈逐渐减弱的趋势，人口－产业城镇化相对指数从2004 年的0.90 降低到2014 年的0.67，且总体维持在较低水平，人口－产业城镇化相对指数基本维持在0.7 左右，仅为全国平均水平的70%，与内蒙古、吉林、黑龙江3个省（区）存在较大差距。在大兴安岭南麓片区内部，吉林片区的产业城镇化带动效应最强，2014 年接近0.81；其次是内蒙古片区和黑龙江片区，2014 年两个片区间差距不大，分别为0.69 和0.67；总体上，各分片区产业城镇化带动效应的差距呈逐渐缩小的趋势。

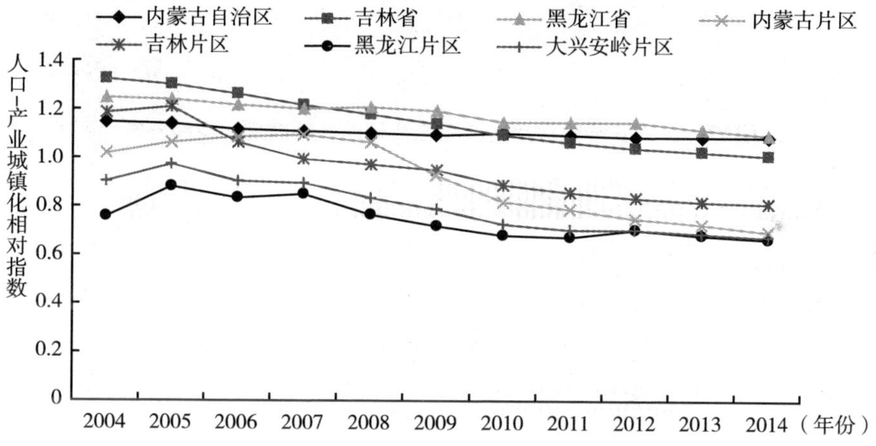

图 11　大兴安岭南麓片区产业城镇化带动效应的演变比较

注：部分年份出现较大波动是由于人口城镇化统计口径不同。

---

① 计算公式为：$R\text{-}urban_{i,I-P}=\dfrac{urban_{i,P}/urban_{i,I}}{urban_{G,P}/urban_{G,I}}$，其中 $R\text{-}urban_{i,I-P}$ 为人口－产业城镇化相对指数，$urban_{i,P}$、$urban_{i,I}$ 分别为 i 县（市、区）的人口城镇化率和产业城镇化率，$urban_{G,P}$、$urban_{G,I}$ 分别为全国的人口城镇化率和产业城镇化率。

大兴安岭南麓片区各旗（县、市、区）的产业城镇化带动效应差异明显。将22个旗（县、市、区）产业城镇化的带动效应分为弱带动效应（指数 < 0.70）、中带动效应（指数处于0.70到1之间）、强带动效应（指数 > 1）三类。图12显示了大兴安岭南麓片区产业城镇化带动效应的空间分布。

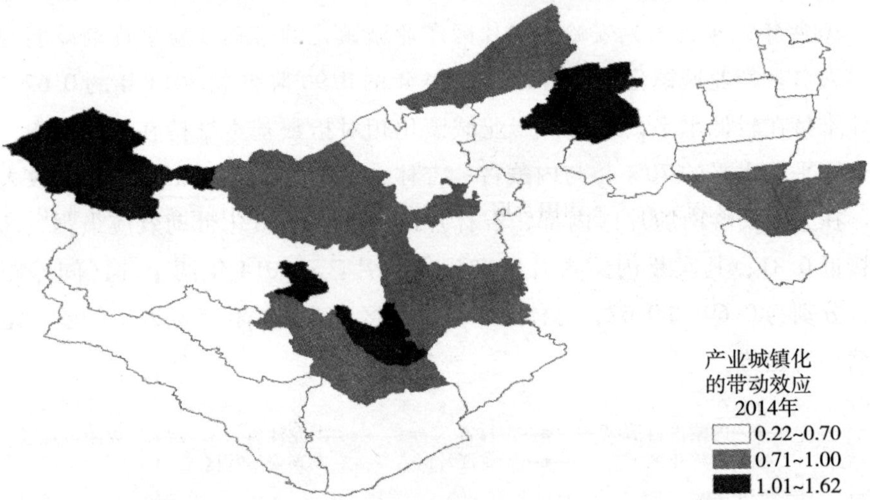

图12　大兴安岭南麓片区产业城镇化的带动效应的空间分布

具体从表4可发现，片区内大安市等12个旗（县、市）都属于弱带动效应，占比达54.55%；甘南县等6个旗（县、市）位于中带动效应区域，占比为27.27%；高带动效应区域仅有阿尔山市等4个旗（县、市、区），占比为18.18%。这表明，片区除了少数中心城市区域外，大多数旗（县、市）产业城镇化带动效应不强。

表4　大兴安岭南麓片区22个旗（县、市、区）产业城镇化水平分类

类　型	旗(县、市、区)名称
强带动效应(指数 > 1)	阿尔山市、乌兰浩特市、洮北区、富裕县
中带动效应(指数处于0.70到1之间)	甘南县、青冈县、扎赉特旗、镇赉县、洮南市、望奎县
弱带动效应(指数 < 0.70)	泰来县、兰西县、大安市、通榆县、科尔沁右翼中旗、龙江县、明水县、突泉县、克东县、林甸县、拜泉县、科尔沁右翼前旗

3. 城镇体系不合理

大兴安岭南麓片区受三省（区）行政区划分割的影响，合理的城镇体系尚未建立，具体表现为：城镇数量少、密度低，城镇规模不大、中心城市不强，城镇之间的联系不够紧密等。由表5可知，片区土地面积与吉林省相当，但城市数量少，将县级市包括在内，片区仅有5个城市，远远低于吉林省的28个；城市密度为每万平方公里0.41个，不及吉林省的1/3、黑龙江省的2/3，仅比内蒙古高；建成区面积则更低，仅为122.37平方公里，远远低于内蒙古、吉林、黑龙江的1132.78、1293.82和1725.5平方公里。

表5　2012年大兴安岭南麓片区与3个省（区）、全国的城市建设情况比较

地　　区	土地面积（万平方公里）	城市数（个）	城市密度（个/万平方公里）	建成区面积（平方公里）
大兴安岭南麓片区	12.29	5	0.41	122.37
内蒙古自治区	118.3	20	0.17	1132.78
吉林省	18.7	28	1.50	1293.82
黑龙江省	45.3	30	0.66	1725.5
全　国	960	657	0.68	45565.8

从片区内5个城市来看，规模最大的为白城市，人口约为199.92万人，面积为25079平方公里，是片区内的首位城市。此外，人口在100万以上的只有白城市，5个城市平均人口规模为65.67万人；人口密度最大的是洮南市，达每平方公里271人，人口密度最低的是阿尔山市，约为7人/平方公里（见表6）。

表6　2012年大兴安岭南麓片区5个城市人口和建成区面积对比

城　　市	总人口(万人)	人口密度(人/平方公里)	面积(平方公里)
乌兰浩特市	32.14	118	2728
阿尔山市	4.86	7	7409
白　　城	199.92	80	25079
大安市	40.91	84	4879
洮南市	50.54	271	1864

为考察片区城镇规模等级结构，可采用M. Jefferson等提出的城市首位律理论中的“2城市指数”加以定量分析。分别以城区常住人口和建成区面积

计算得到的2城市指数分别为：4.61、1.09。而根据城市首位律理论，较为合理的城市首位度结构为 $S_2=2$。将片区的城市指数与合理的指数值比较，片区2个指数都与合理值存在较大差距，这表明片区的城镇规模等级体系还很不合理，中心城市过小，城镇等级过于扁平化，缺乏辐射能力强的中心城市。

4. 人口－产业－土地城镇化的耦合度、协调度偏低

借鉴容量耦合概念和容量耦合系数模型推广得到的多个系统（要素）相互作用的耦合模型，进一步考察大兴安岭南麓片区5个代表性城市人口－产业－土地城镇化的耦合系数与协调程度①。以2012年为例，5个代表性城市的人口－产业－土地城镇化耦合度和协调度系数如图13所示。

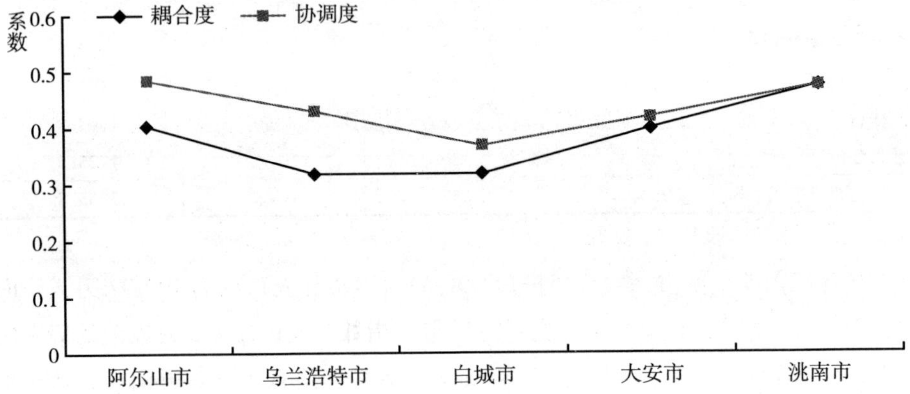

图13　2012年大兴安岭南麓片区5个城市人口－产业－土地城镇化耦合系数与协调系数比较

根据已有研究，耦合度值的变化可分为6种类型，即无序发展阶段（$C<0$）、较低水平耦合阶段（$0<C<0.3$）、颉颃阶段（$0.3<C<0.5$）、磨合阶段（$0.5<C<0.8$）、高水平耦合阶段（$0.8<C<1$）和良性共振耦合阶段（$C>$

① 耦合系数计算公式：$C_i=\{(u_{P,i}\times u_{I,i}\times u_{L,i})/[(u_{P,i}+u_{I,i})\times(u_{P,i}+u_{L,i})\times(u_{I,i}+u_{L,i})]\}$ ^ (1/3)，其中 $u_{P,i}$、$u_{I,i}$ 和 $u_{L,i}$ 分别为人口、产业和土地城镇化，C_i 为 i 区域的耦合系数；协调度系数计算公式为：$D_i=\sqrt{C_i\times T_i}$，$T_i=a\times u_{P,i}+b\times u_{I,i}+c\times u_{L,i}$，$D_i$ 为协调度，a、b、c 为三个待定系数，本文中均取值1/3。

1)。类似地，协调度可以划分为4个层次：低度协调（$0<D<0.4$）、中度协调（$0.4<D<0.5$）、高度协调（$0.5<D<0.8$）和极度协调（$0.8<D<1$）。图13显示，片区5个代表性城市的人口－产业－土地城镇化耦合度、协调度系数均不高，基本上处于颉颃阶段、低度协调或中度协调。洮南的耦合度、协调度系数都最高，分别为0.47和0.48；阿尔山和大安的耦合度、协调度系数次之，都高于0.4；乌兰浩特和白城的耦合度最低，位于0.32上下；5个城市的耦合度都进入了颉颃阶段，但协调度层次不一。阿尔山、乌兰浩特、大安和洮南4个城市处于中度协调，唯独白城协调度为0.37，低于0.4，处于低度协调。

鉴于上述5个代表性城市是片区城镇化的“领头羊”，其耦合度、协调度系数不高，意味着片区人口城镇化、产业城镇化和土地城镇化整体上还处于颉颃、中度协调推进阶段。

三　大兴安岭南麓片区城镇化发展趋势

（一）片区经济－人口密度的协调性演变趋势

为了进一步分析大兴安岭南麓片区内各分片区经济布局与人口分布的矛盾，图16给出了3个分片区经济－人口密度指数①均值的演变趋势。经济－人口密度指数越接近1，表明经济布局与人口分布之间越匹配，越偏离于1，经济和人口分布则越不协调。

图14表明，内蒙古片区和吉林片区历年经济－人口密度指数都高于1，而黑龙江片区指数值一直徘徊在0.6～0.7。内蒙古片区2004～2005年经济－人口密度指数上升，但在2005～2008年逐步降低，向下趋向于1，之后在2009年快速反弹，并于2010～2011年又持续下跌，在2011年以后逐步上升且稳定于1.23左右；吉林片区2005年比2004年稍有回落，在2009年出现大幅

① 经济－人口密度指数的计算公式为：$EP_{d,i}=\frac{E_{d,i}/\bar{E}_d}{P_{d,i}/\bar{P}_d}$，其中，$E_{d,i}$、$P_{d,i}$为$i$地区的经济密度和人口密度，$\bar{E}_d$、$\bar{P}_d$为片区的经济密度和人口密度均值。

下降，由 2008 年的 1.625 降至 1.46，此外的 2005 ~2009 年、2010 ~2014 年经济 - 人口密度指数都稳定在 1.6 附近；黑龙江片区 2004 ~2008 年经济 - 人口密度指数逐渐缓慢下降，由 0.694 下滑至 0.653，在 2009 年急剧上升至 0.691，之后又跌回 0.651，并一直稳定在 0.65 左右。

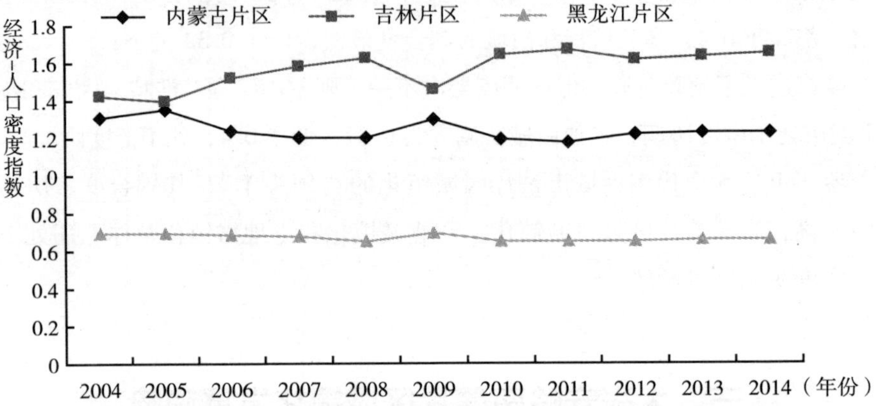

图 14　大兴安岭南麓片区各分片区经济 - 人口密度的协调性演变趋势

可见，3 个片区中，内蒙古片区的经济和人口分布相对协调，吉林片区的经济布局相较于人口分布具有明显的优势，黑龙江片区的经济布局相较于人口分布则存在较大的劣势，而且这种劣势近年来改变不大。

（二）中心职能指数演变趋势

中心城市是城镇化进程的重要支撑，中心职能指数①能较好地反映中心城市在城镇体系中的中心地位及支撑效应。图 15 显示了 2 个中心城市及 5 个一般城市所在地中心职能指数占比的演变趋势。这表明 2 中心城市的中心地位在 2004 ~2014 年有所强化，而另外 3 个县级市的中心地位有所下降，进而使 5 个城市作为整体的中心地位下滑，继续强化中心城市的中心职能、支撑效应和带动效应是近期内城镇化工作的重点。

① 本部分的中心职能指数是经济发展（GDP）和城镇规模（城区常住人口）中心指数的平均值，经济发展中心指数和城镇化中心指数分别由各县（市、区）GDP 和城区常住人口与片区的平均值相除得到。

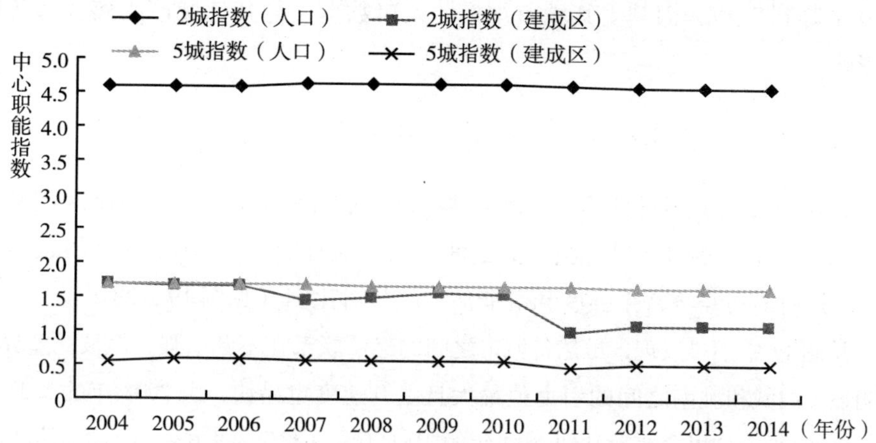

图15　大兴安岭南麓片区2个中心城市和5个城市（含县级市）中心职能指数的占比演变趋势

图16进一步考察了5个中心城市中心职能指数的差异及演变趋势，5个中心城市形成了3个梯队。其中，白城作为第一梯队，其中心职能指数不断上升，2014年达7.09，比排名第二的乌兰浩特高5.7，成为名副其实的中心城市。乌兰浩特、大安和洮南为第二梯队，这三个城市中心职能指数接近，从2004年至2014年都处于1.3~1.5的水平范围内。阿尔山市为第三梯队，其中心职能指数最低，2014年指数值仅为0.17，且10年间中心职能指数下滑，由

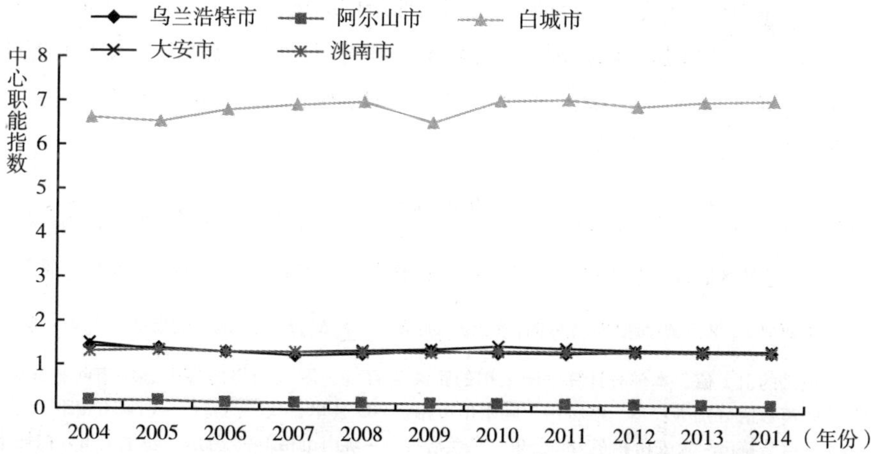

图16　大兴安岭南麓片区5个中心城市中心职能指数演变趋势

0.19 下降到 0.17，因其受其城市规模、人口数量、与其他城市距离较远等因素影响。

（三）中心城市经济联系与产业分工的演变趋势

采用引力模型定量计算 5 个中心城市区域之间的经济联系强度及演变趋势，然后加总各城市与其他城市之间的引力值计算 6 个中心城市的发展潜能①，分别得到经济联系强度和潜能演变趋势对比图（见图 19、图 20）。

从图 17 中不难发现，虽然各城市之间的经济联系在不断增强，但彼此差异十分明显。白城和洮南之间的引力值最大且上升速度也最快，由 2004 年的 5.35 万人·亿元/平方公里急速上升到 2014 年的 31.1 万人·亿元/平方公里；其次是乌兰浩特市与白城市之间的引力值，其上升速度也很快，由 2004 年的 0.9 万人·亿元/平方公里快速上升到 2014 年的 4.62 万人·亿元/平方公里；再次是白城与大安之间的引力值，上升速度较快，由 2004 年的 0.47 万人·亿元/平方公里快速上升到 2014 年的 2.39 万人·亿元/平方公里。白城市与乌兰浩特、洮南和大安之间的引力值较大的原因包括三个方面：一是白城本身的经济规模、人口规模在 5 个中心城市中具有相对明显的优势；二是乌兰浩特、大安和洮南的经济和人口规模也较大；三是白城与乌兰浩特、洮南、大安之间的距离较近，直线距离分别为 77 公里、32 公里和 114 公里。此外，白城市和大安市之间、乌兰浩特市和大安市之间的引力值也较大且近年来有较快增长。随着城市之间交通条件的进一步改善，这些城市之间的经济联系将进一步加强。可以预见，白城市、洮南市、乌兰浩特市、大安市将成为片区内经济联系最为紧密的城镇组团，进而承担支撑和带动片区发展的重任。

---

① 城市之间的引力计算公式为：$R_{ij}=\frac{\sqrt{p_iv_i\times p_jv_j}}{D_{ij}^b}$，（$i\neq j$），$R_{ij}$为引力值，$p_i$、$p_j$、$v_i$、$v_j$ 分别为 i、j 地区的常住人口和 GDP，D_{ij}为 i、j 地区之间的距离，b 为距离摩擦系数，通常国家层面取 1，地区层面取 2；潜能计算公式为：$E_i=\sum_{j=1}^{n}R_{ij}$，E_i 为 i 地区的潜能，R_{ij}为 i 地区与 j 地区的引力值。本部分计算中所采用的距离为百度地图上测得的各中心城市间直线距离，距离数值分别为：乌兰浩特市－阿尔山市相距 205 公里、乌兰浩特市－白城市相距 77 公里、乌兰浩特市－大安市相距 182 公里、乌兰浩特市－洮南市相距 98 公里、阿尔山市－白城市相距 282 公里、阿尔山市－大安市相距 382 公里、阿尔山市－洮南市相距 299 公里、白城市－大安市相距 114 公里、白城市－洮南市相距 32 公里、大安市－洮南市相距 119 公里。

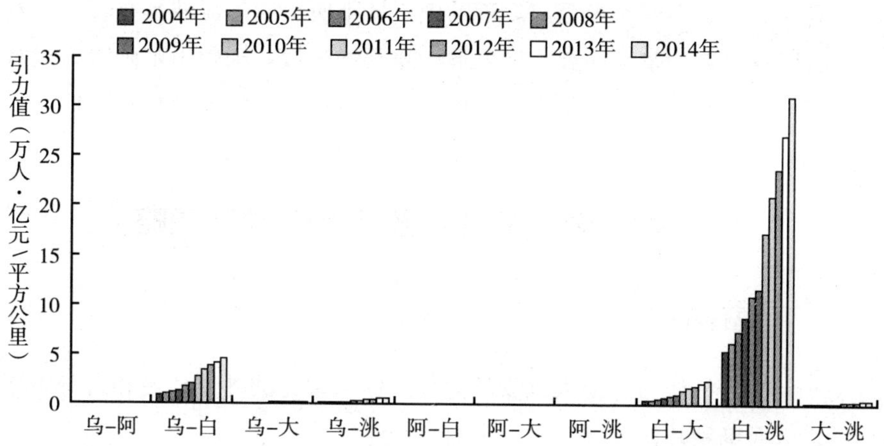

图 17　大兴安岭南麓片区 5 个中心城市之间引力值演变趋势对比

图 18 显示了片区 5 个中心城市潜能演变趋势对比。白城市的潜能最大且增速也最快，2014 年的潜能值达 38.15 万人・亿元/平方公里。其次是洮南市，其 2014 年的潜能值为 32.14 万人・亿元/平方公里；乌兰浩特市的潜能值增长较快，从 2004 年至 2014 年由 1.05 万人・亿元/平方公里上升至 5.39 万人・亿元/平方公里；大安市的潜能值也增长较快，从 2004 年至 2014 年由 0.6 万人・亿元/平方公里上升至 3.01 万人・亿元/平方公里。这再次表明，白城、

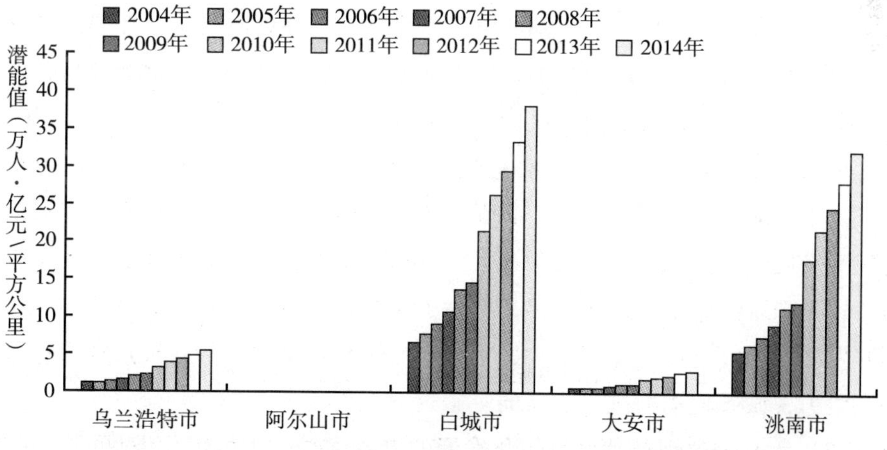

图 18　大兴安岭南麓片区 5 个中心城市潜能演变趋势对比

洮南、乌兰浩特、大安4个距离较近的中心城市所组成的区域具有较大的发展潜能，可以发展成为带动南麓片区发展的重要增长极。阿尔山市则因为相对偏离于片区地理中心，且与其他中心城市的距离较远，其潜能值相对较低。

四　大兴安岭南麓片区城镇化发展战略

（一）总体战略

用SWOT分析法对当前大兴安岭南麓片区城镇化的外部环境和自身条件进行诊断，进而确定片区的城镇化发展总体战略。

1. 大兴安岭南麓片区城镇化的SWOT分析

（1）片区城镇化发展面临的机遇。①国家进一步实施东北地区老工业基地振兴战略及中央城镇化工作会议对中小城镇发展的重视。②集中连片特困区成为国家近十年扶贫开发的主战场，国家将对连片特困区的区域发展、新型城镇化建设给予更多的支持。③根据国务院相关安排，农业部编制了《大兴安岭南麓片区农牧业发展规划（2012—2020年）》，以促进片区优势特色农牧业的发展，加快片区区域发展与扶贫攻坚步伐。

（2）大兴安岭南麓片区城镇化发展面临的威胁与挑战。①周边地区快速发展带来的虹吸效应。在《国家新型城镇化规划》中，片区周边的呼包鄂榆地区、哈大齐工业走廊、长吉图经济区以及牡丹江和珲春是东北部地区重点发展的城市和地区，这些城市的加快发展会形成强大集聚力，不仅会截断流入片区的资源与要素，还会吸附片区内部的资源与要素，使片区形成更深的洼地，进一步削弱片区城镇化动力。②《全国主体功能区规划》对片区定位为主要农产品生产区、经作园艺区和生态保护区，整体限制开发区的功能定位限制了片区的发展空间。一方面，限制开发区的功能定位严格限制了片区产业发展类型、规模和城镇化土地扩张边界，增大了城镇化的成本和难度；另一方面，限制开发区的功能定位也削弱了片区承接产业转移、争取外部直接投资的吸引力和竞争力，城镇化动力进一步减弱。

（3）大兴安岭南麓片区城镇化发展的自身优势。①城镇化发展的空间大。片区城镇化发展滞后，片区平均城镇化水平低于全国25个百分点，处于城镇化缓慢发展期，尚未进入城镇化的快速发展期，与此同时，片区乡村人口比重高、规模大，片区的城镇化有较大的发展空间。②农牧业发展具备有利条件，片区内耕地面积、森林、草场、湿地等资源丰富，且单产提高、产业升级等发展潜力较大。③良好的生态环境和独特的生态自然旅游资源是片区最大的优势。片区内有阿尔山、科尔沁草原和向海、扎龙湿地等国家级自然保护区、湿地公园，充分挖掘和发展生态旅游、度假休闲、民俗风情、湿地科考和红色文化等生态休闲旅游资源并将其产业化，有助于推动新型城镇化建设。

（4）大兴安岭南麓片区城镇化发展的劣势。①城镇化的动力有限。片区市场经济发展滞后，对外开放程度不高，城镇化的市场力和外向力十分弱小，而行政力和内源力方面，由于地处三省（市）交界区域，地方政府的最高行政级别为地级市，行政资源及配置能力有限。同时，长期深陷“贫困陷阱”，区域发展资源积累有限，内源力也不强。②农牧业发展面临自然灾害频发、土地退化明显、支持农牧业发展力度不强、交通区位优势不明显、物流成本高等问题。③农牧民科技文化素质不高、受教育程度低的情况延缓新型城镇化的进程。片区居民居住分散、教育程度低、对新的生计模式和生活方式的适应能力差，这都不利于人口的城镇化。④行政分割下的城镇化博弈。片区分属四省（市）行政区管辖，各分片区都有自身的利益诉求，在城镇化方面难以形成合力，甚至采取以邻为壑的恶性竞争策略，给城镇化发展带来阻力。⑤片区担负提升生态环境质量、保障东北地区生态安全的功能，需要按照三北防护林等国家重点生态工程的要求，对水源涵养保护区和动植物保护区等加强环境保护、生态修复，国家级自然保护区、森林公园等共计 19 个禁止开发区域，限定了充分挖掘和开发生态旅游的力度和广度。

2. 大兴安岭南麓片区城镇化的总体战略

基于上述外部环境、自身条件的诊断分析，片区城镇化发展应采用如下战略：以打造特色农畜产品生产加工基地、知名生态休闲旅游目的地为主导，大力推进发展风能清洁能源产业、煤炭深加工和装备制造产业；积极寻求突破路径，改变传统经济社会发展模式；以现代农牧产业为龙头，加快发展农畜产品加工业、相关生态休闲健康产业、环境友好型产业等，促进特色、绿色中小城镇发展；积极创新空间形态，创建适宜于生态脆弱条件的城镇化空间格局，充分借助和发挥市场力、外向力、行政力和内源力的城镇化推动效应，以及城镇空间的行政资源配置、经济生产、环境改造、社会关系调整、空间管治功效，实现城镇化和经济社会发展的良性循环，最终建立起实现生态屏障、扶贫攻坚、跨省协作和民族团结功能，支撑特色农畜产品生产加工基地和知名生态文化旅游目的地的城镇体系。

大兴安岭南麓片区城镇化战略的实施需要产业城镇化战略、空间城镇化战略和人口城镇化战略三个分战略的支撑。一方面，产业城镇化、空间城镇化和人口城镇化是片区城镇化发展的基本内容，三者缺一不可；另一方面，三者并非孤立，彼此之间的相互促进、相互影响、协同推进能提高新型城镇化的效率和质量，实现综合经济实力进一步增强、人与自然关系更加协调、全面建设小康社会的宏伟目标。

（二）产业城镇化战略

产业城镇化是大兴安岭南麓片区城镇化发展的支撑，片区的城镇化发展滞后与其第二、三产业不发达、第一产业占比偏高密切相关。在周边呼包鄂榆地区、哈大齐工业走廊、长吉图经济区等城市区快速发展的背景下，不仅难以分得东部地区制造业转移的一杯羹，即便承接到部分产业转移，也难以实现持续发展，更不可能支撑起片区的城镇化发展。因而，片区需基于自身的比较优势，大力发展特色和绿色产业，实现产业发展的突围。片区的产业城镇化战略应在以打造特色农畜产品生产加工基地、知名生态休闲旅游目的地为主导，大力推进发展风能等清洁能源产业和装备制造产业的方向下，以现代特色农畜产品生产加工和生态休闲旅游旅游产业为龙头产业、战略产业，同时积极开发预制密切相关的产业，如特色农业、特色农林产品加工业、生物医药产业、民族文化产业、健康与养老产业等，构建片区独特的绿色产业体系。在产业发展形态上，促进产业集群发展、专业化发展，并在相关产业集聚发展的支撑下形成一批特色的小城镇。产业城镇化战略具体如下。

1. 优化产业结构，加快发展农牧产品精深加工业

片区大部分区域为农牧区，农牧业成为国民经济主导产业，是片区城镇化进程缓慢的主要原因；农牧区的农业产业化滞后也使片区农村剩余劳动力不能实现有效安置，进而导致小城镇经济规模受限。结合片区特色农牧产品资源，积极发展农牧产品精深加工产业，推动农业产业化与城镇化、工业化同步发展，推动

城乡一体发展，可以走出一条符合片区实际情况的新型城镇化建设道路。

（1）改造传统农业，大力发展现代农业

①按照规模化、集约化、现代化的要求，加快改造传统种植业。大力发展玉米生产，稳定提高水稻生产能力，努力挖掘大豆单产潜力，有序推进马铃薯及杂粮杂豆生产；综合运用良种良法、农机农艺措施，努力提高土地生产能力；积极发展葵花、亚麻、蓖麻、甜叶菊、中草药及蔬菜、瓜果等经济作物，促进多种经营。

②积极推进畜牧业改造。充分利用饲草资源及丰富的秸秆资源，开发新型饲草饲料，大力发展肉牛、肉羊、奶牛等生态畜牧业；积极发展猪、鸡等畜禽产业和鹿、野猪等特色养殖业。加大草原红牛、东北民猪等地方优良品种保护和利用力度，适当引进优良品种，加快杂交改良和品种培育；积极推进畜牧业规模化经营，加强标准化规模养殖场建设，加强疫病防控。

③强化设施农业生产，推广农牧业科技。因地制宜推广良种、平衡施肥、深松整地、膜下滴灌、舍饲圈养等农业实用适用技术；完善基层农技推广体系，改进农技推广手段，综合运用网络、广播、电视多种手段及农技人员进村入户授课等多种方式，加强农牧业技术指导，提高科技贡献率；发展数字农业、精准农业、智能农业和智能粮库，积极推进种养业生产过程、农产品加工和粮食流通信息化。

④建立健全基层农产品质量检测认证、农业环境监测、农机安全监理等农业服务体系建设，健全和完善基层服务网络，完善产前、产中和产后服务，提高农技社会化服务水平；积极推动绿色和有机产品认证。

⑤完善市场主体多元化的粮食购销服务网络。积极推进农产品批发市场和农业生产资料市场建设；依托已有基础，建设一批具有区域影响力的专业交易市场和农产品集散中心，加强农村集贸市场、农家店建设，开展“农批零对接”“农超对接”等多种形式的产销对接，打造流通链条；鼓励在城市社区设立直销店、连锁店，积极推进农产品网上推介、洽谈和交易，开辟特色农产品流通的绿色通道。

⑥推动特色农牧业产业化发展。通过对片区玉米、水稻、大豆等 12 个重点产业进行合理布局，在农业部的专项支持下以开展特色农牧业基地建设项目的方式推进农业产业化发展；积极申请国家地理标志、塑造特色农产品品牌，提升特

色农产品的附加值和科技含量，提升片区特色农产品的品牌影响力和竞争力。

（2）培养和引入一部分有较大市场影响力、较强产品研发能力的优秀龙头企业，以“龙头企业”解决“小农户”和“大市场”的不对称问题。充分发挥企业的推动作用，对玉米、大豆等农产品进行精深加工，提高产品的附加值；加强对畜禽产品的深加工和细分割，做强、做大乳品加工业，大力推进婴幼儿奶粉的研发和生产，积极开发奶油、奶酪、酸奶等产品以壮大农畜产品加工业，提高综合效益；围绕具有主导优势的农牧产业，鼓励和推动农牧加工企业与高校、研发单位进行产学研合作，加强企业的创新能力。

（3）推进乡镇工业优化升级和产业集群化发展。采用现代化技术规模化生产示范性乡镇企业和农民合作社，推动乡镇企业和农民专业合作社发展片区特色农牧产品加工，培育出一批数量大、质量高、运行规范、品牌化经营的农牧产品加工产业集群，通过整合小农户，实现小规模生产与大市场的对接，依靠规模化和专业化提高农业产业化水平，吸纳农村剩余劳动力，增加农民收入。

（4）发展经济作物园艺区。对片区的旗（县、市）郊区，发展设施农牧业和观光农牧业，以满足城市需求量大的精品蔬菜、水果、牛羊肉、花卉等高效园艺产业为突破口，积极发展农牧业的传统文化传承和观光休闲等功能，提高农牧业综合效益。

2. 大力推进发展风能清洁能源产业、煤炭深加工和装备制造产业

大兴安岭南麓片区的资源优势明显，煤炭和风能等天然资源丰富，且开采条件较好，在片区工业化发展过程中，通过促进技术进步和产业优化升级，较易形成比较优势。利用风能资源优势，有序推进风力发电，强化就地利用与转化，提高电网接纳水平。以兴安盟经济技术开发区和科尔沁右翼中旗百吉纳工业园区、白城工业园区等为重点，适度发展煤炭深加工产业，建设新型煤炭深加工基地，培育支柱产业和经济增长点。发展以汽车和重型机械零部件、农业机械、石油机械等为重点的装备制造业，培育一批骨干企业，加强上下游产业配套和企业技术升级和改造。

3. 发展生态休闲旅游，打造知名生态休闲旅游目的地

（1）在保护生态环境的基础上，充分发掘利用森林、湿地、草原、地热等旅游资源，结合区域独特的气候环境和民族风情，以国家级自然保护区、国家森林公园、国家地质公园和湿地公园为依托，以阿尔山、科尔沁草原和向海、扎龙湿地为重点，大力发展生态旅游、度假休闲、民俗风情、湿地科考和红色文化等主题旅游，延伸旅游产业链条，加强与呼伦贝尔、黑河等区域外旅游线路的链接和跨省区、跨境旅游协作，着力构建四大旅游组团。具体为：①阿尔山休闲观光旅游组团，以阿尔山市为中心，包括阿尔山国家森林公园、阿尔山地质公园、好森沟国家森林公园、阿尔山疗养院矿泉群等景区；②湿地科考旅游组团，以阿尔山、白城、齐齐哈尔、大庆为依托，包括图牧吉、科尔沁、白狼、扎龙、向海、莫莫格等湿地和林甸湿地温泉等景区；③民俗风情旅游组团，以乌兰浩特、白城为中心，包括成吉思汗庙、葛根庙、通榆墨宝园、富裕老窖酒厂博物馆、青冈满族民俗风情园、乌兰毛都草原等景区；④红色旅游组团，以乌兰浩特、齐齐哈尔、绥化为依托，包括内蒙古民族解放纪念馆、内蒙古党委办公旧址、五一会址、阿尔山日军侵华军用机场遗迹、侵华日军遗址群、泰来县江桥抗战纪念地、望奎县林枫纪念馆等景区。

（2）提升旅游服务能力。以阿尔山市为区域旅游对外形象窗口，提升乌兰浩特、白城等城市旅游服务功能，增强景区旅游接待能力。加强旅游景区对内对外交通联结，加强旅游线路交通建设，提升旅游交通环境，打造安全、便捷、舒适的旅游线路。

（3）完善景区基础设施、安全防护设施。规划建设一批旅游汽车营地，加强旅游宣传、旅游接洽、导游服务体系和标识系统建设，开发多元化旅游产品，大力发展森林旅游、养生旅游、户外运动、康体健身等项目，培育地方特色旅游品牌，重点开发地域特色突出的土特产品、工艺品、文化制品等旅游商品，有效增强旅游产业的整体活力和综合实力，带动群众就业和增收。

4. 产业园区建设与产业协作发展

“产业向园区集中”是现代产业发展的基本趋势，也是片区现代工业和服务业发展的现实需要。片区 22 个旗（县、市、区）虽有为数不少的工业园区，但园区级别不高、规模不大、集聚力不强、就业容量有限、知名度不高、竞争力不强，对区域的带动效应十分有限。需要对产业园区进行科学定位、统筹规划、合理建设，对各园区进行整合发展以形成合力，譬如兴安盟经济技术开发区可以整合发展定位于内蒙古自治区煤化工基地的乌兰浩特经济技术开发区和以农畜产品加工业、医药业为基本产业的乌兰浩特工业经济开发区；着力支持白城工业园区的发展，该园区已经聚集了农产品加工、建材机械、化工、冶金、风电设备、物流仓储六个特色产业，其中的农产品加工园被国家农业部和吉林省政府命名为“全国农产品加工创业基地”和“吉林省农产品加工示范区”，推动其升级为国家级开发区；使开发区成为企业积聚区、资金密集区、高新技术集中区和工业经济发展示范区。促进片区内外资源的开发和产业协作，完善利益分配机制和产业协作机制，逐步形成分工明确、优势互补、特色突出、资源共享的产业发展格局。积极承接哈大齐工业走廊、长吉图经济区、辽中南经济区及周边大城市相关产业转移。重点建设特色产业基地，支持区域内外企业及地方政府采取多种形式共建产业园区，推进跨省跨区域产业合作。

（三）空间城镇化战略

大兴安岭南麓片区的城镇空间布局及城镇内部空间结构规划满足片区可持续城镇化客观要求，要协调三省（区）片区的城镇化利益诉求，契合跨省协作、扶贫攻坚和民族团结等方面的需要。

乌兰浩特市和白城市是片区经济社会发展基础较好、规模较大、实力较强的中心城市，也是《大兴安岭南麓片区区域发展与扶贫攻坚规划（2011—2020年）》中所确定的2个中心城市，是片区的区域性增长极。不过，目前2个中心城市仍处于极化阶段，作为区域性增长极的带动能力较弱。因而，片区的城镇化发展首先要按照扶贫攻坚规划，重点建设乌兰浩特、白城2个中心城市，拓展城市空间，完善提升城市功能，推进协同发展，促进人口与产业集聚，发展壮大特色优势产业，发挥辐射带动作用。在发展乌兰浩特市和白城市作为中心城市和产业集聚区的过程中，还需要依托铁路、高速公路等综合运输通道，提升辐射带动功能，推进与哈大齐工业走廊的融合发展，加强与长吉图经济区、辽中南经济区等国家重点经济区的经济联系，充分发挥长春、哈尔滨与齐齐哈尔、大庆等周边城市的带动作用，扩大对蒙古国、俄罗斯等国家的开放与合作。

在改善中小城镇与中心城市之间交通条件的情况下，中小城镇积极发展特色优势产业，通过共建产业园区、产业新城等模式提升要素集聚能力和区域辐射带动能力，充分发挥优势互补、规模经济的优势，形成协同优势，放大原有中心城市的增长极效应，促进人口与产业集聚，使中小城镇与中心城市一起形成紧密联系的城镇密集区。片区的黑龙江片区内尚有11个县，分布在齐齐哈尔市、大庆市和绥化市，此外，阿尔山市距离乌兰浩特市和白城市距离最远，所以在除了重点发展2个中心城市的同时，还需要按照扶贫攻坚规划的“四走廊”经济发展格局，形成布局合理、联系紧密、特色突出、城镇体系完善的空间结构。

（四）人口城镇化战略

人口城镇化是城镇化的本质特征和根本要求。一方面，产业城镇化和空间城镇化的目的是为了更好地实现人口的城镇化，另一方面，人作为城镇化的主体之一，是城镇化最具能动性的动力来源之一。坚持以人为本、以民为本，引导农村牧区人口向城镇有序转移。片区的人口城镇化除了面临户籍制度、土地制度等共性的制度约束外，人口居住高度分散、人口素质普遍偏低、特定的民族文化习俗以及对故土的特殊眷恋、传统的思想观念等，都是人口城镇化的不利因素。因而，片区应借助国家集中连片特困区区域发展与扶贫攻坚先行先试的机遇，通过制度创新消除人口城镇化障碍，推进城乡户籍制度改革，取消城市中农业和非农业户口的差别，放宽农牧业转移人口落户条件，鼓励劳务输出，为农户务工地城镇化提供便利，减轻片区生态环境压力，引导和鼓励务工人员回流就业与返乡创业，积极开发利用本地资源，为人口的本地城镇化提供产业支撑，实现人口城镇化规模的扩大，加快城镇化进程。具体地，片区人口城镇化战略是以户籍制度改革、土地流转制度改革为切入点，以专业村、家庭农庄、农业合作社等农业现代化经营模式为抓手，以基本公共服务覆盖乡镇、中心社区为导向，以生态移民、整村搬迁、空心村整治、中心社区建设等为手段，通过农民“离乡不离土”“离土不离乡”“离土又离乡”“迂回发展”等空间转移模式实现人口集中。同时，以集中培训、基本公共服务均等化等方式提高农民市民化素质，改变农民生产生活方式，实现全面城镇化转型。

大兴安岭南麓片区的人口城镇化还必须考虑农户的居住空间、生产活动空间、生计模式以及城镇化能力的差异，对不同类型的农户采取差异化城镇化路径。同时，作为落后地区的人口城镇化要充分借助政府、非政府组织等第三方力量，通过高效使用扶贫资金、给予移民补贴，以推动生态移民、进行大规模的农牧民就业培训、建立城乡统筹的劳动力市场和人才市场、提升城乡居民生活水平、实现新老市民全方位的平等待遇等，来创造城镇化的推力和拉力，走他组织和自组织相结合的人口城镇化之路。

B.11

大别山片区城镇化进程、路径与趋势

周信君*

摘　要：本文从城镇化强调“人口-产业-土地”综合协调发展的内涵出发，首先分析了大别山片区自2004年以来人口城镇化、产业城镇化和土地城镇化的进程及特征，并发现：①大别山片区整体上进入快速城镇化阶段，但片区内城镇化水平差异明显；②城镇化质量不高，具体表现为人口城镇化与土地城镇化不协调、土地城镇化超前、人口城镇化滞后、人口-产业-土地城镇化耦合度不高和协调性低、产业城镇化带动效应偏弱。然后，文章结合大别山片区的“扶贫攻坚与区域发展规划”，提出了产业、人口和交通城镇化发展的路径，并指明了大别山未来城镇化的发展趋势。

关键词：大别山片区　城镇化　质量评价　发展趋势

一　大别山片区基本概况

大别山片区是《中国农村扶贫开发纲要（2011—2020年）》中重点扶贫部署的14个特殊片区之一。该片区跨安徽、河南、湖北三省，土地总面积约6.7万平方公里，区域范围包括安徽、河南、湖北三省的36个县（市），其中，安徽大别山片区（安徽片区）包括12个县（市），河南大别山片区（河南片区）有16个县（市），湖北大别山片区（湖北片区）有8个县（市）（见图1、表1）。

* 周信君，西南财经大学博士研究生，吉首大学商学院讲师，研究方向为财务管理与区域发展。

2012 年末，片区常住人口为 2776 万人，其中城镇人口为 664 万人，乡村人口为 2112 万人，城镇化率为 23.96%。该片区集革命老区、粮食主产区和沿淮低洼易涝区于一体，是在国家新一轮的扶贫攻坚战中人口规模与密度最大的一个片区。

图 1　大别山片区行政区域

表1　大别山片区行政区域范围

省	市	县(市)
安徽省	亳州市	利辛县
	阜阳市	临泉县、阜南县、颍上县
	六安市	金寨县、寿县、霍邱县
	安庆市	太湖县、宿松县、潜山县、岳西县、望江县
河南省	开封市	兰考县
	商丘市	民权县、宁陵县、柘城县
	信阳市	潢川县、固始县、淮滨县、光山县、新县、商城县
	周口市	商水县、沈丘县、郸城县、淮阳县、太康县
	驻马店市	新蔡县
湖北省	黄冈市	团风县、红安县、麻城市、罗田县、英山县、蕲春县
	孝感市	大悟县、孝昌县

大别山片区河流众多，以淮河为主体的水系发达，径流资源丰富，大别山南麓是长江中下游的重要水源补给区。生物物种多样，森林覆盖率在50%以上，旅游开发潜力大，是华中和长江三角洲地区重要的生态安全屏障。不过，该片区经济、社会发展滞后。①人地关系紧张，矛盾日益凸显。片区土地资源多样，但耕地稀少，人均占有耕地仅为0.89亩。尤其是大别山区的金寨、霍山等11个县（市、区），地貌形态更加复杂，兼有低山、中山、丘陵、岗地和山间盆谷地等，山区土地利用总体呈现“七分山场一分田一分水路和庄园”的特征。②自然资源开发利用受较多约束。境内有淮河、淠河、史河等主要河流，拥有佛子岭、梅山、磨子潭、响洪甸、龙河口、花凉亭六大水库，总库容达91.3亿立方米。片区水能资源丰富，开发前景广阔，但山区同时承担着生态屏障和涵养水源、防洪灌溉等主要生态、社会功能，加之整体上生态环境较为脆弱，旱涝灾害频繁发生，将片区自然资源优势转化为经济效益存在诸多困难，但由于地带和气候的过渡性，片区处于南北物产界面上，缺乏独有的地带性优势物种。③人力资源总体素质亟待提高。片区乡村人口占总人口的70%，随着农业生产方式的变化，农村劳动力不断向第二、第三产业转移，劳动力资源丰富，但教育等社会事业发展相对滞后，农村劳动力素质不高的矛盾凸显，县域经济发

展仍面临较大人才压力。④城镇综合承载能力仍低。内联外通的路网结构尚未全面形成，公路建设历史欠账较多，水利设施严重老化，电力、通信设施落后。⑤片区内仓储、运输等基础条件较差，金融、信息、产权和现代物流等市场体系不健全。同时受地形限制，交通设施建设成本高，山区县城及其他镇区多建于相对封闭的河谷平原和小盆地中，城镇范围小，城镇化程度较低，人口及产业集聚存在现实困难。

二　大别山片区城镇化进程特征

（一）人口城镇化进程及特征

人口城镇化水平作为一个国家或地区城镇化发展综合水平的重要指标，用某一个国家或地区内的城镇人口占总人口的比重来表示。由于统计口径的差别，人口城镇化率[①]指标包括有：非农业人口、城镇人口占人口总数的比重。其中，人口总数也经常使用户籍人口（或年末总人口）数、常住人口数等指标。

1. 城镇化进程稳步上升，但城镇化整体水平仍然较低

从图 2 中不难发现，大别山片区人口城镇化率从 2004 年的 11. 32% 上升到 2014 年的 27. 24%，年均增长 1. 45 个百分点，比同时期全国人口城镇化率年均增速（1. 2 个百分点）高出 0. 25 个百分点，城镇化水平稳步提高。但是大别山片区人口城镇化率整体水平依然很低，不但远远低于该时期全国人口城镇化平均水平，而且与该片区内的所在省份相比，每年的城镇化率相差 15 ~ 20 个百分点，仍然处于一个较低的水平，城镇化任务比较艰巨。

图 3 表明，大别山片区内，湖北片区的城镇化水平最高，不但高于同时期

① 本文采用的人口城镇化率的计算公式：$U = P_u /（P_U + P_r）\times 100\% = P_u / N \times 100\%$，其中 U 代表人口城镇化率，P_u 表示城镇人口、常住人口，包括城镇建成区内的非农业户籍人口、建成区内居住的农业人口、居住在城镇一年以上的流动人的非农业户籍人口、建成区内居住的农业人口、居住在城镇一年以上的流动人口，P_r 表示农村人口，N 代表城镇人口与农村人口之和，表示区域总人口数量。

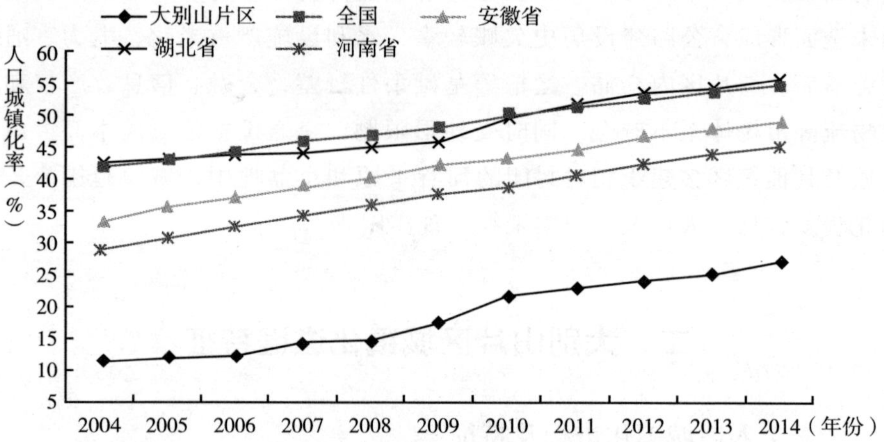

图 2　大别山片区与所在省份及全国人口城镇化进程对比

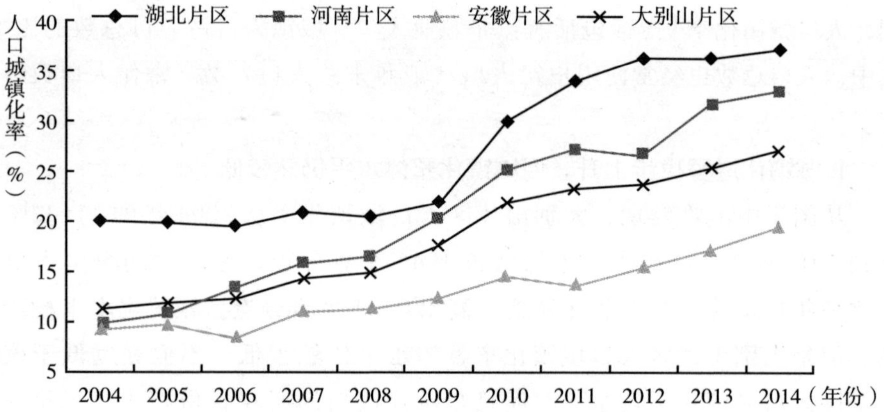

图 3　大别山片区内各分片区人口城镇化进程对比

的河南片区城镇化水平，而且也高于同时期的安徽和大别山片区城镇化水平，基本与同时期的全国平均城镇化水平持平，主要原因可能是湖北片区靠近武汉城市圈，受其经济辐射的能力较强。其次是河南片区和大别山片区的城镇化水平，安徽片区的城镇化水平最低，其不但低于同时期湖北片区和河南片区的城镇化水平，而且也低于该时期大别山片区的城镇化水平。2014 年，湖北、河南和安徽 3 个片区的城镇化率分别是 37. 42% 、33. 13% 和 19. 45% ，同时期湖北省、河南省、安徽省的城镇化平均水平分别是55.61%、45.2%和48.95%，分别与各自所在的省份相差18.19个、12.07个和29.50个百分点。而大别山片区的城镇化率为27.24%，处于较低水平，这与安徽片区的城镇化水平过低有关。

2. 片区内各县（市、区）城镇化水平差异从时间上看有变小趋势，但差异依然较大

采用变异系数①可以测度大别山片区县域城镇化的差异程度，表示大别山片区县域城镇化发展的时空动态差异，该系数已在地理数据的空间差异研究中得到广泛应用。极值差率②是指各区域城镇化水平中的极大值与极小值的比率，用它可以衡量大别山片区城镇化差异的悬殊情况。根据变异系数和极值差率的计算公式，可以计算出2004～2013年大别山片区城镇化水平的极值差率和变异系数（见表2）。

表2　2004～2013年大别山片区城镇化水平极值差率与变异系数差异及变迁

年份	极值差率(R)	变异系数(CV)	年份	极值差率(R)	变异系数(CV)
2004	5.58	0.43	2009	4.47	0.36
2005	4.95	0.43	2010	3.60	0.35
2006	4.23	0.37	2011	5.53	0.43
2007	3.79	0.39	2012	4.17	0.41
2008	3.46	1.04	2013	3.62	0.42

从表2可以看出，大别山片区城镇化水平的极值差率由2004年的5.58降到2013年的3.62，减少了35%；变异系数从2004年的0.43降到2007年的

---

① 变异系数的计算公式：$CV = \frac{1}{\overline{X}}\sqrt{\frac{\sum_{i=1}^{n}(X_i - \overline{X})^2}{n-1}} \times 100\%$，$CV$为变异系数，$\overline{X}$为县域城镇化率的平均数，$n$为县的个数，$X_i$为各县城镇化率。

② 极值差率的计算公式：$R = \frac{P_{max}}{P_{min}}$，$R$为极差率，$P_{max}$为城镇化水平最高的地区，$P_{min}$为城镇化水平最低的地区。

0.39，值得注意的是2008年变异系数上升到1.04，城镇化水平差异变大，2008年以后变异系数又开始下降，2013年变异系数是0.42。无论从极值差率的趋势还是从变异系数的趋势来看，整体上大别山片区各县（市）城镇化水平的差距呈变小趋势，这说明随着经济的发展和国家加大对城镇化的扶持力度，特别是加大了对大别山片区的扶持力度，大别山片区县（市）之间的城镇化水平差异有缩小趋势。但是，从单个年份的变异系数和极值差率来看，变异系数都在0.35～1.04，极值差率也在3.46～5.58，表明大别山片区内各县（市）城镇化发展水平差距仍然较大（见图4）。

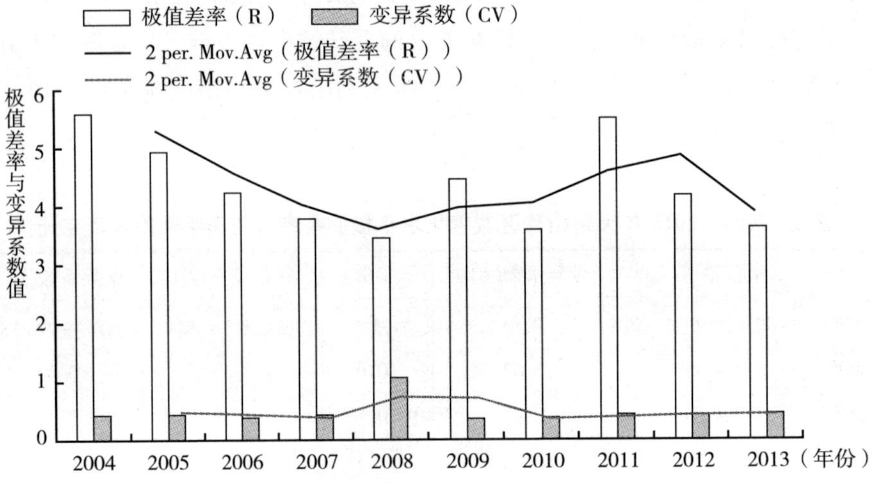

图4　大别山片区城镇化水平差异及其变迁

从空间上看，大别山人口城镇化率高低分布不均衡（见图5），较高城镇化率的县域主要集中在靠近武汉城市圈的孝昌、大悟、红安、罗田、麻城以及河南的新县、潢川等县（市），其城镇化率在35%以上，部分县（市）在40%以上；低城镇化率的县域则分布在安徽一带，大部分的县（市）城镇化率在20%以下，不仅远远低于武汉城市圈周边县（市）的城镇化水平，也低于大别山片区人口城镇化平均水平；整体上，大别山的人口城镇化水平呈“南部高、东边低”的分布格局，城镇化水平发展不均衡。

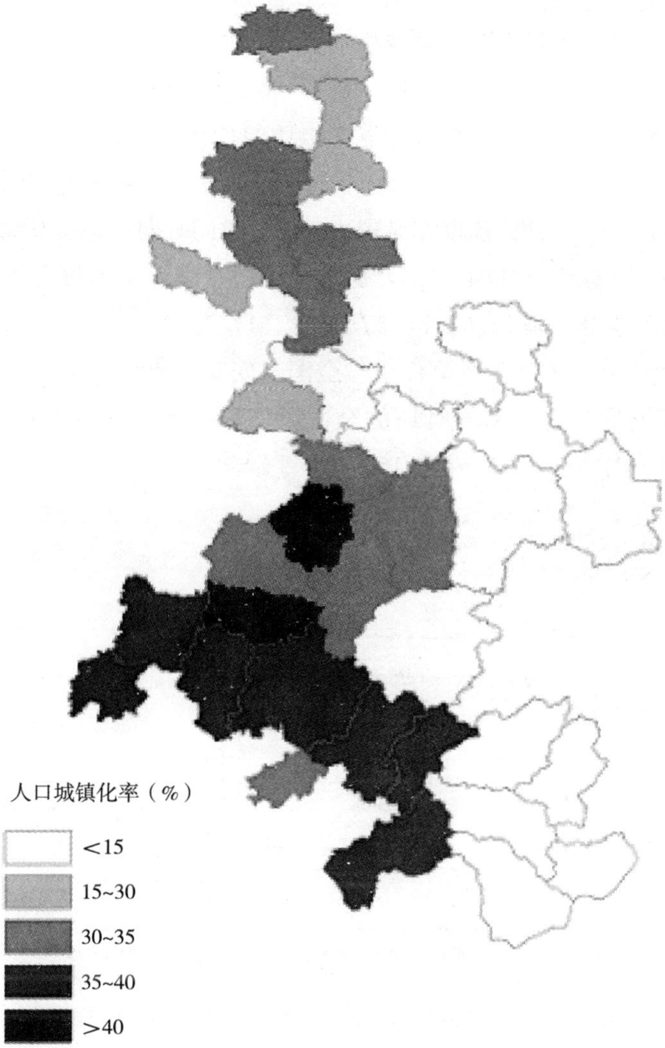

图 5　2014 年大别山片区 36 个县（市、区）人口城镇化空间分布

（二）产业城镇化进程及特征

1. 产业城镇化水平提升相对较快，但差距较大

图6表明，大别山片区产业城镇化率①从2004年的63%上升到2014年的72.36%，总体提升了近10个百分点，年均增长0.85个百分点，不仅高于同时期所属片区的安徽、河南、湖北三省的增长水平，也高于全国的平均增长水平，产业城镇化水平提升速度相对较快。但是与同时期的全国及周边3个省份相比，差距仍然较大，2004年，大别山片区产业城镇化率与全国及安徽、河南、湖北的差距分别是23.61个、17.03个、17.72个、18.89个百分点；截至2014年，大别山片区产业城镇化率与全国及安徽、河南及湖北的差距有所缩小，但差距依然存在，和同时期的全国及安徽、河南及湖北的差距分别为17.93个、16.01个、15.53个和15.54个百分点。

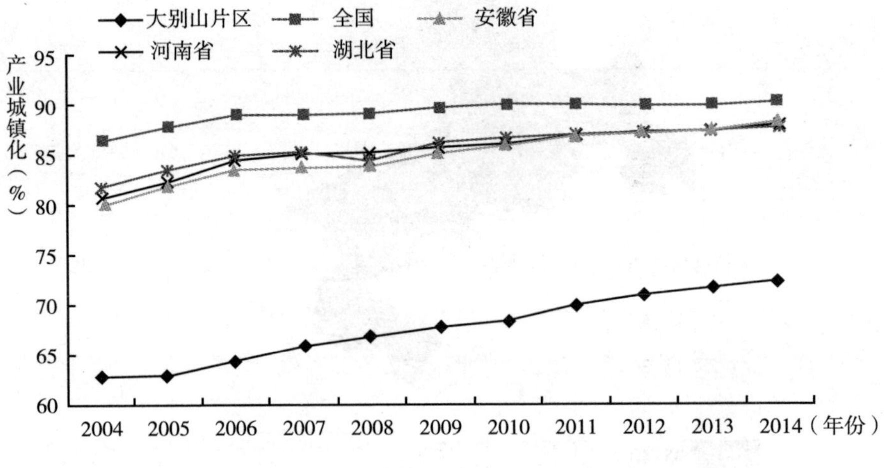

图6　大别山片区与所在省份及全国产业城镇化进程对比

从图7可以看出，大别山片区内，湖北片区、河南片区和安徽片区的产业城镇化率与大别山片区平均水平差别不大，2004～2014年，每一年四

---

① 产业城镇化率计算公式：$U=\frac{(S+T)}{GDP}\times 100\%$，$U$表示产业城镇化水平，$S$（Secondary Industry）表示第二产业，T表示第三产业，GDP表示一定地区的国民生产总值。

者相互之间的产业城镇化率差距均低于7%。从整体来看，湖北片区的产业城镇化率最高，河南片区、安徽片区与大别山片区平均产业城镇化率交错上升，互有高低。2014年，湖北片区的产业城镇化率达74.07%，分别高于河南片区、安徽片区和大别山片区的1.74个、2.18个、1.72个百分点。

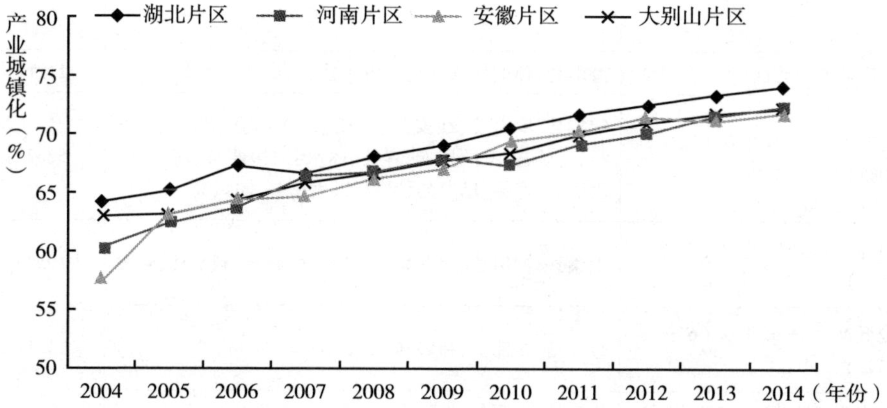

图7　大别山片区内各分片区产业城镇化进程对比

2. 片区内各县（市）产业城镇化发展不均衡

按照产业城镇化水平的高低，可以将大别山片区分为高产业城镇化区、较高产业城镇化区、中等产业城镇化区、较低产业城镇化区和低产业城镇化区5类（见表3）。其中，潜山县、颍上县、英山县、望江县产业城镇化水平在90%以上，占大别山片区县（市）数量的11.11%，与全国的产业城镇化水平相当，不但高于大别山片区产业城镇化的平均水平，而且高于周边省份即安徽、河南、湖北三省产业城镇化的平均水平，属于高产业城镇化区域。属于较高产业城镇化区域的包括有宁陵、罗田、红安等19个县（市），这些县（市）的第二、第三产业相对发达，其产业城镇化水平均在80%～90%，占大别山片区县（市）数量的52.78%。太康县、横川县、兰考县等7个县产业城镇化率在75%～80%，属于中等产业城镇化区域，占大别山片区县（市）数量的19.44%。金寨县、霍邱县、郸城县、太湖县4个县的产业城镇化率在65%～75%，属于较低产业城镇化区域，占整个县（市）数量的11.11%；而属于低产业城镇化区域的县有沈丘县、淮阳县，其产业城镇化率在65%以下，占大别山片区县（市）数量的5.56%，其产业城镇化处于较低水平。

表3 大别山片区36个县（市、区）产业城镇化水平分类

类型	县市区名称	所占百分比（%）
高产业城镇化区(90%以上)	潜山县、颍上县、英山县、望江县	11.11
较高产业城镇化区(80%～90%)	宁陵县、罗田县、红安县、宿松县、光山县、淮滨县、新县、商城县、孝昌县、蕲春县、商水县、岳西县、新蔡县、固始县、寿县、阜南县、民权县、大悟县、团风县	52.78
中等产业城镇化区(75%～80%)	太康县、横川县、兰考县、临泉县、柘城县、利辛县、麻城	19.44
较低产业城镇化区(65%～75%)	金寨县、霍邱县、郸城县、太湖县	11.11
低产业城镇化区(65%以下)	沈丘县、淮阳县	5.56

（三）土地城镇化进程及特征

土地城镇化率①是考察城镇化进程中建成区面积扩张速度、土地利用效率的重要指标，指标主要包括建成区面积、建设用地面积、建设用地面积占市区面积比例等，用以判断地区城镇化阶段特征和质量。大别山片区大部分县没有城市建成区的相关统计数据，因此选择大别山片区11个代表性城市的土地城镇化水平来分析大别山片区的土地城镇化状况。

1. 城市建成区面积差距较大，部分城市增长幅度大

在大别山片区11个城市的城区建成面积中，开封市的建成区面积最大（见图8），在2012年，其建成区面积达94平方公里，但是其扩张速度不

① 本文采用的土地城镇化率计算公式：$U_t = \frac{C_n}{C_n + C_m} \times 100\% = \frac{C_n}{S} \times 100\%$，$u_t$ 表示土地城镇化水平，C_n 表示建成区土地建成面积，C_m 表示建成区以外的土地面积，S 表示区域总面积。

快，2009 年以来几乎没有增长。城区建成面积第二大的是阜阳，从 2006 年的 61 平方公里增长到 2012 年的 90 平方公里，增加了近 30 平方公里。城区建成区面积较大的还有安庆、信阳和驻马店市，在 2012 年，它们的城区建成面积分别是 81 平方公里、73 平方公里和 65 平方公里。城市建成区面积较小的有亳州、孝感，2012 年，其城市建成区面积分别只有 43 平方公里和 37 平方公里。而城市建成区面积最小的是黄冈，2012 年，其城市建成区面积仅为 32 平方公里，不但与孝感、驻马店等存在着一定的差距，而且和阜阳、开封差距很大，与阜阳的城建面积相差 58 平方公里，与开封的城建面积相差 62 平方公里，2012 年，其城建面积约为开封的 1/3。在城市建成区增长幅度中，增幅最大的城市是安庆，其城市建成区面积从 2004 年的 38 平方公里增长到 2012 年的 81 平方公里，年均增长 5 平方公里多；其次是阜阳，其城市建成区面积从 2006 年的 61 平方公里增长到 2012 年的 90 平方公里，增长了近 30 平方公里，另外，亳州、六安等市城市建成区面积增长也较快。

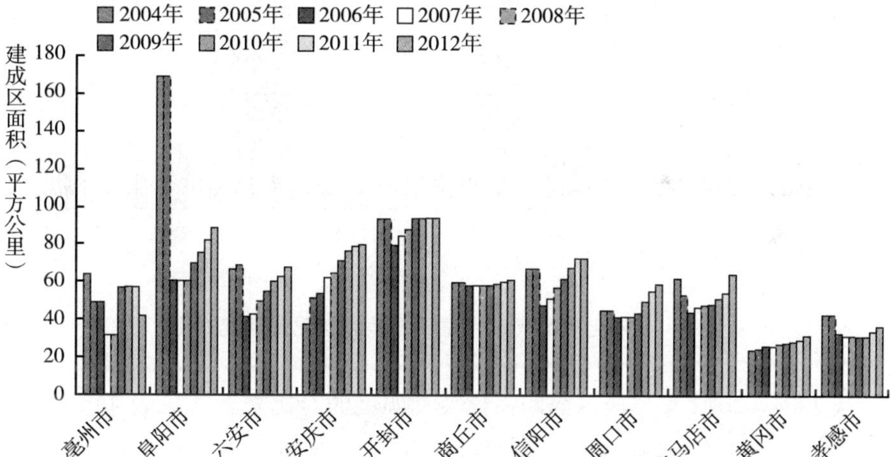

图 8　大别山片区代表性城市建成区面积演变对比

注：阜阳市建成区面积在 2004 年、2005～2006 年调整较大，故 2004 年、2005 年没有可比性。

2. 土地城镇化发展水平不均衡，部分城市差距大

从土地城镇化率来看，大别山片区城镇化率最高的城市是开封，2012 年，其土地城镇化率达 25.97%（见图 9 和表 4）；其次是周口市，其土地城镇化率在 2012 年为 17.75%；另外，安庆、黄冈等城市的土地城镇化率也较高，2012 年的土地城镇化率分别是 9.87% 和 8.51%；六安和亳州等市的土地城镇化率较低，2012 年，其土地城镇化率低于 2%，分别是 1.89% 和 1.93%，不但低于同时期的阜阳、孝感和驻马店等市的土地城镇化水平，更远远低于开封、周口等市的土地城镇化水平，与同时期的开封市相比，六安和亳州的土地城镇化率分别低开封 24.08 个、24.04 个百分点。由此可见，大别山片区土地城镇化率差距很大。

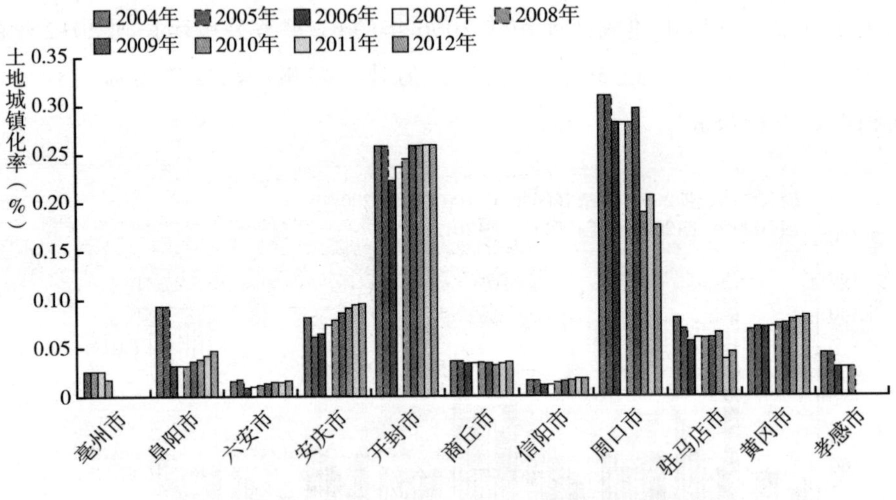

图 9　大别山片区代表性城市土地城镇化率演变对比

从 2004 ~ 2012 年建成区面积占比变动幅度的对比来看（见表 4），大别山片区中安庆市的变动幅度最大，达 1.71%；其次是黄冈市，为 1.42%；商丘、信阳分别为 0.16% 和 0.17%，六安为 0.028%，最小的是开封市，2004 ~ 2012 年的变动幅度为 0，几乎没有变化。上述城市土地城镇化率的变动幅度相比都存在较大差距。这意味着，大别山片区中除六安市和黄冈以外，其他城市的土地城镇化速度都相对较慢。

表 4　大别山片区 11 个代表性城市土地城镇化对比

城　市	2004 年			2012 年			2004～2012 年
	市区面积（平方公里）	建成区面积（平方公里）	建成区面积占比（%）	市区面积（平方公里）	建成区面积（平方公里）	建成区面积占比（%）	变动幅度（%）
亳州市*	2031	64	3.151	2226	43	1.932	-1.219
阜阳市*	1796	170	9.465	1884	90	4.777	-4.688
六安市	3583	67	1.87	3583	68	1.898	0.0279
安庆市	466	38	8.155	821	81	9.866	1.7115
开封市	362	94	25.967	362	94	25.967	0
商丘市	1600	61	3.813	1697	62	3.654	0.159
信阳市	3604	67	1.859	3604	73	2.026	0.1665
周口市*	148	46	31.081	338	60	17.751	-13.33
驻马店市*	772	63	8.161	1365	65	4.762	-3.399
黄冈市	353	25	7.082	376.2	32	8.506	1.424
孝感市*	946	44	4.651	1020	37	3.627	-1.024

注：带*的城市表示市区面积有过较大的调整，因而其变动幅度不具备可比性。

三　大别山城镇化进程质量及特征

（一）土地城镇化与人口城镇化发展不协调，整体上土地城镇化超前，人口城镇化滞后

土地城镇化与人口城镇化协调发展是指土地城镇化与人口城镇化按比例均衡发展，协调度就是度量系统之间或系统内部要素之间协调状况优劣的定量指标。土地城镇化与人口城镇化协调发展可以用土地城镇化与人口城镇化协调性指数①来衡量。根据土地城镇化与人口城镇化协调性指数的不同，可以将土地城镇化和人口城镇化协调性指数进行分类（见表 5）。

① 土地城镇化与人口城镇化的协调性指数计算公式：$I=\left|\frac{L+T}{\sqrt{2}}\right|/\sqrt{L^2+T^2}$，$L$ 表示城镇人口的增长率，T 表示城镇建成区的增长率，I 表示土地城镇化与人口城镇化协调性指数。$0\leq I\leq 1$，当 L、T 同为正值或同为负值，且绝对值相等时，$I=1$，表示此时土地城镇化与人口城镇化最为协调；当 L、T 符号相反，且绝对值相等时，$I=0$，表示两者最不协调；其他情况介于两者之间，土地城镇化与人口城镇化速度越匹配，协调性指数越高。

表 5 土地城镇化和人口城镇化协调性指数分类

I	协调性类型	L 和 T 的关系	协调性亚类型
0.9 < I≤1	协调	L > T	土地城镇化滞后型
		L < T	人口城镇化滞后型
0.8 < I≤0.9	基本协调	L > T	土地城镇化滞后型
		L < T	人口城镇化滞后型
0≤I≤0.8	不协调	L > T	土地城镇化滞后型
		L < T	人口城镇化滞后型

根据土地城镇化与人口城镇化的协调性指数计算公式，可以计算大别山片区 2005～2012 年的土地城镇化与人口城镇化协调性指数（见表 6）。从表 6 可以发现，大别山片区近几年来土地城镇化与人口城镇化协调性指数大都小于 0.8，处于不协调区间。其中，2005 年、2008 年和 2009 年，大别山片区人口城镇化快于土地城镇化，其余年份，土地城镇化快于人口城镇化。

表 6 2005～2012 年土地城镇化和人口城镇化协调性指数

年份	协调指数	L 和 T 的关系	年份	协调指数	L 和 T 的关系
2005	0.23	L > T	2009	0.82	L > T
2006	0.47	L < T	2010	0.56	L < T
2007	0.77	L < T	2011	0.74	L < T
2008	0.93	L > T	2012	0.54	L < T

上述结果表明，当前大别山片区土地城镇化与人口城镇化发展不协调，整体上土地城镇化超前，人口城镇化相对滞后。大别山片区代表性城市空间扩张主要用于以工业开发区为主体的生产建设用地，未能为进城务工的流动人口提供足够的生活用地。

（二）人口－产业－土地城镇化的耦合系数、协调度偏低

借鉴物理学中容量耦合的系数模型，得到不同系统间相互作用的耦合系数

模型①，进一步考察大别山片区 11 个代表性城市人口、产业和土地城镇化的耦合系数与协调程度，以 2012 年为例，根据耦合系数模型，可以计算出大别山片区 11 个代表性城市的人口 - 产业 - 土地城镇化耦合度和协调度系数（见图 10）。

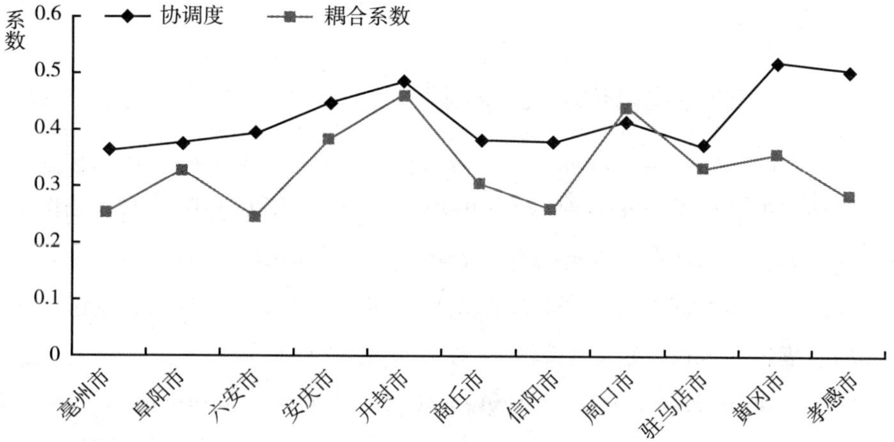

图 10　2012 年大别山片区 11 个城市人口 - 产业 - 土地城镇化耦合系数与协调度比较

根据已有研究，可以将人口 - 产业 - 土地城镇化的协调耦合度分为五级，即不协调耦合型（$0 \leqslant D \leqslant 0.3$）、低协调耦合型（$0.3 < D \leqslant 0.45$）、中协调耦合型（$0.45 < D \leqslant 0.65$）、较协调耦合型（$0.65 < D \leqslant 0.85$）、高协调耦合型（$0.85 < D \leqslant 1$）。由图 10 可以发现，大别山 11 个代表性城市的耦合度与耦合系数大部分在 0.45 以下，基本属于低协调耦合型与不协调耦合型两个级别。黄冈市的协调度最高，达 0.52，孝感市的协调度次之，其协调度为 0.50，这两个城市处于中协调耦合阶段，开封市和周口市

① 耦合系数的计算公式：$C = \sqrt[3]{\frac{U_1 \times U_2 \times U_3}{(U_1 + U_2) \times (U_1 + U_3) \times (U_2 + U_3)}}$，其中，$U_1$、$U_2$、$U_3$ 分别表示人口城镇化率、产业城镇化率和土地城镇化率，C 为耦合系数；协调度的计算公式：$D = \sqrt{C \times T}$，$T = a \times U_1 + b \times U_2 + c \times U_3$，$D$ 为协调度，a、b、c 为待定系数，本文取值为 1/3，耦合协调度 D 在 0 ~ 1。值越大，各系统的协调耦合度越高，说明越能相互促进。

这两个城市的在城镇化发展过程中人口－产业－土地之间的协调度也表现良好。

鉴于上述11个代表性城市是大别山片区城镇化的中心城市，其城镇化发展水平在一定程度上代表了该片区的较高水平，而其耦合系数、协调度偏低意味着大别山片区人口城镇化、产业城镇化和土地城镇化整体上还处于低水平耦合、低协调推进阶段。

（三）产业城镇化带动效应较弱

毋庸置疑，在城镇化过程中，人口城镇化是条件，产业城镇化是基础，只有拥有较强大的产业，才能带动人口就业，促使人口相对集中，从而实现人口城镇化。因此，人口－产业城镇化相对指数①在一定程度上可以衡量产业城镇化的带动效应。根据人口－产业城镇化相对指数公式可以计算出大别山各分片区和周边三省的人口－产业城镇化相对指数（见图11）。

图11反映了大别山片区产业城镇化带动效应的演变及与周边三省的差异。虽然自2004年以来，大别山片区产业城镇化的带动效应呈逐渐增强的趋势，但总体水平仍然较低，人口－产业城镇化相对指数基本维持在0.37～0.62，即仅为全国平均水平的33%～62%，略高于安徽片区的平均水平，但与安徽省、湖北省、河南省存在较大差距。在大别山片区内部，湖北片区的产业城镇化带动效应最强，2014年达0.83；其次是河南片区，2014年其人口－产业城镇化相对指数为0.75；安徽片区最低，2014年仅为0.45；但总体上各分片区产业城镇化带动效应的差距呈逐渐缩小的趋势。

四　大别山片区城镇化发展路径

大别山在城镇化模式和路径选择上，既不能照搬国外城镇化的现有模式，亦不能走国内东部发达地区城镇化的原有之路，而是要结合大别山自身的优势

① 人口－产业城镇化相对指数的计算公式：$R=\frac{U_{i,p}/U_{i,j}}{U_{g,p}/U_{g,j}}$。其中，$R$为人口－产业城镇化相对指数，$u_{i,p}$、$u_{i,j}$分别为$i$地区的人口城镇化率和产业城镇化率，$u_{g,p}$、$u_{g,j}$分别为全国的人口城镇化率和产业城镇化率。

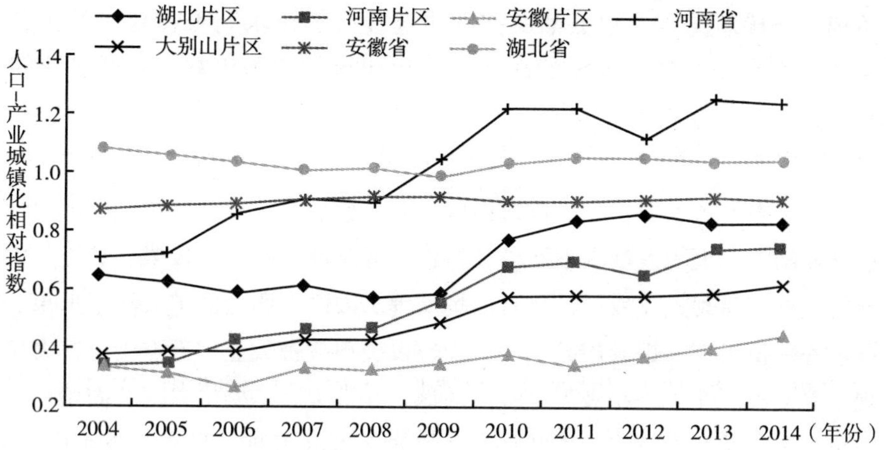

图 11　大别山片区与周边三省产业城镇化带动效应的演变比较

和特色，把握并发挥大别山扶贫片区的核心优势，选择一条具有大别山特色的城镇化之路。大别山片区作为全国 14 个重点扶贫特困区之一，具有良好的区位交通优势和生态资源优势；而且，片区内农林特产资源丰富，文化旅游资源众多。因此，城镇化的重点在于突出大别山地区的生态特色、农业及文化旅游资源的开发利用。具体体现在以下三个方面。

（一）大力发展特色产业——三产融合型城镇化

根据国家新型工业化的要求，利用大别山片区的生态资源优势、农林特产资源优势和红色文化旅游资源优势，大力发展特色农林业和文化生态及红色旅游业，促进一、二、三产业协调和循环发展。

1. “公司 + 基地 + 农户”——特色农林业集约化、专业化

现代农林业的发展必须走集约化和专业化的路子，尤其是贫困地区的农林产业化，不但是农业走向市场的必经之路，更是贫困地区农村人口城镇化的有效形式，也是实现城乡一体化和农业现代化的最佳路径。通过大力发展龙头企业，把农业生产、农民与市场紧密结合起来，实现大别山片区农业专业化和集约化生产。

大力加强平原地区农业生产大县粮、棉、油料生产基地建设。稳定播

种面积，着力提高单产，积极推进优质专用小麦、专用玉米、优质水稻、优质棉花、优质花生、双低油菜产业带建设。加快水利工程建设及中低产田改造，努力提高旱涝保收的高产稳产田比例。不断提高农机装备水平和科技支撑能力。积极推进生产集约化、规模化、专业化发展，促进现代农业发展。

壮大生态特色农业。积极推进山区生态特色农业发展，稳步调整平原地区农业产业结构。大力发展林下经济，推进山区茶叶、油茶、板栗、核桃、中药材等特色林产品规模化发展，培育市场品牌。鼓励平原地区扩大蔬菜瓜果、花卉苗木等种植规模，提升产品档次。加快发展现代畜牧业，重点支持畜禽标准化规模养殖小区建设，积极促进皖西白鹅、江淮黑猪、樱桃谷鸭、固始鸡、大别山黑山羊、鸿翔肉鸭等地方特色畜禽品种产业化发展。发展生态水产养殖，支持以鲟鱼和鳜鱼为主的大别山名贵鱼养殖基地的产业化发展。推动绿色（有机）农产品认证及国家农产品地理标志登记保护。

（1）发挥龙头企业的辐射带动效应

龙头企业特别是农业型龙头企业是所在行业中的翘楚，龙头企业的发展状况，不仅决定着行业的发展水平及层次，也是带动农业产业化发展的主要动力。大别山片区具有丰富的特色农产品优势，但大别山片区大多数农业企业规模小、专业化不足、辐射能力弱，不能形成带动作用。因此，大别山片区要走特色农业产业化道路，就必须依靠“公司+基地+农户”的产业化经营模式，充分发挥龙头加工企业的辐射作用，把数量众多的小企业带动起来，以促进相互间的协调发展，进一步促进大别山片区特色农业的快速、健康发展。大别山片区各县（市）特色农业资源非常丰富，例如罗田县茯苓和麻城福白菊、“麻城福白菊”、霍山黄芽、六安瓜片、淮北肉牛、定远瘦肉猪、沿江水禽、皖西白鹅等，都享誉海内外。淮阳黄花菜、信阳毛尖、板栗，历史悠久，多次荣获国内、国际金奖。宁陵金顶、谢花酥梨、新县银杏等都在国内享有盛誉。因此，要发挥农业龙头企业的辐射带动作用，一方面，必须创新发展机制，除了通过招商引资，吸引一批有发展潜力的龙头企业落户大别山以带动其他企业的发展外，还要鼓励一批本地的龙头企业走出去，与省内外其他企业强强联合，以迅速扩大自身规模，提高发展档次，增强辐射能力；另一方面，各地政府也要扶强帮弱，既要扶持原有的大企业做得更好，使强者更强，也要帮助有发展潜力的小企业做大，使弱者变强，实现龙头企业发展带动为主，众多中小企业发展为辅，促进大别山特色农业的企业专业化、市场化经营，带动大别山农业的良性发展。

（2）大力加强特色农业基地建设

农业基地作为农业发展的载体，是特色农业规模化的有效形式，特色农业基地建设是大别山特色农业规模发展的现实选择。大别山现有的分散的农业生产经营模式，不适应农业现代化发展要求。因此，要立足于大别山片区特有的农业资源丰富优势，打破各地区的行政壁垒，联合邻近县（市）相同农业产业的发展，建设统一的信息、技术和利益共享，成本、风险共同承担的特色农业基地。同时，加快农产品基地生产标准化体系建设，建立健全农产品生产过程中的质量监测机制，不断提高大别山片区特色农业的产业化经营水平，实现特色农业又好又快发展。

（3）打造有影响力的农副产品品牌

大别山拥有众多的有特色的农副产品，如信阳茶、淮山药、淮天麻、商桔梗、商茯苓、野生菌、淮南麻鸭、淮南黑猪、南阳黄牛、野山羊等大别山独有的特色农林畜牧产品。但在全国乃至世界具有影响力的农产品品牌相当少。要打造大别山具有影响力的农副产品品牌，一方面，要加大产品品牌的宣传力度，以提高产品的知名度，另一方面，企业本身也要做好内功，创新管理，提高产品质量并搭建平台，在特色产品开发上下足功夫，紧紧围绕“特”字做文章，使大别山特色农产品的品牌影响力与竞争力得到有效提升，打造一批在全国乃至世界具有较高影响力的农副产品品牌。

（4）加大政府扶持力度、提升政府服务水平

发展大别山片区现代特色农业，政府扶持是关键，服务是保障。政府可以在政策、资金、信息等方面给予支持和补助。政府可以在土地、税收等方面实行优惠政策，通过低息贷款、设立专项基金，为企业提供免费的科技信息等，促进农业产业化的发展。同时，要提高政府在农业产业发展过程中的服务水平，为农业基地、企业及农户提供生产经营中的综合服务。此外，要大力发展农业经济合作组织，培育和壮大农村的经纪人队伍，促进农产品在生产和经营过程中信息交流和合作，提升农产品生产过程中的专业化程度，为农业现代化发展提供良好的外部环境。

2. 推动工业集聚发展，培育战略型新兴产业——新型工业生态化、集群化

依托铁路、高速公路等综合运输通道，加强产业集聚区建设，积极融入武汉城市圈、中原经济区和皖江城市带，密切与合肥、郑州、武汉及亳州、阜阳、六安、安庆、开封、商丘、信阳、周口、驻马店、黄冈、孝感等周边城市的联系，积极承接长江三角洲、珠江三角洲等地区的产业转移，推进新型工业化、城镇化与农业现代化协调发展，构建“一圈四走廊”的空间结构，形成空间布局合理、经济联系紧密、产业特色鲜明、城镇体系完善的发展格局。

（1）加强工业集群化发展，培育战略型新兴产业

发展大别山片区工业，努力推进新型工业化，应以高端技术、产业集群和产业集约为发展方向。首先，应加强改造如能源、金属、化工等传统支柱产业，重点以节能环保、降耗增效为手段，同时发展深加工产品群；其次，加快培育新材料、新能源和生物医药等战略新兴产业，主要以攻破核心技术、突破市场瓶颈为重点，增强大别山片区的工业支撑能力。应推进产业集聚区向更大规模和更高水平发展。严格按照产城互动的基本要求，努力打造一批关联度高、竞争力强的产业集群区，增强产业发展的创新能力，提高产业的可持续发展能力。同时，在产业集聚区内提高政府的服务水平和能力，带动片区内农村劳动人口向非农产业转移、农业人口向城镇转移。

（2）推进新型工业生态化、集聚化

大别山片区具有丰富的生态资源，在推进片区新型工业化进程中应着力推广循环经济，选择产业类型，加大环境保护力度，淘汰一批技术落后、高耗污染的传统产业，建设符合要求的生态工业园区，实现片区各县（市）社会经济的可持续发展。

推动工业集集聚化重点在于合理引导一批竞争力强、关联度高的产业在工业园区集聚，并加强园区内集群企业之间的合作，发挥信息、技术和资源的共享效应，增强园区内企业的创新能力，形成强有力的品牌效应，提升片区产业的整体竞争力。在引导产业向园区内集聚的过程中，要转变经济发展方式，合理有效地提高单位土地的利用效率，实现土地城镇化和产业城镇化的有机结合。

完善园区内的信息共享机制，为企业之间的产品交易创造有利条件；提高资源利用效率，避免同质产业之间的恶性竞争，增强产业发展的生态特征；加

快产业之间发展的协调效应，通过相关产业的横向拓展和上下游产业链的纵向合并，形成比较完整的具有生态特征的产业链，实现片区内产业良性循环和快速发展。

3. 跨区域联动，产业协调、融合——三产特色化、高端化

（1）跨区域联动发展

大别山片区具有相当优越的文化旅游资源条件，应引导生态旅游业成为城市新的支柱产业，培育新的经济增长点。应推进实施分片区联动发展战略。深度发掘并整合红色文化、历史文化及生态旅游资源，以革命纪念场馆、革命旧址、历史文化遗产和国家级自然保护区、国家级风景名胜区、世界地质公园、森林公园等为依托，以交通主通道为纽带，着力打造重点景区和精品旅游线路。同时，加强片区内外旅游热线的连接和旅游区域合作，增强旅游产业综合实力；深入挖掘景区旅游亮点，强化旅游宣传推介，积极拓展旅游市场。

加强旅游设施建设，以高速公路、铁路和机场为依托，加强重点旅游景区对外交通连接，改善区内交通条件，逐步形成快速旅游通道网络。提升景区服务能力，强化景区周边城镇服务功能，完善住宿餐饮、休闲娱乐、观光购物等相关配套设施建设，促进旅游产业整体协调发展。开发多元化旅游产品，丰富旅游产品类型，积极发展文化体验游、休闲度假游、保健康复游、户外运动探险游和农事体验游等。开发具有地方特色的旅游纪念品，支持民俗工艺品开发，重点扶持土特产品、手工艺品等特色旅游商品的生产和加工，有效带动农户就业和增收。加快文化产业发展，保护历史文化名城、名镇、名村和传统村落，建设特色民俗街村，依托地方戏曲、根亲文化、姓氏文化等文化资源，打造文化产业。办好李时珍中医药节、茶文化节、豆腐文化节、大别山杜鹃花节、孝文化节、板栗节等文化节庆活动，扩大文化影响力，促进经济发展。

（2）加强产业融合提升

产业融合①是当前全球经济一体化大背景下提升生产效率和增强产业竞争力的一种有效模式，大别山片区各县（市）拥有丰富的农业、矿产和旅游资

① 产业融合是指不同产业或同一行业不同行业相互渗透、相互交叉，最终融合为一体，逐步形成综合型创新产业的动态发展过程。从产业角度，产业融合可分为产业渗透、产业交叉和产业重组三类。

源，加强片区产业融合既是大别山片区的产业发展要求，也是产业发展的一个必然选择。结合大别山片区产业发展的特点，三产融合提升路径具体包括：①产业内部重组融合。重组融合主要发生在具有紧密联系的产业或同一产业内部不同行业之间。如对大别山区的茶文化产业，一方面，要深入挖掘茶文化的历史传承，如挖掘寻访大别山区的茶马古道、抢救保护千年古茶树、复原茶区知名人文景点等；另一方面，要致力于茶文化与现代生活的融合，将种茶、制茶、喝茶、吃茶，甚至是看茶、演茶、唱茶与人们的工作、生活、休闲、娱乐紧密相融，使传统历史文化与大别山区产业有机融合，提升大别山片区文化旅游业的品牌竞争力。②产业之间互补型融合。强调产业链的延伸，弱化一、二、三产业界限划分。一要强化产业融合意识，产业融合不仅可以促进传统产业的创新，而且有助于推进产业结构的优化，在不同的产业领域内产业融合以不同方式演进，将促成整个产业结构高度化、合理化，并构架出融合性的产业新体系。二要选准产业融合的路径，例如将片区内特色农业、资源型工业产业向其他行业的渗透融合以及产业之间的延伸融合。将建设产业与城市融合发展，生态与社会功能不断集聚，建成既宜居又宜业的具有大别山特色的新型城镇化示范区。

（二）就地城镇化和迁移城镇化相结合——促进农村人口城镇化

大别山片区人口城镇化率较低，农村人口众多，因此，促进片区内人口城镇化是大别山整体城镇化率提高的基本保证。近年来，大别山外出务工的农村人口增多，但没有从根本上改变农民的经济和社会地位；同时，片区内留守劳动力数量也不少。针对这种既有外出务工人员又有留守人口的现实，促进片区人口城镇化的有效措施就是推进农村人口就地城镇化和异地城镇化相结合，以提高大别山人口城镇化水平。

1. 积极推进农村社区建设，促进农村人口就地城镇化

大别山农村留守劳动人口众多，且普遍面临文化素质不高、劳动技能缺乏的局面，如何带动他们有效、快速的富裕起来，使他们不外出务工也同样享有市民的福利，真正实现就地城镇化就成为亟须解决的关键问题。因此，推进农村社区建设，努力把城镇的基础设施和公共服务延伸到农村，促进片区内农村居民就地城镇化，是有效提高大别山人口城镇化水平的现实选择。推进农村社区建设，从大别山的实际出发，既要把它当作一项提高片区经济社会发展水平

的有力措施来抓，也要当作一项惠及广大农村居民的民心工程。同时，推进社区建设，促进农村人口城镇化可以有力推进大别山城镇化进程。

2. 增强区域人口承载能力，有序推进人口迁移城镇化

推进大别山片区农村人口有序转移，应当以区域人口承载能力为前提，有序推进农村人口迁移城镇化。大别山片区各县（市）经济发展水平差异巨大，各县（市）聚集经济的能力也各异，各地区承载人口的能力也不一样。加快大别山城镇化进程，推进人口有序转移，必须根据国家规划的要求，把整个片区分为重点发展区、生态保护区、禁止开发区。在整个片区范围内协调各类用地，有效地整合片区内的空间资源。把重点发展区域作为未来人口重点转入区域，鼓励有稳定就业和住所的外来人口安家落户；把生态保护区域和禁止开发区作为人口转出区域，引导人口有序向外转移。

（三）内联外通，城乡通达——交通辐射式城镇化

众所周知，发达的交通是提高一个地区城镇化水平的重要条件，完善的路网可以降低各种物流成本和出行成本，提升产品竞争力和生活便利程度。因此，加快大别山的交通基础设施建设，打造片区内城乡畅达的交通网络，是促进大别山城镇化必不可少的硬件支撑。

1. 构建区域联动的复合型对外交通系统

在交通运输主通道方面，加快推进国家铁路、高速公路等重点项目建设，完善片区外通内联通道，提高纵横向交通网络化程度，规划建设“两纵四横”① 交通运输主通道。进一步完善铁路网络，加快普通国道升级改造，推进商丘等机场建设。完善潜山、潢川、兰考、麻城、大悟等运输枢纽功能，提高综合运输与中转能力。形成融贯武汉城市圈、中原经济区、皖江城市带，畅达长江三角洲等地区的交通运输主通道。

2. 筑建城乡通达、功能完善的综合交通体系

支持县城－中心镇－农村之间的路网建设，完善片区内县域之间的公路交通线，加强县域交通对接片区内中心城市和省外大城市的枢纽功能。重点加强

① “两纵”：商丘－六安－望江通道、兰考－潢川－麻城－蕲春通道。“四横”：宁陵－民权－兰考－通道、周口－阜阳－蚌埠通道、六安－潢川－信阳通道、武汉－安庆－合肥通道。

县通乡、县通村公路的建设，提高农村公路通达率、通畅率，提高中心城市－县城－乡镇干线公路的通畅水平。支持寿县－六安、霍山－岳西、固始－商城等公路建设，大悟－新县－商城－金寨、江北沿江快速通道团风段、G107孝昌城区段等公路改造升级。筑建城乡通达、布局合理、功能完善的综合交通运输体系。

3. 完善片区内绿色旅游交通基础设施

在片区内现有交通建设基础上，进一步完善旅游交通基础设施建设，构建旅客集散中心直达旅游景点、景区的绿色交通专线，实现景区道路单循环路网，防止出现旅游景区交通拥堵。在主要景区的城乡接合部，建立大型旅游公交换乘枢纽站，开辟旅游公交线路，通过公交接驳方式快捷、安全、舒适、方便地运送游客，以提升片区内旅游形象品牌和旅游服务水平。

五　大别山片区城镇化发展趋势

（一）将农村改革与新型城镇化有机结合

新型城镇化是集约、智能、绿色和低碳相结合的城镇化，是世界城镇化的新趋势，也是我国城镇化发展的主要方向，大别山片区城镇化的发展趋势必须结合我国当前新型城镇化的发展方向，结合大别山片区的实际，将大别山片区的城镇化与农村改革、新型工业化和信息产业化有机结合起来，走出一条资源节约型、环境友好型的新路子，把大别山发展成为一个环境优美、居住适宜的新型城镇化示范区，为我国县域城镇化的发展提供一定的经验和参考。

1. 深化农村土地制度改革，有效配置土地资源

城镇化过程包含两个基本的转变：农民的市民化和农村土地的城市化。土地制度改革与新型城镇化是相辅相成、相互促进的。一系列新型城镇化政策的实施，将推动农村土地流转。同时，土地流转也将进一步解放农村劳动力，推动农民进城，推进新型城镇化。

深化农村土地制度改革，既要实现农村人口大转移，又要解除农民对农村土地的严重依赖性。在大别山片区城镇化进程方面，土地流转乃大势所趋，要

坚持土地流转改革，努力做到土地所有权、承包权、经营权“三权分置”。在坚持土地集体所有的前提下，建立健全土地承包经营权登记制度，从法律层面上衔接平衡农村用地跟城市用地，做到同地、同权、同价。

2. 因地制宜，建设具有特色的新城镇

建设具有大别山片区特色的新城镇，就要创新建镇、规划立镇、工业强镇、开放活镇、科技兴镇，实现“一镇一品，一镇一色，一镇一春”。“一品”指“上品位”，有“突出产品”和“主导产业”；“一色”指有地方特色、（合民风民俗的）民族特色和文化特色；“一春”指具有“青春活力”和独特“魅力”，顺应自然，改造自然，美化自然。

（二）工业化、信息化、城镇化、农业现代化“四化”协调互动

1. 产城互动，努力推进“四化”协调融合发展

产业与城镇的融合互动，关键是在工业化、农业现代化进程中产业发展能与城镇发展互惠、融合、共荣。一是立足工业化、农业现代化与城镇化的协调互动，着力使地区产业布局与城镇建设布局有机融合和良性互动，努力形成产业分工协作严密、城镇功能衔接紧密、产业与城镇深度融合的良好格局。二是以“产城融合”深化中心城市与县城、城区与工业园区、工业园区和农业发展区与服务业集聚区、镇街与周边限制开发区域的协同发展，在工业化、农业现代化、城镇化过程中进一步实现生产、生活、生态的优化整合，积极培育新的增长空间。三是依托工业化与城镇化带来的辐射效应以及产城融合带来的增长潜力，通过健全土地流转体制机制、完善农业合作社公司化运营、发展现代农业产业集群等方式，加快农业现代化服务进程。四是作为工业化、城镇化、农业现代化的融合因子和黏合剂，加快现代物流、科技服务、金融保险等生产性服务业和商贸流通、交通运输、旅游休闲等消费性服务业发展，进一步促进产业与城镇融合互动。

2. 以信息化为有效助推，加快推进“四化”深度融合

一是推进信息化与产业发展的深度融合。通过产品和装备智能化、产业链智能化、中小企业智能化与服务公共平台建设等工程，建设智能化产业发展的技术支持与服务体系，加快传统产业的改造升级和产业链的整合延伸。发挥企业主体作用，引导企业运用实施资源计划体系（ERP）、生产制造执行体系

(MES)、生产过程控制自动化（PCS）等管理手段和工具，加快推进企业自主创新、生产制造、产业链协作等能力的全面升级。二是加快推进信息化与农业现代化的深度融合。通过建立覆盖广泛、内容全面的农业科研信息网络，创新资源共享平台、科技基础数据库等形式，加快打造农业科技创新的信息化平台。积极推进信息技术在农产品生产、流通、研发中的应用，建设以市场为导向的信息化服务体系。三是加快推进信息化与城镇化的融合互动。大力实施智能交通、智能城市管理、智能公共服务系统等建设，进一步提高政府的社会治理能力和公共服务的智能化水平。通过云计算、物联网、大数据等的加速创新和应用普及，将智慧城市、数字乡镇等新理念引入城镇发展，积极寻求城镇化的最佳发展模式。四是立足自主创新，以突破瓶颈和满足应用为着力点，推进信息产业在融合过程中实现新发展。

（三）以人为本，建设文明、生态型的包容性城镇

人作为城镇化进程的推动者，也是城镇化成果的受益者。因此，城镇化要实现新型工业化、产业信息化与农业现代化深度融合、互动协调发展，必须调动人的积极性，激发人的内在潜力。以人为本就是要契合经济、社会、生态和人的发展规律，找到一条符合大别山实际发展状况之路，顺势推动社会、经济和生态与人的互动融合。

1. 以人为本、注重文化生态保护

以人为本是在城镇化进程中融入生态文明理念和原则，建设资源节约型和生态环境友好型城镇化，促进大别山生态经济的发展，走一条集约、绿色、环保和低碳的新型城镇化道路，突出为人民创造良好生产生活环境。

2. 以人为本，建设包容性、可持续发展的城镇

城镇化的本质是人的城镇化，人是城镇化的主体，城镇是载体，只有实现了人的全面发展，城镇化才是可持续的。因此，在大别山城镇化过程中，要注意不同群体的发展权利是平等的。建设包容性、可持续发展的城镇，一方面要促进农村人口有序市民化，另一方面要加强城镇公共服务的协调发展，解除城乡不合理的二元结构。

B.12
罗霄山片区城镇化发展特征与发展战略分析

王美霞*

摘　要：本文首先对2004～2014年罗霄山片区的城镇化进程和特征进行分析发现，罗霄山片区人口城镇化发展存在增速缓慢、多数县（市）城镇化率低且内部差异逐渐扩大的问题；产业城镇化率增速较快，多数县（市）达到中高等水平，且内部差异逐年缩小；人口城镇化和产业城镇化发展多数年份处于失调状态。其次，对罗霄山片区现有城镇化发展的典型模式进行了分析。最后，从空间发展、产业、人口三个角度提出未来罗霄山片区的城镇化发展战略。

关键词：罗霄山片区　城镇化　时空演变　发展战略

一　罗霄山片区概况

罗霄山片区是著名的革命老区，也是全国连片特困区之一，地跨江西、湖南两省，是国家新一轮扶贫开发攻坚战的主战场之一。2012年12月23日，国务院批复了《罗霄山片区区域发展与扶贫攻坚规划（2011—2020年）》，2013年2月4日国务院扶贫办、国家发展改革委印发《罗霄山片区区域发展与扶贫攻坚规划（2011—2020年）》，该扶贫规划将对罗霄山区革命老区振兴发展和扶贫对象脱贫致富起到积极的促进作用。从图1来看，罗霄山区域发展与扶贫

* 王美霞，博士研究生，吉首大学商学院讲师，研究方向为区域发展与城乡规划。

攻坚规划的域范围包括湖南、江西两省，共计 24 个县（市、区），其中有 23 个集中连片特殊困难地区县（市），有 16 个国家扶贫开发工作重点县，有 23 个革命老区县（市）。

图 1　罗霄山片区行政区划

（一）自然地理条件

罗霄山片区地处罗霄山脉中南段及其与南岭、武夷山连接地区，土地总面积为 5.3 万平方公里。地貌类型以山地、丘陵为主。地质自然灾害突出，山洪、滑坡、塌方、泥石流等自然灾害多发。部分地区水土流失严重、石漠化潜在风险大。气候类型为亚热带湿润季风气候，无霜期长，降水丰富，年均降水量为 1414 ~ 1866 毫米。该区域是长江支流赣江和珠江支流东江的发源地，是湘江的重要水源补给区和赣江、东江、湘江等流域的重要生态安全屏障，水源涵养、水土保持和环境污染防治的任务重。

片区内矿产资源富集，钨和稀土、钽铌等稀有金属储量大，在世界上占有重要地位。红壤分布广泛，光热充沛，生物物种多样，森林覆盖率高，森林覆盖率达72%，发展柑橘、油茶、毛竹等特色农林产业的条件优越。

（二）社会经济概况

2012年，片区总人口有1115.32万人，其中城镇人口为238.7万人，乡村人口为876.62万人。当年，全区地区生产总值达1728.22亿元，一、二、三产业结构由2001年的33.8∶31.0∶35.2调整为2012年的18.36∶44.10∶37.54。人口城镇化率仅为21.40%，远远低于全国平均水平。片区农户收入水平低，经济社会发展相对落后，2012年，全区人均GDP达15495.25元，相当于当年全国平均水平的40.29%。

片区交通运输能力不足，高速公路发展滞后，国省干线公路技术等级不高，县乡公路网络化程度低，6.7%的行政村不通沥青（水泥）路，自然村（组）出行条件差。输变电设施建设滞后，电力供应能力不足，支撑经济社会发展的能力弱。4.7%的自然村不通电，10.3%的行政村未完成农网改造。中小河流治理任务重，病险水库较多，防洪设施薄弱，部分农户饮水安全问题突出。全区适龄儿童入学率在96%以上，居民平均受教育年限在8年以上。新型农村合作医疗参合率在90%以上。农村社会保障取得进展，2010年，新型农村养老保险参保人数达157.6万人，农村低保也基本做到基本全覆盖。

二　罗霄山片区城镇化进程及特征

（一）研究方法和资料来源

区域城镇化进程是随着经济社会发展水平的提高而逐步推进的。因此，城镇化进程是人口、产业、土地转换的综合过程。评价和分析城镇化进程也应该从这三个方面进行。其中，人口城镇化是根本目标，产业城镇化是核心支撑，土地城镇化是外在表现。学者们从不同角度采用不同的标准来分析城镇化率。综合以往的研究结果，并结合现有数据的可获得性和准确性，本文人口城镇化率的计算模型为：$U_r = (P - P_r) / P \times 100\%$，其中$P$是区域总人口，$P_r$是乡村人口，$U_r$ 与户籍城镇化率近似，在理论上比常住人口城镇化率低。产业城镇化率的计算模型为：$U_i = (I_s + I_t) / G \times 100\%$，其中 I_s 指第二产业增加值，I_t 指第三产业增加值，G 是地区生产总值。

数据主要来源于2005～2014年《中国县域统计年鉴》、各市“年鉴”、各县“国民经济和社会发展统计公报”。在数据处理方面需要说明的是，如果个别县（区）只有个别年份指标值缺失，则通过线性插值得到；如果在研究时间段内，某个指标的各个年份指标值均缺失，则默认为缺失值，不进入分析范围，本文中江西省赣州市章贡区除2013年的人口城镇化率之外的其他历年数据为缺失值。

（二）人口城镇化进程及特点

1. 片区人口城镇化发展总体趋势

本文计算得到2004～2014年人口城镇化率（见图2）。2004～2014年，全区人口城镇化率整体呈上升趋势，但增幅缓慢，城镇化水平与全国相比存在较大差距。2004年，全区人口城镇化率为17.61%，2014年增长到24.37%，年均提高0.61个百分点，与全国户籍人口城镇化率存在10个以上百分点的差距。

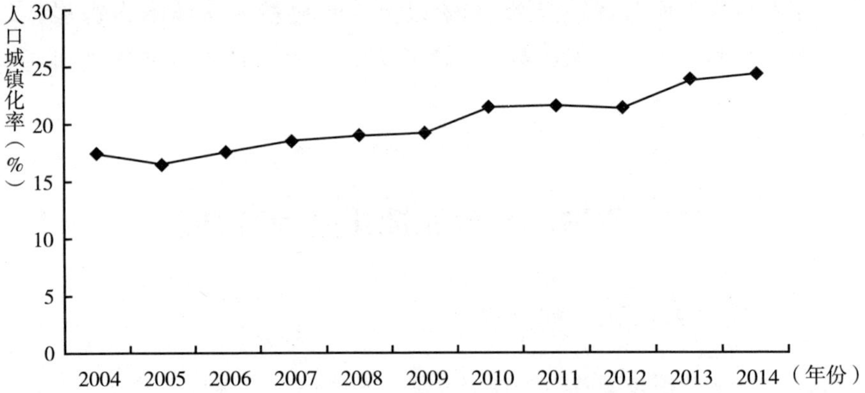

图2　2004～2014年罗霄山片区人口城镇化率

2. 分县人口城镇化发展趋势

（1）罗霄山片区湖南部分

图3显示了罗霄山片区湖南省部分的6个县2004～2014年的人口城镇化

率。株洲市的茶陵、炎陵两个县和郴州市的安仁县、桂东、汝城和宜章四个县，人口城镇化率均呈上升趋势，说明该地区人口城镇化水平不断提高。

其中，该区域人口城镇化水平提高最快的是株洲市茶陵县，2004 年，其人口城镇化率仅有 15.68%，2006 年其人口城镇化率大幅上涨到 28.96%，之后一直保持稳定增长，2014 年茶陵县人口城镇化率已达 58.52%，11 年增长 42.83 个百分点，年均增长 3.89 个百分点。株洲市炎陵县人口城镇化水平提升也较快，2004 年其人口城镇化率仅为 26.83%，2014 年达 46.00%，11 年增长 19.17 个百分点，年均增长 1.74 个百分点。

郴州四县城镇化水平增速相对株洲两县较慢，四县中城镇化水平提升较快的是安仁县和宜章县，两县人口城镇化水平变化基本同步，呈稳定增长趋势。2004 年安仁县人口城镇化率为 24.38%，2014 年达 39.18%，11 年增长 14.80 个百分点，年均增长 1.35 个百分点。宜章县 2004 年人口城镇化率为 27.13%，2014 年达 40.86%，11 年增长 13.73 个百分点，年均增长 1.25 个百分点。桂东县人口城镇化水平增速也基本稳定，2004 年其人口城镇化率为 25.40%，2014 年达 36.83%，11 年增长 11.43 个百分点，年均增长 1.04 个百分点。人口城镇化水平最低、增速最慢的是郴州市汝城县，其人口城镇化发展波动也较大，2004 年其人口城镇化率为 25.33%，2014 年达 29.98%，11 年仅增长 4.65 个百分点，年均增长 0.42 个百分点。

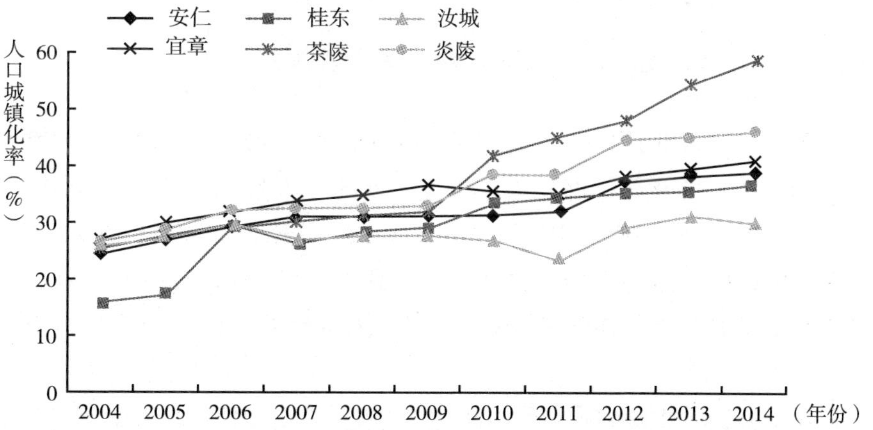

图 3　罗霄山片区湖南省各县人口城镇化率

（2）罗霄山片区江西省部分

罗霄山片区江西省18个区（县）城镇化水平和发展速度差异都较大。其中，章贡区为赣州市城区，城镇化水平较高，2013年人口城镇化水平达72%。其余各县城镇化水平较低，基本都在30%以下，且基本没有较大幅度提升。

图4显示了吉安市4个县2004～2014年的人口城镇化率。吉安市4个县中，井冈山市人口城镇化率相对较高，人口城镇化率基本在27%～30%，但增速缓慢，2004年其人口城镇化率为27.64%，2014年仅提高到29.12%，11年仅增长1.48个百分点，年均增长0.13个百分点。吉安市其余三县遂川、万安和永新县人口城镇化水平增幅不大，人口城镇化率基本在15%左右，其中万安县城镇化率还有所下降。

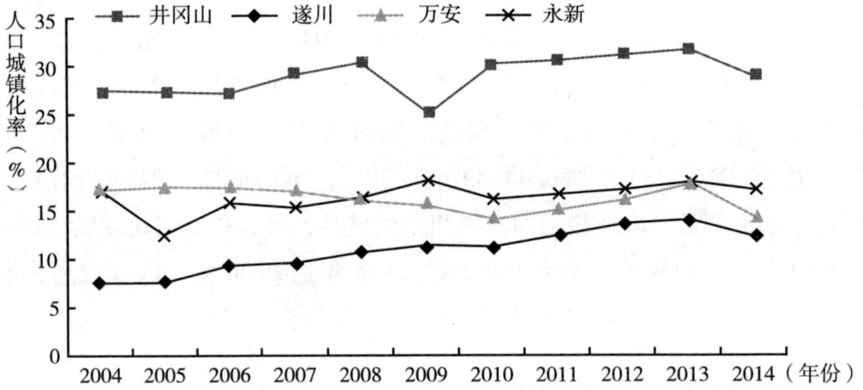

图4　罗霄山片区吉安市各县人口城镇化率

图5显示了抚州市乐安县、莲花县人口城镇化率的变动情况，抚州市乐安县人口城镇化水平波动幅度较大，2005～2008年人口城镇化水平相对较高，但2008年之后开始下降，2013年又有较大幅度提升，11年增长6.41个百分点，年均增长0.58个百分点。萍乡市莲花县人口城镇化水平变化不大，近年城镇化水平基本维持在14%～15%，2004～2014年共增长2.49个百分点，年均增长0.23个百分点。

图6显示了赣州市各县（区）的人口城镇化率变动情况。除章贡区外，赣州市其余11个县（市）中，瑞金市和于都县人口城镇化水平较高，2004～2014年呈稳定上升趋势，分别增长6.58个、3.37个百分点。其次是兴国县，城镇化

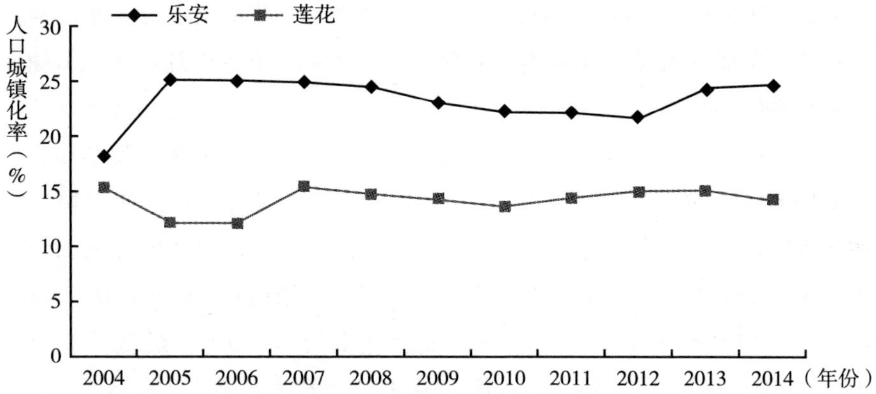

图5　罗霄山片区乐安县和莲花县人口城镇化率

水平在波动中上升，年均增长0.65个百分点。赣县和石城县在2008年之前城镇化率有较大幅度增长，2008年之后趋于稳定。寻乌县和南康市波动幅度最大，其中寻乌县年均增长0.08个百分点，而南康市下降0.07个百分点。石城下降幅度较大，城镇化率下降10.46个百分点，年均下降0.95个百分点。其余的上犹、会昌和南都三县人口城镇化率最低，并且在2009年之前波动幅度较大，2009年之后趋于稳定。

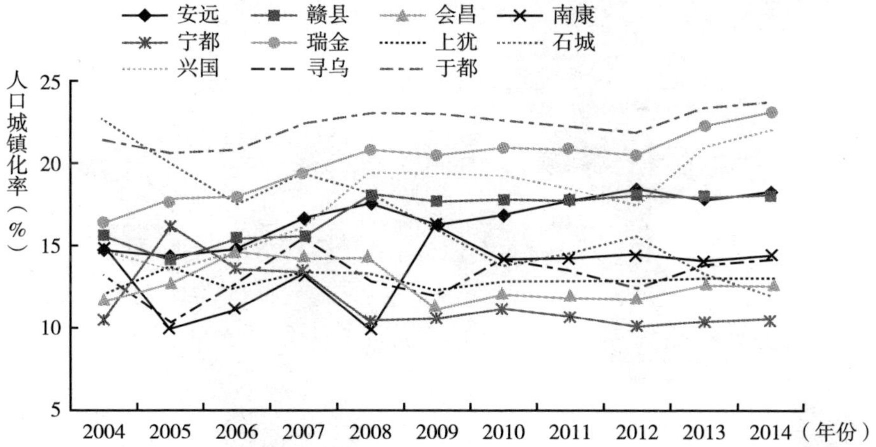

图6　罗霄山片区赣州市各县人口城镇化率

3. 片区内人口城镇化水平空间差异扩大

本文选取2004年、2009年和2014年三个截面，绘制了各年份人口城镇化率空间分布图（见图7至图9），进而分析罗霄山片区城镇化发展水平的空间差异特征。

从图7至图9可见，2004年、2009年和2014年罗霄山片区人口城镇化率空间分布整体颜色由浅入深，进一步说明整体城镇化水平随年份逐渐提高。对各年份片区内部城镇化水平的比较发现，人口城镇化的空间差异逐步增大。人口城镇化率较高的县（区）主要集中在西部的湖南境内，而江西省境内除个别县外城镇化率普遍较低。2004年，人口城镇化率最高的县为井冈山市，城镇化率为27.64%，是人口城镇化率最低的遂川县（7.55%）的3.66倍。2009年，人口城镇化率最高的宜章县城镇化率为36.79%，最低的宁都县为10.62%，最高县是最低县的3.46倍。2014年，人口城镇化率最高的茶陵县城镇化率达58.52%，而最低的宁都县仅为10.50%。计算三个年份反映人口城镇化率内部差异的变异系数，分别为0.32、0.39、0.55，也说明片区内部人口城镇化的空间差异在增大。

图7显示，2004年罗霄山片区各县人口城镇化率普遍较低，都处于30%以下的低水平，最高县也仅达27.64%的水平。各县对比来看，湖南郴州市的

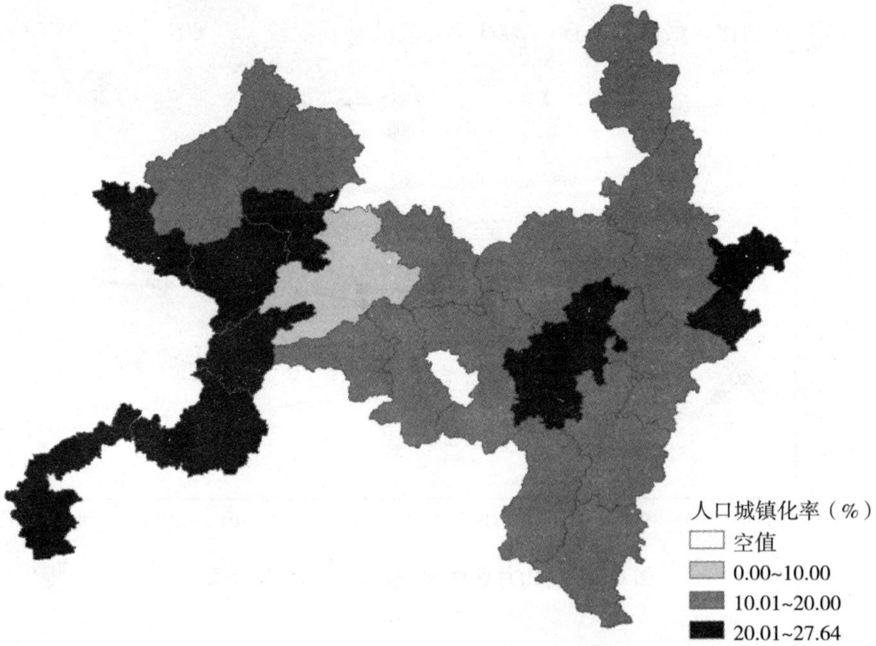

图7　2004年罗霄山片区各县人口城镇化率

桂东、汝城、宜章、安仁县和株洲的炎陵县，以及零散分布在江西省境内的井冈山市、赣州市的于都和石城县人口城镇化率相对其他县较高，在20%以上；其余各县人口城镇化率在10%～20%，吉安市遂川县人口城镇化率最低，仅有7.55%。

图8显示，2009年罗霄山片区人口城镇化率依然有明显县域差异，且出现了城镇化水平超过30%的中等水平城镇化地区。城镇化率较高的县依然相对集中，特别是湖南境内的茶陵、炎陵、安仁和宜章县人口城镇率突破了30%，分别为31.65%、32.71%、31.29%和36.79%，达到中等城镇化水平；湖南的桂东、汝城两县和江西的于都、瑞金和乐安三县（市），人口城镇化水平处于20%～30%的较低水平，城镇化率分别为22.91%、20.49%和22.96%；其余县基本都在10%～20%，特别是遂川、上犹、会昌、寻乌、宁都和莲花6个县人口城镇化率还不到15%。

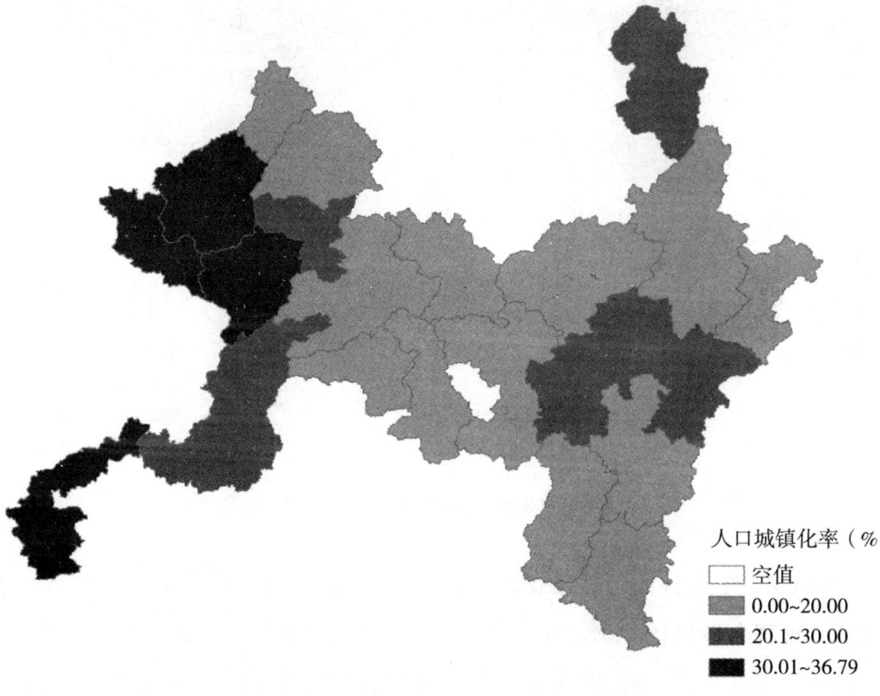

图8　2009年罗霄山片区各县人口城镇化率

从图9可发现，2014年罗霄山片区人口城镇化率高值区和低值区的分布基本不变，但高低值等级差异更大。其中，湖南株洲茶陵县人口城镇化率突破50%，达到58.52%的高水平城镇化；炎陵和宜章县人口城镇化率也较高，分别达46.00%和40.86%；安仁和桂东县人口城镇化率分别为39.18%、36.83%，达到中等城镇化水平；汝城、乐安、瑞金、兴国、于都、井冈山6个县处于20%～30%的较低城镇化水平；其余12个县人口城镇化率在10%～20%，城镇化水平较低，没有人口城镇化率低于10%的地区。

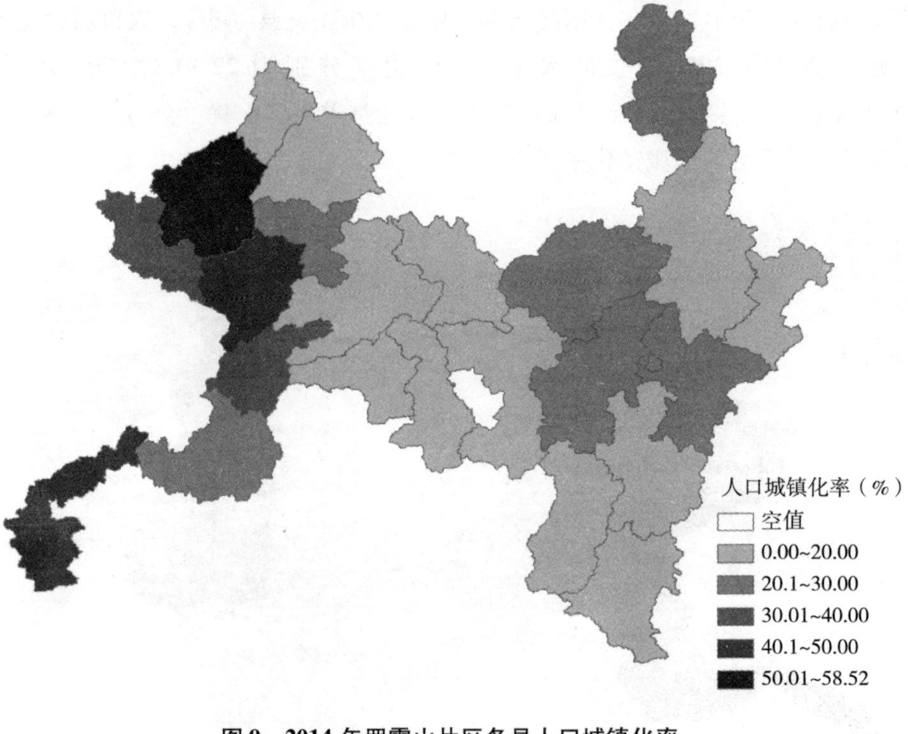

图9　2014年罗霄山片区各县人口城镇化率

按照2014年各县人口城镇化率高低，将罗霄山片区24个县分为高人口城镇化区、较高人口城镇化区、中等人口城镇化区、较低人口城镇化区和低人口城镇化区5类（见表1）。罗霄山片区大部分县城镇化水平较低，城镇化水平在中等以下的县有18个，占到75%，中等以上城镇化水平的县只有4个，仅占到17%，进一步说明罗霄山片区人口城镇化水平整体偏低。

表1　2014 年罗霄山片区人口城镇化水平分类

类　　型	县(市、区)名称
高人口城镇化区(50% 以上)	茶陵
较高人口城镇化区(40% ~50%)	炎陵、宜章
中等人口城镇化区(30% ~40%)	安仁、桂东
较低人口城镇化区(20% ~30%)	汝城、乐安、瑞金、兴国、于都、井冈山
低人口城镇化区(20% 以下)	安远、赣县、会昌、南康、宁都、上犹、石城、寻乌、遂川、万安、永新、莲花

注：2014 年章贡县人口城镇化数据缺失。

（三）产业城镇化进程及特点

1. 片区产业城镇化发展总体趋势

与人口城镇化水平相比，全区非农产业发展较快，非农产业比重较高。2004 ~2014 年，全区产业城镇化率由 67.55% 增长到 86.81%（见图 10），年均增长 1.75 个百分点，比全国平均水平低。非农产业的快速发展，对于扩大就业，提升城镇化发展的产业支撑能力具有重要意义。

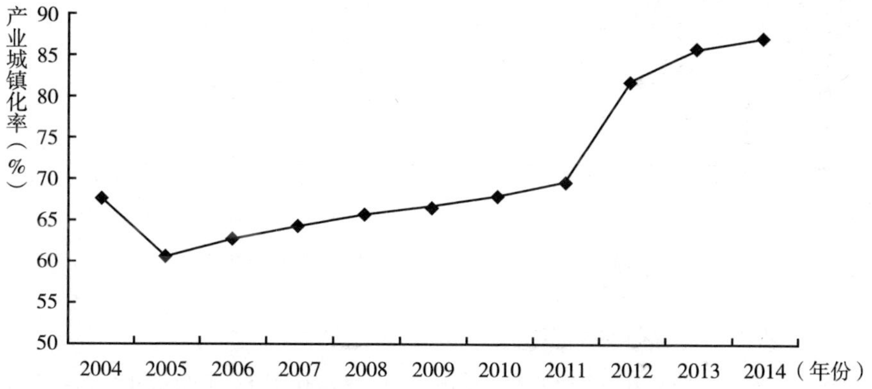

图 10　2004 ~2014 年罗霄山片区产业城镇化率

2. 分县产业城镇化发展趋势

（1）罗霄山片区湖南省部分

从图 11 可见，2004 ~2014 年，罗霄山片区湖南 6 个县产业城镇化水平较高，且多数县产业城镇化水平都不断提高，说明各县产业结构在不断优化，第一产业比重不断下降，第二、第三产业比重不断提高。

2004～2014 年，各县产业城镇化水平在 2009 年前有所波动，其中 2006 年出现一个明显峰值，2009 年有一个明显低谷，2009 年之后基本保持增长趋势。其中，茶陵县和炎陵县有明显上升，2004～2014 年产业城镇化率由 62.46%、72.26%提高到 79.68%、87.81%，11 年增长 17.22 个和 15.55 个百分点，年均增长 1.57 个、1.41 个百分点。安仁和宜章增长幅度次之，产业城镇化率分别增长 11.78 个和 11.06 个百分点。桂东县小幅波动上升，由 2004 年的 74.49%提高到 2014 年的 81.55%，11 年仅增长 7.06 个百分点，年均增长 0.64 个百分点。汝城县波动幅度相对较大，特别在 2009 年达到最低谷，增幅较小，2004～2014 年仅增长 4.51 个百分点，年均增长只有 0.41 个百分点。

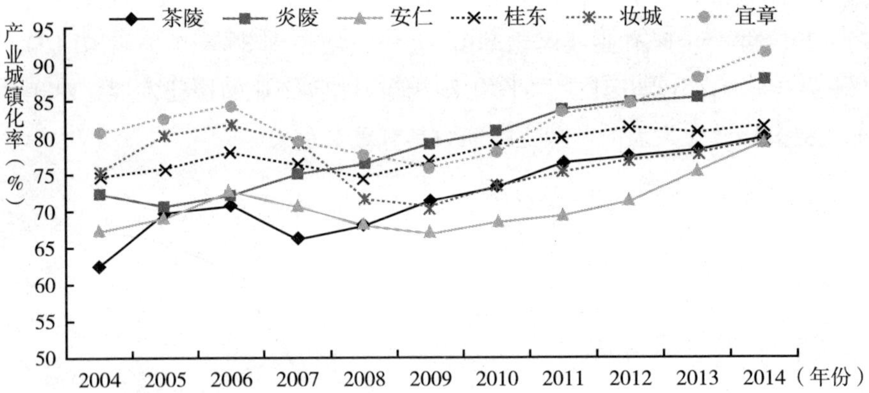

图 11　罗霄山片区湖南省各县产业城镇化率

（2）罗霄山片区江西省部分

从图 12 至图 14 可见，2004～2014 年，罗霄山片区江西省 18 个县产业城镇化水平基本呈显著上升趋势。

图 12 是吉安市 4 县（市）2004～2014 年的产业城镇化率。4 个县（市）产业城镇化率呈稳步上升趋势，其中万安县上升幅度最大，2004～2014 年产业城镇化率由 54.90%上升到 83.33%，11 年提高 28.43 个百分点，年均增长

2.58 个百分点。其次是永新县，年均增长 2.05 个百分点。井冈山市和遂川县年均增长 1.23 个、1.32 个百分点。

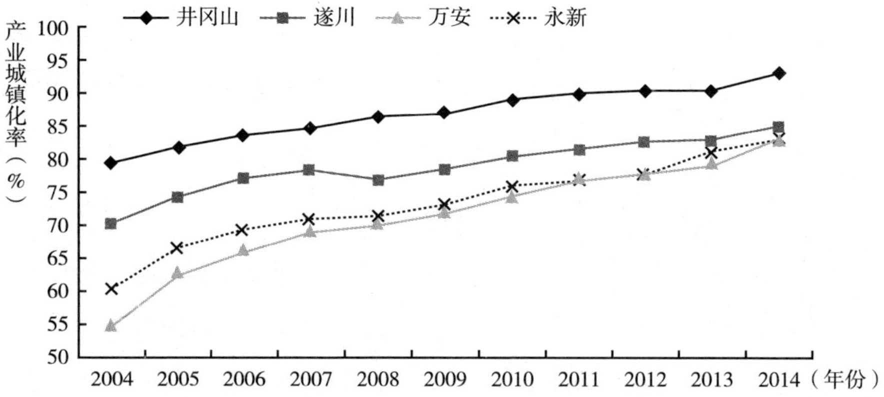

图 12　罗霄山片区吉安市各县产业城镇化率

图 13 是江西省抚州市乐安县和萍乡市莲花县产业城镇化率变化情况。两县产业城镇化率发展速度较快，除个别年份有所波动，基本呈线性上升趋势。2004～2014 年，乐安县增长幅度达 23.81 个百分点，莲花县增长 14.59 个百分点。

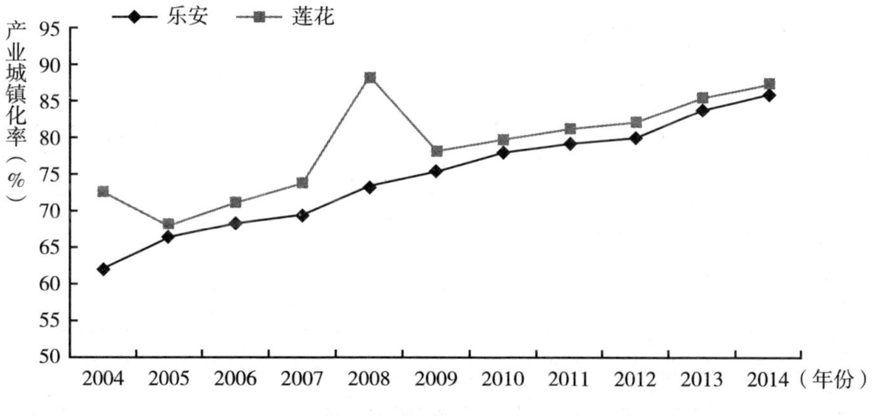

图 13　罗霄山片区乐安县和莲花县产业城镇化率

图 14 显示了江西省赣州市各县（市）产业城镇化率变动情况。赣州市各县中除寻乌和石城县在个别年份有较大幅度波动，其他各县呈平稳上

升趋势。增长幅度最大的是赣州市赣县，2004～2014 年增长 28.7 个百分点，年均增长 2.61 个百分点；其次是安远县、会昌县和兴国县，增长幅度都在 20 个百分点以上；赣州市南康、宁都、瑞金三县（市）增长幅度最小，增长幅度分别仅有 10.92 个百分点、12.30 个百分点、13.29 个百分点，年均增长量基本在 1.3 个百分点以下；其余各县增长幅度基本在 14～16 个百分点。

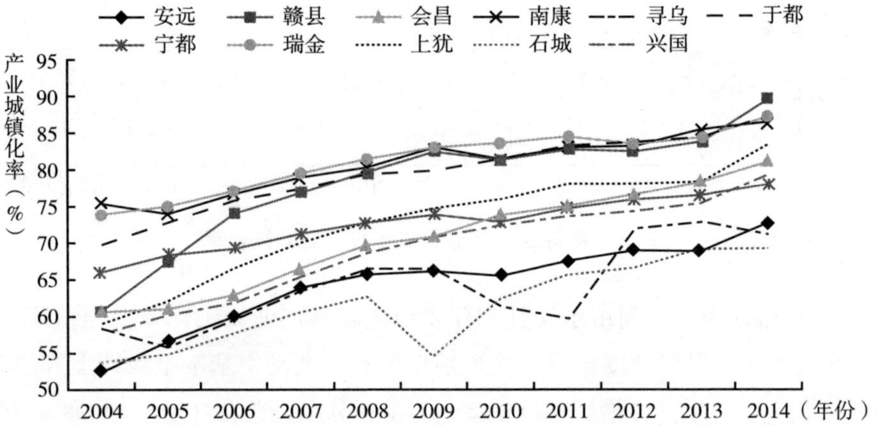

图 14　罗霄山片区赣州市各县产业城镇化率

3. 产业城镇化空间差异

选取 2004 年、2009 年和 2014 年三个截面，绘制了各年份的产业城镇化率空间分布图（见图 15 至图 17），进而分析罗霄山片区产业城镇化发展水平的空间差异特征。

由图 15 至图 17 可知，2004 年、2009 年和 2014 年罗霄山片区产业城镇化率空间分布图也是由浅入深，说明产业城镇化水平逐年提高。对各年份片区内部产业城镇化水平的比较发现，与人口城镇化空间差异特征呈相反趋势，产业城镇化的县域空间差异在逐年缩小。2004 年，产业城镇化率最高的县为宜章县，城镇化率为 80.48%，是产业城镇化率最低的安远县的 1.55 倍。2009 年，产业城镇化率最高的井冈山市城镇化率为 87.00%，最低的宁都县为 54.20%，最高县是最低县的 1.61 倍。2014 年，产业城镇化率最高的井冈山市达 93.05%，而最低的石城县仅为 69.18%，最高县是最低县的 1.35 倍。计算三个年份产业城镇化率变异系数分别为0.13、0.09、0.07，说明片区内部产业城镇化的空间差异在逐步缩小。从产业城镇化率的高值和低值分布区来看，相较于人口城镇化率空间分布，产业城镇化率高值县逐年增多但分布不固定。

2004年，产业城镇化率较高的县（区）主要集中在片区西部和东部地区。其中，仅有宜章县产业城镇化水平较高，产业城镇化率超过80%；汝城、南康和井冈山3县（市）处于中等水平，产业城镇化率在75%～80%；安仁、桂东、炎陵、宁都、于都、瑞金、遂川和莲花8县（市）产业城镇化率在65%～75%，产业城镇化水平较低，占到全区县（市）总数的33.33%；其余11个县产业城镇率低于65%，产业城镇化水平最低，占到全区县市总数的45.83%。说明2004年全区产业城镇化水平偏低，城镇化水平在中等水平以下的县占绝大多数。

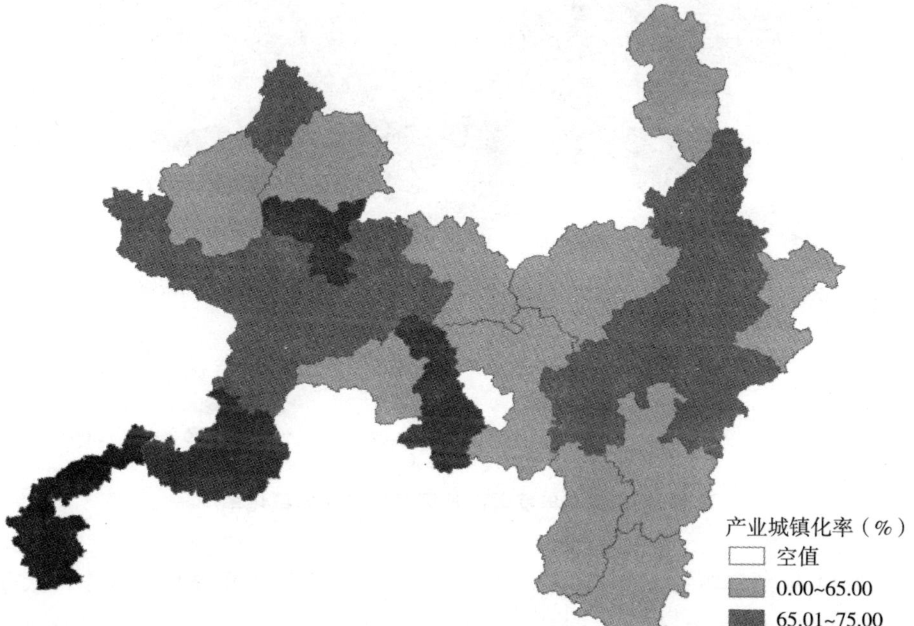

图15　2004年罗霄山片区各县产业城镇化率

2009年，产业城镇化率较高的县（市）增多，且分布趋于集中，围绕江西省赣州市城区呈圈层分布。其中，江西省的赣县和南康、瑞金和井冈山4县（市）产业城镇化率突破80%，分别达82.21%、82.83%、82.72%、87%；宜章、乐安、于都、遂川、莲花、炎陵6县产业城镇化率处在75%～80%的中等水平；安仁、桂东、汝城、安远、会昌、宁都、上犹、兴国、寻乌、万安、永新和茶陵12县产业城镇化率在65%～75%；只有石城1县产业城镇化率在65%以下。产业城镇化水平在中等以上的县占到全区的16.67%，中等水平的县占到全区的25%，中等以下的县占到54.17%。

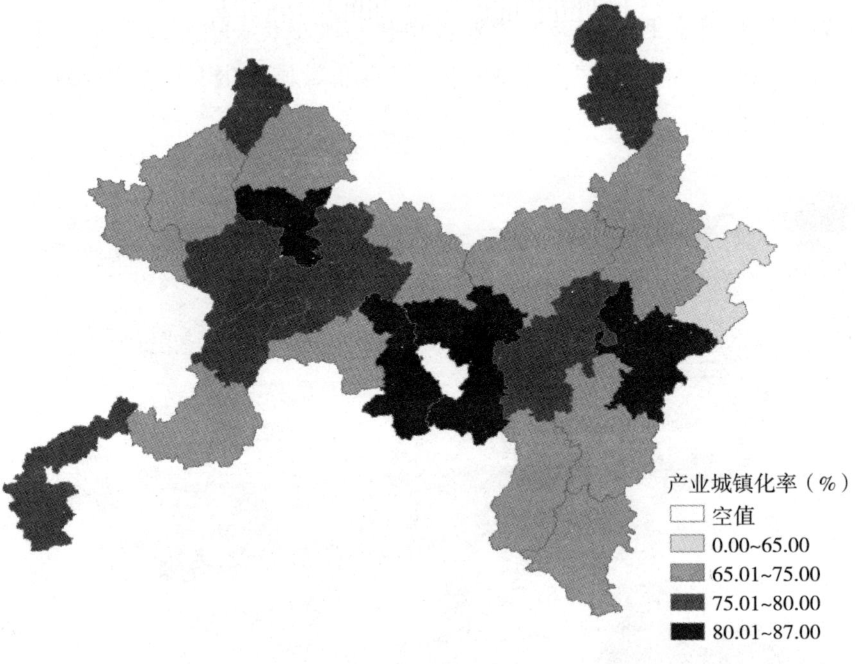

图16　2009年罗霄山片区各县产业城镇化率

2014年，罗霄山片区各县（市）产业城镇化率显著提高。其中，大于90%的高水平县有2个，分别是宜章县和井冈山市，其产业城镇化率分别达91.54%、93.05%；赣县、桂东、会昌、乐安、莲花、南康、瑞金、上犹、遂川、万安、兴国、炎陵、永新、于都14个县产业城镇化率处在80%～90%的较高水平；安仁、茶陵、宁都、汝城4县产业城镇化率处在75%～80%的中等城镇化水平；安远、寻乌2个县城镇化率分别为72.69%、72.32%，产业城镇化水平较低。

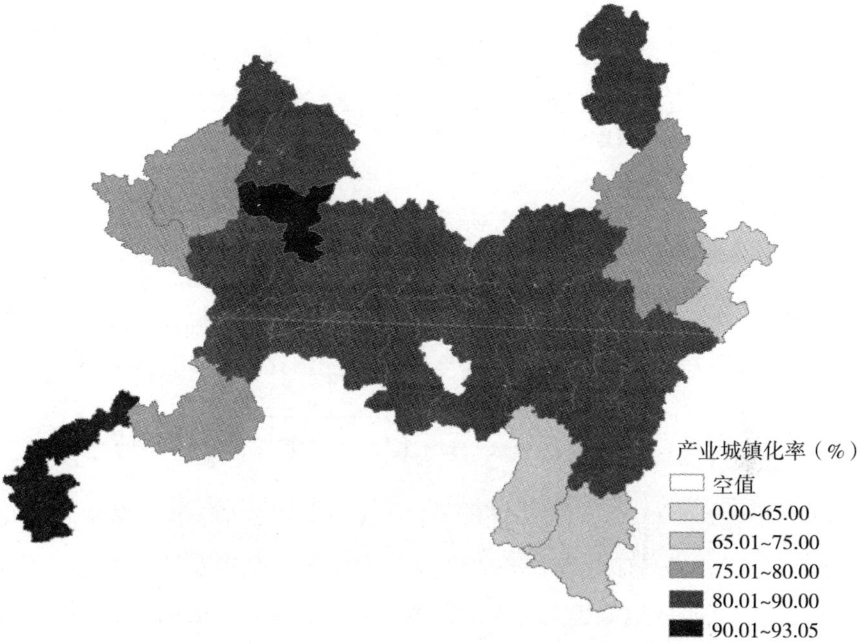

图17　2014年罗霄山片区各县产业城镇化率

按照2014年各县产业城镇化率高低，将罗霄山片区24个县分为高产业城镇化区、较高产业城镇化区、中等产业城镇化区、较低产业城镇化区和低产业城镇化区5类（见表2）。可见，大部分县产业城镇化目前已经处于中高等水平，中等以下城镇化水平的县只有2个，占到全区县（市）总数的8.33%；中等的有4个，占16.67%；城镇化水平在中等以上的县有17个（包含章贡区），占70.84%，没有低产业城镇化区，进一步说明罗霄山片区产业城镇化水平整体较高。

表2　2014年罗霄山片区产业城镇化水平分类

类　型	县(市、区)名称
高产业城镇化区(90%以上)	井冈山、宜章
较高产业城镇化区(80%～90%)	赣县、桂东、会昌、乐安、莲花、南康、瑞金、上犹、遂川、万安、兴国、炎陵、永新、于都

续表

类　型	县市区名称
中等产业城镇化区(75%～80%)	安仁、茶陵、宁都、汝城
较低产业城镇化区(65%～75%)	安远、寻乌
低产业城镇化区(65%以下)	—

注：2014 年章贡县、石城县产业城镇化数据缺失。

（四）人口城镇化和产业城镇化协调度分析

为了进一步探讨人口城镇化与产业城镇化发展是否协调，本文采用离差系数对人口城镇化与产业城镇化失调程度进行测量。具体计算公式如下：

$$C_V = \frac{S}{|\overline{X}|} = \sqrt{\frac{1}{2}\left[\left(P - \frac{P+I}{2}\right)^2 + \left(I - \frac{P+I}{2}\right)^2\right]} / \left|\frac{P+I}{2}\right| = \left|\frac{P-I}{P+I}\right|$$

式中：C_V 为离差系数；S 为标准差；$|\overline{X}|$ 为平均值；P 表示人口城镇化增长率；I 表示产业城镇化增长率。离差系数越大，表明人口城镇化与产业城镇化增长速度之间的偏差越大，失调程度越严重；反之，表明二者协调程度越高。具体评价见表 3。

表 3　人口城镇化与产业城镇化失调等级划分标准

失调等级	严重失调	高度失调	中度失调	轻度失调	协调发展
C_V	>0.8	0.6～0.8	0.4～0.6	0.2～0.4	0～0.2

利用 2004～2014 年罗霄山片区的人口城镇化率和产业城镇化率，计算得到 2005～2014 年的人口和产业城镇化增长率，进而计算得到 2005～2014 年的人口和产业城镇化增长率离差系数，如表 4 所示。2005～2014 年，仅有 2008 年、2009 年和 2014 年的人口城镇化与产业城镇化失调等级值小于 0.2，处于协调发展状态，其他年份人口城镇化与产业城镇化离差系数均大于 0.2，处于失调发展状态。特别是 2010 年和 2011 年，离差系数大于 0.6，属于高度失调状态，2012 年大于 0.8，属于严重失调状态。这与目前我国大部分地区人口城镇化的增长速度远远滞后于产业非农化增长速度的实际情况相符。

表4　2005～2014年罗霄山片区人口城镇化与产业城镇化离差系数

年份	2005	2006	2007	2008	2009	2010	2011	2012	2013	2014
离差系数	0.27	0.33	0.32	0.06	0.10	0.72	0.79	1.17	0.44	0.05

三　罗霄山片区城镇化发展模式分析

（一）章贡区新型工业化引导的城镇化

2013年底，章贡区户籍总人口达468461人，其中，非农业人口有337483人，占总人口的72.04%；人口出生率为10.09‰，自然增长率为5.84‰；迁入人口7155人，迁出人口6366人，迁出率达22.1‰；人口密度为每平方公里1087人。新农村合作医疗参合率达98.22%。

章贡区作为罗霄山片区唯一的地级市中心城区，是整个片区的中心城市。章贡区是工业型中心城区，工业发展基础较好，工业产品多样，拥有冶金、机械、化工、造纸、食品、医药、电子、服装等29个门类产品，工业总产值占赣州市工业总产值的1/7。2012年，全区规模以上工业企业78个，全年工业总产值达208.44亿元，工业销售产值达201.56亿元。章贡区是全国重要的有色金属冶炼基地，其中，稀土、钨钼产品畅销美国、加拿大、韩国、日本等50多个国家和地区。特别是生物制药、机制纸、胶印机、空压机、发电机等工业产品，海内外市场广阔。近几年，章贡区围绕“2+3”的主导产业体系，即有色金属及新材料、汽车及汽车零部件装备制造两大主导产业，生物医药、电子信息、节能环保三大新兴产业，加大招商引资力度，加快沙河工业园区建设，加速产业集聚。2013年，该区实际引进19个亿元以上项目，总投资额达197.38亿元。

全区工业园区发展势头良好。沙河工业园已经成为全省重点园区、省机电工业城、以汽车变速箱总成为主的全市“汽车零部件生产基地”、工业经济发展的重要载体和承接产业转移的重要平台、全区经济发展和财政增收的重要增长极，目前已有126家企业落户。赣州钴钼稀有金属产业基地是赣州市有色金属产业的重要集聚发展平台，主要承接有色冶金及新材料和微电子新材料产业项目，目前已入园项目30余个，总投资150亿元，其中逸豪实业、江钨钴业、天河永磁、鸿富新材料等企业已竣工投产，成为区工业经济新的增长极。

工业发展促进城区不断拓展空间，提升城市功能，促进人口集中和产业聚集发展，有效推进了市区域性综合交通运输枢纽、商贸物流中心和生态宜居城市建设，增强了城区综合承载能力和辐射带动功能，章贡区已逐步发展为区域性经济中心。

（二）井冈山红色旅游产业引导的新型城镇化

旅游以文化旅游资源为依托，以旅游休闲度假为功能，通过旅游吸引核，带动旅游目的地的消费，通过消费带来巨大的经济效益，形成引导区域经济发展和就地城镇化的基础。

井冈山作为中国革命摇篮，为井冈山发展红色旅游业奠定了坚实的基础。井冈山市旅游业起始于20世纪50年代，当时以旅游政治性接待工作为主。1999年，井冈山率先提出“红色旅游”的概念，并将红色旅游作为其主导产业，在全国旅游市场上抢得先机。通过红色旅游业发展，井冈山市逐步转变为一个现代化的旅游城市。据统计，2013年，井冈山共接待游客898.25万人次，同比增长6.01%，共售出景区大门票58.2万张，实现门票总收入2.11亿元，实现旅游收入68.05亿元，同比增长8.42%。

旅游业的快速发展推动了城镇化的不断发展，使得井冈山城镇化发展居于罗霄片区前列。近年来，井冈山市新型城镇化步伐不断加快，先后编制完成了《井冈山市城市总体规划》《井冈山市土地利用总体规划》和《龙市镇总体规划》的修编和评审，并启动了“一城带两镇”城乡一体化发展规划、罗浮片区控制性详规的编制工作。大力推进了城市基础设施和美丽乡村建设，全市城镇化率大幅提高。全国青少年井冈山革命传统教育基地、中心公园、井睦高速公路、衡茶吉铁路、文化艺术中心、火车站进出口公路、新体育馆、茨坪接待改造提升工程、八面山大道完善、茨坪新市场路开发、龙市管网延伸等一批基础性、功能性的重点项目顺利推进，城市功能和品位进一步提升。全面完成了64个美丽乡村点建设，重点打造了渥田、文水、茅坪、葛田、石陂、柏露、睦村7个综合示范点，泰井高速及连接线、茨坪至茅坪公路沿线美丽乡村示范带建设和中心城区“一城带两镇”城乡一体化试点工作扎实推进。此外，还大力开展“森林城市”创建工作，城市绿化面积达346.5公顷，绿地率达46.5%，人均公园绿地达42.86平方米。

井冈山旅游业发展的成功得益于丰富的旅游资源，且关键在于其旅游开发模式。井冈山借助其高知名度的红色旅游品牌，深度挖掘其他类型旅游资源，比如客家文化和绿色生态资源，有效整合红色文化、绿色资源、客家文化等几大优势资源，形成了朝圣、观光、休闲等多功能、多元旅游线路。此外，成功的旅游产品开发和旅游营销模式也是其旅游业快速发展的关键。同时，各级政府对井冈山市旅游业的扶持与引导，也不断提高了井冈山的旅游基础设施建设水平，使得旅游发展环境日趋完善。

四　罗霄山片区城镇化发展战略

2014年3月，国务院发布《国家新型城镇化规划（2014—2020年）》。罗霄山片区要全面贯彻落实国家新型城镇化规划要求，必须以人的城镇化和城乡统筹发展为目标，优化生产、生活、生态、文化和设施的空间布局，提高城镇可持续发展能力，有序推进具有地域特色的新型城镇化发展道路。

罗霄山片区新型城镇化发展具有三大优势：一是区位优势明显。罗霄山片区连接鄱阳湖生态经济区、环长株潭城市群和海峡西岸经济区，邻近珠江三角洲及长江三角洲地区，是内地连接粤港澳与厦漳泉地区的重要通道，直接面向广东、福建等东南沿海地区消费市场，具有承接产业转移的明显区位优势。二是本地特色资源丰富。本区矿产资源富集，钨和稀土、钽铌等稀有金属储量大，在世界上占有重要地位。红壤分布广泛，光热充沛，生物物种多样，森林覆盖率高，发展柑橘、油茶、毛竹等特色农林产业的条件优越。革命遗址众多，有中国革命的摇篮井冈山和中华苏维埃共和国诞生地瑞金等红色旅游胜地，红色文化积淀深厚，老区精神影响深远。历史文化资源比较丰富，炎帝陵等文化古迹具有重大影响，客家文化源远流长。三是区域经济正处于快速发展期。本区矿产资源采掘与深加工、机械制造等产业基础较好，优势日益突出，旅游业和特色农产品生产加工业逐渐形成品牌。投资环境明显改善，各类产业集聚区加快建设，物流等配套服务能力逐步提高，承接产业转移进程明显加快。商品意识传统深厚，县域经济活力增强，城镇集聚和辐射带动能力提升，区域经济已进入加快发展的关键时期。

（一）空间发展战略

罗霄山片区城镇化发展既要符合全国主体功能区的功能定位，又要以《罗霄山片区区域发展与扶贫攻坚规划（2011—2020 年）》“一中心五走廊”的空间结构为指导，依托铁路、高速公路等综合运输通道，加强中心城市和产业集聚区建设，培育次级中心城市和重点城镇，增强辐射带动功能，形成空间布局合理、经济联系紧密、产业特色鲜明、城镇体系完善的发展格局。

1. 培育区域核心增长极，增加辐射带动力

章贡区是罗霄山片区唯一的地级市中心城区，经济发展基础较好，城镇化发展速度快，可以作为带动整个片区发展的增长点。同时，推动中心城区与周边赣县、南康、上犹同城化发展，建设特大型中心城市，将其打造成为辐射带动罗霄山片区发展的核心增长极，并由核心增长极逐步向外围拓展，带动其他地区发展。

井冈山市、瑞金市和宜章、茶陵等县（市）是片区内第二和第三产业发展较快、人口集聚能力相对较强的地区，可以作为片区内的次增长极来培育，由此形成“一心多核”的城镇化发展空间格局，增强辐射带动功能，并加强与珠江三角洲、长江三角洲等地区的经济联系，积极融入环长株潭城市群、鄱阳湖生态经济区、海峡西岸经济区及珠江三角洲地区，充分发挥南昌、长沙及萍乡、吉安、抚州、株洲、郴州等周边城市的带动作用（见图 18）。

2. 交通网络连接，网络化发展

交通网络是加强区域间联系，促进沿线地区经济社会发展的重要基础，也是城镇化空间布局的骨架。《罗霄山片区区域发展与扶贫攻坚规划（2011—2020 年）》中规划建设“三纵两横”的区域交通运输通道。这些交通通道建设将形成贯穿片区内部、联系周边大中型城市的交通大动脉，并带动沿线城镇发展。中心城区和次核心增长极城市要进一步完善其区域交通枢纽的作用，提高运输和中转能力。以章贡区为中心的片区核心增长极还要突出城际快速路和轨道交通建设，形成便捷的城市组团间快速通道网络，进一步推动中心城区与周边城市的同城化发展。此外，罗霄片区交通网络的建设，也要加强片区与环长

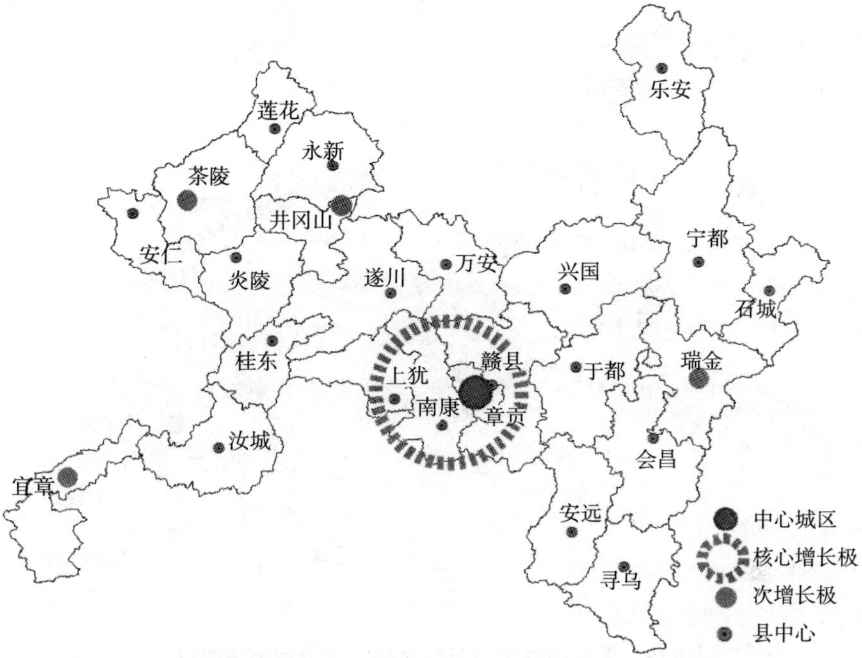

图 18　罗霄山片区“一心多核”增长极

株潭城市群、鄱阳湖生态经济区、海峡西岸经济区、珠江三角洲地区等区域的交通联系，形成沟通中西部地区与东南沿海的交通运输主通道。通过核心增长极的培育和交通网络建设，点轴联动，最终形成片区内网络化城镇空间发展格局（见图 19）。

（二）产业发展战略

1. 承接产业转移

产业是城镇化发展的重要支撑。罗霄山片区在劳动力成本、土地成本、水资源等方面具有优势，近年来在运输条件、市场条件、经济条件等方面也有较大改善。当前，在全球和全国产业布局调整的大背景下，面临东部加工工业向中西部转移的重大集聚。要依托优势资源，加快结构调整，加强与珠江三角洲、海峡西岸经济区以及长江三角洲等沿海地区的对接发展，以瑞金、南康、宁都、赣县、万安、莲花、宜章、汝城、安仁等县（市）为重点，积极承接

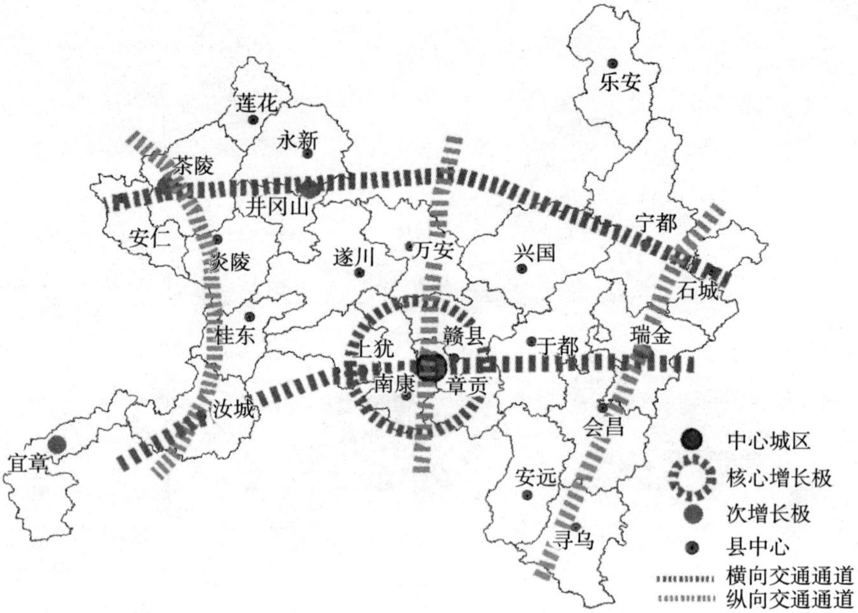

图 19　罗霄山片区“三纵两横”交通运输主通道

电子信息、生物医药、机械制造、服装加工、陶瓷等产业转移。完善产业配套条件和产业转移推进机制，将承接产业转移与结构调整相结合，促进产业转型升级，培育壮大具有地方特色、竞争力强的环境友好型支柱产业，提升市场竞争力。加强区域互动合作，建立省与省之间的产业转移统筹协调机制，形成产业集聚带（区），带动城镇化发展。

2. 促进园区发展，延伸产业链

合理确定产业定位和发展方向，建设一批较高水平的现代产业园区，逐步形成对区域经济具有引领性、支撑性的产业集群，提高产业集聚效益。吸引企业向区域内集群式转移，采取多种形式，合作共建产业园区。支持具备条件的国家级、省级开发区适当扩区和符合条件的省级开发区升级。支持设立国家高新技术产业园区。在条件成熟时，在赣州出口加工区的基础上，按程序申请设立赣州综合保税区。支持宁都、遂川、乐安、莲花、安仁等县（市）建设扶贫产业园。围绕市场聚集、运输便利、能源节省、原材料获取方便、人才聚集、配套集约六个方面，进行以产业链为主线的延伸与整合，实现产业区的聚集效应与延伸发展，并由此带动产城一体化发展。

3. 推进产业扶贫，创新产业组织形式

扶贫特色产业。重点支持覆盖广、带动力强、见效快的地方产业发展，比如油茶、柑橘、毛竹、茶叶、畜禽养殖和旅游业等。加大政策支持和资金投入力度，强化基地建设，促进加工转化。加强对贫困农户的技术指导和资金支持。

创新产业组织形式。按照产业化扶贫要求，重点支持农民专业合作社、专业技术协会、扶贫龙头企业和小微型企业等能够直接带动贫困农户增收的产业组织发展。鼓励社会企业等新型产业组织发展。支持建立片区农业产业化扶贫促进组织，探索按照社会企业模式推进农业生产经营专业化、标准化、集约化、品牌化的新机制、新途径。

完善利益联结机制。建立健全扶贫龙头企业、农民专业合作社等产业组织与贫困农户的利益联结机制。支持农户积极参与产业化全过程并分享收益，促进企业和贫困农户形成稳定的利益关系，实现共同发展。支持扶贫龙头企业与农民专业合作社组织有效对接。鼓励企业在本区域建立产业基地，带动贫困农户增收。支持企业优先吸纳安置贫困地区富余劳动力就地就近转移就业。积极探索增加农民财产性收入的新形式。

（三）人口城镇化战略

1. 优化人口结构和布局

分区、分类引导人口合理布局。通过人口和产业的迁入、集聚扩散双向调控，使有稳定就业的异地务工人员获得与城镇户籍居民同等的社会身份和权利，并在价值观念、社会认同、生活方式上深度融入城市社会。

罗霄山片区核心区应放开户口限制，增强人口集聚能力，优化人口结构。要提升城市服务和公共设施品质，吸引高素质人口，鼓励和引导人口、就业向城市新区、园区集中，优化人口布局，提升整体承载力；配套改革引进高技能人才的住房、子女教育、社会保障制度；促进公共服务、住房、城市轨道向城市新区、小城镇等地区延伸和布局，均衡公共服务资源，合理引导农业转移人口向小城市和小城镇转移。

其他县城和县级市城区要提升对外来人口和本地农业转移人口的吸纳和集聚能力。以县城为中心，强化产业就业支撑，推动农业人口就地城镇化；重点

吸纳大学生、职业技术人才就业落户；着重吸纳东部地区和珠三角地区产业转移带动的转出劳动力；完善吸引外来务工人员稳定性转移就业的服务体系，全面放开入户条件，大力促进其落户当地城镇，提高城镇化水平。

其他重点城镇要推进农业人口的就近转移和本地城镇化；加强对返乡人口再创业的支持，吸纳外出劳动力回流；依托重点镇的多类型产业发展提供多样化的劳动岗位，形成灵活互补的就业体系；重点支持涉农产业，鼓励外出劳动力回乡创业，在小额贷款、税收减免、创业培训领域提供支持。

2. 推进城乡基本公共服务均等化

从党的十六届六中全会首次明确提出实现城乡基本公共服务均等化目标以来，经过党的十七大、十七届三中全会、十八大等重要会议的强调和部署，总体实现基本公共服务均等化已经成为2020年全面实现小康社会战略目标的重要内容之一。现阶段，我国基本公共服务不均等现象十分突出，主要表现在：城乡差距大，农村基本公共服务水平远远低于城市水平；区域不均等，东部地区基本公共服务数量和质量明显高于中西部地区；社会成员不均等，城市农民工享有的基本公共服务水平远低于城市户籍居民。罗霄山片区推进基本公共服务均等化的目标有两个：一是提高整个片区的基本公共服务水平，缩小与发达地区的差距；二是推进片区内城乡基本公共服务的均等化，实现城乡居民生活等值化。

这两个目标的实现，一方面，需要国家、各级政府加大对罗霄山片区的扶贫支持力度，建立专项资金，加大对城乡基本公共服务的投资力度；另一方面，需要进一步完善促进城乡居民基本服务均等化的体制机制。如统筹城乡基础设施建设与布局，强化城乡基础设施对接，推动水、电、路、气等基础设施的城乡联网；加快推进公共服务向农村地区覆盖，以中心城市和重点镇为依托，尽快形成由政府主导、城乡衔接、布局合理的基本公共服务网络，实现城乡基本公共服务均等化；积极开展农村新型社区建设，建立健全优质教育、医疗城乡共享机制，建立适合农村地区、并与城镇衔接的养老保险制度，健全覆盖城乡的医疗保障体系；健全城乡统一的就业制度，促进农业转移人口就业，积极开发适合农业转移人口的就业岗位，拓展农民就近就地就业的空间；保障与城镇户籍就业人员同等享有就业与创业政策扶持、信息咨询、培训指导、劳动人事争议调解和仲裁等服务，实现城乡劳动者同工同酬、同城同待遇。

B.13

西藏、四省藏区、新疆南疆三地州城镇化特征、趋势与发展战略*

黄利文　黄 炜**

摘　要：首先，从西藏、四省藏区、新疆南疆三地州片区2004年以来的人口城镇化、产业城镇化和土地城镇化的进程及特征入手，发现片区城镇化进程整体上在加快，但城镇化质量不高，人口城镇化、产业城镇化和土地城镇化三者的协调程度较低，片区内城镇化水平差异明显。其次，在此基础上分析整个片区城镇化的空间布局与人口分布的契合度中心职能指数的演变、中心城市经济联系与产业分工的演变趋势。最后，基于SWOT分析框架对片区整体推进城新型镇化面临的外部环境和自身条件深入分析，提出“三产三线三突破”的片区新型城镇化发展战略。

关键词：西藏　四省藏区　新疆南疆三地州　城镇化

一　西藏、四省藏区、新疆南疆三地州概况①

西藏、四省藏区、新疆南疆三地州是《中国农村扶贫开发纲要（2011—

* 本文受国家社科基金项目（批准号：12CJL069）、教育部人文社科项目（批准号：12YJC850006）、湖南省社科重点项目（批准号：14ZDB014）、湖南省社科项目（批准号：14YBX050）资助。

** 黄利文，南开大学博士研究生，吉首大学商学院讲师，研究方向为区域经济与区域金融、融资租赁；黄炜，南开大学管理学博士，吉首大学法学与公共管理学院副教授，研究方向为文化创意产业和区域管理。

① 由于涉及的县级行政区太多，且很多县级行政区的数据缺失，因而在对西藏、四省藏区、新疆南疆三地州片区做整体分析时，本文主要采用地级行政区的数据计算，因而计算的数据要比实际数据稍大一点，但不影响本文的最终结论。

2020年)》确立的14个集中连片特困区中已明确实施特殊政策的三个片区。如图1所示，西藏、四省藏区、新疆南疆三地州地跨六个省级行政区，位于“胡焕庸线”以西，面积约为275.44万平方公里，占我国陆地面积的28.69%，拥有极其丰富的山地资源、矿产资源、能源资源、文化资源和旅游资源，是我国主要的石油产区。

整个片区包括22个地级行政区、175个县级行政区，2013年年末总人口约为2130.74万人，平均人口密度约为7.73人/平方公里（仅相当于全国平均人口密度的5.45%），城镇化率为27.16%，经济规模约为4935.84亿元，境内主要有藏族、傈僳族、纳西族、羌族、回族、满族、苗族、彝族、布依族、东乡族、保安族、撒拉族、土族、哈萨克族、门巴族、珞巴族、维吾尔族、塔吉克族、柯尔克孜族、塔塔尔族等少数民族和汉族。片区经济社会发展相当滞后，表现为：①人口城镇化水平低，2013年人口城镇化率仅为27.16%，相当于同年全国人口城镇化率（53.73%）的50.55%。②经济发展水平落后，2012年片区人均GDP约为19363元，相当于同年全国人均GDP（约38271.75元）的50.59%。③基础设施落后，缺乏核心增长极，整个片区辽阔的国土上仅有南疆铁路（乌鲁木齐－喀什－和田）和青藏铁路（西宁－拉萨－日喀则）两条主干铁路，北部的G 315国道（西宁－叶城）、东部的青藏公路（西宁－拉萨）、西南部的新藏公路（叶城－拉孜，再经G 318延伸到拉萨）和东南角的川藏公路（成都－拉萨）四条主要公路通道（下文简称“两铁四公”），基础设施极其落后。④社会事业发展滞后，居民受教育水平低。以西藏为例，土地面积约120万平方公里，2013年年末常住人口为312.04万人，但境内仅有2座电视台、6座广播电视台、1座广播电台、106所医院，2011年15岁以上人口文盲率高达29.54%。⑤生态环境脆弱，土地承载能力低，海拔普遍在3000米以上，沙漠、荒漠、戈壁、盐碱地面积占比很大，大部分地区降水量少，旱灾、冰雪灾害频发。⑥区域发展不均衡，除藏中南地区、海西州和喀什市以外，其他地区的交通普遍不畅，经济发展也极其落后。西藏、四省藏区、新疆南疆三地州片区作为“胡焕庸线”以西最贫困的连片特困区，更要大力推进新型城镇化，让片区人民能够在家门口分享现代化的成果。

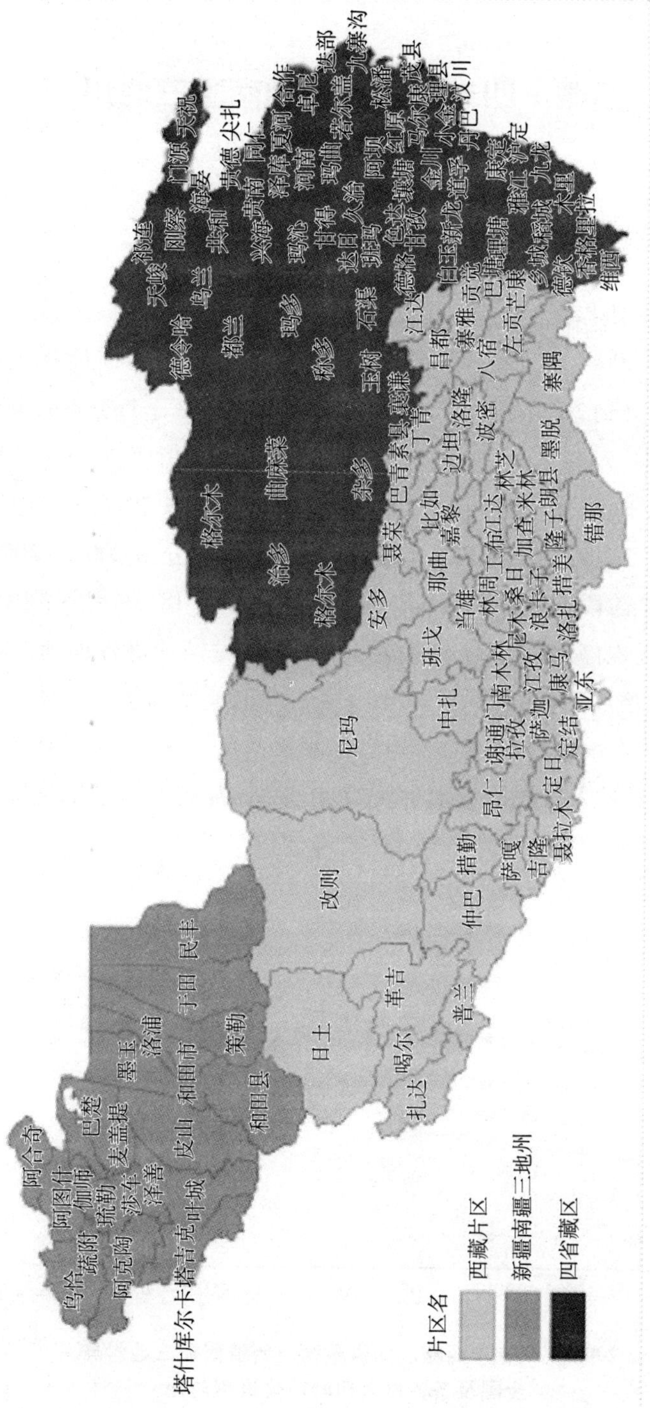

图1 西藏、四省藏区、新疆南疆三地州片区空间分布

二　西藏、四省藏区、新疆南疆三地州城镇化进程及特征

（一）人口城镇化特征

1. 片区人口城镇化率逐步提高但整体水平偏低

如图2所示，2004年以来，西藏、四省藏区、新疆南疆三地州人口城镇化率从18.83%上升到2013年的27.16%，年均增长0.83个百分点；同期全国人口城镇化率由41.73%上升到53.73%，年均增长1.2个百分点，片区人口城镇化与全国人口城镇化的差距由2004年的22.9%扩大到2013年的26.57%。由图2可以看出，片区人口城镇化进程大体分为2004～2009年和2009～2013年两个阶段，在第一阶段，人口城镇化率由18.3%增长到18.4%，片区人口城镇化进程停滞；在第二阶段，片区人口城镇化进程加速，由2009年的18.44%迅速增加到2013年的27.16%，四年时间增幅达8.72%，高于同期全国人口城镇化率增幅（5.3%），但总体水平落后太多，到了2013年依然略低于全国1992年的人口城镇化水平（27.46%），片区人口城镇化进程比全国滞后约22年。

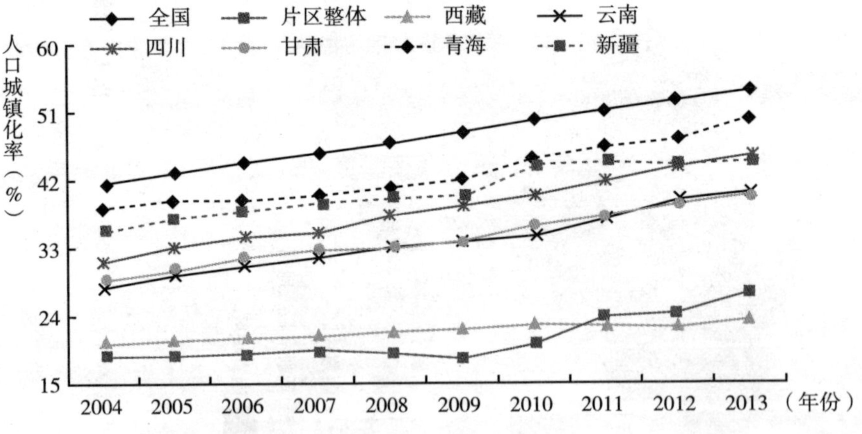

图2　2004～2013年西藏、四省藏区、新疆南疆三地州与全国及各省份人口城镇化进程对比

片区人口城镇化水平与片区涉及的六个省级行政区相比，2013 年片区人口城镇率仅比西藏高 3.45%，与云南、四川、甘肃、青海、新疆的人口城镇化差距分别为 13.37 个百分点、17.74 个百分点、12.97 个百分点、23.08 个百分点和 17.3 个百分点，差距明显。西藏、四省藏区和新疆南疆三地州作为《中国农村扶贫开发纲要（2011—2020 年）》明确规定的扶贫攻坚的主战场之一，丝绸之路经济带重要的节点喀什市为片区内最主要的交通枢纽之一，有望在未来建立境内第一个面向中南亚、中东的自贸区，藏中南地区为片区内唯一的国家级城镇化重点发展区域，在诸多优惠政策和支持以及片区人民的共同努力下，整个片区未来几年有望继续保持较高速度推进片区人口城镇化进程，片区人口城镇化率与全国人口城镇化率的差距有望进一步缩小。

如图 3 所示，从片区内部来看，迪庆片区、青海片区人口城镇化率一直高于片区平均水平，青海片区人口城镇化水平最高；西藏片区人口城镇化进程较慢，新疆片区由高于片区平均水平转变为低于片区平均水平；甘肃片区、四川片区人口城镇化水平低于片区平均水平（由于统计口径的变化，分别于 2012 年

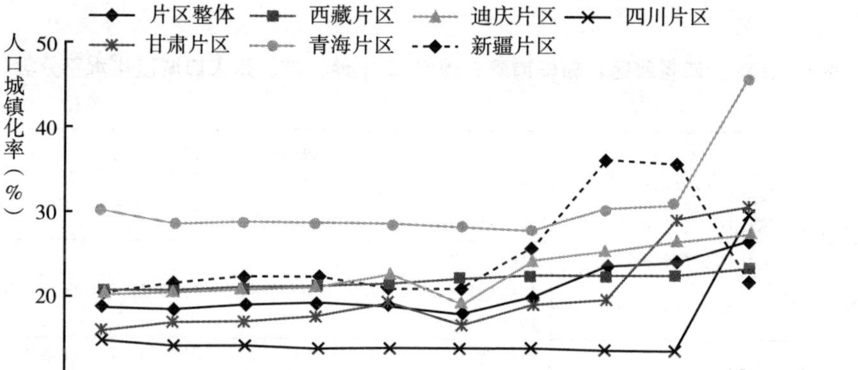

图 3　2004～2013 年西藏、四省藏区、新疆南疆三地州内各分片区人口城镇化进程对比

注：在计算人口城镇化率时，优先以年末常住人口和城镇人口计算，如城镇人口数据缺失，则采用非农人口数进行计算，这导致了部分年份城镇化率出现较大波动，通常采用非农人口数计算城镇化率时数值会偏低。因为 2013 年海北州、黄南州和玉树州缺乏非农人口数据，故青海片区人口城镇化只计算了海南州、果洛州和海西州，从而导致其人口城镇化水平大幅增加。

和2013年超过片区平均水平）。2013年，西藏片区、迪庆片区、四川片区、甘肃片区、青海片区和新疆片区的城镇化水平分别为23.71%、28.1%、29.72%、30.96%、46.26%和21.82%，与所在省级行政区的人口城镇化率差距分别为（西藏除外①）12.38个百分点、11.18个百分点、9.17个百分点、3.09个百分点、22.55个百分点。

2. 片区内各地级行政区人口城镇化水平差距较大

整个片区内22个地级行政区划的人口城镇化进程差异较大。具体的，本文将整个片区22个地级行政区划的人口城镇化水平按高低分为五类，即高人口城镇化区（65%以上）、较高人口城镇化区（45%~65%）、中等人口城镇化区（35%~45%）、较低人口城镇化区（30%~35%）和低人口城镇化区（30%以下）。考虑到统计口径差异带来的变化，在分类过程中本文采用2011~2013年可得数据的最大值作为22个地级行政区的人口城镇化水平分类标准，得到表1。由表1可以发现，高人口城镇化区、较高人口城镇化区和中等人口城镇化区均只有1个，分别是海西州、克孜勒苏柯尔克孜州和拉萨市，较低人口城镇化区有3个，其余16个均为低人口城镇化区，其中最低的那曲地区人口城镇化水平仅为4.65%。

表1　西藏、四省藏区、新疆南疆三地州22个地、市、州人口城镇化水平分类

单位：%

类　型	地级行政区划名称
高人口城镇化区(65%以上)	海西州(2013,74.85)
较高人口城镇化区(45%~65%)	克孜勒苏柯尔克孜州(2012,58.58)
中等人口城镇化区(35%~45%)	拉萨市(2011,36.71)
较低人口城镇化区(30%~35%)	和田地区(2012,32.92)、武威市(2013,32.34)、阿坝州(2013,34.59)
低人口城镇化区(30%以下)	昌都地区(2011,13.24)、山南地区(2012,13.51)、日喀则地区(2011,12.33)、那曲地区(2011,4.65)、阿里地区(2012,18.18)、林芝地区(2013,25)、迪庆州(2013,28.1)、甘孜州(2013,25.81)、凉山州(2011,12.13)、甘南州(2013,27.39)、海北州(2013,25.67)、黄南州(2013,20.47)、海南州(2013,24.51)、果洛州(2013,23.87)、玉树州(2012,16.9)、喀什地区(2012,22.98)

注：（　）前面的数字表示年份，后面的数字表示百分比。

① 西藏除外，因为整个西藏自治区都是实施特殊政策的区域，无法进行省内比较。

根据美国城市学者诺瑟姆（Ray. M. Northam）1979 年提出的“城市化过程曲线”，西藏、四省藏区和新疆南疆三地州处于城镇化初始阶段（<30%）、加速阶段（30% ~60%）、稳定阶段（>60%）的地级行政区划占比分别为72.73%、22.73%和4.54%，即七成以上的地级行政区划尚未进入快速城镇化阶段，只有略高于1/5 的地级行政区划正处于快速城镇化阶段。

（二）产业城镇化进程及特征

1. 产业城镇化水平相对较低但增速加快

如图4 所示，西藏、四省藏区和新疆南疆三地州产业城镇化率由2004 年的69.16%上升到2013 年的80.27%，10 年时间共提高了11.11 个百分点，快于全国平均产业城镇化增速和片区涉及的六个省级行政区产业城镇化增速。同时，2006 年和2012 年是两个节点，2004 ~2006 年，年均增长2.23%；2007 年，西藏、四省藏区和新疆南疆三地州产业城镇化率回落0.25 个百分点；2007 ~2012 年，西藏、四省藏区和新疆南疆三地州产业城镇化增幅比较平缓，年均增速为0.97%；而2013 年则出现反转，西藏、四省藏区和新疆南疆三地州产业城镇化率有1.06 个百分点的回落。虽然西藏、四省藏区和新疆南疆三地州产业城镇化率年均增速要高于全国及片区内除西藏以外的五个省级行政区，

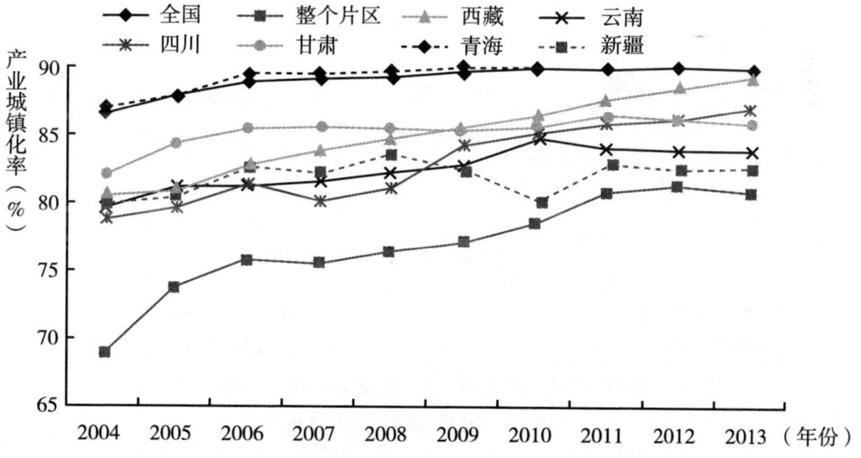

图4　2004 ~2013 年西藏、四省藏区、新疆南疆三地州与全国及各省产业城镇化进程对比

但是差距依然明显。2013 年，西藏、四省藏区和新疆南疆三地州与全国及西藏、云南、四川、甘肃、青海和新疆的产业城镇化率差距分别为 9.77 个百分点、8.98 个百分点、3.56 个百分点、6.69 个百分点、5.7 个百分点、9.89 个百分点和 3.57 个百分点。

由图 5 可以看出，各分片区的产业城镇化水平按水平高低明显呈三个梯队。一是远高于片区整体水平的第一梯队：西藏片区、青海片区和迪庆片区，2013 年其产业城镇化率分别为 89.25%、89.83% 和 91.89%，均高于片区整体产业城镇化水平 8 个百分点以上。二是与片区整体产业城镇化水平相当的第二梯队：四川片区和甘肃片区，2013 年其产业城镇化率分别为 80.83% 和 76.84%，其中四川片区比片区整体水平略高 0.56 个百分点，而甘肃片区则比片区整体水平略低 3.43 个百分点。三是远低于片区整体产业城镇化水平的第三梯队：新疆片区，其 2013 年的产业城镇化率达到历年来的最高值 70.48%，远低于片区整体产业城镇化水平。尤其是 2010 年之前，新疆片区产业城镇化低于片区整体水平，其与片区整体水平差距呈扩大趋势，由 2004 年的 12.64 个百分点扩大到 2010 年的 17.46 个百分点。但 2010 年以后，新疆片区产业城镇化率增速提高，与片区整体产业城镇化差距也由 2010 年的 17.46 个百分点缩小到 2013 年的 9.79 个百分点。

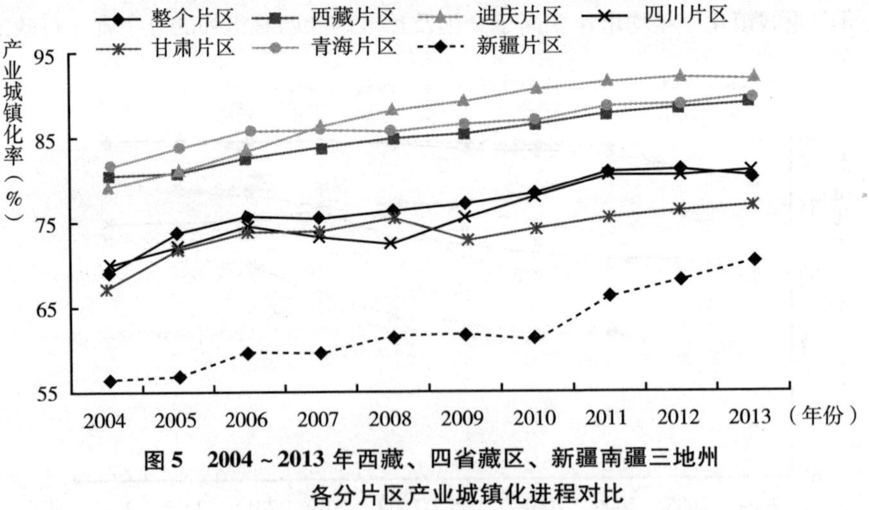

图 5　2004～2013 年西藏、四省藏区、新疆南疆三地州各分片区产业城镇化进程对比

2. 西藏、四省藏区和新疆南疆三地州产业城镇化空间差异明显

为便于比较，本文把西藏、四省藏区和新疆南疆三地州 22 个地级行政区

划分为高产业城镇化区（90%以上）、较高产业城镇化区（80%～90%）、中等产业城镇化区（75%～80%）、较低产业城镇化区（65%～75%）、较低产业城镇化区（65%以下）五类。考虑到统计偏差，按照各个地级行政区2011～2013年产业城镇化率的最大值进行分类，得表2。从表2中可发现拉萨市、山南地区、林芝地区、迪庆州和海西州的产业城镇化率最高，与全国产业城镇化水平相当；产业城镇化水平较高的有那曲地区、阿里地区、阿坝州、凉山州、海北州和克孜勒苏柯尔克孜州，其产业城镇化水平低于全国平均水平，但略高于片区整体产业城镇化水平；中等产业城镇化区有日喀则地区、甘孜州、武威市、甘南州、海南州和果洛州，其产业城镇化率在片区内位于中等水平且低于片区产业城镇化水平；较低产业城镇化区有黄南州、喀什地区和和田地区，它们的产业城镇化水平较低；玉树州产业城镇化水平最低，其2013年产业城镇化率仅为53.1%。整体而言，产业城镇化水平由高到低的五类地级行政区划数量占比分别为22.73%、27.27%、27.27%、13.64%和4.55%。

表2　西藏、四省藏区、新疆南疆三地州22个地（市、州）产业城镇化水平分类

单位：%

类　型	地级行政区名称
高产业城镇化区（90%以上）	拉萨(2012,95.89)、山南地区(2012,93.49)、林芝地区(2012,90.26)、迪庆州(2013,91.89)、海西州(2012,96.92)
较高产业城镇化区(80%～90%)	那曲地区(2012,80.38)、阿里地区(2012,83.18)、阿坝州(2013,85.03)、凉山州(2013,80.74)、海北州(2012,85.42)、克孜勒苏柯尔克孜州(2013,83.84)
中等产业城镇化区(75%～80%)	日喀则地区(2012,78.78)、甘孜州(2013,76.48)、武威市(2013,76.6)、甘南州(2012,77.78)、海南州(2012,76.3)、果洛州(2012,86.87)
较低产业城镇化区(65%～75%)	黄南州(2013,71.13)、喀什地区(2013,69.01)、和田地区(2013,69.82)
低产业城镇化区（65%以下）	玉树州(2013,53.10)

注：（　）前面的数字表示年份，后面的数字表示百分比。

（三）土地城镇化进程及特征

1. 地广城稀，以县级城市为主

整个西藏、四省藏区、新疆南疆三地州共22个地级行政区、175个县级行政区，土地面积约275.44万平方公里，占全国陆地面积的28.69%，但2013年仅有9个城市，占全国657个城市的1.37%，真正称得上是地广城稀。而在9个城市中，只有1个是地级城市，即西藏的拉萨市，其余8个城市皆是县级城市，分别是西藏的日喀则市，甘肃的合作市，青海的格尔木市、德令哈市和玉树市①，新疆的阿图什市、喀什市及和田市，整个片区地级及以上城市占片区全部城市的11.11%；而2012年全国共有289个地级及以上城市，占全国全部城市的43.99%，片区地级以及上城市占比仅比全国水平的1/4强，片区城市极少且以县级城市为主与当地地广人稀的客观现实相符。

2. 城区面积呈“金字塔”结构，个别城市建成区面积突变

由于目前西藏、四省藏区和新疆南疆三地州的县都不统计建成区面积，只有《中国城市统计年鉴》统计县级及以上城市建成区面积，其中县级市是到2008年才开始统计建成区面积，拉萨市只有2008年和2012年的建成面积数据。因而，本文选择了整个片区8个城市作为代表来分析西藏、四省藏区和新疆南疆三地州片区的土地城镇化水平。由图6可以看出，2012年建成区面积超过60平方公里的只有拉萨一个，45~60平方公里的有德令哈市和喀什市两个，30~45平方公里的城市有格尔木市一个，其余四个城市的建成面积都在30平方公里以下。八大城市的建成区面积基本上呈现“金字塔”结构，其中拉萨建成区面积最大，为66平方公里，阿图什市最小，建成区面积仅8平方公里，最大城市拉萨的建成区面积是最小城市阿图什市的8倍以上。由图6还可以发现，8个城市的建成区面积增长可以分为三类：第一类是建成区面积稳步增长型，有拉萨市、格尔木市、喀什市及和田市四个城市，其建成区面积变化不大但稳步增长；第二类是建成区面积非增型，有合作市和阿图什市，自有

① 玉树市于2013年7月3日，经中华人民共和国民政部批准撤县建市，由于建市时间太短，相关的数据缺乏，在后续的分析中依然当玉树县处理；由于西藏、四省藏区、新疆南疆三地州片区只涉及武威市的一个县——天祝藏族自治县，在本文中与城市相关的分析均不考虑武威市。

建成区面积统计数据以来一直不变，分别保持在9平方公里和8平方公里不变，而日喀则市建成区面积由2008年的20平方公里下降到2009年的18平方公里以后，保持不变；第三类是建成区面积突变型，有德令哈市，2008～2010年基本维持在15平方公里不变，建成区面积在2011年突然跳跃到47平方公里，扩大了2倍多。

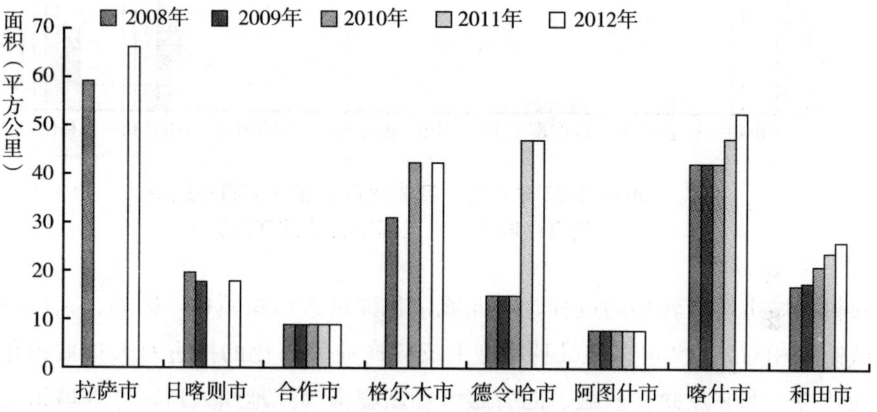

图6　2008～2012年西藏、四省藏区、新疆南疆三地州代表性城市建成区面积演变对比

3. 拉萨市、喀什市及和田市建成区面积占比“三足鼎立”

图7可以看出，从建成区面积占比的角度来看，拉萨市、喀什市及和田市“三足鼎立”，位于第一层次，其中拉萨建成区面积占比最高，2012年建成区面积占比为12.72%，与片区内六个省级行政区划的省会城市相比，均低于同期的成都和西宁的23.76%和14.71%，与兰州的12.19%基本相当，但高于昆明和乌鲁木齐的6.46%和4.01%。接下来是喀什市及和田市，2012年建成区占比分别为9.55%和5.24%。日喀则市和合作市位于第二层次，建成面积占比在0.5%左右。格尔木市、德令哈市和阿图什市三个城市2012年建成区面积占比均在0.2%以下，位于第三层次。

（四）城镇化质量及特征

1. 产业城镇化的带动效应极弱，区域内产业城镇化带动效应差异大

城镇化是农业活动的比重下降、非农活动的比重逐步上升，进而导致人口

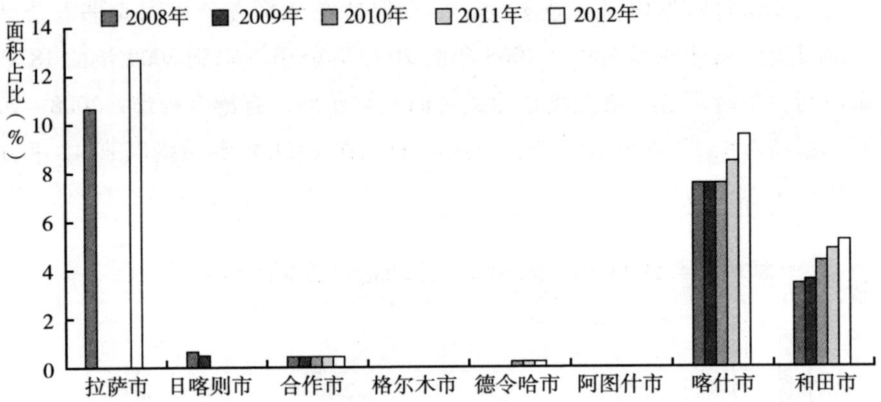

图7 2008～2012年西藏、四省藏区、新疆南疆三地州代表性城市建成区面积占比演变对比

由农村向城市逐步转移的过程，产业城镇化促进人口城镇化。因而，人口－产业城镇化相对指数①可以在某种程度上反应产业城镇化的推进对人口城镇化的带动效应。图8反映了西藏、四省藏区和新疆南疆三地州人口－产业城镇化相对指数的变动。如图8所示，2004年以来西藏、四省藏区和新疆南疆三地州人口－产业城镇化相对指数基本呈扁平U形趋势，2004～2009年片区整体的人口－产业城镇化相对指数逐步下降，由2004年的0.56下降到最低点2009年的0.44，然后逐步上升到2013年的0.57，这也是十年间片区人口－产业城镇化相对指数的最大值，均值为0.507，也就是说片区整体的产业带动效应在2004～2013年仅为全国平均水平的51%，片区内产业城镇化的带动效应极弱。具体到各个分片区，其人口－产业城镇化相对指数差异较大，产业城镇化带动效应差距明显。其中，新疆片区的人口－产业城镇化相对指数均值最高，为0.75，遥遥领先于片区整体水平和其他分片区水平；西藏片区和青海片区人口－产业城镇化相对指数也明显高于片区整体水平，均值分别为0.67和0.54；甘肃片区人口－产业城镇化指数均值为0.51，略高于片区整体水平；迪庆片

① 计算公式为：$R\text{-}urban_{i,I-P}=\frac{urban_{i,P}/urban_{i,I}}{urban_{G,P}/urban_{G,I}}$，其中$R\text{-}urban_{i,I-P}$为人口－产业城镇化相对指数，$urban_{i,P}$、$urban_{i,I}$分别为i县市区的人口城镇化率和产业城镇化率，$urban_{G,P}$、$urban_{G,I}$分别为全国的人口城镇化率和产业城镇化率。

区和四川片区的人口－产业城镇化相对指数均低于片区整体水平，均值分别为0.49和0.39。需要指出的是，人口统计口径的差异，导致了部分分片区的人口城镇化率在后期出现较大波动，从而使得部分分片区人口－产业城镇化相对指数在后期产生较大的逆趋势波动，如新疆片区2011年和2012年人口－产业城镇化相对指数达0.97和0.9，而青海片区在2013年也攀升到0.86。

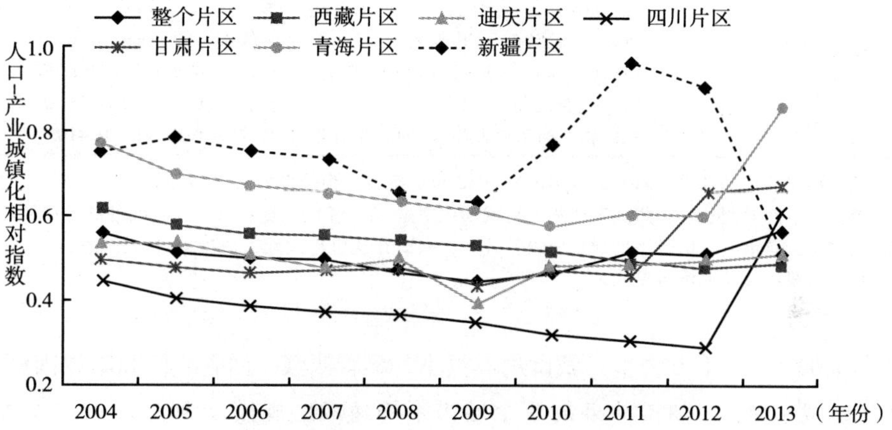

图8　2004～2013年西藏、四省藏区、新疆南疆三地州产业城镇化带动效应的演变比较

注：部分年份出现较大的波动是由于人口统计的口径不同。

西藏、四省藏区和新疆南疆三地州各地级行政区的产业城镇化带动效应差异更是明显。表3将22个地级行政区产业城镇化的带动效应分为弱带动效应（指数<0.70）、中带动效应（指数处于0.70～1）、强带动效应（指数>1）三类。可以发现，片区内大多数地级行政区都属于弱带动效应区域；强带动效应和中带动效应的州、市各有一个，即海西州和武威市；其中带动效应最弱的那曲地区，指数仅为0.09。这表明西藏、四省藏区和新疆南疆三地州的产业城镇化带动效应极弱，区域内产业城镇化带动效应差异显著。

2. 城市规模小且少，城镇体系不合理

西藏、四省藏区和新疆南疆三地州因地理环境的制约和行政区划的影响，城市数量就极少且分布极不合理，更不要说合理的城市体系了。具体表现为：城市数量极少，22个地级行政区仅拥有9个城市；城市密度极低，城市密度

表3 2013年西藏、四省藏区、新疆南疆三地州各地级行政区产业城镇化带动效应分类

类　型	地级行政区划名称
强带动效应(指数>1)	海西州(1.3)
中带动效应(指数处于0.70~1)	武威市(0.71)
弱带动效应(指数<0.70)	拉萨(64)、昌都地区(0.24)、山南地区(0.24)、日客则地区(0.26)、那曲地区(0.09)、阿里地区(0.37)、林芝地区(0.46)、迪庆州(0.51)、阿坝州(0.68)、甘孜州(0.57)、凉山州(0.25)、甘南州(0.59)、海北州(0.5)、黄南州(0.48)、海南州(0.55)、果洛州(0.49)、玉树州(0.53)、克孜勒苏柯尔克孜州(0.64)、喀什地区(0.52)、和田地区(0.41)

注：由于数据的缺失，西藏地区用的是2012年的数据，但拉萨的人口城镇化率是2011年的数据，凉山州、海北州、黄南州和玉树州人口城镇化率是2012年的数据；另外，武威市只涉及其最贫困的天祝藏族自治县，但数据均来自地级行政区，因而在这里把武威市放进来进行比较分析，在后文的城市分析中又将武威市剔除。

仅为0.03个/万平方公里；城市规模很小，尽管西藏、四省藏区和新疆南疆三地州地域辽阔，玉树市除外的8个城市平均建成区规模仅为33.7平方公里，相当于全国城市建成区平均规模的48.16%，也低于区域内涉及的六个省级行政区中任何一个的城市建成区平均规模（见表4）。

表4 2012年西藏、四省藏区、新疆南疆三地州与各省（区）、全国的城市建设情况比较

地　区	土地面积（万平方公里）	城市数（个）	城市密度（个/万平方公里）	不含玉树市的建成区面积（平方公里）	不含玉树平均城市规模（平方公里）
西藏、四省藏区、新疆南疆三地州	275.44	9	0.03	269.6	33.70
西藏	122.22	2	0.02	84	42.00
四川	48.41	32	0.66	1886	58.31
云南	39.4	19	0.48	823	43.32
甘肃	45.44	16	0.35	679	42.44
青海	72.23	3	0.04	599.6	199.97
新疆	166	24	0.14	987	41.13
全国	960	657	0.68	45565.8	69.35

注：由于数据缺失，日喀则市建成区面积为2009年的数据，格尔木市建成区面积为2010年的数据。
资料来源：《中国城市统计年鉴2013年》。

从区域内9个城市来看，2012年，城市人口规模最大的是喀什市，全市常住人口达55万人，建成区面积为53平方公里，是区域内的首位城市；城市面积规模最大的是拉萨市，2012年建成区面积为66平方公里，2011年常住人口为21.15万人。此外，人口规模在20万人以上的还有和田市、阿图什市，8个城市城区常住人口平均为21.89万人。人口密度最高的是阿图什市，达31250人/平方公里，合作市、喀什市及和田市的人口密度也在10000人/平方公里以上，人口密度最低的是德令哈市，人口密度为1702.13人/平方公里（见表5）。

表5　2012年西藏、四省藏区、新疆南疆三地州8个城市人口和建成区面积对比

城　　市	城区常住人口（万人）	城区人口密度（人/平方公里）	建成区面积（平方公里）
拉　　萨	21.15*	3205*	66
日喀则市	11	6111.11	18
合 作 市	9	10000.00	9
格尔木市	13	3051.64	42.6
德令哈市	8	1702.13	47
阿图什市	25	31250.00	8
喀 什 市	55	10377.36	53
和 田 市	33	12692.31	26

注：*表示为2011年的数据。

资料来源：《中国城市统计年鉴2013年》。

3. 人口－产业城镇化耦合度、协调度过低

耦合度是多变量之间交互影响的一种度量，耦合度越高，说明变量之间的关联度越高。人口－产业城镇化耦合度是借用这一概念推广，来进一步考察西藏、四省藏区和新疆南疆三地州各分片区人口－产业城镇化之间的耦合程度。由已有研究可知，根据耦合度值的变化可以分为6种类型，即无序发展阶段（$C=0$）、较低水平耦合阶段（$0<C\leqslant 0.3$）、颉颃阶段（$0.3<C\leqslant 0.5$）、磨合阶段（$0.5<C\leqslant 0.8$）、高水平耦合阶段（$0.8<C<1$）和良性共振耦合阶段（$C=1$）。类似地，协调度可以划分为4个层次，依次是低度协调（$0\leqslant D\leqslant 0.4$）、中度协调（$0.4<D\leqslant 0.5$）、高度协调（$0.5<D\leqslant 0.8$）和极度协调（$0.8<D\leqslant 1$）。图9表明，西藏、四省藏区和新疆南疆三地州及其各分片区的

人口－产业城镇化耦合度逐年稳步小幅提升，但整体水平依然偏低，除 2013 年青海因人口统计口径不同其耦合度达 0.55 以外，2004～2013 年区域整体和区域内各片区的人口－产业城镇化耦合度都在 0.35～0.5 波动，即西藏、四省藏区和新疆南疆三地州以及区域内各片区的人口－产业城镇化耦合度均处于颉颃阶段，人口－产业城镇化相关度不高，另外也证实了其产业城镇化带动效应偏弱的特征。

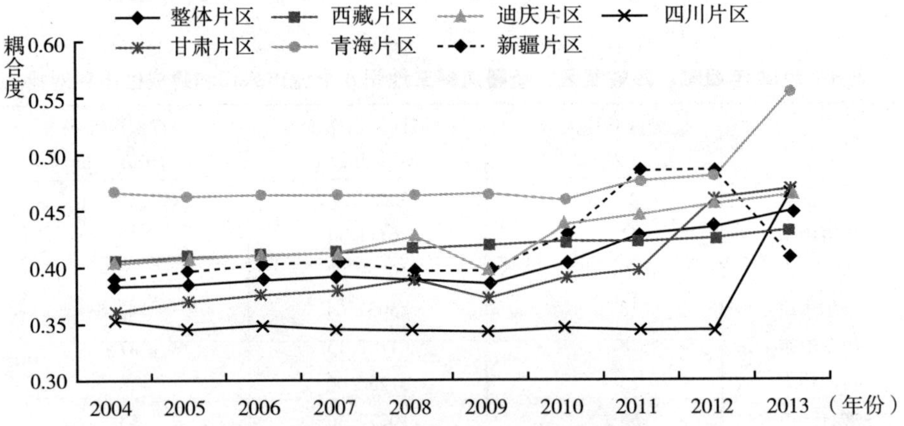

图 9　2004～2013 年西藏、四省藏区、新疆南疆三地州及各分片区人口－产业城镇化耦合度动态演变

图 10 表明，除新疆片区人口统计口径的变化导致 2013 年人口－产业城镇化协调度有回落以外，西藏、四省藏区和新疆南疆三地州及区域内各分片区 2004～2013 年的人口－产业城镇化协调度均稳步小幅提高，这说明片区整体及各分片区产业城镇化的带动效应在逐年提高，图 9 也证实了这一点。但是片区整体及区域内各分片区的人口－产业城镇化协调度依然不高，属于高度协调的区域只有青海片区一个，2004～2013 年其协调度在 0.5～0.61，其余各分片区和片区整体的协调度在 2004～2013 年均稳步增长，但依然处于 0.4～0.5，属于中度协调区，说明其人口－产业城镇化之间的相关度虽不高但日趋紧密，产业城镇化带动效应逐年提高。这也佐证了前文提及的人口－产业城镇化耦合度和产业城镇化带动效应虽然偏低，但在逐步提升的判断。

这里可以发现，新疆片区和青海片区在后期因为采用常住人口替代户籍人

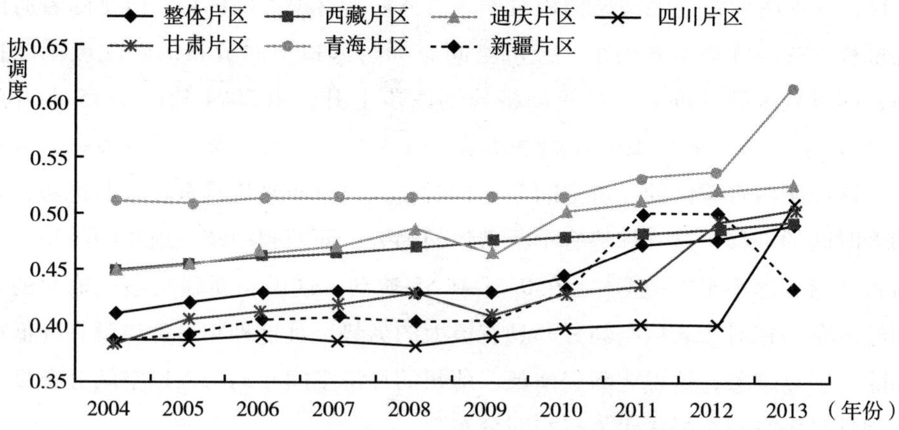

图 10　2004～2013 年西藏、四省藏区、新疆南疆三地州及各分片区人口－产业城镇化协调度演变

口来计算其人口城镇化率，相应的产业城镇化带动效应、人口－产业城镇化耦合度和协调度均相应提高，这也说明采用户籍人口数计算人口城镇化率会低估西藏、四省藏区和新疆南疆三地州的城镇化质量。

三　西藏、四省藏区、新疆南疆三地州城镇化发展趋势

（一）经济布局与人口分布极不均衡

经济－人口密度指数①越接近 1，说明空间经济布局与人口分布越匹配；经济－人口密度指数越是大于 1，说明空间经济布局优于人口分布；反之，若是小于 1，则说明空间经济布局劣于人口分布。由图 11 可以看出，西藏和四省藏区的经济－人口密度指数均大于 1，其中西藏片区的经济－人口密度指数在样本期间早期远大于 1 但逐步趋近于 1，由 2004 年的 1.49 下降到 2012 年的

① 经济－人口密度指数计算公式为：$EP_{d,i}=\frac{E_{d,i}/\bar{E}_d}{P_{d,i}/\bar{P}_d}$，其中，$E_{d,i}$、$P_{d,i}$ 为 i 地区的经济密度和人口密度，$\bar{E}_d$、$\bar{P}_d$ 为片区的经济密度和人口密度均值。

1.18，这说明西藏的经济结构相对于人口分局具有很大的优势，但是随着时间的推移，这一优势不断缩小，经济空间布局与人口空间分布的匹配度不断提高；四省藏区的经济－人口密度指数则逐步上升，由2004年的1.15上升到2012年的1.28，并于2010年超过西藏，成为经济－人口密度指数最高的分片区，这说明四省藏区的经济空间分布相对于人口分布来说具有较大的优势，且随着时间的推移，这一优势有不断增强的趋势；而新疆南疆三地州的经济－人口密度指数远小于1，基本上在0.5～0.55波动，这说明新疆南疆三地州的空间经济布局相对于人口空间分局具有极大的劣势，且这种相对劣势没有降低或消除的明显迹象，这说明新疆南疆三地州的经济空间布局与人口空间分布极不匹配且经济空间布局劣于人口空间分布。

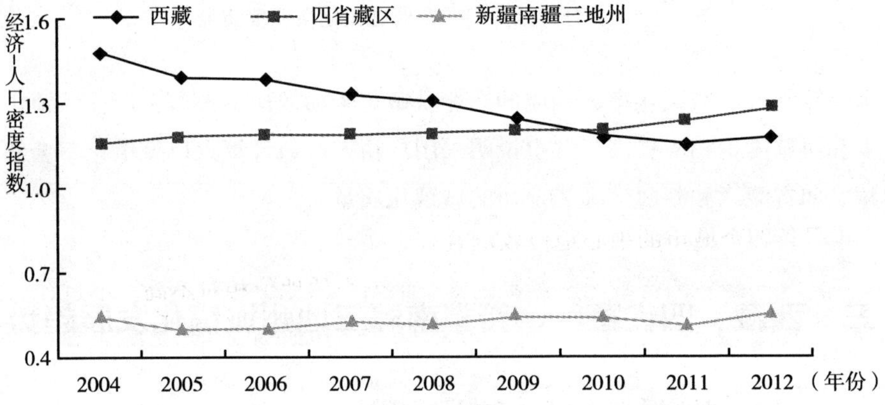

图11　2004～2012年西藏、四省藏区、新疆南疆三地州经济－人口的协调性动态变化趋势

（二）中心职能指数演变趋势

在计算西藏、四省藏区、新疆南疆三地州区域内城市中心职能指数[①]的过

① 本部分的中心职能指数是经济发展（GDP）和城镇规模（城区常住人口）中心指数的平均值，经济发展中心指数和城镇化中心指数分别由各县（市、区）的工业增加值和城区常住人口与片区的平均值相除得到。另外，由于拉萨市数据的缺失，其2011～2012年的城镇人口数据是非农人口，2012年常住人口数据为2011年的数据，2010年的经济规模数据是2009年与2011年同类数据的中间值。

程中，由于《中国城市统计年鉴》统计口径在2008年发生变化，2008年以前的县级城市没有统计建成区面积，加上西藏数据的缺失，拉萨市在2008年以前的数据也几乎没有，因而本文选择从2008年以后开始计算中心职能指数。另外，需要说明的是，《中国城市统计年鉴》在2008～2010年县级城市只统计第二产业附加值（或者再加上第三产业附加值），没有统计县级城市的GDP和农业产值，因而在计算城市经济发展中心指数时采用工业产值来替代城市GDP规模，为了便于比较，拉萨市的经济发展中心职能指数采取相同的算法。

本部分在计算区域内8个城市中心职能指数的基础上，首先考察了西藏、四省藏区、新疆南疆三地州片区内三大主要分片区人口规模最大的三个核心城市，即拉萨市、喀什市和格尔木市，加上另外五个城市中人口规模最大的和田市组成的四个中心城市和所有八个中心城市所在地中心职能指数的占比及其动态变化趋势。图12表明，2008～2012年，西藏、四省藏区、新疆南疆三地州区域内四城指数总体稳定，围绕0.34上下波动，而八城指数则经历了下降然后回升的过程，从2008年的0.49上升到2011年的0.51，然后下降到2012年的0.44。这说明，四个中心城市在整个片区内的中心地位较高且稳定，八个城市中另外四个城市的中心地位较低且有弱化的趋势，从而导致八个城市作为一个整体在西藏、四省藏区和新疆南疆三地州内的地位相对不高。不过，从占比的绝对值来看，西藏、四省藏区和新疆南疆三地州的四个中心城市和八个中

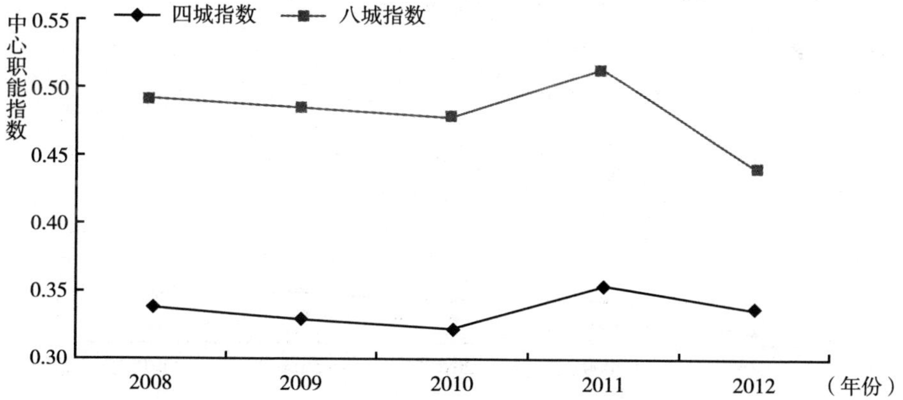

图12　2008～2012年西藏、四省藏区、新疆南疆三地州四中心城市和八中心城市中心职能指数占比演变趋势

心城市的中心职能指数均较高，2012 年分别为 0.34 和 0.44，且四个中心城市比另外四个城市的占比高 24 个百分点，这意味着在强化区域内中心城市的中心职能、支撑效应和带动效应的今天，重点应该放在县级城市的城镇化方面，大力推动新的城市建设，合理化城市空间布局体系，为片区经济发展提供更多、更完善的支撑点。

图 13 进一步考察了四个中心城市中心职能指数的差异及动态变化趋势。根据城市的中心职能指数可以看出，四个中心城市分成了三个梯队。其中，格尔木市为第一梯队，其中心职能指数均在 2.5 左右，2012 年最低，为 2.43，是八个城市中名副其实的中心城市，但在 2008 ~2012 年整体有下降趋势；喀什市为第二梯队，其中心职能指数基本在 1.2 以上，但有明显的先上升后下降迹象，其中心职能指数值由 2008 年的 1.21 上升到 2011 年的 1.32 后，但 2012 年因统计口径的不同下降到 1.21；拉萨与和田为第三梯队，其中心职能指数基本处于 0.4 ~0.65 且在样本年限期间均有上升趋势。需要指出的是，西藏、四省藏区和新疆南疆三地州的八个城市中，除格尔木市和喀什市以外，其他六个城市的中心职能指数在 2008 ~2012 年均小于 1，中心职能指数最高的和田市，指数在样本年限期间位于 0.59 ~0.65，中心职能指数最低城市是合作市，指数在样本年限期间位于 0.19 ~0.22。这进一步说明，西藏、四省藏区和新疆

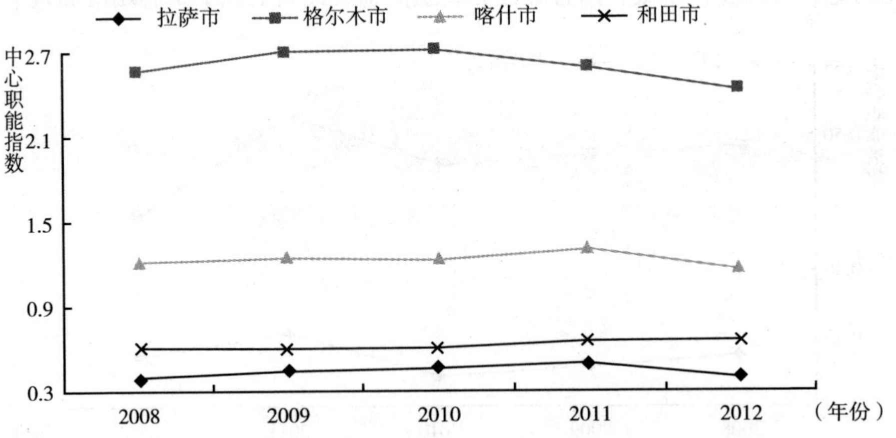

图 13　2008 ~2012 年西藏、四省藏区、新疆南疆三地州四个中心城市中心职能指数演变趋势

南疆三地州城镇化的任务重点是，在合理化城市布局体系的同时，优化和提高现有城市的中心职能、支撑作用和带动效应。

（三）四个中心城市经济联系与产业分工的演变趋势

这部分采用城市经济引力模型计算西藏、四省藏区、新疆南疆三地州区域内四个中心城市相互之间的经济联系强度及其演变趋势，并计算四个中心城市的发展潜能①。需要说明的是，由于《中国城市统计年鉴》缺乏县级城市 GDP 的数据，拉萨市 2010 年的经济数据为 2009 年与 2011 年的均值，格尔木市 2009 年和 2010 年的人口数据是基于 2008 年和 2011 年的数值取中间值推算出来的，和田市经济数据采用的是和田地区，从而使得这部分计算出的数值比实际数值要大一些，但不影响本文的最终结论。

图 14 表明，四个中心城市之间的经济联系不断增强但强度较弱，彼此差异也大。具体来说，喀什市和格尔木市之间、喀什市与和田市之间的引力值最大，2012 年分别达到最大值 0.0691 万人・亿元/平方公里和 0.581 万人・亿元/平方公里，且历年值基本上在 0.03 万人・亿元/平方公里以上。除此以外，其他六个城市之间的历年引力值基本上处于 0.0006 ~ 0.004，最大值约为喀格之间最小引力值的 1/10。喀格之间及和喀之间的引力值较大的原因主要包括：①在计算的过程中两个城市的人口规模和经济规模比较大；②两个城市之间的距离较小，尤其是和田与喀什之间的距离为 430 公里左右，为六组城市间最近的距离②。从图 14 也可以看出，①六组城市之间的引力值在样本年限期间增长较快，即使增幅最低的拉萨之间与和田及拉萨与喀什之间的引力值在这 5 年间的增幅也达 100%，这说明西藏、四省藏区和新疆南疆三地州城市中心职能

① 城市之间的引力计算公式为：$R_{ij}=\frac{\sqrt{p_i v_i * p_j v_j}}{D_{ij}^b}$，$(i\neq j)$，$R_{ij}$为引力值，$p_i$、$p_j$、$v_i$、$v_j$ 分别为 i、j 地区的常住人口和 GDP，D_{ij}为 i、j 地区之间的距离，b 为距离摩擦系数，通常国家层面取 1，地区层面取 2；潜能计算公式为：$E_i=\sum_{j=1}^{n}R_{ij}$，E_i 为 i 地区的潜能，R_{ij}为 i 地区与 j 地区的引力值。

② 本部分计算中所采用的距离为百度地图上测得的各中心城市间直线距离，距离数值分别为：拉萨与和田相距 1325 公里、拉萨与格尔木相距 820 公里、拉萨与喀什相距 1750 公里、和田与格尔木相距 1340 公里、和田与喀什相距 430 公里、格尔木与喀什相距 1690 公里。

作用增长较快，拉动了片区区域经济的发展；②六组城市之间的引力值都极小，最大值为0.0691万人·亿元/平方公里，还不到武陵山片区最大中心城市引力值的5%①，这一方面固然是因为空间距离较大，另一方面也是西藏、四省藏区和新疆南疆三地州区域内城市发展落后、城市的经济集聚功能和人口集聚功能不强所致。

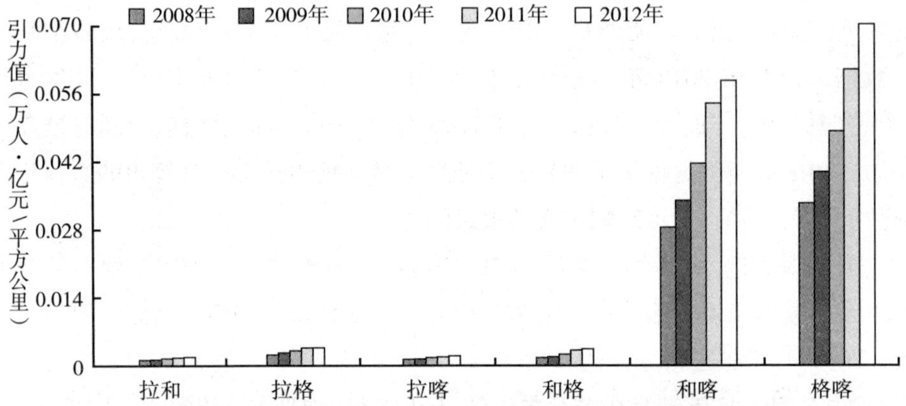

图14　2008～2012年西藏、四省藏区、新疆南疆三地州4个中心城市之间引力值动态变化趋势

从城市潜能的动态变化趋势（见图15）来看，四个中心城市明显可以分为三个等级，喀什市一枝独秀，为第一等级，2012年潜力值为0.129万人·亿元/平方公里且呈现明显上升趋势；和田市和格尔木市属于第二等级，两个城市潜能变化趋势相同、大小相当（格尔木市稍高一点），两个城市2012年的城市潜能值分别为0.062和0.076，且呈现明显上升趋势，相当于喀什市的48.1%和58.9%；2012年拉萨市城市潜能值为0.0065，相当于喀什市同期城市潜能值的5%，为第三等级。总体而言，四个中心城市潜能值在2008～2012年增幅很大，拉萨市、和田市、格尔木市和喀什市在样本年限期间年增长率分别为110.92%、109.19%、112.4%和110.17%，也就是说，西藏、四省藏区和新疆南疆三地州整个片区内四个最重要的城市在2008～2012年平均每年经

① 据蓝皮书课题组成员丁建军博士主笔的《武陵山片区城镇化特征、趋势与发展战略》中的数据计算而得。

济增长率加人口城镇化增长率复合值在16%左右。这进一步说明，除了地广人稀这一先天因素以外，西藏、四省藏区和新疆南疆三地州的城市在经济发展和人口集聚方面的功能还远远不够，尤其是在人口集聚或者说人口城镇化方面更是如此。

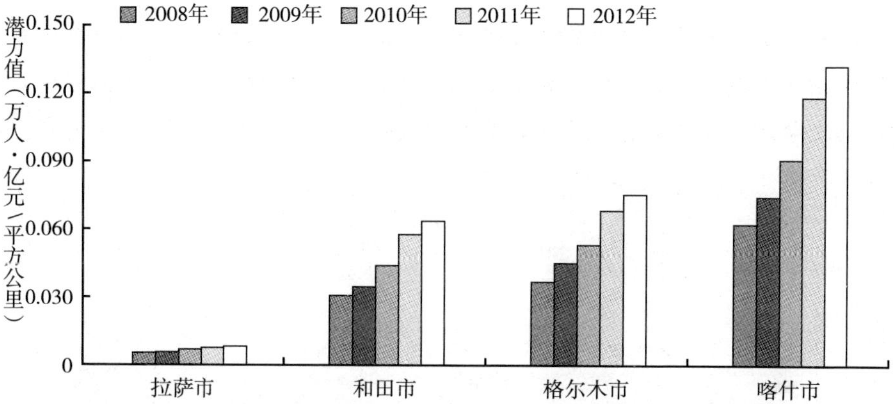

图15　2008~2012年西藏、四省藏区、新疆南疆三地州四个中心城市潜能动态变化趋势

然后，通过计算四个中心城市2008~2012年的产业结构差异度指数①来观察西藏、四省藏区和新疆南疆三地州片区内城市产业分工的动态变化趋势。图16表明，和田市和喀什市产业结构差异度指数在0.2到0.3之间波动，产业结构相似度最高，这主要是由于这两城同属于喀什地区管辖，农业产值比重较高，在20%左右，工业和服务业比重也相差不大，从而使得两城的产业结构相似度很高；其他五组城市之间的产业差异度指数均较高，产业结构相似度相对较低，其中拉萨与格尔木市产业差异化指数最高，基本上处于0.95~1.35，产业结构相似度最低，事实上两城的农业比重都比较低，不同的地方在于拉萨市的服务业（旅游业）远远高于其他城市，相应的工业比重就比较小，从而

① 计算公式为：$SI_{ij}=\sum_{k=1}^{n}|X_{ik}-X_{jk}|$，$SI_{ij}$为两个地区$i$、$j$之间的产业结构差异度指数，$X_{ik}$、$X_{jk}$分别为部门$k$在地区$i$、$j$的产业结构中所占比重。指数值介于0~2，越接近于0，表明产业结构越相似，越接近于2，表明产业结构越不相同，为了简化计算，本文只把产业区分为农业、工业和服务业三大产业。

使得拉格产业结构差异化指数较大。总体来看，与格尔木相关的三组城市产业结构差异化指数均超过1，其他三组城市产业结构差异化指数均小于1，这说明格尔木市的产业结构具有较大独特性，事实上格尔木市的第二产业增加值的比重都在75%以上，远高于整个片区内其他城市第二产业增加值的占比。尽管在计算的时候只是采用一、二、三产业的数值计算，加上数据的选取因统计因素而不精确，不能完全准确地反映四个中心城市产业结构差异，但是在某种程度也说明了城市之间产业结构的异同。如和田市和喀什市，产业结构相似度很高且农业产值比重都比较大，未来都需要进一步优化产业结构，推进产业城镇化进程。

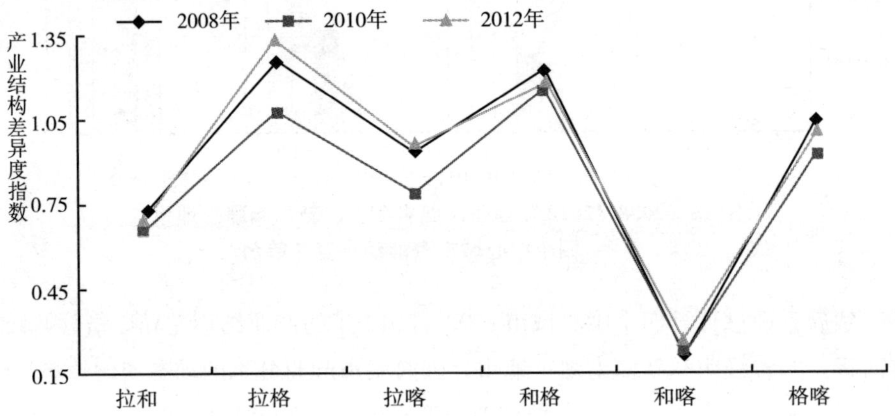

图16　西藏、四省藏区、新疆南疆三地州四个中心城市彼此产业分工演变趋势

四　西藏、四省藏区、新疆南疆三地州城镇化发展战略

（一）总体战略选择

战略选择是指战略决策主体根据外部环境的变化、自身所具备的资源和实力，选择最适合自己发展的、具有全局性和统领性的对策体系。下面将运用

SWOT 分析框架对当前西藏、四省藏区、新疆南疆三地州城镇化所面临的外部环境变化和自身所具备的资源、实力和条件进行综合分析，进而确定西藏、四省藏区、新疆南疆三地州的城镇化发展总体战略。

1. 西藏、四省藏区、新疆南疆三地州城镇化的 SWOT 分析

（1）西藏、四省藏区、新疆南疆三地州城镇化发展的自身优势（S）。①城镇化发展空间巨大。2013 年，西藏、四省藏区、新疆南疆三地州的城镇化率才为 27.16%，比全国城镇化率（53.73%）低 26.57 个百分点，还没有进入城镇化初始阶段，因而西藏、四省藏区、新疆南疆三地州的城镇化潜力巨大。②整个片区城镇化进程严重滞后，具有新型城镇化后发优势。从城市数量来看，整个片区 2013 年仅有 9 个城市（1 个地级城市、8 个县级城市，其中玉树县于 2013 年撤县建市，在此不予讨论）。另外，据《中国城市统计年鉴》的可查数据显示，2008 年这 8 个城市的建成区面积为 201 平方公里，到了 2012 年也才达 269.6 平方公里，平均城市空间规模极小且发展相当缓慢。城市建设极其滞后，这也意味着传统的粗放式城镇化模式下可能带来的问题积压很少，整个片区可以充分发挥城镇化的后发优势，轻松上阵，推进整个片区的新型城镇化进程。③地域广阔、资源丰富。西藏、四省藏区、新疆南疆三地州地处边疆、地域辽阔、地势雄奇复杂多变，历史上一直是中华文明与域外文明、农耕文明与游牧文明的交汇之地，拥有丰富的自然资源和大量的人文历史景观，这为加快整个片区的城镇化进程提供了资源保障。

（2）西藏、四省藏区、新疆南疆三地州城镇化发展的自身劣势（W）。①自然环境恶劣，先天制约了西藏、四省藏区和新疆南疆三地州的城镇化进程。荒漠、戈壁、多山、少水、地广人稀、海拔高，使得整个片区交通不便、人口集聚难度大，城镇化成本极高，片区城镇化推进先天受到极大的制约。②农民的受教育程度较低延缓了新型城镇化的进程。由于整个片区地广人稀、交通通信设施落后，当地农民子弟接受教育的成本太高，接受完整义务教育的农民比例不高，整个片区内的农民接受教育的普遍程度极低。普遍较低的受教育程度和落后的通信设施使远程教育都难以起到作用，这进一步导致片区农民接受新的计生模式、生活方式的能力很差，不利于新型城镇化的推进。③交通落后大大延缓了片区城镇化进程。广袤的西藏、四省藏区和新疆南疆三地州交通运输网络密度极低，滞后的交通使整个片区人口、经济的集聚成本变得极其

高昂，迟缓了片区城镇化进程。④涉及的行政区划太多。整个西藏、四省藏区、新疆南疆三地州共涉及 6 个省级行政区，下辖 22 个地级行政区、175 个县级行政区，每个行政区都有自己的利益诉求，加上人烟稀少，整个片区才有 2100 万人左右的人口，平均每个县级行政区仅有 12 万人左右，这使得整个片区在推进新型城镇化方面很难形成合力，极大地迟缓了片区城镇化进程。

（3）西藏、四省藏区、新疆南疆三地州城镇化发展的自身机会（O）。①《国家新型城镇化规划（2014—2020 年）》重视中西部城镇化的发展，明确提出要“培育壮大陆路边境口岸城镇，完善边境贸易、金融服务、交通枢纽等功能，建设国际贸易物流节点和加工基地”来优化城镇规模结构。西藏、四省藏区、新疆南疆三地州地处我国大西南，拥有漫长的边境线，与缅甸、印度、不丹、尼泊尔、巴基斯坦、阿富汗、塔吉克斯坦、吉尔吉斯斯坦等近十个国家接壤，可充分利用这一优势大力发展边境城镇，优化片区城镇体系，推进片区城镇化进程。②丝绸之路经济带为西藏、四省藏区和新疆南疆三地州的城镇化推进注入新的活力。2013 年 9 月 7 日，习近平主席在哈萨克斯坦纳扎尔巴耶夫大学演讲时正式提出共同建设“丝绸之路经济带”战略，从西安出发，途经甘南州和武威市，在安西分为北线、中线和南线三条支线，其中中线的西段和南线的中、西段几乎全在西藏、四省藏区和新疆南疆三地州境内。以丝绸之路经济带为纽带，借沿线建设交通枢纽中心、商贸物流中心、金融中心、文化科技中心、医疗服务中心的契机，推动片区内人口集聚和城镇化进程。③《中国农村扶贫开发纲要（2011—2020 年）》明确规定把西藏、四省藏区、新疆南疆三地州作为国家新十年的扶贫攻坚主战场，继续实施特殊政策的区域发展政策，推动片区的新型城镇化进程。

（4）西藏、四省藏区、新疆南疆三地州城镇化发展的自身威胁（T）。①片区内城市体系不合理，周边重点发展的城镇化地区产生的虹吸效应延缓片区的城镇化进程。西藏、四省藏区、新疆南疆三地州共 9 个中小城市，零零散散的分布在片区的边缘地带，除东北角的合作市，北部偏东边缘地区的格尔木市和德令哈市，南部边缘地区的拉萨市和日喀则市，西部边缘地区的喀什市、阿图什市及和田市，中东部的玉树市以外，广袤的中部和东南部几乎没有一个城市，区域内城市体系空间布局极不合理。与此同时，周边的天山北坡地区、兰州 - 西宁地区、关中 - 天水地区、宁夏沿黄河地区、成渝地区、滇中地区和黔中地区都是《全国主体功能区规划》圈定的重点发展的城镇化区域，且这七大重点发展的城镇化地区对西藏、四省藏区、新疆南疆三地州城镇化水平相对较高的地区形成了合围，这些重点发展的城镇化地区将会形成强大的凝聚力，把来自经济发达的东、中部的资源和要素截留，同时还将吸附片区内有限的资源和要素，进一步降低西藏、四省藏区、新疆南疆三地州城镇化的动力，使整个片区长期处于城镇化进程中的洼地。②《全国主体功能区规划》对西藏、四省藏区和新疆南疆三地州的功能定位限制了整个片区的城镇化发展。国家 25 个“国家重点生态功能区”中就有 8 个主要位于西藏、四省藏区和新疆南疆三地州境内，还有大量的国家地质公园、国家森林公园、国家级风景名胜区、世界自然文化遗产、国家自然保护区、国家重点生态功能区、国家禁止开发区位于片区境内，而 21 个优先、重点发展的城镇化地区仅有一个位于区域内，即以拉萨为中心的藏中南地区。这些限制极大地约束了整个片区的城镇化进程，降低了片区推进城镇化的动力。③西藏、四省藏区、新疆南疆三地州依然处于“诺瑟姆曲线”的初始阶段，城镇化水平较低，城镇化进程较慢，基本上还处于传统的农业社会状态。

2. 西藏、四省藏区、新疆南疆三地州城镇化的总体战略

通过对整个片区城镇化的外部环境和自身条件的分析，本文认为西藏、四省藏区、新疆南疆三地州的城镇化战略概括可以称之为“三产三线三突破”城镇化战略：大力发展三大产业，即重点实施以独特的地理自然景观和人文历史景观为主的特色文化生态旅游业、以优势矿产和能源挖掘开采为主的资源产业和因多样化地形地貌和气候条件而大力发展的特色农业，实现片区产业结构的突破；沿着三线进行城镇化空间形态创新，即充分利用国家的特殊政策和市场力量，沿着境内的主要交通干线、丝绸之路经济带沿线和国境边境沿线，积极主动地创新片区内城镇化空间形态，实现西南国境线和东部重点发展城镇化地区对片区封锁的突破；在西藏、四省藏区、新疆南疆三地州片区实施远程教育改革试点工作、大力调整现有行政区体系，实现片区人口城镇化进程的加速突破。

（二）西藏、四省藏区、新疆南疆三地州产业城镇化战略

产业城镇化是西藏、四省藏区新疆南疆三地州推进新型城镇化战略的支撑

和基本动力，没有产业的城镇化就是没有经济活动人口在空间上的集聚，新型城镇化就变成了无本之木。西藏、四省藏区、新疆南疆三地州要想实现新型城镇化，就必须通过产业结构调整、升级，挖掘内部潜力，大力发展吸纳就业能力强的部分制造业和现代服务业，增强城镇吸收就业的能力，并提高片区内农民的教育水平和人口素质，缩减农民进城务工并转换为市民的过渡时间。西藏、四省藏区、新疆南疆三地州城镇化水平远远滞后于全国平均城镇化水平与产业城镇化率不高和第二、三产业不发达是密切相关的。加上西藏、四省藏区、新疆南疆三地州地处国家西南边陲，地势复杂险要多变、交通不便、生态环境脆弱，传统的产业城镇化道路并不乐观。2004～2013 年，在享受了西部大开发和国家扶贫攻坚等居多特殊政策照顾和产业城镇化后发优势的情况下，片区产业城镇化水平仅仅是由滞后全国平均水平 24 年追赶到滞后全国平均水平 20 年的事实也说明了这一点。

因此，西藏、四省藏区、新疆南疆三地州的城镇化必须另辟蹊径，在新的时代背景下，结合自身的优势，大力发展特色旅游业、绿色产业和资源开采业，实现产业结构发展的突破。具体而言，以布达拉宫、九寨沟等世界著名旅游目的地为核心，打造“世界著名的特色生态文化旅游目的地”；以铜矿、稀有金属等资源的采掘和加工为主资源生产基地，带动上下游的联动发展；以特色农业、名贵中药材、特色养殖业等及其深加工为主，形成完整的农业及名贵药材深加工产业链。以此为契机，实现整个片区跨域无障碍产业合作，在产业形态上基于各地的特色资源与优势构建专业化产业集群，构建西藏、四省藏区、新疆南疆三地州独特的集旅游、资源与特色农业于一体的产业体系，突破整个片区产业结构不合理、对劳动力吸收不够的桎梏，并在相关产业的支持下形成各具特色又体系合理的小城镇体系，推进片区内新型城镇化的进程。

1. 延伸特色生态文化旅游产业链，加快跨区域联动发展

西藏、四省藏区、新疆南疆三地州位于我国西南边陲，地域辽阔，地理气候多变，是多个少数民族集聚之地，历史上一直是中华文明与域外陆地文明交流、碰撞的主要场所，拥有极其丰富的自然人文历史景观。但是，西藏、四省藏区、新疆南疆三地州旅游业的规模依然较小、竞争力不强，区域发展带动效应有限。以拥有世界文化遗产的著名旅游目的地拉萨市为例，2012 年接待国内外游客才 650.83 万人次，全年旅游总收入仅为 65.48 亿元，而武陵山连片

特困区的凤凰县2012年接待国内外游客达660.49万人次，实现旅游收入53.01亿元，两者基本相当。出现这一现状的原因有三个：一是西藏、四省藏区、新疆南疆三地州及周边区域地广人稀、经济发展水平较低、交通设施落后，导致片区内居民出游人数及频率较低，区域外游客也因交通不便而降低选择片区内旅游景点作为目的地的可能性；二是区域内旅游资源分布广泛，涉及6个省级行政区、22个地级（市、州）行政区，行政区划的藩篱、较低的经济发展水平、人力资源的短缺和人口分布零散，使得当地的力量不足以支撑对本土旅游资源进行深度开发利用，更不用说区域内不同的旅游景点之间进行深度的合作与分工；三是区域内人均旅游资源丰富，使得较短的旅游产业链也能够使当地旅游业利益相关者获得较好的回报，从而导致片区内特色生态旅游产业链较短，与其他产业的相关度较低。以拉萨为例，2012年交通运输、仓储和邮政业、批发零售业和住宿餐饮业产业增加值合计为29.44亿元，每一元的旅游收入最多能拉动0.45元与旅游业最相关产业的增加值①，而同期全国这一比值为3.29，拉萨仅相当于全国平均水平的13.7%。

因而，西藏、四省藏区、新疆南疆三地州特色生态文化旅游产业，应该从产业链延伸和跨区域联动合作两个维度来加强战略地位，将其打造成区域内的支柱性产业和经济增长的核心动力之一。区域内特色生态文化旅游业要紧紧围绕“食、住、行、游、购、娱、休、疗”八字方针，结合地方人文环境特色构建区域特色旅游品牌，不断弱化产业边界，提升特色生态文化旅游的综合配套服务能力，实现以特色生态文化旅游业为龙头，一、二、三产业协调发展的绿色生态文化旅游产业体系的构构，带动区域内一产（如特色农产品和名贵中药材等）、二产（如特色手工业和其他工业制成品）和三产（如特色餐饮、特色演艺等）协调发展，提高旅游业对相关产业的带动作用。在围绕旅游资源景点打造特色生态文化旅游产业体系的同时，以拉萨、九寨沟、黄龙、贡嘎山、四姑娘山、阿庐、雅砻河、青海湖、唐古拉山等知名风景名胜区为纽带，按照旅游景点的互补性和交通的便利性，构建西藏、四省藏区、新疆南疆三地州区域内分工有序、结构合理的特色自然生态文化旅游产业体系，实现片区内

---

① $每一元旅游收入拉动最相关产业的增加值=\frac{交通运输+仓储和邮政业+\begin{array}{c}批发零售业和住宿\\餐饮业产业增加值\end{array}}{旅游总收入}$。

知名旅游目的地之间的联动发展，为西藏、四省藏区、新疆南疆三地州树立起“引得来、留得住”的著名旅游目的地体系印象。

2. 利用区域内优势资源构建特色园区，提升片区产业的竞争力和聚集度

特色产业园区是以区域特色产业为基础、适应市场竞争和产业升级的新形势和城镇化进程合理集聚的要求、适当集中布局的专业化产业区，是经济发展到一定阶段的必然产物，也是西藏、四省藏区、新疆南疆三地州充分发挥资源优势、突破地缘劣势、实现产业升级的现实需要。西藏、四省藏区、新疆南疆三地州片区随大潮设立了不少产业园区，然而出于各种原因，绝大部分产业园区缺乏特色、规模较小、聚集要素能力弱，对区域经济的带动效应极其有限，在部分地方甚至成为地方政府和地方经济发展的包袱。如阿坝州目前就有五个产业园区，但只有松潘镇江关高原农畜产品园一个产业园区结合了当地无可替代的优势资源，具有不可替代性，而其他四个产业园区皆为工业园区，具有很强的同质性和可替代性。

西藏、四省藏区、新疆南疆三地州片区的特色产业园区建设要基于自身的优势资源，重点从国家层面打造三大国家级特色园区：以拉萨为核心，日喀则市、泽当镇和八一镇为支撑，整合拉萨及周边的一个国家级经济技术开发区和八个省级工（产）业园区，构建藏中南国家级特色产业园区，结合当地的生态文化旅游资源建设现代特色农牧业生产加工基地、高原生物和绿色食（饮）品、特色纺织和手工艺品、藏药等轻工业体系，加速人口在空间上的集聚；结合当地的交通、资源优势，形成以矿业、能源、建材为主的重工业体系，为当地城镇化建设提供物质基础，柴达木盆地素有“聚宝瓶”的美誉，截至2013年底，已发现各类矿产103种、产地1626处，潜在经济价值超过80万亿元，其中湖盐、钾盐、锂、锶石棉、石灰岩储量居全国第一位，煤、石油、天然气的储量也极其丰富，整合区域内的格尔木工业园区、德令哈工业园区、乌兰工业园区、大柴旦工业园区、都兰黄金产业园区，建立起以格尔木市、德令哈市为核心的柴达木国家级矿业及深加工产业园区；结合喀什的地理区位优势，成立以喀什经济特区为核心的南疆自贸区，喀什作为我国第六个经济特区、内地第一个经济特区、新疆唯一的历史文化古城、亚欧大陆桥和丝绸之路经济带上最重要的枢纽之一，依托口岸和沿边的优势，建立中西亚国际贸易中心、金融中心、物流中心，更好地利用喀什市的地缘优势和国内、国外两个市场，推动片区城镇化进程。

3. 构建区域品牌促进特色农业及加工业发展

张金海教授（2002）提出区域品牌是市场竞争的关键因素，区域品牌阵容越是强大，区域经济发展越快越可持续①。然而，由于西藏、四省藏区、新疆南疆三地州地对区域品牌投入不够，没有意识到地域品牌对区域经济发展的重大推动作用，绝大多数农业资源都没有形成自己的品牌并辐射全国市场，更多的还是处于一种品牌传播的最初级阶段。据国家工商总局公布数据显示，截至2014年6月，国家工商总局已注册和初步审定的地理标志商标名录约2161个（没有查到2012年的数据），整个片区涉及的6个省级行政区划分别为西藏9个、云南89个、四川118个、甘肃48个、青海29个、新疆48个，合计341个，其中西藏、四省藏区、新疆南疆三地州共47个，占片区所涉及的6个省级行政区地理标志商标总数的13.78%，占全国地理标志商标的2.17%。如何挖掘西藏、四省藏区、新疆南疆三地州特色优势生态农业及加工业的发展潜力，并使之融入片区特色生态文化旅游产业链，是片区推动产业城镇化进程必须要解决的问题。具体而言，一是要积极引入外部资本，建立现代股份公司经营型的大农业，积极推进现代农业经营模式，消除农民、牧民直接参入市场竞争所遇到的制度壁垒、信息不对称、资本短缺、技术素养不高、抵御风险能力弱等缺陷，同时克服片区优质农产品远离市场的特有缺陷。二是要积极申请国家地理标志商标，塑造特色生态农产品的区域品牌群，提升西藏、四省藏区、新疆南疆三地州特色农业的品牌价值和无可替代的独特竞争力（如苏格兰的威士忌）。三是要创新机制，把特色生态农业区域品牌群和特色生态文化旅游品牌群结合，相互延伸产业链，形成特色生态农业和特色生态文化旅游业跨界良性互动，利用特色生态农业强化特色生态文化旅游产业的内涵，提高西藏、四省藏区、新疆南疆三地州的旅游业区域品牌群的影响力和竞争力，同时借用片区内特色生态文化旅游业区域品牌影响力和竞争力的不断扩大，带动区域内特色生态农业区域品牌群走向世界，逐渐形成一批具有世界影响力的特色生态文化旅游区域品牌和特色生态农业区域品牌。

总之，要通过延伸特色生态文化旅游产业链、充分利用区域内优势资源构建特色园区、构建区域品牌促进特色农业及加工业发展等举措，实现西藏、四

① 张金海、程明：《区域与品牌：互动发展》，《现代广告》2002年第5期。

省藏区、新疆南疆三地州片区产业结构的突破，加大产业城镇化对劳动力的吸收、消化能力，推进片区产业城镇化和人口城镇化的进程。

（三）空间形态创新战略

西藏、四省藏区、新疆南疆三地州的城镇化有两个基本特征：一是城市数量极少，片区内城镇体系结构极不合理。从城市土地密度来说，2012 年片区平均 34.38 万平方公里才有一个城市，而同期全国平均 1.47 万平方公里就有一个城市；从城市人口密度来说，片区 2012 年平均约 233 万人口有一个城市，同期全国约 206 万人口就有一个城市。二是西藏、四省藏区、新疆南疆三地州的新型城镇化是典型的跨行政区高原山地城镇化，片区涉及行政区多，且大部分位于青藏高原、云贵高原、帕米尔高原等，区域内名山大川多，荒漠、戈壁、沙漠比重较大，除塔里木盆地以外，绝大部分地区平均海拔在 3000 米以上。因此，西藏、四省藏区、新疆南疆三地州的城镇化推进，必须要在空间形态上进行重大创新。具体来说，西藏、四省藏区、新疆南疆三地州的新型城镇化要遵循《全国主体功能区规划》和《国家新型城镇化规划（2014—2020年）》区域功能定位，沿着片区内国境线、主要交通干线和丝绸之路经济带的空间结构，以自然承载力为前提，按照“小区域集中、大区域均衡”的集中均衡式原则进行空间形态创新，构建自成体系的“多中心、多层次”，以特色优势产业为支撑的中小城镇网络体系。这一土地城镇化过程可以称之为“三线空间创新城镇化战略”。

1. 沿西藏、四省藏区、新疆南疆三地州片区的国境线进行空间形态创新

西藏、四省藏区、新疆南疆三地州片区与印度等近十个国家和地区在陆地上接壤，国界线约 6300 公里，是我国与中亚、南亚陆上交流的主要通道，丝绸之路、茶马古道最终都从这里进入中亚和南亚。然而，漫长的边境线 300 公里以内仅有五个城市，即片区西部的喀什市、阿图什市和和田市，东南部的拉萨市和日喀则市，且离边境线最近的阿图什市市区里国界线也在 100 公里左右。城镇化进程的落后严重阻碍了片区内边境贸易和边境经济的发展，也不利于漫长边境线的管理。沿国境线进行空间形态创新着重从两个方面着手：一是大力实施“兴边富民”工程，加快以边境线 300 公里内的拉萨、日喀则、喀什、和田和阿图什五大城市为中心、县级行政区政府驻地为支撑的边境公路网

络等基础设施的建设，在空间上使得沿边境线的新型城镇化变得可能；二是推进以喀什市为核心的南疆自贸区建设，进一步加大对外开放的口岸范围和开放力度，沿边境线按照“小区域集中”的原则形成若干个地理位置相近、生产要素具有互补性的地区（城市或者建制镇），吸引周边的人才、要素流向开放口岸，释放改革开放的红利，最终形成分工明确、结构合理的沿边境线城镇体系，借用国内、外两个市场推动边境新型城镇化进程。

2. 沿西藏、四省藏区、新疆南疆三地州片区内交通干线进行空间形态创新

交通干线对城镇体系布局和城镇化的推进具有举足轻重的作用，可以说，没有合理、完善的交通运输体系，就无法顺利地推进新型城镇化建设。西藏、四省藏区、新疆南疆三地州的交通运输网络密度极低，整个片区主要有前文提及的“两铁四公”交通骨干网络，网络了区域内绝大部分经济总量和人口规模，是整个片区的经济增长和要素流动的生命线。事实上，片区内 9 个城市有 7 个城市沿着境内两条铁路线而建，其中，拉萨市、日喀则市、格尔木市和德令哈市位于青藏铁路沿线，阿图什市、喀什市及和田市位于新藏铁路沿线。西藏、四省藏区、新疆南疆三地州片区城镇化推进要实现超常规的发展速度，必须沿着片区内“两铁四公”构成的交通运输网络进行空间形态创新，在进一步推动“两铁四公”交通骨干网络上节点城市的城镇化进程的同时，尤其要加快推动四条公路节点区域的城镇化进程。在实际操作过程中可以从两个方面入手，一是给予现有城市更大的自主权限，在片区西部把喀什市提升为地级行政区划，并以喀什特殊经济区为核心，设立国内第一个专门面向中西亚，甚至中东和欧洲的南疆自贸区，利用政策优势、交通优势和地理优势，建立起以喀什为核心的南疆城市群，与片区南部以拉萨、日喀则市为核心的藏中南城市群和东北部以格尔木市和德令哈市为中心的柴达木城镇群一起构成大三角，推动片区城镇化进程。二是在“两铁四公”交通干线关键节点上新设县级城市，促使片区内人口、经济要素沿着交通干线节点集聚。在“二铁四公”交通干线没有覆盖的地方，以区域内著名的旅游景点或地级行政区驻地等为根基设立县级市。通过在“二铁四公”交通干线关键节点、著名旅游景点或者地级行政区驻地建市，促进西藏、四省藏区、新疆南疆三地州的人流、物流、资金流等要素在空间上进一步集聚，推动片区新型城镇化进程。

3. 沿着西藏、四省藏区、新疆南疆三地州片区内丝绸之路经济带进行空间形态创新

2013 年 11 月 12 日，在党的十八届三中全会《中共中央关于全面深化改革若干重大问题的决定》中正式提出“丝绸之路经济带”的战略。2014 年 5 月，新疆发改委牵头起草的《丝绸之路经济带框架下促进新疆对外开放与经济发展规划》提出，新疆丝绸之路经济带建设的下一步任务是在新疆境内构建北、中、南三条通道为发展主轴，辐射周边，可形成全境通过、全面覆盖、全线连通的新疆开放发展新格局，全面带动沿线中心城市、重点城镇及所有 17 个陆路口岸的开放与建设，其中南通道就是指，从格尔木进入若羌后，经且末、和田、莎车、喀什，至塔什库尔干从红其拉甫和卡拉苏口岸进入巴基斯坦和塔吉克斯坦。

事实上，“新丝路”是在“古丝绸之路”概念基础上形成的一个新的经济发展区域，在新疆境内分为北、中、南三条支线，其中中线和南线出口均在新疆南疆三地州境内，中线沿南疆铁路经阿图什市到喀什市，往西从克孜勒苏柯尔克孜自治州乌恰县内的吐尔尕特口岸进入吉尔吉斯斯坦，往南从塔什库尔干县境内的红其拉普口岸进入巴基斯坦境内；南线沿 G 315 国道经和田、叶城、莎车，往西北经喀什市从克孜勒苏柯尔克孜自治州乌恰县内的吐尔尕特口岸进入吉尔吉斯斯坦，往西南从塔什库尔干县境内的红其拉普口岸进入巴基斯坦境内，事实上在新疆南疆三地州境内构成了一个以喀什市为中心、莎车和塔什库尔干为支撑的三角形地区。沿“丝绸之路经济带”进行空间形态创新的关键是：成立莎车市和塔什库尔干市，与喀什市一起构成稳定的“新丝路三角”经济区，并以此为龙头，以南疆铁路和 G 315 国道为两翼，建立南疆自贸区，把南疆自贸区建设成为“丝绸之路经济带”的交通枢纽中心、商贸物流中心、金融服务中心，加速人口和生产要素在空间上的集聚，使之成为中国面向中亚、西亚、南亚、欧洲的窗口和“丝绸之路经济带”的核心区之一。并以南疆自贸区为依托，以 G 315 国道和新藏公路为轴辐射青海和西藏，充分利用国内和国外两个市场的要素，推动西藏、四省藏区和新疆南疆三地州（尤其是新疆南疆三地州）的新型城镇化进程。

总之，通过对沿西藏、四省藏区、新疆南疆三地州片区的国境线、片区境内的“二铁四公”交通骨干网络和“丝绸之路经济带”进行空间形态创新等

重大举措，突破西藏、四省藏区、新疆南疆三地州片区的国境线、片区东部重点城镇化建设地区链对整个片区在空间上的封锁，充分利用国内、国外两个市场、两种资源，加快推进片区土地城镇化的进程。

（四）人口城镇化战略

人口城镇化是新型城镇化的本质特征和根本要求，城镇化水平也是以人口城镇化率来衡量的，在某种意义上，城镇化实际上就是人口的城镇化，产业城镇化和土地城镇化都是为了更好地实现人口城镇化。西藏、四省藏区、新疆南疆三地州片区的人口城镇化除了面临户籍制度等共性的制度性约束以外，还面临着五个（但不局限于五个）特殊的城镇化不利因素：一是人口居住高度分散，2012 年人口密度不到 8 人/平方公里。二是人口受教育程度极低。以藏族为例，2010 年人口普查显示，藏族 6 岁以上人口教育程度为小学及以下的比例为 76.45%，远高于全国 33.95% 的平均水平；以西藏为例，2011 年 15 岁以上人口文盲率为 29.54%，是全国 5.21% 的文盲率的 5.67 倍①。三是县级行政区人口太少，175 个县级行政区的人口约 2100 万人。四是片区内民族多，不同文化习俗和传统观念时空并存。五是境内崇山峻岭遍布、荒漠戈壁遍布，交通不便，人口的空间迁徙成本高昂等。因此，西藏、四省藏区、新疆南疆三地州片区应借助 2011～2020 年连片特困区扶贫攻坚战略享受的特殊政策、现代通信技术的进步、西部大开发战略和丝绸之路经济带战略实施带来的机遇，打破行政区的藩篱，通过制度创新削弱乃至消除人口城镇化面临的障碍，加快片区内人口城镇化的进程。

1. 进行远程教育改革，打破人口素质的桎梏

远程教育是指使用电视、广播、互联网等传播媒体的教学模式，运用网络技术与环境就可以向学员提供不受时空制约、没有年龄限制、无须固定场所、教学水平高的接受教育机会。特别适合因地广人稀而无法组织有效的现场集中教学的情形和成人教育。遗憾的是，由于利益的驱动，目前我国远程教育主要还是以牟利的目的进行的成人教育和升学、考证教育，对西藏、四省藏区、新

① 受教育程度的数据来自《中国民族统计年鉴 2012》，文盲率的数据来自《中国人口年鉴 2012》。

疆南疆三地州等急需远程教育提升国民素质的地区推广力度不够、渗透率太低。要打破人口素质对西藏、四省藏区、新疆南疆三地州片区人口城镇化的桎梏，必须尽快进行远程教育改革，在片区内大力推广远程教育，提高区域内国民素质，增强区域内农民转换计生模式的能力。具体而言，远程教育改革必须从软件和硬件两个方面同时进行。在软件方面，教育部重新制定《关于发展我国远程教育的意见》，发展素质教育和学历学位教育两种远程教育模式，借鉴托福、GRE 等考试制度的模式制定学历学位远程教育考试制度，在一定的条件下承认通过学历学位远程教育考核获得的学历学位证书；出台正式的《教育网站和网校管理办法》，坚持政府、学校、企业相结合的远程教育办学模式，确保远程教育（尤其是学历学位远程教育）具有更高的权威性、更多可持续的高水平远程教学资源、更具有效率的远程教育项目运转。在硬件方面，国家拨出专款，地方政府在财力许可的条件下为片区低收入的贫困家庭和地区提供远程教育所必需的硬件支持，对符合条件的学员进行学费减免，向特定的居民集聚地派遣支援西部的大学生志愿者和流动教师。在西藏、四省藏区、新疆南疆三地州片区进行远程教育改革试点工作，从软、硬两个方面同时着手，全方位、无死角地提高片区内居民，尤其是农民接受的教育水平，破解人口素质对片区人口城镇化的制约。

2. 进行县级行政区划改革，打破行政区划藩篱的制约

西藏、四省藏区、新疆南疆三地州片区共有 6 个省级行政区、22 个地级行政区、175 个县级行政区，2013 年平均县级行政区人口不到 12 万人，而同期全国平均县级行政区人口为 47.69 万人，是片区县级行政区平均人口的 4 倍。县级行政区人口太少、涉及行政区划太多的现状严重制约了片区人口城镇化的进程。目前，片区行政区划的格局基本上是在新中国成立后前十年确立的，由于地广人稀、交通通信极不便利，为便于更好的管理，基于国土面积设置了大量的县级行政区。然而，随着交通通信技术的发展和国家基础设施建设的进步，过多的县级行政区已经严重制约了当地的经济发展和新型城镇化进程的推进，进行县级行政区的调整，建立更具有效率的执政队伍就势在必行。具体而言，按照西藏、四省藏区、新疆南疆三地州片区现有的交通干线网络，以交通的便利性为原则，兼顾地方具有的特殊资源（如世界文化遗产、国家级名胜风景区等），大幅度减少片区内县级行政区划的数量，争取达到平均每个县级行政区划有 30 万以上的人口规模。同时，对现有的地级行政区进行适当的调整。这样，一方面，可以为县级行政区配置更强的行政队伍，集中更多的行政资源，提高地方政府的执政能力；另一方面，大幅度扩大县级行政区的人口规模，切实提高县级行政区推动新型城镇化的动力。

总之，要大力推动远程教育改革和县级行政区划改革，突破人口素质和行政区划藩篱对西藏、四省藏区、新疆南疆三地州片区人口空间集聚的制约，加速片区人口城镇化进程。

Abstract

New-type urbanization has become a great livelihood project which promoted by the central government since the 18th national congress of the communist party of China. It is also the important impetus of China's social economic development under the New Normal situation. However, China covers a vast geographic area and there are huge differences of the physiographic condition, social economic development level between different regions. Therefore, there is no common urbanization path for all districts and each type of region should take suitable and different strategies and countermeasures.

Contiguous Destitute Area is a special type of region in China. In these areas, not only the urbanization is lag behind, but also the urbanization research is scarce. In order to make up for the shortage and urge the public to pay more attention to China Contiguous Destitute Areas' urbanization, the "China Contiguous Destitute Areas Regional Development and Antipoverty" studying team of Jishou University, taking "Contiguous Destitute Areas' Urbanization Progress, Path and Tendency" as the theme, complies the Blue Book—*The Development Report of China Contiguous Destitute Areas (2014 - 2015)* and analyzes the characteristics and rules of Contiguous Destitute Areas' urbanization comprehensively and systematically at the first time.

The Blue Book consists of one general report and 12 pieces of sub-report. The general report—*The Progress, Tendency and Development Thought of China Contiguous Destitute Areas' Urbanization* focuses on the common characteristics and rules of the special type region's urbanization, and the results showed that there are four obvious features of China Contiguous Destitute Areas' urbanization, such as the amount of cities is less and the urbanization process is delayed, the city scale is small and the driving force of key city is not strong, the resource agglomeration ability is weak and lack of endogenous impetus, the speed of central cities' growth is slow and there are huge differences among sub-areas. At the same time, the urbanization tendency can be concluded as follow, the industrialization is more special, larger, diversified, advanced and centralized, the spatial pattern tend to be more clear and outward passageway construction is acceleration and inward division and linkage of cities is strengthen, the ability of farmers' transformation into urban inhabitants is enhanced and the path is more diversified and inclusive. Then, the report proposes that China Contiguous Destitute Areas should take suitable, sustainable, eco-friendly and inclusive urbanization strategy.

While the 12 pieces of sub-report concern on the individual features of each contiguous destitute area's urbanization from the perspectives of human urbanization, industrial urbanization, spatial urbanization and the coupled and coordinated relationship between them. Concretely, the sub-reports has studied the urbanization progress, characteristics, paths, trends and development strategies, promotion thoughts and countermeasures of the following contiguous destitute areas, such as *Wuling Mountain Area*, *Wumeng Mountain Area*, *Dianqiangui Rocky Desertification Area*, *Western Yunnan Border Area*, *Qinba Mountain Area*, *Liupan Mountain Area*, *Lvliang Mountain Area*, *Yan and Taihang Mountain Area*, *Southern Greater Khingan Range Area*, *Luoxiao Mountain Area and Tibet*, *Three States of Southern Xinjiang and Tibetan Areas of Four Provinces*.

Contents

B I General Report

Abstract: There are four obvious features of China Contiguous Destitute Areas' urbanization, such as the amount of cities is less and the urbanization process is delayed, the city scale is small and the driving force of key city is not strong, the resource agglomeration ability is weak and lack of endogenous impetus, the speed of central cities' growth is slow and there are huge differences among sub-areas. At the same time, the urbanization tendency can be concluded as follow, the industrialization is more special, larger, diversified, advanced and centralized, the spatial pattern tend to be more clear and outward passageway construction is acceleration and inward division and linkage of cities is strengthen, the ability of farmers' transformation into urban inhabitants is enhanced and the path is more diversified and inclusive. In the end, the article proposes that China Contiguous Destitute Areas should take suitable, sustainable, eco-friendly and inclusive urbanization strategy and supplies some specific suggestions.

B Ⅱ Regional Reports

Abstract: With the connotation of New Urbanization which emphasizes the coordination development of population, industry and environment, this article firstly analyzes the three elements' progress and characteristics from 2004 in Wuling Mountain Area respectively. The results showed that, as a whole, Wuling Mountain Area is now in the stage of rapid urbanization although the urbanization levels are obviously differences among the sub-areas, and the urbanization quality is poor which showed as the degrees of urbanization and economy development are not match, industrialization's driving force is weak, urban system is not reasonable, the coupling and coordinating degrees of population, industry and environment in the urbanization process are not high. Then, the author focuses on the cold and hot regions of urbanization, spatial trend and the evolution tendency of the function index, economic linkage and industrial division between key cities with spatial analysis tools of GIS. Lastly, the urbanization strategy and implementation scheme which covered the whole breakthrough of edge-locking strategy and the related industrialization, spatial innovation and population transfer strategies was proposed through the SWOT analysis which has taken the plan of poverty alleviation and regional development of Wuling Mountain Area into account.

Abstract: In this paper, we investigated the process and features of population urbanization, industrialization urbanization and land urbanization in Wumeng Mountain Area since 2004 which based on the connotation of New Urbanization. The results showed that, as a whole, Wumeng Mountain Area is now in the stage of rapid urbanization although the urbanization levels are obviously differences among the sub-areas, and the urbanization quality is poor which be showed by the degrees of urbanization and economy development are not match, the interactions between population urbanization and industrialization urbanization is weak. Then, the author focuses on the mode selection and inner motivation mechanisms of Wumeng Mountain Area's urbanization. Lastly, we proposed the urbanization strategy and implementation scheme which covered the related industrialization, spatial innovation and population transfer strategies of Wumeng Mountain Area into account.

Keywords: Wumeng Mountain Area; Urbanization; Spatial-temporal Characteristics; Mode Selection

Abstract: Urbanization development in rocky desertification area is an challenge in the process of new-urbanization in China. How to relate urbanization to poverty-relief and ecology protection effectively is also a significant subject. This paper analyses the process and characteristics of urbanization development in Dianguiqian rocky desertification area in China. At first, this paper summarizes characteristics of population urbanization and industry urbanization; then analyses two typical urbanization patterns. Finally, the paper puts forward strategy about the urbanization development in the future from the optimization of spatial organization, industry, population, ecology protection, financial support, etc.

Keywords: Dian-Gui-Qian Rocky Desertification Area; Urbanization; Spatial Pattern

Abstract: From the three dimensions, including the population, industry and land, the paper analyzes the urbanization process and characteristics of Western Yunnan Border Contiguous Destitute Area in 2004 –2014. We found that the overall level of urbanization has a rapid growth, but the absolute is low and the internal difference is significant. The quality of urbanization perform that a lower coordination degree between population urbanization and economic development, and stronger driving effect of industrial urbanization. Then, we explain the cold-hot spots area, spatial trends, evolution trend of central function index and central city economic ties of the urbanization of Western Yunnan Border Contiguous Destitute Area. Finally, integrate the Plan of Regional Development and Poverty Alleviation of Western Yunnan Border Contiguous Destitute Area and the Plan of Southwest Yunnan Town Group, urbanization development path is proposed from the seven aspects, including development goal, urban agglomerations layout, overall industrial layout, industrial layout-intensive areas, spatial distribution of population, urban spatial structure and function.

Keywords: Western Yunnan Border Contiguous Destitute Area; Urbanization; Spatial Distribution; Difference

Abstract: According to the main content of the new urbanization, the paper analyzed the processes and trends of the population urbanization, industry urbanization, land urbanization and so on of counties and central cities in QinBa Mountain Area since 2004 –2014, and found that the whole urbanization process was rapid, while the urbanization level in different regions were significantly different, and the gap between QinBa Mountain Area and the national level was significant; central cities did not own enough land to expand urban space, and had limited ability on concentration population, and their center functions need to be improved. The urbanization quality of QinBa Mountain Area was low, and synergy levels between population urbanization and industry urbanization, population urbanization and economic development level, and population urbanization and farmers' income level were all not high, and the economic ties among the central cities and the cities' development potential were still relatively low. Combined Qinba Mountain Area poverty alleviation and regional development plan, the paper proposed the general idea of the urbanization, and the main path of promoting urbanization, and the system design of urbanization quality enhancement.

Keywords: Qinba Mountain Area; Urbanization; Spatial-temporal; Development Strategy

B. 7 Processes, Path and Trends of *Liupan Mountain Area's* Urbanization

Wei Fengjin / 203

Abstract: The optimization and propulsion of urbanization is an important assistor for regional development and poverty alleviation in Liupanshan Contiguous Destitute Area. The development of urbanization in Liupanshan Contiguous Destitute Area shows a general upward trend. But there is a big gap between its development degree and the national average. Its development degree is even in low position in fourteen Contiguous Destitute Areas of China. There is also an obvious difference among the sections of Shanxi, Gansu, Qinghai and Ningxia in this Area. The development of urbanization in this Area still have to face many outstanding problems such as the general backward situation, unbalance in development and lack of industrial support, etc. The new-type urbanization in this Area should take human urbanization and rule of law as the starting point, coordinate endogenous and exogenous powers, and link up policies and measures such as the strategy of One Belt and One Road, relevant planning of this Area and the four provinces, grasp the opportunity of national comprehensive pilot program of urbanization, match new-type industrialization, informatization and agricultural modernization. It should not only advance on the whole, but also adjust measures to local conditions. It may explore feasible ways to reform and improve systems and mechanisms such as cost sharing mechanism of citizenization, investment and financing mechanism of urbanization, realize the organic integration of factors as natural environment, politics, and economy, culture and tradition based on approaches such as orderly processing the citizenization of rural population, optimizing the layout and forms of urbanization, etc.

Keywords: Liupanshan Contiguous Destitute Area; Industrial Urbanization; Population Urbanization

Abstract: The paper analyzes the evolution of urbanization of Lvliang mountain distrcit between 2004 to 2014 from three dimensions of population, industry and land. Through the analysis, we found the following three conclusions. Firstly, the level of urbanization in Lvliang mountain distrcit improved steadily, but the overall level is not high, and there were obvious difference internal. Secondly, the population-industrial-land urbanization diorders, but better than the average level of nation. Thirdly, the overall urbanization level of Lvliang mountain distrcit close to the nation average, and there were gather in space. Then, the author elaborated the spatial evolution trend of urbanization in Lvliang mountain distrcit, and pointed out that the industry-led model will still be the future choice of urbanization model in Lvliang mountain distrcit. Lastly, based on the analysis of urbanization mechanism, this paper put forwards the path of urbanization in Lvliang mountain distrcit from population urbanizaiton, industrial urbanizaiton, land urbanization, and the construction of transpotration infrastructure.

Keywords: Lvliang Mountain Distrcit; Urbanizaiton; Spatial Difference; Trend Analysis

Abstract: From the Yanshan Taihang mountain area urbanization, and reveals the Yanshan Taihang mountain area urbanization showed: (1) the slow process of urbanization, and the surrounding province of gap; (2) industrial urbanization process has been slow; (3) the highest rate of urbanization of land in Baoding City, and fast features. While urbanization, industrial towns, land spatio-temporal characteristics of urbanization and coordination degree of population urbanization and industrial towns, and coordination of population urbanization and economic development were elaborated. Then discovered through empirical research, population urbanization and industrial factors affecting urbanization is not the same as, in addition, urbanization, industrial towns, land urbanization there is a long-term and stable relationship between the three, and impact of urbanization on population urbanization of land less than industrial urbanization of population urbanization influence. finally puts forward countermeasures to improve the level of urbanization of Yanshan Taihang Mountain Aea.

Keywords: Yanshan Taihang Mountain Aea; Urbanization; Spatial-temporal Characteristics; VAR Model

Abstract: From the new urbanization concept which emphasizes the coordinated development of industry urbanization, population urbanization and land urbanization, this article has analyzed the processes and characteristics of industry urbanization, population urbanization and land urbanization in Southern Greater Khingan Range Contiguous Destitute Area, explained the evolution of the economic linkages and industrial divisions between major cities and the changes of Central Function Indexes of the core cities since 2004. Then, combined with the poverty alleviation and regional development plan of Southern Greater Khingan Range Contiguous Destitute Area, the author made a concrete SWOT analysis and proposed the overall urbanization strategy and sub-strategies of industry urbanization, population urbanization and land urbanization.

Keywords: Southern Greater Khingan Range Contiguous Destitute Area; Urbanization; Quality Evaluation; Evolution Trend

Abstract: From urbanization emphasis on " population-industry-land " the content of comprehensive coordinated development, Firstly we analyze the Dabie Mountain Area population urbanization, industrialization and urbanization process of urbanization and land features since 2004, found that: (1) Dabie Mountain Area as a whole has entered into the phase of rapid urbanization, but the urbanization level in the area difference is obvious; (2) the quality of urbanization is not high, the specific performance of population urbanization and land uncoordinated urbanization, land ahead of urbanization, population urbanization lagging population-industry-urbanization of land is not high degree of coupling and coordination low, weak industrial urbanization driven effect. Finally, the combination of Dabie Mountain Area Regional Development and Poverty Alleviation Plan proposed path from industry, urbanization, population and traffic development, and pointed out the future development trend of the Dabie Mountains urbanization.

Keywords: Dabie Mountain Area; Urbanization; Quality Evaluation; Development Trend

Abstract: This paper analyses the process and characteristics of urbanization development in Luoxiao mountainous area from 2004 to 2014. It is found that the population urbanization development slowly in this area. The population urbanization rate in most counties is low and the differences among the counties expand gradually. The industrial urbanization rate grows rapidly, and the rate in most of the counties is in a higher level and the internal differences reduced year by year. In most years, the development of the population urbanization and industrial urbanization is in a state of disorder. The existing typical mode of urbanization development in this region is analyzed. Finally, the future strategy of urbanization development is put forward from the viewpoints of spatial development, industry, population.

Keywords: Luoxiao Mountainous Area; Urbanization; Spatial-temporal Evolution; Development Strategy

B.13 Characteristics, Trends and Development Strategy of *Tibet*, *Tibetan Area of Four Provinces* and *Three Regions of Southern Xinjiang's* Urbanization

Huang Liwen, Huang Wei / 377

Abstract: Beginning with the characteristics of population urbanization, industrial urbanization and land urbanization of Tibet, Tibetan Area of Four Provinces and Three Regions of Southern Xinjiang, authors found that the contiguous destitute area's speed of urbanization is accelerating between 2004 and 2013, but the quality of urbanization is poor. The coordination degree among population urbanization, industrial urbanization and land urbanization is low, and the level of urbanization among different prefectures has lager differences. Based on this, the paper analyzed the evolution trends of the center function index, center cities' economic ties and their industrial division. Finally, authors put forward a "Three-Three" strategy for the contiguous destitute area's new urbanization based on the SWOT analysis framework .

Keywords: Tibet; Tibetan Area of Four Provinces; Three Regions of Southern Xinjiang; Urbanization

皮书起源

“皮书”起源于十七、十八世纪的英国，主要指官方或社会组织正式发表的重要文件或报告，多以“白皮书”命名。在中国，“皮书”这一概念被社会广泛接受，并被成功运作、发展成为一种全新的出版型态，则源于中国社会科学院社会科学文献出版社。

皮书定义

皮书是对中国与世界发展状况和热点问题进行年度监测，以专业的角度、专家的视野和实证研究方法，针对某一领域或区域现状与发展态势展开分析和预测，具备权威性、前沿性、原创性、实证性、时效性等特点的连续性公开出版物，由一系列权威研究报告组成。皮书系列是社会科学文献出版社编辑出版的蓝皮书、绿皮书、黄皮书等的统称。

皮书作者

皮书系列的作者以中国社会科学院、著名高校、地方社会科学院的研究人员为主，多为国内一流研究机构的权威专家学者，他们的看法和观点代表了学界对中国与世界的现实和未来最高水平的解读与分析。

皮书荣誉

皮书系列已成为社会科学文献出版社的著名图书品牌和中国社会科学院的知名学术品牌。2011 年，皮书系列正式列入“十二五”国家重点图书出版规划项目；2012~2014 年，重点皮书列入中国社会科学院承担的国家哲学社会科学创新工程项目；2015 年，41 种院外皮书使用“中国社会科学院创新工程学术出版项目”标识。

中国皮书网

www.pishu.cn

发布皮书研创资讯，传播皮书精彩内容
引领皮书出版潮流，打造皮书服务平台

栏目设置：

- □ 资讯：皮书动态、皮书观点、皮书数据、皮书报道、皮书发布、电子期刊
- □ 标准：皮书评价、皮书研究、皮书规范
- □ 服务：最新皮书、皮书书目、重点推荐、在线购书
- □ 链接：皮书数据库、皮书博客、皮书微博、在线书城
- □ 搜索：资讯、图书、研究动态、皮书专家、研创团队

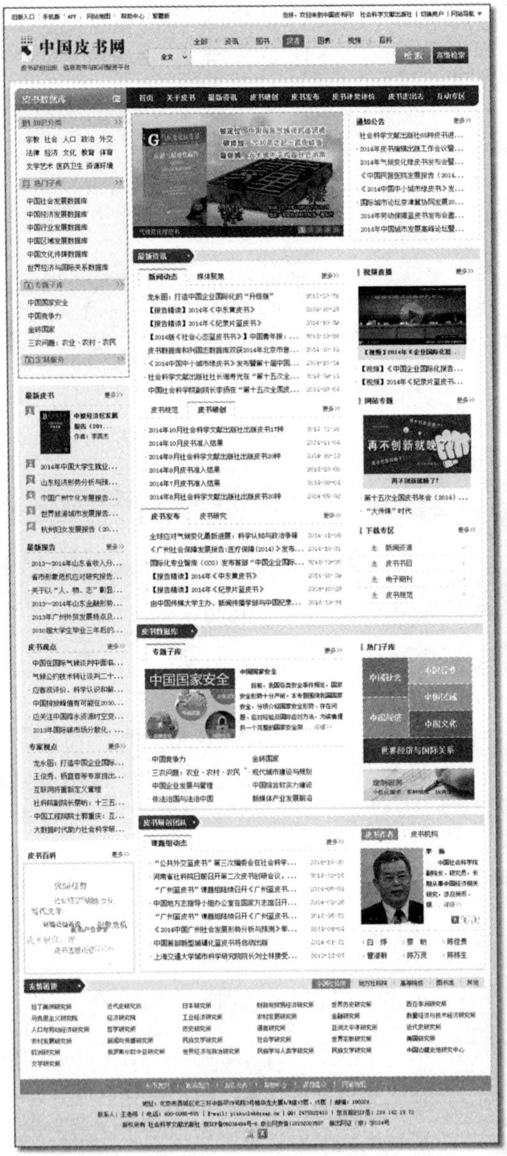

中国皮书网依托皮书系列“权威、前沿、原创”的优质内容资源，通过文字、图片、音频、视频等多种元素，在皮书研创者、使用者之间搭建了一个成果展示、资源共享的互动平台。

自 2005 年 12 月正式上线以来，中国皮书网的 IP 访问量、PV 浏览量与日俱增，受到海内外研究者、公务人员、商务人士以及专业读者的广泛关注。

2008 年、2011 年中国皮书网均在全国新闻出版业网站荣誉评选中获得“最具商业价值网站”称号；2012 年，获得“出版业网站百强”称号。

2014 年，中国皮书网与皮书数据库实现资源共享，端口合一，将提供更丰富的内容，更全面的服务。

法律声明